大学与现代中国 ◎ 主编 朱庆葆

徐保安 著

教会大学与民族主义
——以齐鲁大学学生群体为中心（1864-1937）

南京大学出版社

图书在版编目(CIP)数据

教会大学与民族主义：以齐鲁大学学生群体为中心
(1864～1937) / 徐保安著. — 南京：南京大学出版社，
2015.2

(大学与现代中国 / 朱庆葆主编)
ISBN 978 - 7 - 305 - 14666 - 4

Ⅰ. ①教… Ⅱ. ①徐… Ⅲ. ①教会学校—高等学校—
教育史—研究—济南市—1864～1937 Ⅳ. ①G649.29

中国版本图书馆 CIP 数据核字(2015)第 017309 号

出版发行　南京大学出版社
社　　址　南京市汉口路 22 号　　　　　邮　编　210093
出 版 人　金鑫荣

丛 书 名　大学与现代中国
书　　名　教会大学与民族主义——以齐鲁大学学生群体为中心(1864—1937)
作　　者　徐保安
责任编辑　陈　涛　李鸿敏　　　　　　编辑热线　025 - 83593947

照　　排　南京南琳图文制作有限公司
印　　刷　江苏凤凰通达印刷有限公司
开　　本　700×1000　1/16　印张 28　字数 373 千
版　　次　2015 年 2 月第 1 版　2015 年 2 月第 1 次印刷
ISBN 978 - 7 - 305 - 14666 - 4
定　　价　88.00 元

网址：http://www.njupco.com
官方微博：http://weibo.com/njupco
官方微信号：njupress
销售咨询热线：(025) 83594756

序　言

朱庆葆

现代意义上的大学起源于欧洲。19 世纪以来，随着西方文明在全球范围内的帝国主义化和殖民化，大学在全世界迅速扩展。著名的比较高等教育学者许美德将这一进程称为"欧洲大学的凯旋"①。是否是"凯旋"姑且不论，但大学的扩展给世界各国带来了深远的影响。

（一）

中国传统意义上的高等教育机构源远流长。远者如起源于汉代的太学，鼎盛时期东汉太学生多达三万；近者如宋元以来的书院，讲学之风兴盛，一时蔚为风气。但现代大学在中国的出现，至今不过百余年的历史，梅贻琦便曾指出："近日中国之大学教育，溯其源流，实自西洋移植而来。"②作为一种新兴的组织机构，中国大学自诞生之日便受到社会各界的关注。在现代中国波澜壮阔的变迁历程中，大学以及活跃于大学场域的社会群体，对中国的历史进步和社会发展产生了广泛且深远的影响。这种影响不仅表现在教育、学术和文化领域，而且触及政治的更替、民族的救亡和广泛意义上的社会变革。

首先，大学是推动中国学术独立和文化重建的中心。从根本上

---

① ［加］许美德：《中国大学：1895—1995 一个文化冲突的世纪》，许洁英译，教育科学出版社，2000 年，第 32 页。

② 梅贻琦：《中国人的教育》，中国工人出版社，2013 年，第 12 页。

来说,大学是由学者组成的学术性组织,并以知识的生产和传播为本职。蔡元培说:"大学者,研究高深学问者也"。① 强调的就是大学以学术为本位的组织特征。近代以来,在现代西方学术和文化冲击下,中国传统的知识体系和价值观念分崩离析,如何构建现代中国的学术和知识体系,推动中华的文化重建,是大学不可替代的历史责任。罗家伦在就任清华大学校长时说:"要国家在国际间有独立自由平等的地位,必须中国的学术在国际间也有独立自由平等。"②并把追求学术独立作为新清华的使命。胡适在 1915 年留学美国时也说:"中国欲保全固有之文明而创造新文明,非有国家的大学不可。"学术独立和文化重建,是百余年来大学孜孜以求的理想。③

其次,大学成为新兴知识分子汇聚的舞台和社会流动的新阶梯。随着科举的废除和现代学校体系的建立,大学这种新兴的学术机构成为城市知识分子安身立命的新场域。知识阶层在从传统的"士人"向现代知识分子的转变中,学术成为一门职业,使他们在大学找到了施展抱负的舞台,并致力于构建"学术社会"的努力。而对于有着数千年以读书为进身之阶传统的中国社会,"上大学"也成为各个阶层谋求改变社会地位、实现人生理想的重要途径。大学成为社会晋升阶梯中至关重要的一环。

再次,大学是政治变革的先导者和国家建设的担负者。大学还深度介入到现代中国的政治变革和国家建设之中。大学对政治和社会有着敏锐的洞察,并有着致力于国家政治建构的时代担当,屡屡成为政治变革的先导力量。正所谓"政治一日不入正轨,学子之心一日不能安宁"④,大学因其特殊地位和知识阶层汇聚的特征,成为近代政党鼓吹主义、发展组织、吸纳成员的重要场域。使得每一次政治变

---

① 高平叔编:《蔡元培全集》第 3 卷,中华书局,1984 年,第 5 页。
② 罗家伦先生文存编辑委员会:《罗家伦先生文存》第 5 册,台北"国史馆",1988 年,第 18 页。
③ 姜义华编:《胡适学术文集(教育)》,中华书局,1998 年,第 23 页。
④ 刘伯明:《论学风》,《学衡》1923 年第 16 期。

动,都在大学有着相应的呈现。同时大学作为国家培育人才之地,又是国家建设的砥柱中流。如何服务于国家战略目标,应对政府的意志和需求,也深刻体现在大学的知识生产和人才培育之中。

最后,大学是推动中华民族救亡和复兴的先驱力量。在 20 世纪上半叶国难深重的时代环境中,大学体现出了沉毅的勇气和担当的精神,成为民族救亡的先驱。这不仅仅体现于五四运动、一二·九运动这些重大的爱国事件,也表现为大学为推动中华民族学术独立所做的不懈努力。而在当前中华民族实现伟大复兴的历史进程中,作为现代社会的"轴心机构",大学是时代的引领者,也是社会进步最为重要的推动力量。

(二)

由此看来,现代中国的大学早已不再是那种潜心于学术创获的"象牙之塔",其"担负"是如此沉重,乃至难以承受。这也使得人人都在评论大学,但在如此错综复杂的矛盾纠缠中难得要领。

在大学与外界复杂的互动中,大学与国家、大学与政府的关系尤为引人注目。虽然在民国时期曾存在为数不少的私立大学(包括教会大学),但公立大学是现代中国大学的主体。在这种制度环境下,大学受国家政治变动和政策变化的影响更为直接、显著;而大学对外界政治的反应和参与也显得积极且主动,卷入的程度也更为深切。大学与国家、大学与政府的关系对于理解学术与政治、知识与权力在现代中国大学场域的运作和交互影响提供了很好的视角。

在现代中国,大学是培养国家精英和社会栋梁之所,对于国家的发展和社会的变革有着重要的影响。曾任中央大学校长的罗家伦说过:"后十年国家的时事就是现在大学教育的反映,现在的大学教育好,将来的情形也就会好,现在的大学教育坏,将来的情形也就会坏。"①国家的命运和大学教育的得失成败密切相关。现代中国社会的精英阶层来自于大学,他们在大学中接受的知识训练、选择的政治立场和养成的文化主张,都深刻关系到国家和社会未来的发展方向。

国家和政府对大学的影响则显得直接且强烈。现代中国的大学是国家教育系统的组成部分,被纳入现代民族国家建构的进程,紧密服务于国家现代化建设和民族性知识生产的需要。国家意志和政府需求深刻影响着,乃至主导着大学的知识生产和传播。大学生产什么样的知识,怎样生产知识,培养何种人才,都紧密围绕国家的目标展开。这既有权力对知识的引导,也有大学对国家需求的主动适应。急国家之所急,想政府之所想,所谓"与民族共命运、与时代同步伐",大学与民族国家的建构紧密结合在一起。

国家对大学的影响还突出体现在意识形态上的控制。无论是清末的忠君尊孔,还是国民政府时期的三民主义教育,抑或是此后的无产阶级专政,政府都把大学视为灌输主流意识形态、加强思想文化统制的主要场域。通过引导、规范乃至钳制大学的知识生产和传播,国家意志和党派观念对于大学学术自由和创造性的知识生产都造成了不同程度的影响。

(三)

基于上述理解,我们组织编写了这套"大学与现代中国"丛书。从宏观上来讲,该丛书的主旨有两个。

第一,以大学作为观察和认识现代中国社会变化的一个重要的着力点。著名教育学家弗莱克斯纳曾说过,大学"是时代的表现",它"处于特定时代总的社会结构之中而不是之外"②。大学不是抽象的概念、结构和组织,大学是它所置身的社会环境的体现。对于大学的

---

① 中国第二历史档案馆编:《中华民国史档案资料汇编》,第 5 辑第 1 编,教育(一),江苏古籍出版社,1994 年,第 287 页。

② [美]亚伯拉罕·弗莱克斯纳:《现代大学论——美英德大学研究》,浙江教育出版社,2001 年,第 1 页。

研究不能局限于大学本身,而要把它置于周遭复杂的社会、政治、文化环境之中,来展示大学对于更为广阔的历史发展和社会变迁的影响。现代中国的社会精英阶层绝大部分都在大学接受教育,他们的知识结构、政治主张、文化立场在很大程度上都是在大学中形成。通过培育社会的精英阶层,大学对于现代中国的历史发展和社会变迁产生了广泛而深远的影响。对中国社会变化的理解,难以绕开大学。不理解大学,不理解大学培养的社会精英,不理解大学在知识生产、社会流动、政治变革和社会变迁中的作用和影响,就很难对现代中国的历史发展和的社会变动给予深层次的的阐释和解读。

第二,为探索具有中国特色的大学建设道路提供鉴戒。当前,建设具有中国特色、体现民族文化的大学和高等教育体系已经成为国家的意志。这既需要有国际视野,学习西方国家的先进的办学经验;同时更需要有本土情怀,继承现代中国大学发展历程中积累的丰厚历史遗产。作为一种西方文明的产物,大学要植根中国大地,才能生根成长、枝繁叶茂。如何形成自身的大学理念、大学模式和学术文化传统,如何处理大学与国家、大学与社会的关系,近代以来的中国大学有着卓有成效的探索,并积累了很多经验,当然也有教训。这些在今天都需要给予认真的反思和总结,并根据时代环境的变化加以采择。

英国教育家阿什比曾说过:“任何类型的大学都是遗传与环境的产物。”①所遗传的是大学对于知识创获和文化传承的一贯责任,而面对的则是变动的历史环境和互异的文化土壤。希望“大学与现代中国”丛书能以大学作为切入点,加深对于现代中国的理解,加深对于大学的理解,加深对于现代中国大学的理解。

---

① 杨东平编:《大学二十讲》,天津人民出版社,2009年,第274页。

目　录

绪　论

一、中国近代民族主义与非民族情境

（一）民族与民族主义

研究民族主义（Nationalism）的基础无疑是对民族（Nation）概念的界定。然而，民族这一概念却是"政治辞典中最令人迷惑和最有倾向性的术语之一"。① 法国学者德拉诺瓦说的非常有趣："民族是存在的……但并不确切地知道它是什么。"②霍布斯鲍姆则断定"事实上，民族根本不可能具有恒久不变、放之四海而皆准的客观定义，因为这个历史新生儿刚诞生，正在不断变化，且至今仍非举世皆然的实体"。③ 民族概念的难以界定直到今天仍是学界共识，民族随时间推移不断变化的演进性、随空间不同而产生的特殊性、概念界定时理论视角的多元、意识形态的掺和等等因素都造成了民族概念界定

---

① Tilly, Charles ed. , *The Formation of National State in Western Europe*, Princeton University Press，1975，p. 6.

② （法）德拉诺瓦著，郑文彬、洪晖译：《民族与民族主义》，生活·读书·新知三联书店 2005 年版，第 20 页。

③ （英）埃里克·霍布斯鲍姆著，李金梅译：《民族与民族主义》，上海人民出版社 2006 年版，第 5 页。

的困难。①

　　汉语语汇中习惯上使用的"民族"概念有三个来源。

　　一个是古汉语传统用法。在中国传统文献里面,"族"、"族类"、"种族"、"宗族"等被广泛使用,而"民族"一次虽然少见,却也"并非不见"。郝时远通过检索多种古代文献,搜辑出至少10个例证证明"民族"一词确属古代汉语名词,并认为古汉语"民族"一词"既指宗族之属,又指华夷之别"。② 这与近代意义上西方的 nation 概念还是有区别的,但古文献中的"族"等类似词汇在历史发展中,"形成了与今天耳熟能详的'民族'的渊源关系和内在联系"③则是可信的。第二个来源是由日本转译来的西方语词。范可认为,"'民族'一词由梁启超一代的知识分子引自日本,实为西文 Nation"。④ 此观点长期流行,认为近代日本借用汉语"民族"一词对译西文 volk、nation、ethnos 等名词,梁启超等人于19世纪末又将该词从日本引入中国。第三个来源是十九世纪二十年代传入中国的斯大林的"民族"概念,即著名的"四个共同"定义:"民族是人们在历史上形成的一个有共同语言、共同地域、共同经济生活以及表现在共同文化上的共同心理素质的稳定的共同体"。⑤

　　这种理论来源的混杂与言语环境的复杂造成了该概念长期的模糊不清,因此,长期以来,汉语中的"民族"概念问题"始终是困扰国内民族问题研究领域的一大学术难题",⑥其不是一个相对单纯的自然科学类的概念,"而是内涵十分复杂的具有社会、文化、政治、经济等

----

　　① 郝亚明:《试论民族概念界定的困境与转向》,《民族研究》2011年第2期,第1-7页。

　　② 郝时远:《中文"民族"一词源流考辨》,《民族研究》2004年第6期,第63页。

　　③ 郝时远:《先秦文献中的"族"与"族类"观》,《民族研究》2004年第2期,第46页。

　　④ 范可:《中西文语境的"族群"与"民族"》,《广西民族学院学报》2003年第4期。

　　⑤ 斯大林:《马克思主义和民族问题》,《斯大林选集》(上卷),人民出版社1979年版,第64页。

　　⑥ 叶江:《民族概念三题》,《民族研究》2010年第1期,第1页。

方面含义,且具有地方性色彩的'复合型'概念"。① 同时,其"内涵十分丰富,外延非常广泛,既有极强的包容性和灵活性,又有很大的模糊性,在不同的情况下可作不同的理解"。② 这种概念模糊性为研究以及实践工作带来很多不便。

以上三个来源中,新中国建立后影响最大的就是斯大林的"四个共同"定义。但该定义很快就在民族认定的实践过程中出现了问题,因为由于中国历史发展的特殊复杂性,中国很多民族并不同时具有此四个"共同"特征。在当时的政治氛围下,自然无人能够推翻斯大林的观点,"只能面对四个特征做些加法或减法的工作",③在细节上修修补补。

但是,最容易引起误会的并不是斯大林的定义,而是与"民族"对译的西文 nation 的多义性以及汉语"民族"本身的模糊性。我们一般所理解的"民族"的英文对应词 Nation,含义"三位一体":国家、国族、国民,其实是无法用一个汉语词进行对译的,所以,"西文中的 nation 究竟如何用中文表达,完全取决于上下文"。④ 与此相应,汉语中的"民族"一词也十分含混和模糊,最明显的例子就是中华民族的"民族"与汉民族的"民族"究竟如何区别就令人迷惑。为解决这一问题,著名社会学家费孝通先生提出了"多元一体"的民族格局理论:"我将把中华民族这个词用来指现在中国疆域里具有民族认同的 11 亿人民。它所包括的 50 多个民族单位是多元,中华民族是一体,它们虽则都称'民族',但层次不同。"⑤ 1990 年代后,来自西方的"族群

---

① 马戎:《民族社会学——社会学的族群关系研究》,北京大学出版社,2004 年,第59 页。

② 何叔涛:《汉语"民族"概念的特点与中国民族研究的话语权——兼谈"中华民族"、"中国各民族"与当前流行的"族群"概念》,《民族研究》2009 年第 2 期,第 11 页。

③ 李振宏:《新中国成立 60 年来的民族定义研究》,《民族研究》2009 年第 5 期,第23 页。

④ 方维规:《论近代思想史上的民族、Nation 与中国》,《二十一世纪》2002 年 4 月号,总第 70 期,第 35 - 36 页。

⑤ 费孝通:《中华民族的多元一体格局》,费孝通主编:《中华民族多元一体格局》,中央民族大学出版社 1999 年版,第 3 页。

(ethnic group)"概念在中国各学科领域里兴盛起来。"ethnic group"一词最早在1930年代开始被使用,到1960年代开始被学界广泛接受,"在英语中表示具有语言、种族、文化和宗教特点的人们共同体"。[①] 关于"族群"与"民族"的关系以及使用问题,在中国学界引起了很大的争论。李振洪总结了学界对"族群"的定义,认为有三个要素具共同性,即强调客观上的共同渊源、共同的文化认同以及强烈的同族自我认同感,指出"具有这三个要素的稳定的人类群体,便是族群。"[②]叶江在总结以上研究成果后,为厘清汉语"民族"概念,提出"最佳途径应该是将其视为在外延和内涵上具有两个不同层次含义的概念,或将汉语'民族'概念视为两个既相互区别又相互联系的概念。"也就是说,汉语"民族"概念的第一层次含义为"中华民族"这一层次的人们共同体,即费孝通所说的"一体的民族"概念,此概念与国家相互关联,在西语中称为"nation";汉语"民族"概念第二层次的含义为包括汉族在内的我国"56个民族"这一层次的人的共同体,即费孝通所谓"多元的民族"概念,也就是在国家层面上是非政治性的,且在西语中称为"ethnic groups"的人们共同体概念。[③]

　　经过长期的讨论与探索,2005年中共中央和国务院对民族概念做出了新的阐释:"民族是在一定的历史发展阶段形成的稳定的人们共同体。一般来说,民族在历史渊源、生产方式、语言、文化、风俗习惯以及心理认同等方面具有共同特征。有的民族在形成和发展过程中,宗教起着重要作用。"[④]这一界定得到了学界的认可,被认为"克服了斯大林定义的缺陷和局限,吸收了改革开放30年来我国民族理论研究的学术成果,不仅比斯大林的定义更加准确和严密,更重要的是坚持了中国民族研究的话语权,充分体现了马克思主义民族理论的

[①]　乌小花:《论"民族"与"族群"的界定》,《广西民族研究》,2003年第1期,第12页。

[②]　李振宏:《新中国成立60年来的民族定义研究》,《民族研究》2009年第5期,第20页。

[③]　叶江:《民族概念三题》,《民族研究》2010年第1期,第3页。

[④]　本书编写组编:《中央民族工作会议精神学习辅导读本》,民族出版社,2005年版,第29页。

中国化"。①

与民族概念密切相关的民族主义(Nationalism)作为一个概念最早使用于 18 世纪末。德国哲学家约翰·戈特弗里德·赫尔德(Johann Gottfried Herder)和法国神父奥古斯丁·德·巴鲁尔(Abbé Augustin De Barruel)"使用该词并使之具有可辨识的社会和政治的含义",英语语境中的"民族主义(Nationalism)"最早使用于 1836 年,为神学用语,"指某些民族成为上帝选民的教条"。②

西方语境中的"民族主义"是近代资本主义扩张时期的产物,此观点以安德森"想象的共同体"理论最有代表性。产生于 18 世纪的民族主义,在安德森的理论中,其背景是宗教共同体的衰落和王朝的式微。民族主义产生后,在全球出现了四波散播浪潮。第一波是在 18 世纪的美洲。美洲的殖民地母国对美洲殖民地移民的制度性歧视,使当地欧裔移民的社会与政治流动被限定在殖民地的范围之内,"这种被母国歧视的'旅伴'们于是开始将殖民地想象成他们的祖国,将殖民地住民想象成他们的'民族'"。第二波民族主义是"一种群众性的语言民族主义"。19 世纪的欧洲群众性民族主义因为已有美洲民族主义和法国大革命为其提供"盗版"模型,因此在思想和行动上都比第一波"要更有自觉意识"。第三波是 19 世纪中叶以后在欧洲内部出现的官方民族主义(Official Nationalism),它是对群众性民族主义的反动。通过自上而下的同化工程,控制群众效忠、巩固王朝权位。最后一波是在一战后出现的亚非"殖民地民族主义(Colonial nationalism)"。这一波是对官方民族主义的另一面——帝国主义的反应。歧视性的殖民地政策为被殖民者创造了想象民族的领土基础。和 18 世纪美洲的欧裔移民一样,在 20 世纪的亚非洲被殖民者

---

① 何叔涛:《汉语"民族"概念的特点与中国民族研究的话语权——兼谈"中华民族"、"中国各民族"与当前流行的"族群"概念》,《民族研究》2009 年第 2 期,第 12 页。

② (英)安东尼·史密斯著,叶江译:《民族主义:理论,意识形态,历史》,上海人民出版社,2006 年版,第 6 页。

的心中,殖民地的边界也终于成为"民族"的边界。①

　　这种西方式的"民族主义"起源史,往往不能为研究中国民族主义的大多数中国学者所认同。对于一个长期大一统的国家(或帝国、王朝)而言,对于国家、民族的认同感、归属感早已有之。郑大华先生认为由于中国民族形成较早,因此民族主义的出现也远远早于西方,这种传统的民族主义思想表现在华夏中心观、华尊夷卑观和夷夏大防观三个方面。② 学界一般认为这种传统民族主义解体于近代列强侵华之时。在列强入侵中,传统夷夏观念崩解,西方近代民族主义观念进入中国,这种近代民族主义强调民族建国与民族平等,并在达尔文主义的影响下倡导民族竞争。正是在对西方列强的反抗之中,中国近代民族主义开始形成。③ 但是,若把"民族和国家的地位日益降低的时代,民族和国家的自我意识却在日益升高"作为传统民族主义向近代民族主义蜕变特点的话,葛兆光先生认为宋代"中国"观念的出现即是中国近代民族主义思想的一个渊源。④ 总之,与西方民族主义的发展路径相比,中国民族主义的产生和发展有自己的独特路径。

　　一些研究者认为可以将民族主义分为文化民族主义、经济民族主义与政治民族主义。如朱英认为"经济民族主义是特定历史发展阶段的产物,也是各个国家取得政治独立后必然产生的结果",中国的经济民族主义的萌发主要是因为帝国主义的经济侵略。⑤ 但对此类概念的使用,李泽厚明确表示过反对。李反对民族主义一词的滥用,"包括反对所谓'文化民族主义'之类的用语和说法",因为李认为"民族主义是一个严格的政治学和政治思想史的概念,它与近代西欧

---

　　① (美)本尼迪克特・安德森著,吴叡人译:《想象的共同体:民族主义的起源与散布》,上海人民出版社,2005 年版,第 10 - 11 页。
　　② 郑大华:《略论中国近代民族主义的思想来源及形成》,郑大华、邹小站主编:《中国近代史上的民族主义》,社会科学文献出版社 2007 年版,第 2 页。
　　③ 李育民:《"排外"观念与近代民族主义的兴起》,《史林》2013 年第 1 期。
　　④ 葛兆光:《宅兹中国:重建有关"中国"的历史论述》,中华书局 2011 年版,第 41 页。
　　⑤ 朱英:《辛亥革命与商人经济民族主义思想的产生及发展》,《史学月刊》2011 年第 4 期,第 8 - 9 页。

'民族国家'(nation-state)的兴起有关,不能随便乱用"。① 姜德顺对于被频繁使用的"民族主义"一词的"过于泛化应用的趋势"也曾给予纠正。② 但是,基本上这些批评都是从 Nationalism 的词源谈起,认为西方的民族主义是严格限定在政治与政治思想范畴的一个概念,不能乱用。然而,其又称民族主义一词与 Nationalism 不能完全对译,既然不能完全对译,中文里的"民族主义"出现了一些 Nationalism 所不能包容的含义也不应该过多指责。诚然,"民族主义"一语转译自日本,其最初的对应词就是英语中的 Nationalism 或相类似的其他语言中的词汇,但这并不代表中文"民族主义"一语在后来的发展中不可以有自己独特的含义。只要使用时界定清楚,不犯逻辑错误,不必要也不可能非得与西语保持一致。"事实上,在中国近代史上,根本不曾存在过西方式的'民族主义'"。③

李泽厚反对滥用"民族主义"一词还有一个目的,即强调不能过度提倡民族主义,否则"对内对外"都没有好处,并举例指出了近代史上民族主义曾经带来的各种破坏。④ 但李从学理上来推导一个实际存在问题的做法很容易引起疑问。一个问题就是:民族主义不提倡,它就不存在吗? 事实上"民族主义的无处不在,今天五大洲千百万人如此地醉心于它,这些都证明民族主义在'人民'中的鼓动和共振作用,只有过去的宗教能与其媲美"。⑤ 在中国近代发展史上,民族主义的存在也是不以人的意志为转移的。余英时指出,百年来中国历史发展最大的动力,非民族主义莫属。⑥ 罗志田认为,近代百年各种思

---

① 刘再复、李泽厚:《"提倡一个并不清楚的东西是危险的"——关于"民族主义"的对谈》,《同舟共进》2009 年第 12 期,第 26 页。

② 姜德顺:《不同语境下的民族主义》,《世界民族》2002 年第 2 期,第 46 页。

③ 贾小叶:《"中国近代史上的民族主义"学术研讨会侧记》,《近代史研究》2006 年第 2 期,151 页。

④ 刘再复、李泽厚:《"提倡一个并不清楚的东西是危险的"——关于"民族主义"的对谈》,《同舟共进》2009 年第 12 期,第 26 页。

⑤ 安东尼·史密斯著:《民族主义:理论,意识形态,历史》,第 3 页。

⑥ 余英时:《中国近代思想史中的激进与保守》,《历史月刊》(台北)1990 年第 29 期,第 144 页。

潮"背后有一条潜流,虽不十分明显,却不绝如缕贯穿其间。这条乱世中的潜流便是民族主义"。① 连李泽厚本人也同意,反帝救国的民族主义是"整个近代中国的思想主题"。② 因此,"民族主义"不是提倡就有、不提倡就无的东西,而是一种需要认真面对的客观存在。不论你承认与否,它都在人们的生活中发挥着重要的作用。李文海曾指出:"综观整个中国近代史,几乎没有一个对历史作出积极贡献的历史人物和推动社会前进的历史事件,不与民族主义有着极为密切的关系。"③

关于民族主义的基本精神,有学者认为应包括两个基本点。第一,强调民族以及与此相关的身份和利益的神圣性;第二,将民族和国家对应起来,视民族国家利益为至高无上。④ 按照翁贺凯的说法,Nationalism 翻译为"国族主义"或"族国主义"或许更能传达英文原词的精髓,因为"它在绝大多数情况下表达的是'民族—国家主义'的实质性意义。'民族建国'(nation-building),中文学界还有称为民族国家建设、民族建设、国家建设或民族统一构设的,主要指民族主义与现代性变迁相关联的建设性的一面"。⑤

(二) 中国近代民族主义研究

大陆学界对于中国近代民族主义的研究始于 1980 年代中期,在 1990 年代中后期形成高潮,迄今方兴未艾。关于研究的基本状况,可以参考罗志田:《近代中国民族主义的研究取向与反思》(《四川大学学报(哲学社会科学版)》1998 年第 1 期);暨爱民:《20 世纪 90 年

---

① 罗志田:《乱世潜流:民族主义与民国政治》,上海古籍出版社 2001 年版,第 1 页。
② 李泽厚:《中国近代思想史论》,天津社会科学出版社 2004 年版,第 291 页。
③ 《关于"中国近代史上的民族主义"的对话》,郑大华、邹小站主编:《中国近代史上的民族主义》,社会科学文献出版社 2007 年版,第 2-3 页。
④ 王希恩:《当前世界民族主义思潮的基本态势》,《中国民族报》,2008 年 5 月 30 日。
⑤ 翁贺凯:《民族主义、民族建国与中国近代史研究——"西方学理"与"中国问题"》,郑大华、邹小站主编:《中国近代史上的民族主义》,社会科学文献出版社 2007 年版,第 26-27 页注 1。

代以来中国近代民族主义问题研究述评》(《教学与研究》2006 年第 1 期);贾小叶:《"中国近代史上的民族主义"学术研讨会侧记》(《近代史研究》2006 年第 2 期);王春风:《文化民族主义研究综述》(《贵州民族研究》2008 年第 4 期)等。此处不再赘述,仅就中国近代民族主义研究的几个可能的方向与本书关注重点作一介绍。

翁贺凯先生在对史学界关于中国近代民族主义研究状况进行批评时说道,有关这一重大问题的专题研究"不仅显得颇为单薄,而且在视野上相当狭隘"。翁认为既往研究要么将民族主义视为捍卫国家主权的集体情感或力量,其"外倾的一面表现为排外、御外的情感与力量,内倾的一面则是对个体自由的威胁甚至压迫";要么将"民族主义视为一种文化心理意识与认同——主要表现为对民族文化或民族特性的认同与维护";却严重忽略了"民族主义'建设'的一面——即与现代性变迁、民族建国特别是国家建设密切相关的这一面。"①

所谓的民族主义"建设"的一面,翁引用了胡适的一段话作为证据,这段话出自胡适于 1935 年发表的《个人自由与社会进步》一文:

> 民族主义有三个方面:最浅的是排外,其次是拥护本国固有的文化,最高又最艰难的是努力建立一个民族的国家,因为最后一步最艰难,所以一切民族主义运动很容易先走上前面的两步。②

胡适的这段话典型地体现了中国近代早期民族主义对于民族建设一面的强调。然而,还是这一段话,在其他学者那里却读出了"反省"的民族主义的意思。③ 对于民族主义"建设"的一面学界的确语焉

---

①　翁贺凯:《民族主义、民族建国与中国近代史研究——"西方学理"与"中国问题"》,郑大华、邹小站主编:《中国近代史上的民族主义》,社会科学文献出版社 2007 年版,第 38 页。

②　胡适:《个人自由与社会进步》,《独立评论》150 号(1935 年 5 月 12 日),第 4-5 页。

③　陈仪深:《二十世纪上半叶中国民族主义的发展》,"中央研究院"近代史研究所编:《"认同与国家:近代中西历史的比较"论文集》,(台北)"中央研究院"近代史研究所 1994 年版,第 48 页。

不详,但是对于反省的民族主义,学界则已有了一批成果。代表作为:朱文华《论胡适的"民族反省"思想》(耿云志编《胡适研究丛刊》第一辑,北京大学出版社 1995 年版,第 25 - 43 页);朱文华《试论近代中国的"民族反省"思潮》(《复旦学报(社会科学版)》1993 年第 3 期,第 69 - 75 页);俞祖华《深沉的民族反省(中国近代改造国民性思潮研究)》(山东人民出版社 1996 年版);陈仪深《二十世纪上半叶中国民族主义的发展》("中央研究院"近代史研究所编:《认同与国家:近代中西历史的比较论文集》,台北:"中央研究院"近代史研究所,1994年,第 37 - 66 页)等。一般认为,反省的民族主义大多是强调反求诸己,强调遭受打击的己方原因,从而加强自己,以应对外侮。

　　对于反省的民族主义,学界多从思想史的角度研究近代知识分子对民族反省的认识与论争。但在近代民族主义实践中,这种"反省"是如何自觉体现出来的则少有探讨,尤其是民族危机之中青年学生之反应究竟如何,是否如既往研究多数认定的那样充满了爱国主义的激烈情绪? 是否动辄上街请愿游行? 还是有其他的诉求方式?这些问题并未得到清晰的揭示。而齐鲁大学学生在"九一八"之后的"国难时期",在参与"反帝"的同时更多的诉诸理性,所体现出来的就是一种"反省"精神。本书后半章节拟从此角度对齐大学生的民族主义实践加以探讨。

　　其实在中国近代民族主义研究既有成果中,不仅对反省的民族主义研究集中于思想理论层面,在整个中国近代民族主义研究中也多是囿于思想领域,而外抗侵略与内部建设的实践问题往往不被视为民族主义研究的内容。这主要是因为一涉及"主义"二字,大多数人脑海中浮现出来的就是一种思想理论层面的东西,而不知没有实践的主义只能是一种空想。所以民族主义事件与民族主义思想同样具有意义与价值,"中国的民族主义精神是通过一系列斗争和运动得以阐发的",民族主义在中国近代"更体现为实际的政治运动"。① 也有学者提出了"民族主义"基本含义的两重性:"其一,民族主义是关于民族的特性、利益、权利和责任的理论;其二,民族主义是一个有组织的政治运动,旨在进一步加强民族所宣称的目标和利益。"②理论与运动都是民族主义的应有之义。厄内斯特·盖尔纳也将民族主义定义为一种情绪或一种运动。③ 其实反帝反封建战争、历次国家建设运动都是民族主义的具体表现,只是研究者多不愿意正视这个事实而已。那么反省的民族主义运动有哪些呢? 对此尚无专门研究,当然这里有一个困难,就是这些在实践着民族主义的人,他们自己是否知道这是一种民族主义的行为。比如,如果我们认为战争时期的农民辛苦种地也是一种爱国,因为前线战士也是要吃粮的,那么他们在种地之前是否知道这也是一种爱国的民族主义行为呢? 这种质问多少有点难为他们。任何理论都是从实践中归纳出来的,但是反过来就不成立,并不是所有实践都一定要在自觉接受理论指导情况下,我们才能说这一实践是符合某一理论的。举个简单的例子,我们讲明末清初中国资本主义开始萌芽,那么当时的工商业者知道自己是在进行资本主义萌芽的伟大开创性活动吗? 与此类似,我们只能说某些群体的行为符合民族主义的特征,而不一定必须质问他们的心灵:你知不知道这也是一种民族主义行为? 你的动机是什么? 反省的民族主义在当时的国难面前是一种难得的理性声音,这种声音往往被淹没在激进民族主义噪音,因而受众不广,推广不易,但这并不代表其在现实中没有实践的依据。消灭"五鬼",弥补不足,提高自己,以应外侮,这是反省民族主义的基本特征,齐鲁大学学生的民族主义行为就符合这样的特征。

① 李育民:《废约运动与中国近代民族主义》,郑大华、邹小站:《中国近代史上的民族主义》,第 393、398 页。
② (英)沃森著,吴洪英、黄群译:《民族与国家——对民族起源与民族主义政治的探讨》,中央民族大学出版社,2009 年版,第 3 页。
③ (英)厄内斯特·盖尔纳著,韩红译:《民族与民族主义》,中央编译出版社 2002 年版,第 1 页。

第二个在中国近代民族主义研究方面引起我们注意的是特殊区域的民族主义问题。在既有成果中,这种特殊区域就是租界与租借地。这二者有一些共同的特征,首先其所处地的管理当局为外国人士或以外国人士为主建立;第二,此间的主要生活方式、主流文化外来气氛浓厚,"对于居住在租界里的中国人来说,无疑是生活在一个故土之上的'他乡'里"。[①] 这种特殊区域,无疑是一个不同于正常场域的特殊情境,其间当地人的民族主义感情是怎样产生和发展,又是如何实践的无疑有其特色。

关于租界内的民族主义问题,有学者指出,由于租界兼有殖民和现代、罪恶和文明的两重性,导致了生活在租界的现代作家的生命体验和文化心理充满了悖论:

> 租界的文化语境,使得个体不能与集体发生真实有机的联系,有过租界体验的知识分子是中与西、传统与现代共同塑造的"中间物",既与他者社会疏离又与自我社会疏离,具有"主体暧昧"的特点。殖民性、民族性、商业性和现代性相交织的租界语境,带来了现代作家叙述租界故事的复杂情态。东方主义、自我东方化、批判国民性与民族主义的纠缠,造成了现代文学殖民文化蕴含的复杂性和"民族寓言"的片面性。[②]

由此可知,在租界这种特殊场域里,中国人民族感情与家国想象出现了"主体暧昧"特点,具有了"中间物"身份,租界华人的自我东方化更是明确点出了租界内华人民族主义想象的特色。

从广泛的意义上来理解,中国近代出现的租界、租借地是"变相

---

① 李东晔:《故土与他乡:对"租界文化"的一种人类学解读——以天津原意大利租界的建筑空间为例》,《江西社会科学》2009 年第 3 期,第 151 页。

② 李永东:《民族主义与殖民意识的纠缠——论租界语境下知识分子的文化体验与文本叙事》,《海南大学学报(人文社会科学版)》2008 年第 4 期,第 452 页。

的殖民地",①由于中国"半殖民地"的特殊状况,帝国主义"施以直接
殖民统治的若干区域主要分布在沿海沿江地区".② 胡成曾指出:"殖
民统治的存在本质就是以政治、经济、社会和军事上优势方式控制多
数原住民,为维护殖民利益而建立现代法律和警察制度,并不择手段
地攫取经济资源和劳动力资源(建工厂、开矿山、筑铁路等),以及在
宗教和文化方面用殖民者自己的道德观、价值观、秩序观对被殖民者
进行精神上的清理和整治."③也就是说,在殖民统治区域,殖民主义
者构建了一个政治、经济、文化均与非受殖区不同的场域。关于殖民
地的民族主义问题,本尼迪克特·安德森根据印度近代历史总结出
了"殖民地民族主义(Colonial nationalism)"概念,阐述了殖民地民族
主义的建构以及民族边界的确立问题。④ 印度学者帕尔塔·查特吉
的《民族主义思想与殖民地世界:一种衍生的话语?》则将作为英国殖
民地印度的民族主义的发展历程划分成分离期、策略期与完成期三
个阶段,"使殖民地的民族主义思想具有范式形式,作者凭借它建立
了一个逻辑上近乎完美的阐释体系".⑤ 朱建君则以青岛胶澳租借地
为分析对象,"对中国近代民族主义的民族想象与殖民地的关系进行
实例研究",为中国近代民族主义的研究提供了一个"殖民地起源的
视角".⑥

(三) 非民族情境

　　租界与租借地的特殊场域,我们不妨称之为是一种"非民族情

　　① 夏扬:《上海道契:法制变迁的另一种表现》,北京大学出版社 2006 年版,第30页。
　　② 朱建君:《殖民地经历与中国近代民族主义:德占青岛 1897-1914》,人民出版社
2010 年版,第2页。
　　③ 胡成:《全球化语境与近代中国半殖民地问题的历史叙述》,刘东主编:《中国学术》
2003 年第 1 辑,总第 13 辑,商务印书馆 2003 年版,第 148 页。
　　④ (美)本尼迪克特·安德森著,吴叡人译:《想象的共同体:民族主义的起源与散
布》,第 10-11 页。
　　⑤ 肖雪慧:《关于民族主义的理论新视野——读帕尔塔·查吉特〈民族主义思想与殖
民地世界〉》,《社会科学论坛》2009 年第 11 期(上)。
　　⑥ 朱建君:《殖民地经历与中国近代民族主义:德占青岛 1897—1914》,第 2-3 页。

境"。所谓非民族情境,就是指在本土设立,而其管理者与维持者非以本民族人士为主,主流思想文化亦非本民族的一个特殊空间。简言之,就是在本民族土地上由外人创建并维持的充满异族文化特质的特殊场域。在中国近代,这样的特殊场域除租借地与租界以及各式各类洋行以外,还有基督教学校。基督教学校管理者作为外人,思想文化迥异于中国传统文化,各种维持经费亦非以本民族来源为主。政治、经济、文化均非以本民族为主流,机构却又坐落于中国本土,对生活于其间的中国人而言,这样的特殊场景无疑可称之为"非民族情境"。总结起来,非民族情境有以下三个特点:第一,经济方面,投资建设方、日常维持资金之主要来源非本民族;第二,政治方面,组织方非本民族,人事权力非我掌控;第三,精神文化方面,主流文化非本民族文化,而属于足以颠覆本民族文化的另一强大文化体系。这三种特殊性构成了一个特殊的场域,这种场域即可称之为"非民族情境"(或"异域情境")。研究"非民族情境"下的民族主义问题,其现实意义在于能为今天全球化与民族主义的碰撞所产生的问题之解决提供借鉴。

对于基督教学校的"非民族性"即"洋味",近代以来已有很多研究者予以关注。陈启天曾经酣畅淋漓地揭露了教会学校的"洋气":"教会学校的特殊精神是什么? 住的要是洋房,穿的要是洋服,见的要是洋人,说的要是洋话,读的要是洋书,信的要是洋教。"在这种洋气十足的教育环境中出来的学生,"多半成功一个'准洋人'或'准外国人'"。[1] 常道直认为这种人鄙视同族,"视西人如帝天,事事惟命是听,而尤示亲昵于出资办该学校之国家"。[2] 恽代英亦曾指出,传教士作为"外国先生"最爱的是他们自己的国家,所以"他们为中国人办学,一方面要为我们中国人谋幸福,然而另一方面亦决不愿意他们所

① 陈启天:《我们主张收回教育权的理由与办法》,《中华教育界》第14卷第8期,1925年2月,第11页。
② 常道直:《对于教会大学问题之管见》,载《中华教育界》第14卷第8期,1925年2月,第5页。

教育的中国学生反对他们的本国。所以,英国人办的学校,一定鼓吹中英亲善;美国人办的学校,一定鼓吹中美亲善。"如此一来,在其中受教育的中国青年就会产生对外国的感情,当该国成为中国所反对的帝国主义目标时,青年的斗志就会受到影响。①

近代一些学者虽并不反对基督教学校,但却自觉与之保持了距离,原因仍然在于学校的"非民族"特征。比如 1925 年经朱经农介绍,吕思勉去沪江大学教书,不久吕表示:"予在教会学校中,终觉气味不甚相投。……一九二六年暑假后,予入光华。"②具有同样想法的还有冯友兰,冯 1925 年答应博晨光到燕京大学教授哲学,但"纯在外人机关中服务,区区此心,终觉不安,故私意颇愿于中国诸机关中略兼小事,聊以自慰"。③ 可以看出,在一些文人眼里,教会大学其实是"外人机关","非民族"感觉十分明显。

教会内部对此也有清醒认识,如 1921—1922 年巴顿(Ernest D. Burton)中国教育调查团提交的调查报告就指出:教会大学"从性质上说是由西方传教士所创立,由西方捐款所维持,由西方列强的条约所保护,并以同样的理由容许那些负责者索取任何权利和保持任何标准,而且往往是按照西方的法律在外国注册的"。报告还认为"正是这些状况妨碍了人们对教会学校的衷心欢迎和承认,妨碍了大部分中国人的支持,倒不是因为特殊的宗教性质而不受欢迎。"④对此,吴雷川的看法更有代表性,吴认为当时的教会学校很容易给人留下五点印象。第一,虽说办学是为中国造就人才,但因为经费出自教会,总不免视学校为播道的园地。甚至以信教学生的多寡,为学校应

① 恽代英:《恽代英文集》,人民出版社 1984 年版,第 815 页。

② 吕思勉:《三反及思想改造学习总结》,李永圻编:《吕思勉先生编年事辑》,上海书店出版社 1992 年版,第 120 页。

③ 冯友兰:《致胡适(1925 年 9 月 3 日)》,《三松堂全集》(第 14 卷),河南人民出版社 2001 年版,第 593 页。

④ The Christian Education in China, A Study Made by an Educational Commission Representing the Mission Boards and Societies Conducting Work in China, 1922, pp. 109 - 134.

否存在或评量其成绩优劣的标准,因此教育的方针就渐至偏倚。第二,依仗不平等的传教条约,藐视中国法令,不受中国官厅的考核。甚至夸耀已经在外国政府注册,可以自由授予学位,为学生开出洋留学的捷径,却因此予学生以轻看本国的印象。第三,管理学校的是外国人,不明了中国历史的背景和当时的需要,妄以为中国的文化俱无足观,对于中文的学科毫不注重,以最低的薪俸聘用中文教员,养成学生厌弃中文的习惯。第四,学校自成系统,自为风气,教职员少与普通教育界中人往来,知识不免痼弊,学校内一切的设施,就不能因观摩竞争而进步。第五,因为经济来源地关系,外国人居于主体,其他中国的教职员,不是热心媚外,就是冷眼旁观,不负责任,以致全校缺乏连贯的精神,学校在社会上的信用也不能圆满。[1] 总结起来,就是经费西来、西人管理、西教文化、洋味十足。

基督教学校的场域特殊性问题,近年来得到了一些学者的关注。在裴士丹(Daniel H. Bays)和艾伦·魏德莫(Ellen Widmer)合编的《中国基督教大学:跨文化桥梁 1900—1950》一书中,就使用了"跨文化场域(cross-cultural territory)"的概念,"跨文化场域"是一种"中外文化混合场域(Sino-foreign cultural territory)",其最大特征就是校园中存在的"独特的双重文化氛围(the unique bicultural atmosphere)"。[2] 当然,"双重文化(bicultural)"这一概念并不是该书的发明,早在 1976 年魏思特(Philip West)即已提出燕京大学是一个双重文化的大学,其间中西交汇,中英双语教学,教育强调中西并重。[3] 但由于当时西盛东颓的特殊情势,这种双重文化的特征往往表现为西方文化的压倒性优势。因此有学者评论道,双重文化的"教会

---

① 吴雷川:《教会学校的已往及其将来》,《中华基督教教育季刊》,第 3 卷第 1 期,1927 年 3 月,第 14 - 15 页。

② Preface:China's Christian Colleges as Cross-Cultural Ventures,Daniel H. Bays and Ellen Widmer ed., *China's Christian Colleges:Cross-cultural Connections*,1900—1950,California:Stanford University Press,2009,pXVII.

③ Philip. West, *Yenching University and Sino-Western Relations*,1916—1952,Cambridge:Harvard Univ. Press, 1976.

大学在中西文化间的关系并不是平衡、协调的"。由于近代以来的中西文化对立,教会大学从来都是两种文化的冲突之地,传教士总是不自觉地具有一种文化上的优越感,"以一种救世主的心态把他们认为中国需要的东西塞给中国"。因此,"这些教会大学都是西方对华文化渗透的媒介,作为向中国人示范西方文明的样板。在那里,中国文化虽然没有被无视,也只是处于从属的地位,或是仅像古董一样用来点缀场面。"①

　　利用"非民族"来描述、界定教会大学的场域环境之特征也并不是本书的发明,学界早已有人用之。最早使用这一语汇的很可能是徐以骅。徐在对圣约翰大学的教育文化环境进行考察时指出,圣约翰"一方面把英语教学作为维持学校威望和差会控制的手段,另一方面全盘照搬英美的教育制度,连礼仪服饰也以西方为蓝本",故"圣约翰在很大程度上是西方高等教育在中国的延伸,在这种'非民族化'的文化氛围中,中西教育势必难以兼顾"。② 相类似的,徐以骅还提出过"非本土化"的说法:"尤其是在 1920 年前,这些学校又因其西化倾向而游离于中国社会之外,与普通民众的生活脱节,'一校之中,俨如一国',犹如一个外国文化飞地或'疏离的学术象牙塔'。在这种'非本土化'的氛围中,中西教育实难两全,尽管会合东西文化也许是这些学校创始者的初衷或期望。"③徐文认为"非本土化"的特征是"外国文化飞地",其所对应的主体是文化来源地,那么在文化接受地是如何认识此种情境的? 此问题或许能成为进一步思考的起点。

　　教会大学中存在一种"非民族化"的文化氛围得到了一些学者的认可与赞同。比如黄新宪在谈到教会大学的文化潜移时就提到:

---

　　① 王立诚:《美国文化渗透与近代中国教育:沪江大学的历史》,复旦大学出版社 2001 年版,第 140 页。

　　② 徐以骅:《教育与宗教:作为传教媒介的圣约翰大学》,中华美国学会、中国社会科学院美国研究所编:《"二十世纪美国与亚太地区"国际学术讨论会论文集》,现代出版社 1992 年版,第 441 页。

　　③ 徐以骅:《教育与宗教:作为传教媒介的圣约翰大学》,珠海出版社 1999 年版,第 46 页。

教会大学在吸收外来文化,促进文化变迁方面具有比较明显的作用,但在教会大学中,中外文化交流是一种非正常的文化交流。通过这种交流,外部世界确实开始了解中国社会和中国文化。与此同时,西方文化的大规模渗透形成了一种非民族化的文化氛围,导致教会大学中的中西教育无法平衡地发展,影响了文化变迁。此外,这种交流还是一种不对等的交流。①

同样的说法还见之于陶飞亚、吴梓明的著作中:

后来,圣约翰大学一直以中英文并重相标榜,显示其与别的教会大学相异之处。但在一种"非民族化"的文化氛围中,中西教育并没有平衡地发展,作为维持学校声望和教会控制手段的英文教学始终占主导地位,一直对国学教学造成不利影响。②

教会大学存在着一种"非民族化"的文化氛围,从而使其中的文化交流具有自己的特色。循此出发,在一个"非民族化"的场域里,很多故事就都有了特殊意义,有些在普通学校里可能无足轻重的问题,到了教会学校则会变成重大事件。比如陶飞亚、吴梓明先生分析过1917年蒋昂提出教会大学"歧视吾国文字",中文课时少、教师待遇低等问题,认为"这些问题如果发生在国人自办的学校,大概都可以说是属于教学行政和教育质量的范畴,但是涉及教会学校,涉及教育主权和民族主义,问题的性质就发生了变化"③。在"非民族情境"里,一些极小的问题也很可能会上升到民族主义的高度,使问题变得复杂起来。学习生活于其间的学生群体民族主义情愫的具体表现问题

---

① 黄新宪:《基督教教育与中国社会变迁》,福建教育出版社1996年版,第219页。
② 陶飞亚、吴梓明:《基督教大学与国学研究》,福建教育出版社1998年版,第93页。
③ 陶飞亚、吴梓明:《基督教大学与国学研究》,福建教育出版社1998年版,第85页。

同样如此。

前揭朱建君书中通篇一直将民族主义定位成一种"想象",这当然是受了安德森的影响,因而主要关注的是青岛殖民地内的民族主义思想观念的发展情况,所运用的资料来源于报纸与书刊,对于青岛市民的活动则关注不够。我们不能不问一句:民族主义是否仅仅存在于一些知识人的头脑里,是被建构出来的? 殖民地人们究竟是怎样体现和实践自己的民族主义的? 朱书以思想层面的民族主义为主,以民族观念、民族形象和民族思想等为主要着眼点,那么在这种场域下,一般民众是如何做的呢? 其实,朱书也认为历史在人群中其实是分群体存在的,有些群体的民族主义感情往往被忽略:

> 在以前受民族国家叙事影响的历史著作中,维新派和革命党人的民族主义思想受到特别重视,而其他人的民族感受则受到忽视,甚至否定。而且,由于专注政治民族主义,强调与既有传统的决裂,所以那些没有自冠民族主义者的人往往被排除在关照范围之外。[1]

"没有自冠民族主义者的人往往被排除在关照范围之外"的确是一个很大的问题。朱先生对于常为人忽略的晚清遗老进行的考察颇能给人以启发,但其却将另一个更值得关注的群体"劳工"排除在外了。原因可能还是民族主义研究者的一贯思路——从思想史出发,因此,"不能说话"的底层自然无从表达自己的思想,自然不能被纳入到民族想象的考察范围里。问题又归结到了一点上,民族主义只存在于"想象"之中吗? 劳工的所作所为是不是民族主义的具体表现? 朱先生也承认"概念和历史意识的真实并不完全等同",同样的,历史意识也不一定与"能够说话"的非底层人士的话语等同。应该说,实

---

[1]　朱建君:《殖民地经历与中国近代民族主义:德占青岛 1897—1914》,人民出版社 2010 年版,第 26 页。

实在在的实践活动才是历史的本真面目,落实于文字的东西,是否真的就是当时的社会意识,甚至是否是作者的真实意志都是可以存疑的。本研究关注的教会大学的学生,属于尚未成材但知识水平又相对较高的一群人,他们的民族主义想象和行为值得重视。但是作为一批思想尚未成熟的年轻人,他们的特点往往是以行动来代替思考,他们对于民族主义的理解也多体现于种种举动中。就齐鲁大学而言,还有一个重大特色即毕业生中名人不多,这当然与其教育宗旨有关系(详后),比较有影响的一些人基本都在医学领域,专业的特点使他们对于民族国家之类的政治话语天生免疫,所以在齐大校友的回忆录中也很少见到此方面资料。作为一个历史观察者,我们只能通过收集资料进行"想象性重构"。① 所以本书虽以民族主义这一思想性、理论性很强的名词作为题目,但主要关注的却是齐大学生的实践活动层面。

所以本书将在两个方面有所突破:一是勾勒出一个特殊场域下民族主义的发展情况;二是对反省的民族主义的实践行为作一番探析。

二、基督教大学、齐鲁大学史研究综述

本书所选择的"特殊场域"是一所北方的基督教大学——齐鲁大学。基督教大学,即习惯上所称的教会大学,对这一术语的使用,很多学者循名责实,认为中国近代史上存在的 Christian College and University 以及更早前的 Mission School 等不能译为教会大学,而应分别译为基督教大学或差会学校,所以很多人呼吁放弃使用教会大

---

① (美)贺萧(Gail B. Hershatter)著,韩敏中、盛宁译:《危险的愉悦:20 世纪上海的娼妓问题与现代性》,江苏人民出版社 2003 年版,第 4 页。

学与教会教育概念,而使用基督教大学与基督教教育概念。① 但鉴于"教会大学"的用法已经约定俗成,很多民国时期形成的中文材料里也是二者并用,故本书在概念使用上不作严格区分。亦即说,在本书的一些章节里,教会大学与基督教大学是通用的。

(一) 基督教大学史研究

中国基督教教育史研究首先起端于西人,早在二十世纪二三十年代美国即有多篇博士论文以此为题。如姚赛拓(Yau S. Seto):《在华传教士教育问题:史实与评论》(*Problem of Missionary Educational in China*, *Historical and Critical*,纽约大学,1927)、普腾(James Dyke. Van Putten):《中国基督教高等教育:历史发展及其对中国人生活影响研究》(*Christian Higher Education in China*: *Survey of the Historical Developments and Its Contributions to Chinese Life*,芝加哥大学,1934)、考克·维(Kok A. Wee)的《新教在华大学及其体育教育》(Physical Education in Protestant Christian Colleges and University of China,哥伦比亚大学,1937)。出版专著则有格瑞戈(Alice H. Gregg)的《中国及教育自主:新教教育传教士作用变迁(1807—1937)》(*China and Educational Autonomy*: *The Changing Role of the Protestant Educational Missionary in China*,1807—1937,锡拉求兹大学出版社 Syracuse University Press,1946)。1950 年代初,亚洲基督教高等教育联合董事会推动编写了沪江大学、福建协和大学、齐鲁大学、之江大学、圣约翰大学、金陵女子大学、华南女子大学、东吴大学、燕京大学、华中大学、华西协和大学等学校的校史。但是这种校史层面的梳理,还无法称为真正的学术研究。其中较有影响的研究性论著有刘广京(Liu Kwang-ching):

---

① 详见吴梓明:《从广州私立岭南大学看基督教大学应以何种形式为国家教育事业服务》,《基督宗教与中国大学教育》,中国社会科学出版社 2003 年版,第 83 - 84 页;胡卫清:《普遍主义的挑战:近代中国基督教教育研究(1877—1927)》,上海人民出版社 2000 年版,第 45 - 48 页。

《中国早期的基督教大学》①,鲁珍晞(Jessie Gregory Lutz):《中国教会大学史(1850—1950)》②,以及芳卫廉(William P. Fenn)的《基督教高等教育在变革中的中国 1880—1950》③等论著。上述论著中部分已翻译成中文,对中国大陆学界基督教大学史的研究有推动之功。

香港与台湾的学界对教会大学的研究自 1970 年代开始起步。代表作有圣约翰大学同学会出版的《圣约翰大学五十年史略:1879—1929》,(1972 年版);彭国梁:《燕京大学之中国文化学术研究:1919—1949》(台北:昭人出版社,1975 年版);王尔敏:《上海格致书院志略》,(香港中文大学出版社,1980 年版);董鼎:《学府记闻——私立燕京大学》(台湾南京出版有限公司,1982 年版)。

1980 年代初,中国大陆学界开始对中国教会大学的历史予以重新审视。虽然许多研究已挣脱了旧思想观念的束缚,但可作参考的成果并不太多。其中徐以骅发表于 1986 年的《基督教在华高等教育初探》(《复旦学报》1986 年第 5 期)引起学术界关注,成为 1980 年代中期"教会大学史研究逐渐'变热'的开端"。④ 1989 年华中师范大学举办了新中国成立以来第一次有关中国基督教大学史研究的国际学术研讨会,由此中国基督教大学史研究进入高潮期。

1980 年代以来的中国基督教大学史研究有如下几个突出的特征:

第一,与一般大学史研究相比较而言最大的特征就是从一开始即以专业史学工作者为主而不是以从属于教育学专业的教育史工作者为主进行研究。这就造成了教会大学史研究在史学领域从一开始

---

① 原文 Early Christian Colleges in China 发表于 *Journal of Asian Studies*, Vol. 20, No. 1(1960);曾钜生译,载中国社会科学院近代史研究所《国外中国近代史研究》编辑部编《国外中国近代史研究》第 12 辑,中国社会科学出版社 1989 年版。

② 英文版 *China and the Christian Colleges*,1850—1950 由康奈尔大学出版社 1971 年版,曾钜生译,作者名译为杰西·格·卢茨,浙江教育出版社 1988 年版。

③ 英文版 *Christian Higher Education in Changing China* 出版于 1976 年,刘家峰译,珠海出版社 2005 年版。

④ 马敏:《近年来大陆中国教会大学史研究综述》,《世界宗教》1996 年第 4 期,第 133 页。

起点就非常高的特征,但其对教育教学规律却探讨不够。具体而言,教会大学史研究的过程基本上就是整个近代史学研究的缩影,其参与了1980年代以来中国近代史学界所有的范式之争和史学理论的构建。这个研究最早就是以对革命史范式的批判开始的,即一开始就采用了1980年代日趋流行的近代化研究范式。比如章开沅先生在1989年大会上对既往的基督教教育史研究评价道:"毋庸讳言,教会与教会大学曾与西方殖民主义及所谓基督教征服中国的宗教狂热有过不同程度的联系,也正因为如此,教会大学曾引起中国知识分子的强烈反感和抨击……但是,以现在的眼光看,这种尖锐的批判虽不无事实依据,但却失之笼统与有所偏颇,因为它没有将教会大学作为主体的教育功能与日益疏离的宗教功能乃至政治功能区别开来。这种偏颇的评价,对于那些勤恳的毕生奉献于教育事业的中外教职员,很难说是公正的评判。"[①]其后,教会大学史研究视角随着中国近代史学领域理论范式的转移而不断进行变化,从文化侵略模式到文化交流模式再到完全否定革命史的现代化范式,再到胡卫清普遍主义理论和吴梓明"全球地域化"等,与中国近代史研究视角转换几乎同步。另外,教会大学史由于其独特的西方文化背景,从一开始还深受西方学界近代史研究范式的影响,所谓冲击—回应模式、传统—现代模式、帝国主义模式与中国中心观、后殖民理论等主要的中国近代史学研究理论,在中国教会大学史研究方面均有所体现。[②]

　　第二,与第一项特征相联系,基督教大学史研究一向被主要作为基督教史研究领域的课题,"是中国基督教史研究中起步较早且成果

---

①　章开沅:《序言》,章开沅、林蔚主编:《中西文化与教会大学》,湖北教育出版社,1991年版,第3页。

②　详参陶飞亚、杨卫华:《基督教与中国社会研究入门》,复旦大学出版社2009年版,第162-180页;胡卫清:《普遍主义的挑战:近代中国基督教教育研究(1877—1927)》,第1-10页。孙邦华:《中国教会教育史研究述评——以中国大陆学术界为分析范围》,《河北师范大学学报(教育科学版)》,2008年第7期,第46-53页。陶飞亚、杨卫华:《改革开放以来的中国基督教史研究》,《史学月刊》2010年第10期,第5-21页。

最多、研究相对成熟的领域",①而不是教育史学研究范围的主要选项。因此,与一般的大学史研究不同的是,该领域主要的研究成果不是针对教会大学教育教学规律的探讨,而是集中于教会大学的文化交流、教会大学与政治(民族主义等)的互动、教会大学对于社会服务的参与等方面。如从马敏先生于 1996 年所作的"学术史综述"文章所分章节即可看出学界的着力点所在。该文将有关中国教会大学史研究的主要学术观点分为如下几个部分:教会大学的历史地位及其评价、教会大学与中国教育现代化、教会大学与中西文化交流、教会大学与知识分子、教会大学与民族主义等几个方面。② 可见大学作为一个教育机关,学界对其兴趣主要不在于教育、办学方面,而在其与文化交流以及政治、社会的关系等方面。其中,香港学者吴梓明先生联合内地学者推动的"基督教教育与中国社会丛书"③最能代表学界的研究旨趣。

第三,总体来看,中国教会大学史研究有一个十分特殊的现象,即学术会议十分密集。学者的重要成果基本都在学术会议论文集中,而较少在学术期刊发表。自 1980 年代中期到 1996 年,围绕中国教会大学史这一主题,已分别在两岸三地和美国召开了 9 次国际学术研讨会和一次工作会议,编辑出版了 7 本学术会议论文集。仍以马敏先生的《近年来大陆中国教会大学史研究综述》一文为例,其所征引的资料除史静寰《近代西方传教士在华教育活动的专业化》(《历史研究》1989 年第 6 期)、徐以骅《基督教在华高等教育初探》(《复旦学报》,1986 年第 5 期)两篇以外,全部出于国际会议论文集。这说明

---

①   陶飞亚、杨卫华:《改革开放以来的中国基督教史研究》,《史学月刊》2010 年第 10 期,第 15 页。

②   马敏:《近年来大陆中国教会大学史研究综述》,《世界宗教研究》1996 年第 4 期,第 132 - 146 页。

③   该套丛书主要有《基督教教育与中国社会变迁》、《基督教大学与国学研究》、《基督教教育与中国知识分子》、《教会大学与神学教育》、《基督教大学华人校长研究》、《基督教与近代中国女子高等教育——金陵女大与华南女大比较研究》、《抗日战争时期的基督教大学》等,自 1996 至 2003 年陆续出版。丛书没有一本是就教会大学的教育、教学规律进行专门研讨的。

至少在 1996 年前，该领域的主要成果集中在会议上发表。这或可表明，当时的教会大学史研究未能得到更多圈外人士的认可和共鸣，同时也说明来自海外的资金支持①使得学者们可以更从容地坐下来共同讨论。

第四，本书在此处不拟对教会大学史研究的具体细节进行勾勒。但是需要指出一个明显的趋势，那就是本世纪以来教会大学史在基督教史研究领域进入了平稳发展与成熟高原期。这从大多数教会大学史研究的学者均已转向基督教史研究的其他领域等方面可以看出。最典型的就是曾为国内教会大学史研究重镇的华中师范大学东西方文化交流研究中心，现仅有少数学者从事此方面的研究。其原因有二：第一，任何领域的研究都会有一个平台期，教会大学史经过20 世纪八九十年代以来 20 余年的研究积累，成果已经十分丰富，再想突破已然不易。但目前的研究远未囊括所有基督教大学，也远不能涵盖基督教大学的各个层面则是不争事实，比如对中国第一所基督教大学齐鲁大学的研究就十分薄弱。第二，与上述基督教大学史研究特点第一项相关联，受史学界研究理论变迁的影响，大家已多不愿意再在某个大学上下工夫。事实上教会大学各有特色，研究教会大学史很难不受到单个学校研究范围的制约，从而束缚了研究者未来的发展空间与学术后劲。尤其是近年学界所谓"普遍史学"②的复兴，让单个大学的研究似乎"失去"了意义，最初研究时过于窄小的视角（如仅针对某个学校，或仅针对教会学校的某个侧面进行研究等等），使进一步拓展异常艰难。

然而"一切历史都是当代史"，从一定意义上讲，没有任何历史学题目会出现"过时"、"没新意"的状况。历史学的魅力就在于随着现实观察点的不同而呈现出不断变换的意义与样貌，从而"亘古常新"。在教会大学史研究领域，基督教史学者退场以后，来自教育学界的研

---

① 这些资金包括美国鲁斯基金会和亚洲高等教育联合董事会等机构提供的经费。

② 雷蒙德·马丁：《平艾伦·梅吉尔的〈历史知识与历史谬误：当代史学研究指南〉》《历史与理论》2010 年 10 月号；《历史研究》2011 年第 2 期，第 185 页。

究者仍在不断做着自己的努力。高时良主编的《中国教会学校史》（湖南教育出版社 1994 年版）、吴洪成的《中国教育史研究·中国教会教育史》（西南师范大学出版社 1998 年版）、王忠欣的《基督教与中国近现代教育》（湖北教育出版社 2000 年版）等专著，以及岳爱武《近代中国教会大学专业教育发展的考察》（《高教探索》2011 年第 5 期），徐雪英、周谷平《治理模式变迁与教会大学发展——以之江大学为例》（《社会科学战线》2011 年第 9 期），王成《中国教会大学人才培养特点透视》（南京大学硕士论文 2011），吴洪成、王蒙《中国近代教会大学农业教育述论》（《扬州大学学报（高教研究版）》2012 年第 3 期），李海萍《从"借学布道"到"教育为本"：清末民初教会大学内部职权体系之变迁》（《世界宗教研究》2012 年第 5 期），赵厚勰《论近代教会大学的通识教育》（《河北师范大学学报·教育科学版》2013 年第 15 卷第 5 期）等等，都是从教育学的学理视野出发对教会大学史进行的研究。教会大学史研究对于教育史而言，是从外史走向了内史；对基督教史而言，则是从核心走向了边缘。

大学不同于其他机构，其最大的特征恰恰在于大学鲜明的特色，[①]因此，对大学史进行研究，最好的办法就是从个案做起。因为大学，尤其是近代史上的大学，无法也不可能概括出一个统一模式。应该说，任何学校都有自己的传统，研究一个个大学，"也就是为当代中国文化的研究增添一个个案"。[②]对此学界已经有所认识，在个案研究方面，来自教育学界与历史学界的一些学者做出了积极努力：王立诚《美国文化渗透与近代中国教育：沪江大学的历史》（复旦大学出版社 2001 年版）、赵厚勰《雅礼与中国雅礼会在华教育事业研究（1906—1951）》（山东教育出版社 2008 年版）、章博《近代中国社会变迁与基督教大学的发展——以华中大学为中心的研究》（华中师范大

---

① 朱庆葆：《从学科建设看办学特色的形成》，《中国教育报》，2011 年 1 月 3 日，第 5 版。

② 周良书：《大学校史研究中的若干问题》，《当代中国史研究》，2006 年第 4 期，第 61 页。

学出版社 2010 年版)等可为其中代表。个案研究还包括学者对教会大学内部某些机构的探讨勾陈,如孟雪梅《近代中国教会大学图书馆研究》(国家图书馆出版社 2009 年版)。

近年来基督教史研究领域比较注重对"人"的关注,强调"历史都是人的历史,如果将人抽象为毫无生气的符号,则历史本身或将失去其灵魂",因此要放弃"冷冰冰"的治史方法,关注"基督徒本身的心路历程"。[①] 这种治学风气反过来影响到了基督教大学史研究,如孙崇文《学生生活图景:世俗内外的教育冲突》(教育科学出版社 2008 年版),刘保兄《基督教大学中国教师群体的形成与发展》(《教育评论》2011 年第 3 期),谢竹艳《基督教大学外籍校长与"收回教育权"运动》(《海峡教育研究》2013 年第 3 期)等论著都在做着此方面的努力。学界咸认,大学不仅是教育机关,还是学术机构,同时还是一个"小社会"。[②] 在这样一个小社会里,师生的生活样态、校园场景、建筑特色及其对大社会的关注与各种实践活动也很值得深入探讨。但是我们对于教会大学内部的研究还是远远不够的,尤其是对于教会大学这样一个"非民族情境"而言,在涉及民族主义问题上,"非民族情境"中的中国人究竟何思何想、如何作为我们并不清楚。正是基于以上考虑,本文选择以齐鲁大学学生群体为个案解析齐大校内民族主义的发展与具体实践问题。

(二) 齐鲁大学史研究

在近代 13 所基督新教大学里,齐鲁大学可谓默默无闻,这从当时发行量较大影响较广的《申报》与《大公报》等报纸对其报道极少,而对金陵、燕京、圣约翰等基督教大学的报道却连篇累牍即可看出。这也造成了齐鲁大学史研究力度一直强的事实。搜检齐鲁大学研究

---

① 　胡卫清:《苦难与信仰:近代潮汕基督徒的宗教经验》,生活·读书·新知三联书店 2013 年版,第 372 页。
② 　王东杰:《国家与学术的地方互动:四川大学国立化进程(1925—1939)》,生活·读书·新知三联书店 2005 年版,第 10 页。

成果,其唯一的一部通史性著作是由郭查理所著、由陶飞亚和鲁娜翻译的校史《齐鲁大学》(珠海出版社 1999 年版)。其余有关齐鲁大学的文字可分为两大类:回忆性与研究性。

回忆性成果大陆与台湾都有一些。大陆的回忆性文字有:王神荫的《七七事变以前的齐鲁大学》(中国人民政治协商会议山东省委员会文史资料研究委员会编:《文史资料选辑》第 1 辑,山东人民出版社 1982 年版)与《齐鲁大学校史简介》(中国人民政治协商会议全国委员会文史资料研究委员会、《文史资料选辑》编辑部编:《文史资料选辑》第 31 卷,第 91 辑,中国文史出版社);朱式伦《齐鲁大学及其附属机构介绍》(中国人民政治协商会议山东省济南市委员会文史资料研究委员会编:《济南文史资料选辑》第 7 辑,1986 年);张士新的《我所知道的齐鲁大学》(山东省政协文史资料委员会编:《山东文史集粹》(修订本下集),中国文史出版社 1998 年版);徐均望《建国前的齐鲁大学》(《春秋》1995 年第 5 期)等;另有对齐大人物的回忆,如刘贞模《忆我的父亲——齐鲁大学校长刘世传》(《山东文史资料选辑》第 25 辑);栾登、栾汝珠《栾调甫的墨学研究活动》(《济南文史资料选辑》第 10 辑);任远《老舍、李广田藏书在济遗失考》(《济南文史集粹》下册)等。台湾的回忆性文字主要发表于《山东文献》,具代表性的有如褚承志《私立齐鲁大学》(《山东文献》第九卷第一期),杨懋春《齐大校史》(《山东文献》第九卷第二期至第十卷第二期),李文欣《齐鲁大学校史》(《山东文献》第五卷第四期)等等。这些回忆性资料虽然不尽正确,但却可以为我们提供一种身临现场的气氛参照,也可弥补档案之不足。

研究性成果并不太多,但质量颇高。比较重要的有:(加)彼特M. 米切尔《二十年代末的齐鲁大学——一所联合大学的民族主义变迁》(章开沅、林蔚《中西文化与教会大学》,湖北教育出版社 1991 年版,第 213 页);包德威、陶飞亚《齐鲁大学医学院毕业生的历史分析》(章开沅、林霭、伍宗华《中国教会大学史论丛》,成都科技大学出版社 1994 年版,第 250 页);鲁娜、陶飞亚《齐鲁大学的历史资料及其研究》

（《教育评论》1994年第1期），该文最大价值是系统梳理了有关齐鲁大学的资料；陶飞亚《院系调整之前：齐鲁大学教授状况的分析》（章开沅、马敏《社会转型与教会大学》，湖北教育出版社1998年版，第68页）；刘家峰《齐鲁大学经费来源与学校发展：1904—1952》（章开沅、马敏《社会转型与教会大学》，第81页）；陶飞亚、刘家峰《哈佛燕京学社与齐鲁大学的国学研究》（《文史哲》1999年第1期）；彭益军《近代西方基督教会与齐鲁大学》，《山东医科大学学报社会科学版1999年第2期》；李鹏程《齐鲁大学办学模式考析》（《临沂师范学院学报》2002年第4期。）还有几篇硕士论文需要关注，崔霞《齐鲁大学的校园文化研究1928—1937》（山东大学，2006年）；赵景龙《齐鲁大学的本土化与世俗化历程研究》（首都师范大学，2007年）；王雪玲《齐鲁大学国学研究所初探》（华东师范大学，2007年）；黄登欣：《齐鲁大学立案研究》（曲阜师范大学，2009年）；李芳《建国后教会大学的改造与调整：以齐鲁大学为例》（山东大学，2011）；赵祥斌《神圣与世俗之间：齐鲁大学乡村建设研究》（山东大学，2011）；赵建辉《19世纪末20世纪初中国基督教大学"并校运动"的历史考察——以齐鲁大学为中心的研究》（苏州大学，2012）；曹月《教会大学的中国化研究——以齐鲁大学为例》（陕西师范大学，2013）等，分别从不同方面对齐大进行了梳理，但不得不说，整体研究还相当薄弱。

关于齐鲁大学早期历史——登州文会馆及其相关人物研究亦值得关注。如 Daniel W. Fisher, *Calvin Wilson Mateer: Forty-Five Years a Missionary in Shantung, China: a Biography*, Philadelphia: The Westminster Press, 1911. （费丹尼著：《狄考文：一位在中国山东四十五年的传教士》，郭大松、崔华杰译，中国文史出版社2009年版）；Robert McCheyne Mateer, *Character-Building in China: The Life-Story of Julia Brown Mateer*, Fleming H. Revell Company, 1912（狄乐播著，郭大松译：《中华育英才：狄邦就烈传》，中国文史出版社2009年版）；Robert Coventry Forsyth, Compiled and Edited, *Shantung, The Sacred Province of China in Some of*

Its Aspect, Shanghai Christian Literature Society, 1912; Irwin T. Hyatt, Jr. *Our Ordered Lives Confess : Three Nineteenth-Century American Missionaries in East Shangtung*, Harvard University Press, 1976; 史静寰著:《狄考文与司徒雷登——西方新教传教士在华教育活动研究》,珠海出版社 1999 年版;郭大松译编:《中西文化交流的先驱和桥梁——近代山东早期来华基督新教传教士及其差会工作》,人民日版出版社 2007 年版;崔华杰硕士论文:《狄考文研究》,山东师范大学 2008 年;赵展硕士论文:《登州文会馆研究》,青岛大学 2009 年;刘芳硕士论文:《登州文会馆与近代教育》,山东大学 2011 年;郭大松、杜学霞编译:《中国第一所现代大学——登州文会馆》,山东人民出版社 2012 年版;吴洪成、王蒙:《试论美国传教士狄考文创办登州文会馆的缘由》,《河北师范大学学报(教育科学版)》2013 年第 1 期;崔华杰:《登州文会馆与山东大学堂学缘述论》,《山东大学学报(哲学社会科学版)》2013 年第 2 期;郭大松:《晚清第一所现代大学登州文会馆若干史事考辩》,《史学月刊》2013 年第 9 期等。

本研究选择齐鲁大学作为对象原因有三。第一,弥补教会大学史研究中的个案不足缺陷,齐大长期以来未受人重视,对一所办学颇有特色的基督教教育机构而言有失公平。第二,作为一个山东人,研究齐鲁大学并非完全情系桑梓所致,齐大是中国第一所近代大学①,对其进行研究自有其意义。第三,齐大学生的民族主义表现别具特色,很值得我们深入探讨。作者认为,历史学不能跟风,史学论文只要不是对既往工作进行简单重复,所重建的历史场景尽可能地符合历史真实,就自有其意义在。虽然作者坚信龙凤诞雏意义重大,邻猫生子也不见得就不是历史,但本文还是在某些方面做了些努力,其意义或许不仅仅是一只待娩邻猫。因为,"'重要'的问题并不一定是'宏大'的问题,更不等于'宏大事件'。一个问题的重要性反而往往

---

① 郭大松:《中西文化交流的先驱和桥梁》,人民日报出版社 2007 年版,第 37-38 页。

体现在那些具体而微的事物中。"①以齐鲁大学学生的民族主义表现为例,或许能够看出中国近代民族主义在不同领域的具体特色之一斑。

三、研究的基本思路与框架

本书以 1864—1937 年间的齐鲁大学校内的民族主义作为主要研究对象。之所以选择这样一个时段,是因为 1937 年抗日战争爆发后,齐大迁至四川,济南的学校勉力维持至太平洋战争爆发后停办。1937 年后齐大颠沛流离,资料散失严重,因此对其进行研究尚需要今后持续的投入。在笔者设定的研究主题上,齐大具有典型性。其校内的民族主义表现方式具有不同于其他学校(包括教会学校)的特色,这也正好证明了大学史应该从个案入手。当然,由于不能对其他具有类似情形的大学作出考察,齐大的特色在缺少与更多案例进行比较的情况下,本研究无法作出举一反三式的推论。"非民族情境"下的民族主义的特色也须将各种"非民族情境"逐一研究后方可得出最后结论。

全书共分三部分,八章,另加绪论与结语。

第一部分为齐大创建与发展的背景,包括第一、二两章。第一章主要介绍山东的有关情况与基督新教在山东的传播与发展。第二章主要是纵向梳理齐大抗战前的发展历程,为其后故事的展开提供一个线性参考,主要介绍传教士与民族主义对学校的双重压力。突出的主题是齐大是在什么样的压力下一步步发展的,作为一个集体、一个机构,是如何应对外来的压力,以及这样的特征会造成什么样的局面。

---

① 王东杰:《国家与学术的地方互动:四川大学的国立化进程 1925—1939》,2005 年版,第 3 - 4 页。

　　第二部分共三章,包括三至五章,分别从人事管理、经费来源和校园文化三个角度回答非民族情境的形成与特点问题。三章围绕这一个大的标题分别从一个侧面来论证这一情境:齐大人事管理一直为西方人所掌握,后在外力的催逼下不得不将行政权让位于中国人,但叠床架屋的机构设计以及校务长的设置及其实际运行情况,都表明在非民族情境里争取民族管理权益并非易事。"经费来源"一章主要讲在近代中国实力不济的情况下,学校创建、维持经费绝大部分都来自海外,这也导致中国人对校内的经费管理基本上没有参与空间的结局。"校园文化"一章突出其与国立学校迥然相异的异国文化情调,主要表现是其教育精神的基督化与整体的基督氛围及对政治生活的反感。

　　六至八章为最后一部分,以学生为例探讨非民族情境下的中国人的问题。第六章从学生的来源中可知基督徒的高比例和省份的广泛性,这为齐大学生的民族主义表现带来了极其复杂的局面;毕业生的去向中注重探讨毕业学生的社会服务精神和对政治的有限参与。第七章学生社团组织对政治、社会问题表现出高度的研究兴趣,说明齐大学生对民族安危的关注与对家国前途的关切,但是表现方式却是以研究与学习为主,从知识中寻找救国真理,而不是盲目上街。第八章细致梳理齐大学生自建校至抗战前的几次学潮,反映其在因应实际政治中的理性与反省精神,齐大学生对政治的因应表现出对现实政治的学理关注与参与梳离、反帝反侵略但不反基督、维护母校、理性爱国和反省的特点。

　　综上,在吸收借鉴前人研究成果的基础上,本研究将在以下四个方面有所创新。其一,弥补教会大学史研究个案之不足,对齐鲁大学的有关情况作一梳理。其二,就教会大学与民族主义的关系而言,学界多是从民族主义对教会大学的冲击以及教会大学的因应入手,在"非基"、收回教育权、向政府立案等等问题上探讨民族主义与教会大学的纠缠,概言之,主要谈的是教会大学"外面"的民族主义。本研究所关注的重点是民族主义在教会学校内的反映,探索在教会大学这一"非民族情境"中,中国学生的民族主义诉求问题,或能为教会大学史研究提供一种视角。其三,从实践的角度探析近代史上民族主义发展的另一条线索——"反省"的民族主义,弥补既往研究仅注重思想理论层面的偏颇。其四,在中国高等教育史上,齐鲁大学作为中国最早的近代大学,在教育理念、办学特色、管理模式等方面对于当前办学均具有不容忽视的意义,本研究亦在此方面做了一些努力。

研究过程中需要处理的英文资料十分庞杂,这对于英语底子并不太好的作者而言是个巨大的挑战,因此在资料回译与应用过程中定然有不少失误之处。由于有关齐鲁大学的研究成果较少,可供借鉴的内容不多,所以关于民族主义的精髓挖掘不深,部分内容由于才学所限有待于进一步提升与补强。另外,囿于资料与学养所限,目前暂时无法对齐大校内的中国籍管理人员与教师的民族主义诉求作出剖析,对此只能有待来日了。

第一章

"圣省"来了西客:基督新教与近代山东

1912 年,英国浸礼会传教士法思远(Robert Coventry Forsyth)编著出版了一本有关山东的书,名为《中国圣省山东》(Shantung, The Sacred Province of China in Some of Its Aspects)。[①] 自此,"中国圣省"一语就在传教士眼里成为了孔孟故里山东的代名词。

第一节　东方"圣省"山东

一、山东的基本情况

山东在中国历史上号称"齐鲁文物之邦",是中国圣人孔子孟子的故乡,还是在中国政治生活中地位极其特殊的东岳泰山所在地,亦是我国古代文化的中心源头——齐鲁文化的诞生处。

除政治文化地位尊崇以外,山东地理位置也极端重要,深为各方势力所青睐。山东位于华北东部,北纬 34 度至 39 度、东经 115 度至 123 度之间。地处要冲,西接黄淮,东濒大海。与辽东半岛共轭渤海,为京津之门户。境内水利资源颇丰,黄河、运河贯穿而过,津浦路

---

① Robert Coventry Forsyth, Complied and Edited, *Shantung, The Sacred Province of China in Some of Its Aspects*, Shanghai Christian Literature Society, 1912.

贯通全省，为南下徐、宁、沪必经之地，历来为兵家之必争。鸦片战争之后，太平天国北伐军、捻军、幅军、长枪会、邹教军、义和团等都曾驰骋于齐鲁大地。辛亥之后，山东也一直为各方势力争夺的焦点。北洋军阀时期由皖系而奉系；国民党时期，山东由韩复榘所控制，一直是国民党中央和地方、蒋介石嫡系势力和非嫡系势力争斗的地区；抗战时期，山东较早沦陷，国、共、日三方政权并立，势力犬牙交错，斗争激烈复杂。这种控制势力不断变更的情况导致山东政局动荡不断，也造成近代山东教育深受时局影响的特征，其发展出现兴衰无常、时冷时热的状况。

山东是沿海省份之一，具有漫长海岸线和优良天然港湾，而且山东经济地位特殊，地下矿藏丰富，胶东更是经济富庶之区，这让殖民者垂涎三尺。第二次鸦片战争中，烟台被侵占，《天津条约》规定开放烟台为通商口岸，并于 1862 年 1 月正式对外开放，设立东海关。烟台开埠使之"成为帝国主义进攻山东的桥头堡"[①]之外，也为山东人提供了新的生活方式样本，山东开始有了近代教育的影子。整个近代，山东先后受到法国（1860 年侵占烟台）、日本（1895 年侵入威海）、德国（1897 年侵胶澳，将山东视为势力范围）、英国（1898 年强租威海卫）、日本（一战中强占山东青岛）、日本（1937 年占领山东）等国的侵略，这使得近代山东文化尤其是沿海城市文化深受列强影响，也让山东近代教育沾染了不同国家的特色。

山东除孔孟之学发达之外，还有一个奇怪现象，就是好汉辈出、民风剽悍的尚武风气。这两种似乎背道而驰的文化精神，却奇迹般地在山东融合在了一起。两汉之际的绿林赤眉起义，唐末盐贩首领黄巢起义，北宋水浒好汉啸聚梁山，山东似乎有一种挥之不去的绿林响马情节，以至于有学者认为"到宋朝出现了这样的怪现象：全国的社会风气已由汉唐时期的重武轻文转向了重文轻武，而山东西部似乎正相反——孔孟之乡的敦厚文雅被愈来愈浓重的刚武之风所取

---

① 李宏生、宋青蓝主编：《山东通史》近代卷，上册，山东人民出版社 1995 年版，第 23 页。

代。北宋后期,鲁西一带相继爆发的宋江、王伦、王则起义就使山东人以勇敢好武名闻天下,到明清时期这种名声越来越大,在 19 世纪,连西方人都了解了山东人'好武'和'好义'的秉性"。① 所以当基督教育最早于山东东部沿海萌生时,山东西部却是中国有名的教案高发区。这种亦文亦武的社会风气使得基督教在山东的传播面临着极其复杂的局势,也使教会教育出现了多种面相。

二、传教士眼中的山东

在西方人眼里,山东是"中国圣省"。因此,以基督征服齐鲁就具有了文化上、心理上的诸多复杂纠缠,耶稣在孔子故乡能否成功的问题拥有极大的象征意义。著名美国北长老会传教士,也是齐鲁大学创始人物之一的狄考文(Calvin Wilson Mateer)就曾经说过:"我感到我要用全力表示,让长老会攻打山东这个省份。在过去的时代里,中国的宗教与政治都是由山东产生,在将来的年月中,它要把基督教贡献给中国。"②

检阅传教士留下来的文字,可以发现介绍山东的内容基本可概括为四个方面。一是山东的历史地理环境,一是山东尊崇的文化政治地位,一是山东人的性格特征,一是近代山东百姓的贫困生活。

在传教士眼里,几乎无一例外,都承认山东历史悠久、地理重要这一事实。奚尔恩在他那本著名的《在山东前线》一书里,就开辟专章介绍了山东的历史和历史地理。该书虽然仅简要介绍了山东史前时代及夏商周时期的历史,仍然很清楚地勾勒出了山东悠远的历史文化。对山东地理环境进行介绍时,着重探讨了泰山的形成及其文化地位,山东的海岸线、黄河、小清河以及京杭大运河等河流湖泊以及山东的交通邮递等问题。③ 如果奚尔恩的介绍还是比较学术地介

---

① 王云著:《明清山东运河区域社会变迁》,人民出版社 2006 年版,第 321 页。

② 中国科学院山东分院历史研究所编:《山东省志资料》,山东人民出版社,1962 年第 4 期,第 2 页。

③ John J. Heeren:*On The Shantung Front*,*a History of the Shantung Mission of the Presbyterian Church in the U. S. A 1861—1940 in its Historical*,*Economic*,*and Political Setting*,New York,1940,pp3 - 34.

绍一些客观情况的话,在法思远主编的《中国圣省山东》那本书中,作者们则强调了山东地理位置的重要性。如明恩溥认为山东地理位置十分重要,是因为其"海角深入黄海,与东北(满洲)、朝鲜与日本临近"。[①] 在一份1920年宣传齐鲁大学的小册子里,介绍了山东的面积与人口:55 984平方英里的面积相当于美国的艾奥瓦州,并与整个英国一样大,3 500万的人口使其成为中国居住最密集的省份。省会济南,是一个快速成长的城市,拥有35万人,坐落于两条铁路的交叉口,一条与北京、天津和南京相连,一条与东部沿海港口青岛相连。[②] 悠久的历史传统与重要的地理位置吸引了大批传教士的注意。

对于山东的文化政治地位,传教士多强调两个方面:孔孟故里与东岳泰山。

在一份1920年宣传齐鲁大学的小册子里,山东被描述为中国的关键省(Pivotal Province),为什么关键呢? 该书给出了三点理由:

> 因为山东是孔孟的诞生地和栖息地,具有中国圣地的意义;
>
> 因为山东拥有独特的教育传统;
>
> 因为山东在中国以及整个远东最近事件中的战略性政治地位。

此时的中国刚刚因为山东问题而爆发全国性的五四运动,故有第三点之说。其实齐鲁历来是兵家必争之地,因此出现山东问题也不足为奇。传教士在向母国宣传山东时,基本都会强调山东为孔孟故里这一事实。1925年,在另一本介绍齐大中英文对照的小册子

---

① Robert Coventry Forsyth, Compiled and Edited, *Shantung, The Sacred Province of China in Some of Its Aspect*, Shanghai Christian Literature Society, 1912, p4.

② *Shantung Christian University*, Archives of the United Board For Christian Higher Education in Asia(亚洲高等教育联合董事会档案,缩微胶卷,现藏于华中师范大学东西方文化交流中心,后文简称 AUBA 亚联董),267-4271, pp992-997.

里,山东的尊崇地位再次被述及:

> 山东为齐鲁故都,孔孟桑梓,史册所载,人咸称之。洎乎前清末叶,德人以曹州教案占据青岛,建筑铁路,直达济南。宣统元年以英德借款修筑津浦铁路中经济南。两路既成,而东西八百里南北二千里之间,商贾辐辏,往来如鲫,实以济南为集合点。盖蔚然一大都会焉。况自太平洋会议以后,山东问题全球注目,虽弹丸青岛亦几与伦敦纽约齐名。在此最紧要之地方建立一齐鲁大学诚所谓势所必须而刻不容缓者也。……

又谓:

> 鲁省为孔孟之乡邦,古代文化之策源地,寰球学者莫不瞻仰。自欧风东渐,各省学校林立,山东尤不可无较高府以资人才之造就。于是欧美友邦人士本基督博爱精神咸乐于助力,建设本大学于轮轨辐辏之山东省会济南地方。现计协办此大学之教会凡十有一。……各教会遣派教员担任常

图 1-1　宣传册 *Shantung Christian University* 中的孔庙与泰山

年经费,与我国学子切磋砥砺熔为一炉,初无此疆彼界之分
可见学术大同与政治超然有别。①

《中国圣省山东》一书第一章重点介绍了孔子、孟子两大贤哲的
生平与思想及其对中国的影响,该书在传教士中影响很大,基本可以
代表传教士们对于山东文化地位的认可。该书认为"山东是中国所
有行省中最有研究价值的省域",因为山东是孔子故乡鲁国所在地,
并认为山东因此被称为"中国圣省"。还在这本书里,泰山被称为"中
国最著名的圣山",并花费大量笔墨描写了围绕泰山形成的各种神
祇、信仰、传说以及政治仪式等等。②

　　类似的宣传有些是为了提高齐鲁大学的知名度从而达到募捐效
果而做的。比如路思义(Luce, Henry Winter)就通过这种声情并茂
的文字获得过大量的赠款。但其中对山东的介绍倒也并未夸大。传
教士的这些文字在西方广泛宣传了山东的崇高地位及在山东办大学
的重要意义。

　　对山东人性格特征的刻画也是传教士文字中经常涉及的内容。
在传教士笔下,山东人拥有比中国其他地方更加强壮的身材和更加
良好的体魄,山东人勤劳、节俭、诚恳而且乐观。③ 1906 年,刚刚合并
成立的文理学院(Shantung Union College)在其发行的一本英文小
册子里这样介绍山东:

　　　　山东对基督教大学来说有一个特殊的好处。这里的气
　　候温暖而健康,人们和气而慈祥。在过去的日子里,外国人
　　的生命和财产比在中国的其他地方更加安全,未来肯定依
　　然如此。山东人继承了其祖先的文化底蕴。对教育的需求

---

① *Shantung Christian University*, AUBA, 267 - 4272, p6. 本两段原文为中文。
② Robert Coventry Forsyth, Compiled and Edited, *Shantung, The Sacred Province of China in Some of Its Aspect*, Shanghai Christian Literature Society, 1912, p3, p57.
③ *Shantung Christian University*, AUBA, 267 - 4271, pp992 - 997.

普遍而急切。中国很少有地方传教士的工作有如此伟大的成效。……①

传教士借助宣传册宣传山东优越的人文环境的例子不胜枚举。如新教传教士最早聚集地的登州,其人文环境就得到了不止一位传教士的赞誉。如1861年夏到登州后的倪维思夫妇,与此前在上海、宁波、杭州等地生活经历比较后认为,登州人"纯朴、率直,对外国人非常友善",登州的传教工作"比在中国南方的一些老布道站进展迅速很多"。②费丹尼(Daniel W. fisher)在1911年为狄考文写传时,提到1864年时"登州人对外人的态度",要比40年后中国其他许多地方的人还"要友好一些"。③

近代来华传教士除介绍山东在政治、文化及地理位置上的重要意义以外,也详细描述了山东百姓在近代的苦难。传教士普遍认为人口过剩、黄河灾害严重、土地资源不足、民生困苦是山东"迫切需要解决的问题"。一旦遭遇灾害,庄稼歉收,就会导致严重穷困的局面,很多山东人"很难说是在生活,他们只不过是活着而已。"对于山东苦难的描绘,传教士最终归因于中国文化的固有成分出了问题。他们虽然认为孔子的儒家思想是基督教以外最精彩绝伦的思想体系,影响十分深远。但是这种思想体系却有很多的局限性,山东和中国需要开发同艰难困苦作斗争的新的道德心和品格。在传教士看来,这种道德心和品格需要基督教来给予。④

---

① *Shantung Union College* 1906,AUBA,267 - 4269,p549.

② Helen S. C. Nevius. *Our life in China*,New York:Robert Carter and Brothers,1869,PP. 354 - 355;连警斋:《郭显德牧师行传全集》,上海:广学会,1937年版,卷二,第339 - 340页。

③ 费丹尼(Daniel W. Fisher)著,郭大松 崔华杰译:《一位在中国山东四十五年的传教士:狄考文》,中国文史出版社2009年版,第41页。

④ Robert Coventry Forsyth, Compiled and Edited, *Shantung*, *The Sacred Province of China in Some of Its Aspect*,pp. 389 - 402、pp. 6 - 9.

第二节 基督新教在山东

一、基督新教奋兴运动与中国传播

公元 1 世纪,基督教脱胎于犹太教。1054 年,东、西教会分裂为天主教与东正教。约在唐太宗贞观年间,基督教涅斯托利派最早传入中国,时称"景教"。后由于唐武宗灭佛,被殃及的景教很快在中原失传。元朝建立后,随着横跨欧亚大陆的大帝国的建立,时称为也里可温教的天主教传入中国,但主要在少数民族中流传,并随着元朝统治的覆灭而衰落下去。明末清初,著名耶稣会传教士利玛窦一度改变了天主教在中国的命运,吸引了包括徐光启等人在内的著名人物信教。但由于在"中国化"问题上与教皇意见相左,遂发生"礼仪之争",引起一场轩然大波。"礼仪之争"①集中于是否允许中国教徒祭祖、祀孔等问题,康熙恼怒于外国势力干涉中国的文化习俗,遂下令禁教,天主教遭到沉重打击。

就在天主教努力对东方进行传教时,16 世纪,欧洲出现了影响深远的宗教改革运动。宗教改革是世界进入近代史的标志性事件之一。其后,一批陆续脱离天主教的教派统称为基督新教,自此基督教世界一分为三,除原有的天主教与东正教外,基督(新)教开始登上历史舞台。新教不承认罗马教皇权威,以基督为最高统帅,宗派众多且各自独立,无统一组织与领导。基督新教与天主教相比,自然是当时顺乎历史潮流的新教派,但仍然遭到了 18 世纪启蒙运动的强烈冲击,"因此,17 和 18 世纪英国社会的大多数人都缺乏宗教热情"②。在理性的审判面前,其神启信仰自然无还手之力。为挽救危机,保持阵地,一批基督徒发起了宗教奋兴运动。这次奋兴运动的特征是:

---

① 关于"礼仪之争",参阅吴莉苇著:《中国礼仪之争:文明的张力与权力的较量》,上海古籍出版社 2007 年版。

② 陶飞亚:《基督教会与近代山东社会》,山东大学出版社 1995 年版,第 4 页。

"提倡认真阅读《圣经》,启发灵性,增强信心;强调灵修自省,严格要求,以自己的模范道德行为作见证;在组织上严密精选或过集体生活,互相监督,充分发挥教会的功能,加强社会服务和传教。"①

这一奋兴运动遍及欧美,包括欧洲大陆的虔敬派运动、英国的福音奋兴运动和美国的"大觉醒"运动。19世纪经过内部不断奋兴的基督新教势力达到鼎盛时期,其对于"社会服务和传教"的提倡有力地推动了新教海外传教活动的振兴,正如一西方学者所说,"福音奋兴运动的最重要成果之一是近代新教传教事业的兴起"。②从17世纪后期开始,欧洲陆续出现了一批向海外非基督教民族传教为目的的新教传教团体。正是在这一背景下,1807年,基督新教来到中国。这一年,英国伦敦会的传教士马礼逊来华传教,然收效甚微。1831—1833年,著名传教士郭士立三次在中国沿海航行,并成为第一位登陆山东的新教传教士。但由于政治限制及当地人的误解,没能收到传教成效。在初期的挫折之后,传教士们提出"只有战争能开放中国给基督"。③1842年,打了两年的鸦片战争以清朝政府被迫签订《南京条约》结束。正是这一条约及其后的《望厦条约》与《黄埔条约》等签订之后,新教取得了在通商口岸传教的权利。第二次鸦片战争后,1858年《天津条约》更加明确规定了自由传教的条款,并给予传教士在中国内地传教的权利。这些条款促进了基督教在华传播。

自此,新教欧美各差会纷纷派遣传教士赴华活动。差会是"基督教差派传教士进行传教活动的组织,多为西欧、北美国家的基督教会所设立,派遣传教士到亚洲、非洲、拉丁美洲等国设立教会、开办学校、报馆和举办慈善事业"。④19世纪来华差会主要有路德宗、长老宗、浸礼宗、公理宗、圣公宗等宗派所属教会,影响较大者为长老会、

① 于可主编:《当代基督新教》,东方出版社1993年版,第9页。
② 威利斯顿·沃尔克著,孙善玲、段琦、朱代强译:《基督教会史》,中国社会科学出版社1991年版,第595页。
③ 顾长声:《传教士与近代中国》,上海人民出版社1981年版,第47页。
④ 顾长声:《传教士与近代中国》,第109页。

信义会、伦敦会、公理会、浸礼会等。

新教势力在华发展极快,在 1881—1900 年这二十年间,"差会总堂增加了将近三倍,平均每年增加 18 处"。① 教会势力的这种发展引起了中国人的强烈反弹。义和团运动爆发的原因虽然复杂多样,但教会势力的扩张是一重要原因当是不争事实。义和团被镇压后,基督教界认为教会力量之所以不够强大是因为差会间合作不够,各自为战的结果只会削弱基督教传教力量。于是,教会之间的联合运动开始发展起来,这种联合进一步促进推动了基督教力量的扩张。义和团运动后 20 年间,"传教事业在地理方面扩大甚快。把天主教徒和耶稣教徒合在一起计算,平均每 200 人中有基督徒一人。全国面积中有 3/4 被基督教会认为责任地,七省全部为责任地……全国五万人口以上的大城市中,除 18 个城市外,均有基督教宣教事业。"②中国信徒人数也大为增加,1920 年与 1907 年相比,信徒人数增加了105％。③ 截至 1920 年代,来华新教差会已达到 100 多个,分属英、美、法、德、加拿大、瑞典、挪威、丹麦等十多个国家。"这些新教差会在我国建立了一系列传教机构,吸收了数十万中国教徒,推动了基督教在近代中国的广泛传播"。④

二、基督新教传入山东及其教育事业

最早进入山东的新教差会是美国南浸信会,其传教士花雅阁(J. L. Holmes)夫妇于 1859 年 5 月登陆烟台。1861 年,海雅西(J. B. Hartwell)牧师全家由上海迁来烟台。1862 年 10 月 5 日,登州浸礼

---

① 中华续行委办会调查特委会编,蔡詠春等译:《1901—1920 年中国基督教调查资料(修订)》(上卷),中国社会科学出版社 1987 年版,第 120 页。

② 中华续行委办会调查特委会编,蔡詠春等译:《1901—1920 年中国基督教调查资料(修订)》(上卷),第 126 页。

③ 中华续行委办会调查特委会编,蔡詠春等译:《1901—1920 年中国基督教调查资料(修订)》(上卷),第 128 页。

④ 陶飞亚:《基督教会与近代山东社会》,第 8 页。

会教堂正式成立,成为"华北浸礼会第一所教堂"。① 近代山东势力最
大的新教差会为美国北长老会。北长老会于 1861 年到达山东,在倪
维思、盖利、丹福思等牧师的努力下,于登州创立了第一所总堂。
1864 年 1 月注定会被写入齐鲁大学校史的狄考文(Calvin Wilson
Mateer)夫妇抵达登州,几乎与此同时进入山东的第一批新教差会还
有英国浸礼会,后者是在 1861 年 5 月进入山东。

山东的新教差会向内地发展势力,主要通过两个方向。一个是
以烟台登州等沿海地区为基础,逐步向内地渗透;另一个方向是自北
方的通商口岸天津南下,向山东北部和中部扩展。②

自 1859 年至 1938 年,进入山东的新教差会共 37 个,民国以前
进入山东 22 个,民国建立以后进入 15 个。这些差会中来自美国的
有 20 个:美南浸信会、美北长老会、美国圣公会、美国公理会、美以美
会(后改称卫理公会)、直接浸信会、孟那福音会、通圣会、男青年会、
宣圣会、基督复临安息日会、上帝教会、女青年会、神台会、神召会、信
义会、万国四方福音会、南长老会、圣洁会以及圣经长老会等。来自
英国的有 10 个:英国浸礼会、苏格兰长老会、圣经会、圣道公会、圣公
会、内地会、弟兄会、烟台工艺会、救世军、英国灵思会。属于加拿大
系统者 1 个:加拿大长老会。瑞典 1 个:瑞华浸信会。德国 3 个:柏
林会、东方妇女布道会、莱茵河布道会。德国与瑞士合组 1 个:同善
会。朝鲜 1 个:耶稣教布道会。③

据 1920 年的统计,山东执行正式宣教事业之差会共 20 个,其中
9 差会属美国,4 差会属英国,3 差会属欧陆,4 差会属国际。大英圣
书公会在山东有代表 1 人。有几个差会只在齐鲁大学派驻代表从事
教育工作,如英国伦敦会、加拿大长老会和美国南长老会等。各大差

① 中华续行委办会调查特委会编:《1901—1920 年中国基督教调查资料(修订)》(上卷),中国社会科学出版社 1987 年版,第 514 页。
② 陶飞亚:《基督教会与近代山东社会》,第 14 - 16 页。
③ 《民国山东通志》编辑委员会编:《民国山东通志》第四册,(台北)山东文献杂志社 2002 年版,第 2074 - 2077 页。

会及各宗派在山东按宣教地面积排列如下二表所示:①

表1-1 各大差会在山东宣教面积排列表

差会名称	宣教面积(平方英里)	占全省面积百分比
北长老会	20 250	三分之一以上
美南浸信会	11 875	五分之一以上
英浸礼会	6 200	—
瑞浸信会	4 000	—
公理会	4 000	—
美以美会	4 000	—
圣道公会	4 000	—

表1-2 各宗派按宣教地面积排列表

宗派名称	宣教面积(平方英里)
浸礼宗	23 825
长老宗	20 250
监理宗	9 425

各差会传教的目的在于发展教徒,教徒数量的多少是衡量差会势力的重要标准。自登州文会馆时期,齐大就开始主要以基督教家庭子女作为主要教育对象,因此教徒数量的增加与减少直接影响齐大的生源。1920年全省受餐信徒总数41 821人,其中男信徒26 970人,女信徒14 851人。

表1-3 山东各差会受餐信徒数目表②

宣教会	受餐信徒总数	男信徒	女信徒	男信徒之百分比
华北英圣	1 275	883	392	69%
英浸礼会	5 983	3 956	2 077	66%

---

① 表据中华续行委办会调查特委会编,蔡咏春等译:《1901—1920中国基督教调查资料(原《中华归主》修订版)》(上卷)第513页所载数据编制而成。

② 中华续行委办会调查特委会编,蔡咏春等译:《1901—1920中国基督教调查资料(原《中华归主》修订版)》(上卷),第532-533页。

宣教会	受餐信徒总数	男信徒	女信徒	男信徒之百分比
孟那福音	344	181	163	53%
美浸信会	11 106	7 394	3 712	67%
瑞浸信会	1 217	905	312	74%
公理会	1 542	1 131	411	73%
德信义会	388	288	100	74%
美以美会	2 484	1 489	995	60%
圣道公会	1 912	1 151	761	60%
北长老会	14,789	9,090	5,699	61%
内地会	173	114	59	66%
上帝教会	10	6	4	60%
弟兄会	304	204	100	67%
通圣会	190	110	80	58%
宣圣会	57	31	26	54%
救世军	5	3	2	60%
福林安息	42	34	8	81%

由上表可知，信徒最多的差会为美国北长老会，这与齐大势力最大的差会是北长老会的局面是一致的。其次是美浸信会，此两差会占到全省总数的60%多。第三位的英浸礼会，同时也是齐鲁大学校内第二大差会。

齐鲁大学是一所各差会联合举办的大学，因此差会之间的联合是其产生和发展的重要背景。近代来华传教士分属于国内各差会，但在中国特殊的传教环境下逐渐走向了联合。这种联合以1900年义和团运动为界分为前后两个阶段。最早在中国境内提出教会合一运动者是荷兰更正教会和英国长老会的传教士。由于他们能深切地觉察到只有切实消除各宗派之间的门户之见中国教会才能得以顺利发展，于是放弃国籍与宗派之间的区别，力图走向联合。1857年，他们组织了中国长老议会，但此举由于遭到了来自母国总部的强烈反对而并没有成功。1877 年第一次传教士大会上，主张教会联合的声音多了起来，其中以史各脱长老会联合会传教士魏礼生博士在大会中表达的意见最为典型：

> 我愿奉劝在此地已经赞成教会合一的同道们，即行设法切实联合，然对于未能与我们一致的同道们的意见，仍当表示相当敬重。在这异乡异地，实在无人能作严格的宗派主义者，所以我深信宗派主义应当任其消灭。本人亦决不愿将西方的任何宗派思想介绍到中国来。死人让死人去埋葬，我们只管宣传福音，为上帝在中国建设一个合一的光荣的教会。不但宗派主义应当消灭，即国家主义也应当一并放弃。我们中间，再不该存着英美的偏见，因这种偏见而生的隔膜，对于中国教会的影响已经不在小处了！①

但是 1900 年前的教会合一运动并不成功，原因有二，一是各宣教会本身组织日渐扩大，各宗派皆自我满足，不愿与其他各教会联络以图发展。二是上帝与圣经译名问题，引起种种分歧，阻碍了教会合一事业。

但是形势还是继续向前发展着。1900 年的义和团运动使传教士及传教事业遭到了空前的打击，同时也让传教士更深刻地认识到了教会合一的重要性，从而成了之后教会各宗派不断走向联合的契机。1900 年 9 月，美国纽约传教士联席大会认为："当我们在中国传教中断的地方重新开工的时候，将是落实传教士和差会早已同意了的有关传教分工合作原则的大好时机，尤其是在划分传教区域、印刷、出版、高等教育以及医院工作等方面。"②

---

① 高伯兰：《教会合一运动》，《中华基督教会年鉴》(11)，中国教会研究中心、橄榄文化基金会联合 1983 年版，第 3 页。

② Arthur J. Brown, Future Missionary Policy in China, *Chinese Recorder*, August, 1901, P398.

　　1901 年 10 月全国长老会教会各代表在上海召开"中国基督教长老会联合会",呼吁教派间合作,并先自长老宗联合开始。1907 年,在华传教士百年纪念大会上,大会两主席之一的汲约翰博士大声疾呼:"中国基督徒深知中国教会之有此疆彼界,皆西差会始作之俑。故今日中国教会之急务为:(一)脱离西差会而谋自立自养。(二)中国各教会应一致起来共谋合一。"此后数十年间,"教会合一运动成了中国基督教运动最有力的趋势"。1910 年各教会合办之神学、医学、师范、中学及大学仅有 30 余处,1914 年合办学校即增至 100 所左右,①增加三倍有余。

　　1913 年的全国基督教大会则通过了"中国教会统一之预备"的决议案,确定用"中华基督教会"作为教会的通用名称,并选举产生了全国教会联合办事机构"中华续行委办会"。② 至 1917 年,"宣教事业各部分无一不呈联合之气象,各教会对于联合事宜,亦莫不极表欢迎"。当时各差会日趋联合,最明显的例证即是在高等教育的联合方面,"教会设立之大学,强半为联合性质"。初级教育虽无联合之必要,"亦当有划一之规定"。另外还有纯属顾问性质的机关如中华续行委办会、中国基督教教育会、各省联会、中西教职员联合会等,"藉之也能养成一种互相体谅、互相维持之思想"。③

　　1927 年 10 月 1 日至 11 日"中华基督教会"在上海召集第一次全国代表总会,宣布正式成立。"中华基督教会"的目的是"发乎神圣的热忱,又秉着进取的勇敢心,想使全国的教会联合成为一个大的有机体,共同崇拜,互相启导,并携手致力基督徒服务工作"。④

　　山东教会的联合步伐并不稍缓于全国。早在 1893 年 11 月,山东非宗派传教士大会就在青州召开了第一次大会,第二次大会于 1898 年在潍县召开,英国浸礼会传教士仲均安(Alfred G. Jones)与

---

①　高伯兰:《教会合一运动》,《中华基督教会年鉴》(11),第 5 页。
②　《中国教会统一之预备》,《中华基督教会年鉴》(1),第 19 页。
③　罗炳生:《中国教会联合事业之进步》,《中华基督教会年鉴》(4),第 199 页。
④　高伯兰:《教会合一运动》,《中华基督教会年鉴》(11),第 6 页。

美国长老会传教士狄乐播(Robert M. Mateer)当选为主席。1902 年 6 月 13 日,长老会和浸礼会在青州举行会议通过了《教育工作联合准则》,标志着山东差会在教育工作上联合的开始。

新教差会初来山东时,与全国其他地方的差会一样,以直接传道为主,但效果极不理想。于是迅速调整为以建设学校、医院等社会事业来间接传教的方式。

其实,新教传教士很早就意识到将福音传播给中国"这一伟大国家的首要困难,不是帝国物质上和政治上的状况,而是人民自身的冷漠"。[1] 中国历史悠久,文明传承数千年,对一般民众而言基督教义并不具有不言而喻的吸引力与召唤力。于是,医务传道、教育传道的理念为新教传教士所接受,基督教育由此而生。正是在这种背景下,登州蒙养学堂得以诞生。

其实,登州最早的教会学校并不是登州蒙养学堂,1862 年,长老会传教士倪维思夫人即在此地创办了一所女子寄宿学校。在有关倪维思的传记中记载了学校初办时的艰难。

我的小小的学校引起了一些怀疑……终于他们发现了秘密的线索:我们正悄悄地把这些女孩集中到一起,凑到足够人数,把她们调养好了,一艘外国轮船开来了,就把这些苦命的女孩们送到遥远的岛上,不过不是去造鸦片,而是用来炼造神秘的"长生不老药"(道士们相信这种药能使人永葆青春),把她们的身体熬成一种油,据说这种油有神奇的效果。当我进出学校时,我看到一群群人站在一处可以看到我们院子的土堆上盯着我,看我会做出什么可疑的举动。

---

[1] Chinese Repository, vol. 2, p. 565;转引自吴义雄:《在宗教与世俗之间:基督教新教传教士在华南沿海的早期活动研究》,广东教育出版社 2000 年版,第 291 页。

但是,"几个星期以后,这种兴奋过去了。"①也就是说,当地百姓在目睹倪维思夫人的辛苦工作后减少了对传教士办学的猜疑情绪,稍稍改变了一些最初的看法,多少有些认可和接受教会学校了。这为狄考文夫妇多少扫除了一些办学的阻力,但蒙养学堂开学时招生依然艰难,最初只有 6 名学生。

美国北长老会在教育方面开启端绪之后,办学风潮蔓延至各大差会。据 1920 年代的统计,新教差会在山东建有各级教会学校1 125 所,其中大学一所,即由登州蒙养学堂发展而来的齐鲁大学。时共有教会初级小学 942 所,学生 17 083 人,仅次于福建广东二省。高级小学 142 所,学生 2 782 人,列全国第五位。全省教会小学学生共计 2 万余人,其中 24% 为女生。教会小学学生人数占全省国立小学与教会小学学生总数 4.5%。山东教会中学 40 所,其中女子中学15 所。教会中学学生总数计 1 489 人,男生占 70%。校均 37 人。②

中华归主,一直是传教士在华传教的最高目标。作为一种宗教信仰,欲征服另一民族,首先应该做的就是与对方的核心文化进行碰撞。山东,孔孟故里,中国儒家文化的发源地,以其神圣、特殊的文化地位引起了众多传教士的青睐。选择山东,就是基于征服儒家文化之目的,这由前引狄考文等人的言论可以看出。基督教在山东的努力成绩卓著:该省布道区数目居全国第一,其次为福建、广东。全省仅极少数地区处于布道区周围 30 里之外。③ 与之相应的,本省唯一的教会大学也是全国教会大学中参与联合教派最多的大学,各教派都想在山东这一"圣省"的教育工作中注入自己的影响力。当然这种十几个教派联合的运作模式对一所大学来说未必是件好事,所以参与力量最多的齐鲁大学在全国教会大学的综合实力排名中并不为

---

① 倪海伦(Helen S. C. Nevins):《倪维思》,第 244 页,转引自郭查理《齐鲁大学》第11 页。
② 中华续行委办会调查特委会编,蔡咏春等译:《1901—1920 中国基督教调查资料(原《中华归主》修订版)》(上卷),第 534 - 535 页。
③ 中华续行委办会调查特委会编,蔡詠春等译:《1901—1920 中国基督教调查资料(原《中华归主》修订版)》(上卷),第 518 页。

表1-4 山东省基督教势力范围中之教会学校①

宣教会	初级小学校	高级小学校	中学校	初级小学校男生	初级小学校女生	初级小学校学生总数	高级小学男生	高级小学女生	高级小学校学生总数	中学男生	中学女生	中学校学生总数	中学以下教会学校学生总数	教会小学校学生中男生百分比	教会总学校学生中男生百分比	初级小学校中学生之升学率
华北英圣	40	6	4	511	119	630	66	34	100	85		85	815	79	100	16
英浸礼会	148	6	1	1 793	436	2 729	140	85	225	45		45	2 499	79	100	10
孟那福音	8	3		250	110	340	35	25	60				400	66		18
美浸信会	211	13	10	3 197	873	4 060	188	154	342	217	133	350	4 732	77	62	8
瑞浸信会	49	1	2	754	121	862	4		4	28	15	41	927	86	68	0.5
公理会	26	4	2	314	141	455	77	26	105	31	11	42	600	70	74	25
德信义会	29	2		600	10	610	30		30				640	98		5
美以美会	43	10	1	419	322	741	160	120	280	85		85	1 100	57	100	40
圣道公会	16	2		317	11	328	29	59	88				416	85		27
北长老	351	85	18	4 666	1 510	6 176	872	340	1 212	572	283	805	8 193	75	65	19

① 中华续行委办会调查特委会编·蔡咏春等译:《1901—1920中国基督教调查资料(原《中华归主》修订版)》(上卷),第536—537页。

（续表）

宣教会	初级小学校	高级小学校	中学校	初级小学校男生	初级小学校女生	初级小学校学生总数	高级小学男生	高级小学女生	高级小学校学生总数	中学男生	中学女生	中学校学生总数	中学以下教会学校学生总数	教会小学校学生中男生百分比	教会中学校学生中男生百分比	初级小学校中学生之升学率
南长老会																
内地会	2			64		60							64	100		
同善会		1	2					11	11	32	4	36	42		89	
烟台工艺																
弟兄会	9	2		80	137	217	10	42	52				269	33		24
通圣会	2	2		16	37	53	8	4	12				65	57		25
宣圣会	2	2		30	20	50	5	10	15				45	54		30
救世军	1			6	1	7							7	86		
复临安息	4	3		148		148	248		248				396	100		
男青年会	1			61	32	93							93	67		
合计	942	142	40	13 196	3 887	17 083	1 872	910	2 782	1 045	444	1 489	21 351	76	60	16

高,这大概是大学的创办者们所没有预料到的吧。

在山东这样一个文化"圣省"中,基督教的传播有了更多微妙的含义。齐大校方通过各种手段来建构一种不同于公立大学的场域情境,来彰显基督化特色,以最终完成中华归主之圣命。本研究所要重点探讨的是,齐大的这种场域情境究竟"特"在何处,在这样的情境里,齐大学生的民族主义表现有何特征。

第二章

差会与民族：纠缠中发展的齐大校史

　　齐鲁大学自 1864 年登州蒙养学堂成立，至 1937 年抗战前，73 年
的历史按时间先后可分为三个阶段。第一阶段为 1864—1904 年，美
国北长老会与英国浸礼会各自发展阶段，亦为齐大的源头阶段。齐
大源头包括 1864 年开办的登州蒙养学堂（1877 年改名为登州文会
馆）、1885 年创立的青州神学院（1893 年改名为葛罗神学院）、1890
年代开设的广德书院大学班、聂惠东 1883 年开办的登州医学班及
1890 年迁至济南后开办的济南医学班。第二阶段为 1904—1917 年，
各差会教育联合但分散办学阶段，包括 1904 年由登州文会馆与广德
书院大学班合并后迁至潍县成立的广文学堂（文理学院）、1905 年成
立的青州神学院以及 1906 年议决开建的济南医学院（1910 年上课，
1911 年竣工）。其中，1904 年至 1909 年称合会学局（山东新教大
学），1909 年后改名为山东基督教大学，1915 年增加中文校名齐鲁大
学。第三阶段为 1917—1937 年，同地教学阶段。在这一阶段里，先
是各差会之间斗争纠纷不断，1920 年代后开始应对日益增长的民族
主义冲击，1930 年代尤其是"九一八事变"后因应国难的同时，工作
重心开始向乡村建设等社会服务工作转移，广大师生为维护母校荣
誉进行了斗争。本章基本按照这样一个时间线索对齐大校史进行简
单梳理。

第一节　从登州到济南

一、登州文会馆

齐鲁大学的发祥地是登州一座破观音庙。这座原本属于佛家道场的建筑由于住持失去了经济来源而将其租给了西来传教士。这件事情多少有了点此后事情发展的基本雏形,即在宗教信仰领域基督教力量的势如破竹与中国传统信仰的日渐没落。

1864 年 4 月 2 日,即美国北长老会传教士狄考文抵达中国三个月后,其在日记中写道:"我们已经计划开办一所学校。"①9 月,狄考文夫妇创了登州蒙养学堂,时称男子寄宿小学,此即为登州文会馆前身。狄氏夫妇之前都有过教学经验,认为创办学校"是一个建立一支布道团队的有效途径"。②

图 2-1　登州观音庙

1873 年之前,登州蒙养学堂办学并不成功。办学初期,狄考文为了能让学生安心学习不受外界干扰,以完整地贯彻自己的教育目

---

① 费丹尼(Daniel W. Fisher)著,郭大松、崔华杰译:《一位在中国山东四十五年的传教士:狄考文》,中国文史出版社 2009 年版,第 84 页。

② 狄乐播(Robert M. Mateer)著,郭大松译:《中华育英才·狄邦就列传》,中国文史出版社 2009 年版,第 19 页。

的,故于招生时,要求学生家长签订一份为期6年的正式契约。最初的契约规定学堂免费,并允诺供给学生饮食、衣服以及寄宿所需物资,若学生生病,则负责为之治疗。家长自愿送子女到学校读书6年。孩子若在6年期间出走,家长需要将其找回送到学校,若中途将孩子带走,须偿还在校读书期间所有费用。若孩子不堪造就,狄考文可随时将其遣送回家。事实证明,1870年代之前,这份契约基本没有约束力。1872年学校已有20名学生放弃了学习,却只有5人按规定对学校付了赔偿费。"自1864年至1872年,计设学九载,教习五易,共收生徒八十五名,而学满六年者仅四人,有用于教会者仅一人,尚在堂肄业者不过二十二人,余均不堪造就,废于半途"。[①]

于是1873年起,狄考文对学堂进行了大刀阔斧的改革。首先是对招生制度进行改革。学堂开始有选择地招收一些有希望学满六年的学生,向基督教家庭出身和有一定学问根底的学生倾斜。这使得学校生源状况大为好转,而1873年学生邹立文参加蓬莱县考名列前茅更是为学堂挣得了声誉,对优秀生源的吸引力也更大了一些。在师资方面,1873年狄考文解聘了原有的中国籍教师,新聘中国籍教师只负责儒家经典等中国传统教学科目的讲读,不再对学生的品行负责。课程方面继续以中国儒家经典科目为重点的同时,开始加大引入西方自然科学课程,提高学堂的学术水准。[②]

除此之外,狄考文还制定了学堂的条规制度。史静寰先生认为,这些条规大致在1870、1880年代形成。[③] 郭大松先生认为这些条规是于1878年计划把文会馆改建为大学时所制定。[④] 条规详细规定了对学堂学生在礼拜、斋舍、讲堂、放假、禁令、赏罚等方面的要求。[⑤]

---

① 王元德、刘玉锋编辑:《文会馆志》,潍县广文学校印刷所摆印,1913年,第21页。
② 详参史静寰《狄考文与司徒雷登——西方新教传教士在华教育活动研究》,珠海出版社1999年版,第45-49页;崔华杰未刊硕士论文《狄考文研究》,山东师范大学2008年,第58-60页。
③ 史静寰:《狄考文与司徒雷登——西方新教传教士在华教育活动研究》,第48页。
④ 郭大松:《中西文化交流的先驱和桥梁》,人民日报出版社2007年版,第35页。
⑤ 王元德、刘玉锋编辑:《文会馆志》,第31-34页。

1877 年,学堂第一批三名学生毕业,毕业典礼上,狄考文宣布将学校改名为登州文会馆,英文名 Tengchow College,直译为登州书院。这次毕业典礼与改名是向建立大学迈出的较具实质意义的一步。需要注意的是,此时的文会馆"还只是一所高中",①小海亚特书中称之为 Tengchow High School。② 其实直到 1881 年其英文名字仍为 Tengchow Boy's High School,直译应为"登州男子高等学堂"。但是这三名毕业生此后却一直被认为是齐鲁大学的第一批毕业生,这主要是因为狄考文当时已经立志要将学校扩建为大学了。此处亦取此说,以与习惯相一致。而大学改建计划由于狄考文夫妇于 1879 年 5 月至 1881 年 1 月第一次回美国休假而耽搁了一阵子。

1881 年初,狄考文回到登州。2 月 14 日,长老会山东差会寄信纽约差会总部,送去了狄考文的"计划"。计划部分内容如下:

1. 登州文会馆组建为学院,取名"山东书院"③(The College of Shantung)。

2. 书院由山东差会提名的 6 名理事组成、经差会总部认可的理事会管理。

3. 书院学制 6 年,学习中国经典、各类科学、基督教伦理,尤其要学习"四书"、"五经"、中国历史、圣经、世界通史、数学、生理学、心理学、伦理学以及天道溯源等课程。

4. 书院的目的是要根据基督教的观点,并在基督教的影响下对学生进行全面的中学和西学教育。

5. 全部课程均用中文进行教授,特别情况下附带教授英文。

---

① 郭查理著,陶飞亚、鲁娜译:《齐鲁大学》,第 20 页。

② Irwin T. Hyatt, Jr. *Our Ordered Lives Confess: Three Nineteenth-Century American Missionaries in East Shangtung*, Harvard University Press, 1976, p175.

③ 陶飞亚、鲁娜译《齐鲁大学》一书以及史静寰《狄考文与司徒雷登——西方新教传教士在华教育活动研究》一书译为"山东学院"。但"书院"比"学院"更加符合当时习惯,故取郭大松先生译法。参考郭大松《中西文化交流的先驱和桥梁》第 34 页。

　　6. 书院附设预科,以为生员之备。

　　7. 书院最终要学生自费学习。为达此目的,严格按照中国水平安排生活,并尽快培训出胜任书院教学工作的中国籍教师。

　　8. 书院现时暂设登州,将来何时迁至更适合的中心地,留待后定。①

　　1884 年,长老会总部确认学校为学院,正式授权其改办为大学。② 亦即说,1884 年后,登州文会馆正式成为大学,但是长老会总部没有通过校名的提议,他们认为"山东书院"太过于雄心勃勃了,应改为登州书院(Tengchow College),中文名沿用 1877 年初已经使用的"文会馆"名称。由 6 人组成理事会的管理方式也遭到否决,学校由差会总部直接管理,其实是由身在前线的狄考文独揽大权。

　　史静寰先生认为:"从 80 年代起到 1895 年狄考文辞去学校监督(校长)一职是文会馆发展的鼎盛时期。"③这由以下数字可以看出:1894 年,登州文会馆毕业生 47 名,10 人做传教士,11 人在登州文会馆和其他地方的大学担任教习,其余的都做了一般学校的教师或学做生意。当时在校生大约 100 人,20 名学习了部分课程后宣称信仰基督教。文会馆较高的学术水准和教学水平,使他们很多人在各处政府高等学堂开办之后被选聘做教习。1897 年丁韪良为京师大学堂选聘了 12 名文会馆毕业生,"事实上,大学堂西学教习只有一名不是我们这里的毕业生"。④

　　1895 年狄考文辞去监督职务,赫士继任,直到 1901 年应袁世凯之邀去创办山东大学堂,共做监督 6 年。此后继任者为柏尔根。

　　① 费丹尼(Daniel W. Fisher)著,郭大松、崔华杰译:《一位在中国山东四十五年的传教士:狄考文》,第 141-142 页。
　　② 关于文会馆成为大学的具体时间问题,参见郭大松:《晚清第一所现代大学登州文会馆若干史事考辨》,《史学月刊》2013 年第 9 期。
　　③ 史静寰:《狄考文与司徒雷登——西方新教传教士在华教育活动研究》,第 51 页。
　　④ 狄乐播(Robert M. Mateer)著,郭大松译:《中华育英才·狄邦就列传》,第 35 页。

二、合会学局

在长老会创建学校的同时，英国浸礼会也在经营着自己的教育事业。1885 年，英国浸礼会怀恩光（J. S. Whiterwright）、仲钧安（Alfred G. Jones）和卜道成（J. Percy Bruce）在青州府设立了神学训练所（Theological Training Institute），1887 年增设了一所培养小学师资的师范学校（Training School for elementary teachers）。1893 年，神学院得到了一笔旨在纪念罗宾逊太太的父亲葛奇博士和罗宾逊先生的父亲伊利沙·罗宾逊的捐款，神学训练所改名为葛奇—罗宾逊神学院（Gotch-Robinson College），简称为葛罗神学院。这笔捐款被用来修建了可容纳 64 名学生的宿舍和教室，并附设有一座小教堂和一所博物馆。1905 年合并入齐鲁大学之前，该校培养了 100 余名学生，其中 31 人作为牧师或传道人，37 人成为学校教师，另有 33 人或成为平信徒传道人，或担任教会工作的其他职务。[①]

另外，浸礼会还在青州建立了一所男生寄宿学校，即青州高中，中文名为广德书院。该学院的建立时间现已无从考证。联合后山东基督教大学每年都要出版的"年度记录和报告"中校史回顾部分对此也是模糊处理，只说到 1904 年时广德书院已"成立经年（many years）"。根据郭查理的《齐鲁大学》一书，广德书院建于 1894 年，英文直译名称为青州高中。[②] 在档案中留存下来的一篇题为《基督教育中的国际事业》的英文文章中，提到英国浸礼会于 1885、1886 年在青州建立了高中、师范学校和神学院。[③] 这里的高中应该就是指广德书院，但是青州师范学院成立于 1887 年是确定的，可证此材料可信度不高。齐成志《基督教在益都办学概况》一文则提了个更早的时间：广德书院创办于 1866 年（同治五年），是基督教在益都兴建的最早一

---

① *The Annual Register and Report of the Shantung Christian University* 1912, AUBA, 267 - 4270, p701. 另据郭查理著，陶飞亚、鲁娜译《齐鲁大学》第 37 页计平信徒传道者人数为 31，误。

② 郭查理著，陶飞亚、鲁娜译《齐鲁大学》，第 39 页。

③ *An International Enterprise in Christian Education*, AUBA, 267 - 4271, p928.

处新式学堂,从小学、中学一直到大学,颇有规模。光绪十年(1884)库寿龄利用募捐得来的钱在益都城里东华门街路南购置地基(今潍坊教育学院南院,当时称南书院),新建广德书院校舍,开设中学班,招收 16 名学生,全部寄宿。光绪二十三年(1897),广德书院开设大学班,到 1904 年,先后办 7 班,毕业生有白玉璋、宋传典等 26 名,还有 40 名学生修满 7 年课程,未授毕业证书。① 齐成志的讲述很完整,线索也很清楚。但是,据可靠史料记载,英浸礼会最早到青州布道的是 1875 年从烟台过来的李提摩太,因此学校创建时间不可能早于此时,故 1866 年说不能采信。但齐说提供了一个思考的线索,即青州高中的创建时间应该早于郭查理所说的 1894 年,只是其大学班的设立应该是在 1890 年代(1894 或 1897 年),而其负责者为库寿龄夫妇是无疑的。

行文至此,齐鲁大学最初三大学院中的两个学院均已找到了源头:文理学院由登州文会馆和青州广德书院合并发展而来;神学院则是由葛罗神学院在北长老会合作之下逐渐发展而成。我们再来看一下医学院的源头。

在山东最早进行医学教育的传教士是英国浸礼会的医生布朗(William Brown),其 1870 年来烟台,建立了一个小诊所,向包括一位姓秦的牧师和一位姓李的先生在内的 4 个中国人传授近代医学知识。后来由于与差会之间的误解,布朗去了新西兰。1883 年,美国北长老会派遣聂惠东(Jas. Boyd Neal)博士夫妇来山东,创办隶属于登州文会馆的医科。"然而,那时候唯一可做的事情是办了一个约五六个学生的医学班,他们更多的是在医院和诊所而不是在学校里。"② 其中 3 名学生坚持完成了学业,医学班教学工作包括 4 年的讲授和 2

---

① 齐成志:《基督教在益都办学概况》,青州市政协文史资料委员会编《青州文史资料》选本,山东人民出版社 1991 年版,第 227 页。

② Robert Coventry Forsyth, *ShanTung: The Sacred Province of China in Some of Its Aspects*, Shanhai Christian Literture Society, 1912, p323. 此处参考郭大松译:《中国圣省山东》,稿本第十四章,第 5 页。

年的医院工作。① 1890 年结束教学后聂被差会调往济南,负责创建文璧医院与训练学生。故也有人认为齐大医学院始于 1891 年。②1893 年时,聂惠东给 4 个班级 20 名学生上课,此时已经有了与英国浸礼会合作办学的计划。这就是医学院的源头。

第一章已经提到了差会联合的背景。山东的非宗派传教士大会早在义和团运动之前的 1893 年 11 月及 1898 年 10 月分别在青州府与潍县召开。"这些会议洋溢着亲密友好的气氛,促进了彼此的认识和了解。"③这就为义和团之后教派合作奠定了基础。

义和团运动失败后,在山东的各个差会尤其是势力最大的美国北长老会和英国浸礼会的传教士首先认识到联合进行高等教育培养基督教徒领袖以消除愚昧避免悲剧重演的重要性。1902 年 6 月 13日,两差会在青州举行会议,起草了《教育工作联合准则》(*Basis of Union in Education Work* 后文简称为《联合准则》)④的文件。内容是彼此同意在经费平均负担的原则下,两差会同意联合建立三所学院,即属于美长老会的潍县人文学院(广文书院)、属于英浸礼会的葛罗神学院和在济南的医学院。"联合学院第一位和最重要的目标是推进基督在中国的事业"。⑤

这所联合大学 1904 年名为"合会学局"(英文名 Shantung Protestant University,直译为山东新教大学)。联合大学仍分三个学院,分别在三个不同地方授课。位于潍县的文理学院称为"广文学堂"(英文名 Shantung Union College,直译为山东联合学院),位于青州的神学院则称为"联合神道学堂"(Union Theological College),后

① *The Annual Register and Report of the Shantung Christian University* 1912,AUBA,267 - 4270,p702.
② 王鉴:《原齐鲁大学医学院的历史沿革》,秦一心主编:《20 世纪济南文史资料文库(教育卷)》,黄河出版社 2004 年版,第 45 页。作者王鉴系原齐大医学院病理部秘书兼院长办公室秘书。
③ 郭查理著,陶飞亚、鲁娜译《齐鲁大学》,第 61 页。
④ 另译为《教育工作联合基础》,此处的 basis 一词译为"准则"稍好一些。
⑤ Basis of Union in Education Work,*Shantung Protestant University* 1907,AUBA,267 - 4269,p556.

改名为葛罗神学院,位于济南的医学院则称为"共合医道学堂"
(Union Medical College)。①

　　三个学院的具体成立时间稍有区别。文理学院成立于 1904 年,
由登州文会馆和青州广德书院合并迁潍县后成立。神学院成立于
1905 年。医学院最初上课采取"巡回班"的形式,即在四个地方分别
由四位医生上课:在沂州府由章嘉礼(Charles F. Johnson),济南由
聂惠东,邹平由巴德顺(J. P. Paterson),青州由武成献(Watson)上
课,其中前两位为长老会传教士,后两位为浸礼会传教士。1906 年,
校董会决定在济南建设新的医学校。利用阿辛顿基金(Arthington
Fund)于 1908 年在济南购买了一块土地。1910 年 3 月 15 日,在建
筑尚未完全竣工时学生即已入住上课。1911 年 4 月 17 日,举行了竣
工典礼。②

　　时正值清末新政时期,清末政府为改革旧政做了相当大的努力。
尤其是壬寅癸卯学制颁行之后,新式学堂大量创办,对教师的需求日
益增加。到 1906 年时,文理学院学生的影响已遍及全国:

> 　　由于学院学生坚实的学术和基督品格之基础,其声誉
> 已遍及整个帝国。
> 　　在所有教派的基督教大学和学校中,由于我们毕业生
> 的学术与品格而被广泛征求。
> 　　基于同样的原因,我们的毕业生为正在建造公立学校、
> 大学的政府官员所重视。他们提供了如我们自己教职工一
> 样高的薪水,这种待遇要求他们保持突出的奉献精神。
> 　　我们的学生不仅在我们自己的省,还到其他省份发展,

---

　　① 合会学局有译为合会学府,现根据原始档案之中文对译名称纠正。在中文里面,
各学院 1917 年前称为"某某学堂",1917 年实现同地教学后称为"某某科",向政府立案后
改为"某某学院",为行文统一,除必要的引文外,本书统称为"某某学院"。

　　② *The Annual Register and Report of the Shantung Christian University* 1912,
AUBA,267 - 4270,p702.

成为牧师、福音布道者、教师、商人或者进入政府服务。由
于他们训练有素,不论走到哪里都能获得极大的成功,都能
负起领导的责任。

传教士敏锐地发现中国正处于一个新时代,与"许多年以来,只有少
数直接受基督教影响的人推崇西学的价值,其他人则将其称为'外
国'学问"相比,这种偏见现在已逐渐被打破,各地都在进行西学教育
运动。新时代的新事实是西学的广泛传播,其结果就是政府各级学
校的建立"。联合大学雄心勃勃地宣布要继续发挥人才输送中心的
职能,"继续送出杰出的人才……去作为教师、编辑、组织者、政治家、
法律制定者、思想领导者,准备在建设新中国的过程中承担更大的责
任"。①

三、山东基督教大学(齐鲁大学)

1909 年英国圣公会加入联合,《联合准则》随即进行了修订,向
其他差会敞开了合作的门户。大学英文名称由山东新教大学改为山
东基督教大学(Shantung Christian University),中文名称也不再称
为合会学局,而直接以译名相称。

同年,芝加哥大学教授巴顿(Burton)作为洛克菲勒东方教育委
员会主席访问中国,在青岛与柏尔根和路思义谈到了有关大学合并
一处办学的问题。6 月 7 日,大学委员会专门会议讨论了巴顿的提
议,就此问题做出的相关决议如下:准备将现有的大学各学院迁至一
个地点,此地点计划在济南寻找。② 事情很快得到启动。1911 年 1
月 21 日大学委员会年度会议上,由聂惠东(主席)、哈门、卜道成、路
思义和方伟廉组成的动迁委员会成立,五人中,聂惠东为医学院院
长,卜道成为神学院院长,路思义为文理学院代理院长,哈门和方伟

---

① *Shantung Union College* 1906,AUBA,267 - 4269,pp535 - 536.
② *Shantung Christian University* 1910,AUBA,267 - 4269,p634.

廉为大学委员会成员。[①] 5 月 23 日,大学委员会专门会议上,动迁委员会作如下报告并被接受:

> 1. 我们建议圩子墙外的土地与医学院毗邻,可定为大学的地址。
> 2. 我们建议授权动迁委员会在当地进行购买谈判。
> 3. 如果购买该地点被证明是不可能的,应提交大学委员会做进一步改换地点的考虑。[②]

大学委员会通过了以上决议,并任命聂惠东、怀恩光和柏尔根为分委员会进行购买谈判。地址确定后,就要筹集建筑经费。根据《联合准则》,文理学院资产属于美国北长老会,所以路思义 1912 年回美国筹款,1915 年他成功地募得了经费。神学院属于英国浸礼会,他们也于 1915 年募得了巨款。

就在文理学院、神学院忙着寻找合适的校址并筹划建校的同时,医学院主体建筑终于竣工了。1911 年 4 月 17 日举行了盛大的竣工典礼。法思远在《中国圣省山东》一书中对此次盛典做了如下描绘:

> 4 月 17 日星期一上午,开始有人来参观。有很多外国人,有传教士,也有些不是传教士;很多官方半官方中国朋友,其中有洋务局(Foreign Bureau)的代表和山东巡抚孙宝琦阁下。笔者计数共 37 顶轿子,而轿夫、骑马随从、打红伞的以及警察则难以计数了。
>
> 通知说在一楼会见,各个屋子里悬挂着标示客人位置的小旗子,中外朋友之间十分友好地交谈,大家在医学院院

---

① Annual Meeting of the University Council，*Shantung Christian University* 1911，AUBA，267 - 4269，p671.

② Special Meeting of the Council，*Shantung Christian University* 1911，AUBA，267 - 4269，p681.

长聂惠东博士的引领下到各处参观视察,医学院的教职员维特恩(Baron von Werthern)博士、章嘉礼(Charles F. Johnson)博士、徐伟烈(William M. Schultz)博士随同协助带领客人参观视察。11 点,大家在上层会议室聚齐,校务委员会主席常思德(Johnson)博士请英国浸礼会的哈门(Frank Harmon)牧师向客人们介绍医学院的现状和宗旨,哈门牧师的介绍措辞非常谨慎,字斟句酌。巡抚站起来发表了令人印象深刻的演说,他刚刚扑灭了一场瘟疫,说这多亏了西方医药帮忙。他特别强调卫生知识的重要性,官方通过最近一系列事件对此有了深刻认识。他说,现在西方医学正在开始用于保障黄河水灾以及华中大饥荒引发的公共卫生,预防要比治疗更重要。他的演说获得了热情的赞赏。

神学院院长卜道成(J. Percy Bruce)牧师祷告了之后,聂惠东博士对帮助设计和建造医学院的人们表示感谢,全体人员移至隔壁房间,房间里准备有大量茶点。一次非同寻常、令人愉快的活动到此结束了。

巡抚慷慨捐助医学院 1 000 两白银(700 美金),所有人都感到高兴。无疑,这笔钱部分是对医学院教职员免费帮助扑灭瘟疫的回报,但也应该看作是关心新建医学院的表示。

4 月 18 日,传教士夫人们接待了前一天来的尊贵客人们的妻子和女儿,19 日,新建医学院向中国基督徒和周围的邻居们开放参观。我们不能不记下整个参观过程中最令人关注的一个重要角色,那就是可怕但又十分有趣的侏儒,人体模型——“假人”赢得了所有人的注目。

这次活动以巡抚为了答谢青岛政府、新教和天主教传教团体帮助扑灭瘟疫而举行的一次招待济南外国居民和客人的宴会宣告结束。巡抚的身穿制服的乐队演奏了极为优美的乐曲,我们在音乐的伴奏下进入了会客厅,事先准备好的奢华电灯光闪耀起来,我们同这位 30 000 000 人的统治者握手,围着摆放中式餐具的宴会桌坐下来,食物还是按照外国风格准备的;我们倾听巡抚正式仁慈的感谢演说,只是我们当中有些人很难感受到这一点。对我们有些人来说,这一辉煌场景渐渐淡漠,不禁想起过去 25 年的经历,那时我们就住在这座中国城市中中国人的房子里,走到街上,总是会遇到公开的侮辱声,那时要想见山东巡抚就像要见中国皇帝一样不敢想象。真的是“时代变了”。①

医学院竣工典礼后不久辛亥革命爆发了。齐大也和全国一样被裹挟着进入了新时代。但是,这一不啻天翻地覆的革命并未在很大程度上影响到山东基督教大学,大学的各项工作继续展开,向前推进。

自 1909 年大学中文名字由合会学局改为山东基督教大学后一直没有简洁的中文名称,1915 年,大学委员会会议决定以颇带有中国传统气息的“齐鲁大学”作为非正式中文名字。自此齐鲁大学一名才算真正出现。

1917 年,文理学院与神学院相继迁到济南,齐鲁大学实现了同地教学。

医学院建筑落成后,好消息不断传来。首先是罗克菲勒基金的注入。1916 年春季,罗氏基金驻华医社(China Medical Board)②带来了北京协和医院的 3 个低年级班,并同意支付 5 万美元以建筑新大楼和添置新设备,另外答应在未来 5 年内支付 10 万美元作为教员

① Robert Coventry Forsyth, *ShanTung:The Sacred Province of China in Some of Its Aspects*, pp325 - 326. 此处参考郭大松译:《中国圣省山东》,稿本第十四章,第 7 - 8 页。
② 一译为“中华医学基金会”,现根据原始中文档案的对应名称译为驻华医社。

新员工的额外支出与增加的运行成本。① 同年,中国博医会之医学教育委员会将金陵大学医科及汉口大同医学二校学子及诸教授,一并迁到济南合并入齐大医学院。1923 至 1924 年间,华北协和女医校又合并于齐大医学院,故 1923 年 9 月齐大开始招收女生。1924 年 2 月北平医校又转来该校本科生两班及女教员 5 位。② 自此,齐大医学院后来居上,实力声威远远超过了文理学院和神学院。

第二节 在差会与民族主义的夹缝中

一、差会的不断扩大及其纠纷

（一）差会的逐步增加

齐鲁大学的创始差会为美国北长老会和英国浸礼会,二者原本分别开展自己的教育事业,1900 年后在形势的驱迫之下走向了联合。联合后的两差会在学校建设问题上,尤其是在济南的联合医道学堂的建设问题上,十分需要其他差会力量的参与。于是,1907 年召开的第三次校董会责成聂惠东和武成献写信给在山东的所有差会,邀请他们在济南府的联合医学院的建设问题上合作。1908 年 1 月,第四次校董会又再次诚恳邀请山东的所有差会组织派出一到两个代表参加校董会,讨论医学院的联合基础问题,并议决 7 月 8 日于济南召开医学院工作会议。③ 对此,首先做出回应的是英国圣公会。圣公会于 1908 年底由其主教艾立法(Iliff)提出联合要求,1909 年 1 月得到了校董会的批准。

1911 年,南浸信会的欧文(J. G. Owen)被邀请参加星期一即 1

---

① Report of the Dean of the School of Medicine for 1916 and the First Six Months of 1917, *Shantung Christian University Bulletin*, No. 3,p13. AUBA,262 - 4239,p319.

② 《概论》,《私立齐鲁大学医学院章程》,1931,《齐鲁大学布告》第 80 号,第 4 页。山东省档案馆藏齐鲁大学档案(下简称齐档),J109—01—530。

③ Annual Meeting of Board of Directors, 1908 - 1 - 23, *Shantung Protestant University* 1908,p15. AUBA, 267 - 4269, p596.

月 23 日下午的大学委员会,代表其差会正式申请加入文学院和医学院的联合。方伟廉、卜道成和聂惠东被授命组成一个委员会与南浸信会保持联系并向大学委员会报告进展情况。[①] 4 月 15 日,方伟廉等人在大学委员会上汇报称,美南浸信会通过其代表高斯顿(J. M. Gaston)博士已决定在文理学院和医学院参加联合。当时,南浸信会的联合能力是派送一名医生作为医学院讲师,但有意愿提供更加实质性的帮助以尽快为两个学院提供正式教授。[②]

1913 年,大学委员会提议每个差会任命一个中国人和一个传教士参加旨在推动山东教育统一运动的会议,该会议于山东教会联合会(Shantung Church Federation)开会时举行。同时大学委员会任命如下成员访问相关差会:尼格尔斯,访问美国南浸信会与瑞典差会;赫士,访问济南柏林会;白向义,访问英国卫理公会;方伟廉,访问美以美会与公理会;聂惠东,访问河南的加拿大长老会。[③]

美国公理会参与教育合作的方式稍微有些特殊,其是通过一个格林内尔学院运动(Grinnell College Movement)加入联合的。格林内尔学院充满着传教士的热情,其与公理会达成协议,向山东派遣教师。1914 年,公理会在庞家庄(Pang Kia Chuang)的传教士德汉(DeHean)先生致信齐大,表示该差会希望通过格林内尔学院教育计划最终加入大学联合。大学委员会就此通过以下决议:

1. 我们邀请两个格林内尔校友委员会——一个在格林内尔,一个在中国——考虑为齐鲁大学一个或多个学院提供教授的可能性,如果可能须为之提供住处。

2. 指令方伟廉写信给庞家庄公理会,表达我们对其差

① Annual Meeting of the University Council, 1911 - 1 - 21, *Shantung Christian University* 1911, AUBA, 267 - 4269, p670.

② Special Meeting of the Council, *Shantung Christian University* 1911, AUBA, 267 - 4269, p678.

③ Minutes of Special Meeting of the University Council, *Shantung Christian University* 1913, AUBA, 267 - 4270, p763.

会在与大学联合过程中立场的欣赏,并希望为其参与高等
教育联合工作打开道路。

　　3. 奚尔恩与倪理逊受命组成委员会继续就大学联合
问题与其联系。[①]

1917 年后,格林内尔学院运动在三个学院都有了参与。[②] 1920 年,该
运动支持虁德义(Lyman V. Cady)牧师任神学院的副教授。1923 年
6 月,齐大驻华董事会希望公理会能在随后一年里代替格林内尔学
院中国运动支持虁德义,他们急切地呼吁美国董事会不要将虁德义
先生从大学教职员中调离,因为其为齐大做出了巨大而不可估量的
贡献。[③] 在同时提交的校长报告中,明确了公理会已经加入联合的信
息。校长报告称我们已经有了两个新伙伴,即美以美会和公理会,包
括美以美会妇女传道部。加上上述各差会,已有不少于 12 个差会在
大学合作,"成为远东地区基督教高等教育中联合力量最大的机构之
一。"[④]自此,公理会真正代替了格林内尔学院运动。

　　1916 年,加拿大长老会派麦克阿鲁(William Mc Clure)到济南
医学院教书,作为医学院教授兼主任。1919 年,又派瑞思培(John
Donald Mac Rae)在神学院任教,1920 年建造奥古斯丁图书馆,并于
同年起负责教师哈克尼斯(Harold W. Harkness)的费用。如此加拿
大长老会与三个学院都有了联系。1925 年,加拿大长老会的事业改
由加拿大合一会负责。

　　1917 年,齐大实现同地教学后,三个学院发展并不均衡,其中医
学院进步速度最快,出现这种状况的一个重要原因就是参加教育联

　　① The Annual Meeting of the School,Shantung Christian University1914,AUBA,
267-4270,p793.

　　② Shantung Christian University Bulletin,No. 6,AUBA,262-4239,p343.

　　③ Minutes of Meeting of Field Board of Managers,1923. 6,Shantung Christian
University Bulletin,No. 34,AUBA,262-4241,p762.

　　④ President's Report 1922-1923,Shantung Christian University Bulletin,No. 36,
AUBA,262-4241,p779.

合的绝大多数差会兴趣都在医学院。

　　大量差会集中于医学院首先来自于罗氏驻华医社和中华博医会的推动。罗氏驻华医社(详细介绍容后)将其购买的有 5 个差会联合建立的北京协和医学院一直用中文教学的 3 个低年级班送到了齐鲁大学医学院,这为齐大带来了罗氏基金的长期资助的同时,也为医学院带来了数个合作差会。中华博医会对罗氏驻华医社的合校之举十分赞赏,在其举行的上海会议上要求各差会放弃华中和华东说中文的医学院,集中力量发展齐鲁大学的医学院。1917 年 2 月由 7 个美国差会组建的金陵大学医学系迁至济南,9 月由英国伦敦会和英国卫理公会创办的汉口联合医学院迁至济南,齐鲁大学的差会大联合得以实现。

　　随着加入医学院联合工作的差会逐年增多,医学院在 1917—1918 年度报告中,提出医学院发展最鼓舞人心的特点是参加并开展工作的差会的增加,学院已有 7 个差会代表,或者提供人员或者支付部分日常花销。这七个差会是英浸礼会、美长老会、圣公会、加拿大长老会、南长老会、伦敦会和信义会。这些差会组织并不像罗氏驻华医社所说,与医学院只是签订了五年合同的简单的商业合作方式,毫无疑问他们都被高兴地认为是学院的朋友。

　　1918—1919 学年,学校合作差会已经达到了 9 个。除两大差会外,圣公会在文理、医学院;加拿大长老会和公理会(或者格林内尔学院运动)在三个学院;南长老会、伦敦会、卫理公会,以及美国信义会,均在医学院参与工作。[①] 1919—1920 学年合作差会除两大创始差会外,英国圣公会:文理、医学院;加拿大长老会:神、医学院;公理会(通过格林内尔学院运动):神学院;南长老会、伦敦会、卫理公会、信义会均参与医学院联合工作。[②]

　　1924 年,齐大获加拿大特许状,立案成功。海外理事会随即成

---

①　*Shantung Christian University Bulletin*,No. 13,AUBA,262－4239,p427.

②　*Shantung Christian University Bulletin*,No. 18,AUBA,262－4240,p523.

立,并在北美和英国成立了两个联合董事部,参加联合董事部的差会
分别为:

北美联合部:

美国:北长老会、南长老会、美以美会、美以美妇女传
道部

加拿大:长老会

英国联合部:

英国:浸礼会、圣公会、伦敦会、卫理公会、卫理公会妇
女辅助会、英国长老会①

须注意的是,美国公理会最初未参加联合董事部。原因是其认
为格林内尔学院运动才是真正的齐大联合者。但不久后,麦美德
(Luella Miner)女士加入学校,并代替身体欠佳的雷纳德女士担任女
生部主任,从而推动了公理会加入联合的步伐。在理事会成立不久
后,公理会成为北美联合部的成员。

1925 年 1 月 29 日,华董会常务董事会通过第 551 号决议,聘请
兄弟会卡赛弟(Maynard Cassady)牧师为大学神学院教师。② 所以
1925 年的《齐大布告》中列出了参加联合的 13 个差会名单中,除了新
增的英国长老会之外,还有兄弟会的名字:英国:浸礼会、圣公会、伦
敦会、卫理公会、英国长老会;美国:北长老会、南长老会、公理会、信
义会、美以美会、美以美妇女传道部、兄弟会;加拿大:长老会。③

在医学院 1926 年的报告中提到在该院参与合作的差会已达 10
个:4 个来自英国(浸礼会、圣公会、伦敦会、卫理公会),5 个来自美国

---

① Charter and Incorporation, *Bulletin of General Information* 1925, AUBA, 262-4242, p902.

② Minutes of The Administrative Council, *Shantung Christian University Bulletin*, No. 49, AUBA, 263-4243, p21.

③ *Shantung Christian University Bulletin*, No. 46, AUBA, 262-4242, p868.

(北长老会、南长老会、北监理会、信义会、美以美会妇女传道部),1个来自加拿大(长老会),[1]各差会参与合作的程度不同。

参与齐大合作的差会并不是一成不变,有些差会中途会选择离开。比如 1928 年与 1925 年比,英国部卫理公会增加了妇女附属会,美国部信义会不再参与联合[2],加拿大长老会改为加拿大合一会。如下:

英国:浸礼会、圣公会、伦敦会、卫理公会(妇女附属会)、英国长老会

美国:北长老会、南长老会、公理会、美以美会、美以美妇女传道部、兄弟会

加拿大:合一会[3]

1930 年,于医学院合作者为 8 个,4 个来自英国(浸礼会、圣公会、伦敦会、卫理公会),3 个来自美国(北长老会、南长老会、美以美会妇女传道部),1 个来自加拿大(合一会)。[4] 这些差会与 1926 年相比,美国的北监理会、信义会不再参与联合。1931 年,医学院合作差会再次增长为 10 个,即英国增加了英长老会,加拿大增加了女合一会。[5] 1935 年,英国长老会又从联合中撤出。[6]

---

①　*Bulletin of the School of Medicine* 1926,AUBA,262 - 4242,p970.

②　*Report of the School of Medicine Shantung Christian University for Year Ending*. August 31st,1918,AUBA,263 - 4245,p289.

③　*Bulletin of General Information* 1928,AUBA,263 - 4244,p137.

④　*Report of the School of Medicine of Shantung Christian University for Year Ending*. June 30st,1930,齐档 J109 - 01 - 530。

⑤　《私立齐鲁大学医学院章程》1931,《齐鲁大学布告》第 80 号,第 4 - 5 页。齐档 J109 - 01 - 530。

⑥　*Bulletin of the School of Medicine* 1935,AUBA,263 - 4246,p621.

表2-1　抗战前齐鲁大学各学院参与合作差会略表①

时间	文理学院	医学院	神学院
1904	美国北长老会、英国浸礼会	美国北长老会、英国浸礼会	美国北长老会、英国浸礼会
1909	美国北长老会、英国浸礼会、英圣公会	美国北长老会、英国浸礼会、英圣公会	美国北长老会、英国浸礼会
1911	美国北长老会、英国浸礼会、英圣公会、美南浸信	美国北长老会、英国浸礼会、英圣公会、美南浸信	美国北长老会、英国浸礼会
1916	美国北长老会、英国浸礼会、英圣公会	美国北长老会、英国浸礼会、英圣公会、加拿大长老会	美国北长老会、英国浸礼会
1917—1918	英国圣公会、加拿大长老会和美国公理会(格林内尔学院运动)	美国北长老会、英国浸礼会、英圣公会、加拿大长老会和美国公理会(格林内尔学院运动);南长老会、伦敦会和信义会	美国北长老会、英国浸礼会、加拿大长老会和美国公理会(格林内尔学院运动)
1918—1919	美国北长老会、英国浸礼会、圣公会、美公理会(格林内尔学院运动)和加拿大长老会	美国北长老会、英国浸礼会、圣公会、南长老会、伦敦会、卫理公会,美国信义会、公理会(格林内尔学院运动)和加拿大长老会	美国北长老会、英国浸礼会、美国公理会(格林内尔学院运动)和加拿大长老会
1919—1920	美国北长老会、英国浸礼会、英国圣公会;加拿大长老会	美国北长老会、英国浸礼会、英国圣公会、加拿大长老会,南长老会、伦敦会、卫理公会、信义会	美国北长老会、英国浸礼会、加拿大长老会;公理会(格林内尔大学运动)
1922—1923	美国北长老会、英国浸礼会、英国圣公会;加拿大长老会	美国北长老会、英国浸礼会、英国圣公会、加拿大长老会,南长老会、伦敦会、卫理公会、信义会;美以美会,包括美以美会妇女传道部	美国北长老会、英国浸礼会、加拿大长老会;公理会;美以美会,包括美以美会妇女传道部

---

① 资料来源:华中师大藏亚联董档案缩微胶卷及山东省档案馆藏齐鲁大学档案之《齐鲁大学布告》(*Shantung Christian University Bulletin*)1—100号。

(续表)

时间	文理学院	医学院	神学院
1924—1925	美国北长老会、英国浸礼会、英国圣公会;加拿大长老会	美国北长老会、英国浸礼会、英国圣公会,加拿大长老会,南长老会、伦敦会、卫理公会、信义会;美以美会,包括美以美会妇女传道部	美国北长老会、英国浸礼会、加拿大长老会;公理会;兄弟会,美以美会,包括美以美会妇女传道部
1927—1928	美国北长老会、英国浸礼会、英国圣公会;加拿大合一会	美国北长老会、英国浸礼会、英国圣公会,加拿大合一会,南长老会、伦敦会、卫理公会(妇女附属会);美以美会,包括美以美会妇女传道部	美国北长老会、英国浸礼会、加拿大合一会;公理会;兄弟会,美以美会,包括美以美会妇女传道部
1929—1930	美国北长老会、英国浸礼会、英国圣公会;加拿大合一会	美国北长老会、英国浸礼会、英国圣公会,加拿大合一会,南长老会、伦敦会、卫理公会;美以美会妇女传道部	美国北长老会、英国浸礼会、加拿大合一会;公理会;兄弟会,美以美会,包括美以美会妇女传道部
1930—1931	美国北长老会、英国浸礼会、英国圣公会;加拿大合一会	美国北长老会、英国浸礼会、英国圣公会,加拿大合一会,加拿大女合一会;南长老会、伦敦会、卫理公会;美以美会妇女传道部;英国长老会	美国北长老会、英国浸礼会、加拿大合一会;公理会;兄弟会,美以美会,包括美以美会妇女传道部
1935—1936	美国北长老会、英国浸礼会、英国圣公会;加拿大合一会	美国北长老会、英国浸礼会、英国圣公会,加拿大合一会,加拿大女合一会;南长老会、伦敦会、卫理公会;美以美会妇女传道部	美国北长老会、英国浸礼会、加拿大合一会;公理会;兄弟会,美以美会,包括美以美会妇女传道部

(二)差会之间的纠纷

各合作差会之间并不是一直和谐相处,矛盾自联合一开始就一直存在。美国北长老会的狄考文与英国浸礼会的库寿龄,两个在学校创始与发展中的关键人物,自始就坚决反对联合。浸礼会的仲均安也踌躇不前,其主要是担心浸礼会在提供人员和资金方面不能与长老会并驾齐驱,事实上,这一担心后来成为了现实。由于北长老会和浸礼会的学生人数不是一样的,最初设计的两会平等分摊经费的原则就有失公平。于是,1908年1月校董会在潍县召开第四次年会,对《联合准则》的经费负担方法进行了修改。规定各学院的一般性开支不再平均分摊,而是各差会按照自己选送的学生人数比例承担①。这也为其他差会参与联合奠定了基础。

同地教学实现后,需要一个总校长,选举时浸礼会卜道成当选,而长老会路思义仅被选为副校长。对此,长老会自然不满。同时在学校建设和经费使用问题上,路思义与其他传教士也存在着分歧。路思义在美国募集资金时将齐鲁大学的目标描述为在孔孟之乡创建一所培养各类领袖人物的超乎寻常的大学,这样的宣传为其带来了大量的捐赠,但是并不符合山东差会其他传教士的意思,差会只想将学校建成一所培养牧师、传道人、教师和医生为目的的狭窄的学堂。为此,路思义愤而离去,在中华基督教教育会工作一段时间后,于1918年12月随司徒雷登到了燕京大学,以自己杰出的募款能力为燕大服务。更大的冲突发生在1919年。这一年中国爆发了五四运动,齐大一些学生也走向了街头参加示威游行,并且由于齐大的特殊地位,当地警厅不能随便进入逮人,因此学校一度成为济南学生联合会的开会地点。这件事使全校传教士尤其长老会传教士对校长极其不满。其实卜道成自充任校长起一直未能得到长老会的支持。是年夏天,大学委员会主席、北长老会的希尔思博士(Dr. O. F. Hills)做了一个报告要求校长辞职,做完报告后,希尔思即辞去在大学委员会中的职位,并要求长老会在校长问题解决之前不要另派新人。大部分长

---

① Annual Meeting of Board of Directors, *Shantung Protestant University* 1908, AUBA,267 - 4269,p599.

老会教授以及所有三位院长都签署了书面报告要求校长辞职。需要注意的是,卜道成当校长以来已经向长老会做出过让步,比如三学院的院长中文理学院为德位思,医学院为聂惠东,神学院院长原本是浸礼会的白向义,1918年后为赫士所代理,这样三个学院院长都成了长老会传教士。三院长合作起来的力量是很巨大的。校长不得不辞职,但其辞职的同时要求文理学院院长和神学院代理院长一起辞职,因为这两位先生对学校出现的局面也负有同等责任。最后的结果是医学院院长聂惠东升任校长,卜道成、德位思与赫士辞职。

然而事情并没有结束,赫士的辞职使得神学院的长老会学生愤愤不平,当天即有18名学生从宿舍里搬了出来,无论如何劝说就是不回去。最后这18名学生跟着赫士来到了潍县。两年后赫士又带着未毕业的16人到了滕县,建立了华北神学院。文理学院的长老会学生也为自己的院长感到不平,纷纷打算离去,但在德位思本人及其他传教士的劝解下重新返回了课堂。德位思开始在济南东关和南门里为差会进行布道工作。1929—1930年当文理学院的学生为立案而罢课斗争时,德位思又被请回到学校任副校长,后改任校务长。①

这样,美国北长老会的老资格人士几乎全部离开了学校,这导致了一个严重的后果就是文理学院长期没有院长②。动荡的院务使得齐大这一最老的学院水准迅速下降,以至于立案时,政府人员一再表示文理学院水准不够。于是医学院提出单独立案,将文理学院剔除出去。这样的提议未得到海外理事会的同意。在文理学院危机时刻,院长林济青施展能力,从国内外获得了大量援助,尤其是对霍尔基金的引入使得学校图书馆的藏书大大扩充,文理学院地位再一次

---

① 此段主要参考郭查理著,陶飞亚、鲁娜译:《齐鲁大学》第135-139页;王神荫:《七七事变前的齐鲁大学》,政协山东省委员会文史资料研究委员会编:《文史资料选辑》第一辑,山东人民出版社1982年重印,第201-202页;(美)杰西·格·卢茨著,曾钜生译:《中国教会大学史(1850—1950)》,浙江教育出版社1988年版,第108-109页。

② 关于文理学院院长的更迭情况,详见附录二:齐大主要管理人员变迁表。

得到提升。但是,尽管林济青对于文理学院做出了巨大贡献,并曾一度代理校长,最后却仍未能当上校长,至于原因,按照王神荫的看法,"没有人知道内情",但主要原因在董事会当是无疑的,特别是英国差会代表不赞成。① 林济青外祖父林青山是长老会山东教会的第一代长老,林济青又名林志衣,与衣兴林是同胞兄弟,虽然以不同姓氏行世。长老会教徒的身份使其始终无法获得其他传教士尤其是英国差会传教士的谅解,加之其官威十足,②不能得到传教士的真心拥护,因而最终无法转正。

各差会的纠纷使得齐大校务错综复杂。如德位思所坦承:"去寻找一个合适的人当这样一个学校的校长绝非易事。我们这里的职员至少来自七个国家,处理诸如所有人都关心的工作秩序和保持和谐关系不是一件小工作。"③后来任齐大校长的刘书铭也曾说过,齐大"洋人势力强,校长等于傀儡"。④

外国势力强大,且纠纷不断,这是齐鲁大学校内外来力量的主要特征。这一特征深刻影响到了其间中国人的民族主义表现,也使其在应对民族主义的冲击时出现了独具特色的局面。

二、民族主义的滋长与催逼:"非基"、收回教育权与立案

前文提到齐大学生曾经参与五四运动。但是五四之后,1922 年的非基督教运动⑤在山东几乎没产生任何影响。如中国共青团济南地委 1923 年报告工作难做时指出:

---

① 王神荫:《齐鲁大学校史简介》,中国人民政治协商会议全国委员会文史资料研究委员会编:《文史资料选辑》第 31 卷第 91 辑,文史出版社 2000 年版,第 125 页。

② 刘怀荣:《黄孝纾先生与崂山》,王明先主编,青岛市崂山文化研究会编:《崂山研究》第 1 辑,中国海洋大学出版社 2006 年版,第 139 页。

③ Letter from Mr. Davies to Dr. Kung, July 27, 1933, AUBA, 267-4273, p. 93.

④ 刘贞模:《忆我的父亲——齐鲁大学校长刘世传》,政协山东省文史资料委员会编:《山东文史资料选辑》第 25 辑,山东人民出版社 1988 年版,第 15 页。

⑤ 关于这场运动的详细情况,可参考杨天宏著:《基督教与民国知识分子:1922 年—1927 年中国非基督教运动研究》,人民出版社 2005 年版。

山东之学生均有"埋头几案"、"不问世事"之通病,课外之事,无非游玩而已。居多数的学生即报纸亦不愿翻阅,至于关乎主义之书籍或任何出版品,那更是无心顾及了! 所以死气沉沉,大有萎靡不振之现象。①

齐大则更是如此,1924 年底来到济南的丁君羊称其为"一潭死水"、"一片死寂",齐鲁大学"又居然在社会上博得山东最高学府的盛名。在此次非基督教运动中,我们的势力与他们相较,他们是主人,我们是奴隶"。②

当然,1922 年的动荡形势也让齐大当局甚为忧虑,1923 年 6 月,校长在报告中讲道:

本学年即将结束,这一年,中国政治不稳、社会失序、财政困窘。中华民国成立以来,中国政治堕落如斯,其对一个强有力的并且统一的公民政府的需要是如此的不以为意。国家急需和平、和谐的好政府,然取而代之的却是无法无天的暴乱和国内战争的威胁。国家官员尔虞我诈你死我活,对"五日内阁(five-day cabinets)"无能的评论遍布大街小巷。中央无助,军人猖獗,国内派系林立,边远省份更是天高皇帝远,以法律秩序为儿戏,毒品的增长及随之而来的滥用可悲的复发了。③

寻求中国人在学校担任领导职务是民族主义冲击在齐大的直接表现。1923 年,齐大聘请李天禄任文理学院院长,自此在齐大的行

---

① 《吴慧铭关于济南地方团改组情况致存统信》,济南市档案馆、中共济南市委党史委编:《济南革命历史档案资料选编》(第一辑),济南出版社 1991 年版,第 33 页。
② 《团济南地委关于非基督教运动情况的报告》,济南市档案馆、中共济南市委党史委编:《济南革命历史档案资料选编》(第一辑),第 125 页。
③ President's Report 1922 - 1923, *Shantung Christian University Bulletin*, No. 36, AUBA, 262 - 4241, p777.

政管理人员中终于出现了中国人。前文已及,文理学院院长自德位思去职后一直未有合适人选,恰又值中国民族主义"非基"运动的冲击,于是李天禄作为中国人进入了学校视野。同样,自路思义辞职后,齐大长期以来也没有副校长。1924 年,齐大几次与诚静怡联络,请其担任齐大的副校长。但诚静怡虽答应考虑,却最终以担任中华全国基督教协进会会长事务繁忙而拒绝了邀请。

作为一所大学,获得政府认可的学位颁发资格是非常重要的,因为这涉及毕业生的社会认可问题。对于教会大学而言,中国政府的政策自清末开始一向是不管不问,任其自由发展。1905 年科举制废除,新式学校成为人才培养的主要基地,也成为新式知识分子的晋身之阶。但教会学校的学生却不能享受官办学校毕业生的待遇,比如无法参加政府职位考试。1906 年,面对传教士对学校立案的申请,清政府学部发布咨文,提出"外国人在内地设立学堂,奏定章程并无允许之文;除已设学堂暂听设立,毋庸立案外,嗣后如有外国人呈请在内地开设学堂者,亦均毋庸立案,所有学生,概不给与奖励"。[1]这就切断了教会学校向中国政府立案的可能性。

民国初年,虽时有要求教会大学立案的呼声与法令出现,但并未能落于实处。1924 年,以收回教育权为中心的"非基"运动第二阶段开始。是年,京师学务局对于各教会人民设学立案特别规定办法七条。第一,学校名称不得冠用某教设立字样。第二,校舍须与教会地址划分清晰,即有权就教会附近堂室设学者亦应将学校所占房舍作为学校借用或租赁。第三,学校经费有出自教会捐助者应作为学校寄附金之一种,不得认为由教会担任经费或补助。第四,学校一切办法悉宜遵照教育部颁布法令及本局暂定章程办理。第五,学校内讲授功课不宜涉及宗教论说亦不得沿用宗教仪式。第六,招收学生宜取大同主义,不得专收教会中人。第七,对于未经入教之学生不应歧

---

① 《学部咨各省督抚为外人设学无庸立案文》,见舒新城编:《中国近代教育史资料》,下册,人民教育出版社 1962 年版,第 1065 页。

视或强令人教。①

同年夏天,济南成立非基督教大同盟,向包括齐大在内的基督教学校发起了攻击。齐大代理校长瑞思培在对 1924—1925 学年进行总结时说道:

> 刚刚结束的这一年,大学的工作与中国所有基督教的努力都处于一种异乎寻常的动乱之中。军阀主义与抢劫依然猖獗;"非基"运动和共产主义的影响严重影响到了工人和学生;在中华教育促进会(National Association for the Advancement of Education)最近的观察中,连同对教育领导人的批评一般指向主要由外资支持的学校,这令人十分不安。然而这种特殊的形势为所有当事人提供了一个强烈的刺激。形势要求我们重新思考我们的政策。我们感到,全面核查中国基督教教育的地位和功能是必要的,与中国思想、文化和习俗接触是重要的,因为这关系到我们自己的大学。感谢主,我们可以再次报告一年来的优良工作和稳定进步。

那么如何解决这一难局呢? 校长提到的策略是"建立学校和教会、差会间最大程度的紧密联系——那些教会、差会是我们寻求帮助并且要将我们的事业成功推进必须依赖的忠诚支持"。② 这说明学校当局在海外强有力势力的支持下对民族主义的冲击多少有些心不在焉。

当时教会大学比较流行向外国政府申请立案,获得特许证(charter),也有很多教会大学从西方获得了特许证,或者在美国纽约,或者在加拿大等其他地方。这主要是自清末以来教会大学在中

---

① 《京师学务局对于各教会人民设学立案特别规定办法七条》,《山东教育公报旬刊》第 100 册,1924 年 3 月上旬刊,第 7 页。

② Acting-President's Report 1924 - 1925, Shantung Christian University Bulletin, No. 48, AUBA, 262 - 4242, p956.

国没有地位不被承认所致。"有了特许证，学校能够授予文学士或理学士的学位，这种头衔在西方非常重要，在中国也开始逐渐重要起来。而且，这样一来，有利于教会学校毕业生被西方各大学和研究院所接受。这是一件重要的事情，因为出国留学已成为许多学生奋斗的目标。许多齐大的行政人员认为，有了西方的特许证，他们的学校在美国争取资金时就能处于比较有利的地位。"①

1924 年 7 月 19 日齐鲁大学获准于加拿大立案。立案成功后，齐大上下十分兴奋：

> 本校的学业成绩极好！但学生往往似满意中略有不满意之处，其中的大缘故就是本校未曾在任何处立案，不能得学位。但是现在好了，自神科长回国后，奔走呼号，不遗余力，最后的成功有了，立案已妥当了。堪拿达国会中之议案委员会通过此案后，其宣读节略云："该大学得依照议事部所定章程，准其按中国法律颁授学位之规定，授人学位及名誉学位！"
>
> 我们愿得的学位，是学士呢，硕士呢，或博士呢？②

根据规定，1925 年 4 月 7 日新的理事会成立。同日《理事会细则》被接受。该《细则》规定：学校名称为山东基督教大学，中文名称齐鲁大学。其目标是通过纯正基督性质的高等教育推进上帝之国，在中国发展教会与社会之有才能且富有牺牲精神的领袖。③ 可见，从学校名称到教学目的，都基本对京师学务局之规定置之不理。

1925 年五卅惨案又一次沉重打击了基督教学校。中国各界人士对于收回教育权的呼声越来越高涨。11 月 16 日，教育部发布 16 号布告，规定外人捐资设立学校请求认可办法六条：第一，凡外人捐

---

① （美）杰西·格·卢茨著，曾钜生译：《中国教会大学史（1850—1950）》，第 49 页。

② 《学士呢，硕士呢，博士呢》，《齐大心声》第一卷第三期，1924 年 10 月。

③ By-laws of the Board of Governors, AUBA, 241 - 3971, p925.

资设立,并遵照教育部所颁布法令规程办理之各等学校,应依照教育部所颁关于请求认可之各项规则向教育行政官厅请求认可;第二,学校名称上应冠以私立字样;第三,学校校长须为中国人,如校长原为外国人,必须以中国人充任副校长,并以该副校长为请求认可时之代表人;第四,学校设有董事会者,中国人应占董事名额之过半数;第五,学校不得以传播宗教为宗旨;第六,学校课程,须遵照部定标准,不得以宗教科目列入必修科。①

在此六条规定中要害是后两条。前几条规定的由中国人任校长和董事与基督教力求本土化的目标并不冲突,但第五、六条则直接冲击了教会学校的基本宗旨,是基督教教育界所不愿意看到的。1926年2月,中国基督教高等教育协会于上海沪江大学举行会议,商讨对策。该会议决议案中首先强调"基督教教育机关本为中国的利益而设",所以为此机关服务之人,必须遵照中国法律。但是,"惟此机关是为教育中国子弟而设,而中国又为立宪的共和国,故我们主张教会学校应有宗教的自由。"以宗教自由作为挡箭牌,会议提出了三项措施。第一,催请基督教教育机关,从速实行1925年11月中国政府公布之《外人捐资设立学校认可办法》之第一、二、三、四条及第六条之前段,愈速愈佳。第二,由中华基督教教育会选送代表各方面意见者5人,赴教育部,非正式陈述基督教学校愿意注册的意思及当前的困难,并商榷解决办法。第三,基督教教育机关中凡有觉得遵照1925年11月16日中国政府所公布之《外人捐资设立学校认可办法》请求立案者,听便。② 可以看出,基督教教育界最关注的是第5条与第6条的宗教传播与宗教课程问题。

为解决这一问题,中华基督教教育会会长刘廷芳数次与教育部联系,阐明基督教教育界之关切。经过与教育部中人以及拟稿员司

① 《1925年11月16日教育部布告第十六号》,朱有瓛、高时良主编《中国近代学制史料》第四辑,华东师范大学出版社1993年版,第784页。
② 刘廷芳:《会长通函第三号:为解释部令第十六号第五条事》,《中华基督教教育季刊》,第2卷第3期,第7-8页。

屡次晤谈,刘会长将此6条规定作了详细解读。首先刘认为,"教育部历届公布的注册办法,要以此次公布的最为明白了当,而所包括的范围也较广"。该办法不仅对基督教学校,也针对如日本人在满洲设立的学校等所有外人设立的非基督教学校。该办法也是教会学校在当时数年中"所能获得的最适当的办法",因为其"使基督教学校与本国人私立的学校受同样的待遇,用同样的标准,处同样的地位,并无相形不利之处。"至于校长,原议只限于中国人。后经研究,若将各校长骤易本国人,未免纷更过甚,故规定可以华人为副校长。这是一种过渡办法,仅适用于有外国校长的学校。以后设立学校,当然不得再以外国人为校长,基督教学校的校长将来有完全由中国人担任的一天。至于董事名额,有中国人过半数,"也无非保障本国人平等权利起见,以杜外界'洋化'与'不爱国'一类的讥评"。但是刘在此处却又安抚西教士:"此项规定与商业习惯在一百股中占五十一股的办法一样,其目的仅在保障对等权利,并非要占绝对优势的多数,也不是故与大公无我服务中国的西教士为难。"这句话说明如刘廷芳等人在西教士与中国民族主义之间的刻意转圜之努力。关于第五款,刘廷芳介绍了其出台的背景。即教育界与一般社会都认为学校本来是实施教育的地方,所以主要目的是在教育;教育之外,不得另有其他目的。教育界人士始终争求教育独立,不受政治与其他任何宣传的影响。自民国建立以来,国人始终力求国家与宗教的分离。所以不赞成以孔教为国教,不赞成在宪法中列入国教条文,并为之奔走呼号。教育界人士认为:若要否定孔教为国教,若要否定读经为学校必修科,莫如取缔宗教,不使进入学校范围,禁止学校规定宗教科目为必修课程。及至日本要求"二十一条",这个问题更显严重,因为"二十一条"有传布佛教与设立学校两条。据当时传言说,日本在满洲设立的学校,多用掩饰的方法引诱中国学生礼拜日本天皇。鉴于上述种种情形,中国教育家坚持学校不得以宗教为目的的主张,原非过举。即从教育理论上立论,教育的主要目的也是教育。教育本身是个目的,学校不当利用教育作为达到其他目的的方法。刘还透露,教育部第五条规定,"并非故与基督教学校为难,乃是存心保存基督教学校独立的作用,而谋其利益"。比如 1921 年 4 月 9 日,教育部曾颁布《教会中等学校请求立案办法》,其中规定:"学科内容与方法不得含有宗教性质",而在修正的办法中,第五项只规定:"学校不得以传布宗教为宗旨"。对于教会学校的约束已经大大减轻,"往日之严厉的束缚不啻无形解除了"。第六款则包括两点:(1) 课程应合教育部规定的标准;(2) 不得以宗教为必修科。这两点中,尤其以第二点为折中办法:既不禁止宗教的讲授,也不禁止将宗教科目列入选科,只禁止强迫学生研习宗教。这与原来办法不单禁止教授宗教,举凡宗教性质的教材与教法都在禁止之列的做法比起来,"不得不承认新条例是一个极大的进步"。[①]

　　7 月教育部又专就第五条教育宗旨问题给了明确的解释:"查该办法第五条,系言设立学校,当以部定教育宗旨为宗旨,在校内,不应有强迫学生信仰任何宗教,或参加宗教仪式之举,于信教及传教之自由,并无限制。"[②]齐鲁大学得到教育部的解释后,于 1926 年 11 月 19 日常务董事会上通过了第 665 号决议,认为按照教育部的解释,"在政府注册将不会有碍于大学的基督教目标",于是授权评议会对立案可能性进行初步调查。[③] 1927 年 3 月 15 日,齐鲁大学驻华董事会[④]向理事会提出要求授权华董会向中国政府申请立案。理事会北美部于 23 日会议上通过决议,表示授权齐鲁大学在如下两个条件范围内进行注册:第一,大学的宗教特征和宗旨不得受到损害;第二,立案后将保证所享有的宗教自由不受干涉。[⑤] 很显然,理事会对宗教宗旨的

　　① 刘廷芳:《会长的使命:为注册事致基督教教育界书》,《中华基督教教育季刊》第 2 卷第 1 期,第 9 - 11 页。

　　② 刘廷芳:《会长通函第三号:为解释部令第十六号第五条事》,《中华基督教教育季刊》,第 2 卷第 3 期,第 10 页。

　　③ Minutes of the Administrative Council, 1926 - 11 - 19, *Shantung Christian University Bulletin*, No. 56, AUBA, 263 - 4244, p93.

　　④ 驻华董事会(The Field Board of Managers)的设置与变迁问题可参考本文第三章。

　　⑤ Minutes of the Meeting of the North American Section Board of Governors, Shantung Christian University, 1927 - 3 - 23, AUBA, 241 - 3971, pp1015 - 1016.

强调与教育部规章是相龃龉的。但驻华董事会仍马上授权李天禄专门负责立案事宜,并授权他尽快与中国政府的教育部门进行协商。

1927 年 3 月 24 日爆发了南京事件①。4 月 18 日,南京国民政府成立,北京政权已经摇摇欲坠。鉴于"中国政局极端的不稳定性以及教育政策的不确定性,大学不宜在此时寻求向政府立案",②出于对山东发生类似南京事件的担心,齐鲁大学的传教士纷纷逃往青岛避难。在此过程中,中国人李天禄、江清等人的管理能力得以凸显。是年秋,文理学院院长李天禄升任副校长,这一举措,也使得齐鲁大学符合了北洋政府《外人捐资设立学校请求认可办法》中关于中国人至少担任副校长职务的规定。

但是,剧变的形势再一次提出了新的要求。1928 年 2 月 6 日南京国民政府公布新修的《私立学校条例》和《私立学校校董会条例》,前者要求私立学校校长须以中国人充任;私立学校不得以宗教科目为必修科,亦不得在课内作宗教宣传;私立学校,如有宗教仪式,不得强迫学生参加。后者规定校董会外国董事名额最多不得过半数,董事长或校董会主席须由中国人充任。③

1928 年春,南京国民政府继续进行北伐,进逼济南。5 月,日军在济南制造了"五三惨案",并曾到齐鲁大学进行搜查。由于北洋军阀的势力退出了山东省,齐鲁大学向北京政府寻求立案的活动也就此结束。同月,南京国民政府在泰安组织了山东省政府,山东省教育厅同时成立,由何思源任厅长。

1928 年 11 月,齐鲁大学驻华董事会通过 815 号决议,要求齐大

---

① "南京事件"是指 1927 年 3 月 24 日,抵达南京的北伐军在南京掀起的劫掠外国人的排外事件,该事件造成了包括金陵大学副校长文怀恩在内的多名外国人死伤。有关该事件的原因、过程以及善后等等,学界有不同看法,详参牛大勇:《对 1927 年南京事件的再探讨》,《江海学刊》1989 年第 6 期,第 145－150 页。

② Minutes of the Third Annual Meeting of the Board of Governors Shantung Christian University,1927－4－12,AUBA,241－3971,p1025.

③ 蔡鸿源主编:《民国法规集成》,黄山书社 1999 年版,第 55－59 页。

应立即采取步骤向中国政府申请立案。①为做好立案的有关工作,11月19日齐鲁大学成立了由李天禄、施尔德、程其保、罗世琦组成的立案委员会,具体负责立案事宜。②为进行立案,齐大在内部机构上做出了一些调整:董事会按国民政府的要求做了一定的改组,增加中国董事的人数;文理科改为文理学院;医科改为医学院;文理学院下设各系,医学院不再分系。1929年4月初旬,立案报告书首册造齐,并呈交政府核阅。③

此处的"政府"是指仍在泰安的国民党山东省政府教育厅。文件与立案申请申报时间是5月3日。按照正常程序,教育厅应在两周内将材料转呈教育部。"但是,不幸的是",直到李天禄作报告的6月30日这些材料"仍然躺在教育厅的办公室里,我们无法知道何时才会递交上去。这种拖延在学生中间造成了不满和骚动,也成为有关大学未来的恶劣谣言的主要来源。齐大又一次发现了自己所处的政治氛围如此不利。然而在山东,对基督教学校的态度没有任何变得更加友好的迹象。"④齐大的工作却一直未停,7月驻华董事会年度会议上,文理学院被分成两个独立学院。⑤

事实上直到秋季开学之后,教育厅才派了一个调查委员会前来学校调查,并连开了几天会议。这次调查在奚尔恩略显情绪化的笔下是这么一幅景象:

> 这些"空谈"的结果是医学院办理优良,教育厅长愿向

---

　　① Minutes of Special meeting Held in Tsinan, 1928 - 11 - 8, *Shantung Christian University Bulletin*, No. 73, AUBA, 263 - 4245, p336.

　　②《齐鲁大学新闻二则》,《中华基督教教育季刊》第五卷第二期,1929年6月,第106 - 107页。

　　③《齐鲁大学近讯》,《中华基督教教育季刊》第五卷第三期,1929年9月,第108 - 109页。

　　④ Report of the Acting President for the Year Ending June 30th, 1929, *Shantung Christian University Bulletin*, No. 72, p3,齐档,J109 - 01 - 530。

　　⑤ Minutes of Eleventh Annual Meeting of Shantung Christian University Field Board of Managers, 1929 - 7 - 2, AUBA, 263 - 4245, p342.

省政府推荐请求按某些条件给医学院物资上的津贴。文理
学院是一对软弱的兄弟，非等到彻底改组是不能立案的。
奥古斯丁图书馆是中国教会学校中最好的图书馆，即使在
国立大学的图书馆中也只有清华大学图书馆或能胜得过，
但却被认为是不合格。神学院自然是眼中之刺，但是教育
厅长也不得不承认神学院校舍不能恰当的从校园中转移出
去。曾经是华北光荣的，由一位美国富孀捐助的康穆纪念
堂，要被改成一个大礼堂，由孙文来代替上帝在该堂中的地
位。最后齐大总的来讲，有博士学位的华人太少，担任院长
的华人太少，担任行政人员的华人太少，及校董会中华籍代
表太少。总之，齐大是太洋化及太基督教化了。①

不久这一调查结果被泄露给了学生。10 月 27 日，文理学院学生
开始上书、请愿、罢课、示威，在学生的冲击下，李天禄辞职，华董会中
国籍董事要超过三分之二。这次学潮直到元旦之后才算告一段落。
然而此时，又爆发了校工罢工事件，文理学院学潮发起人帮助工人罢
工而明目张胆地旷课。1930 年 1 月 6 日文、理两学院停办；8 日医院
停办。2 月 3 日南京中央政府下令立即解决齐大的纠纷，济南市当局
与工人达成妥协，部分人留下，不愿留下者发给路费离校，此后仍可
有申请学校工作的优先权利。2 月 17 日校园终于恢复平静，3 月 1
日医院重新开门。

1930 年夏天，立案依然毫无突破的希望，于是齐鲁大学决定利
用其前女生部主任麦美德与孔祥熙的关系②，聘请孔祥熙担任校董会
主席，以达到快速立案的目的。于是，齐鲁大学派衣兴林等人手持麦
美德的亲笔信前往南京拜谒孔祥熙，请孔担任齐鲁大学校董会主席。

---

① J. J. Heeren: Shantung Provincial Government Abdicates in Favor of Labor
Unions,齐档,J109 - 01 - 335。原档案中有对应的文件翻译稿 2 份，译者不详，翻译内容亦
不尽一致，本文对此 2 份翻译稿均有所参考、借鉴，谨此说明。
② 麦美德是孔祥熙早年在潞河书院读书时的教师，且是孔祥熙留学美国的监护人。

孔祥熙答应了这一请求。

　　1930 年 6 月，校董会通过了有关齐鲁大学内部管理的新规定，为理事会批准，并随后开始实行。该决议与以前决议最大的不同点，一是赋予校长更多的责任，二是提议由评议会的小型执行委员会作为大学总的管理机关。也就是在这次会议上，议决请德位思回校任副校长。①7 月，教育部明显加紧了对教会学校的催逼，通令各省市教育厅局严禁教会学校图书馆陈列宗教书报：

　　　　查教会学校在图书馆中，陈列宗教书报及画片，希图麻醉青年思想，自应严行查禁。此后各校所有宣传宗教之图书，应予一律禁止陈列或悬挂；其关于宗教之书籍报章及杂志等，除在大学及高级中学限于与选修科目有关及堪哲理上参考者，得酌量陈列外，其余并应一律禁止。……②

　　同月教育部又明定立案期限，部令先批评了某些私立学校意存观望的做法："查各地各级私立学校，为数甚多，迭经本部令饬照章立案在案。近据各省市教育行政机关呈报，是类学校呈请立案者，固已有之；而意存观望者，亦复不少。似此不遵定章，任意稽延，实属不合，允宜严行办法，明定限期，以资取缔而归一律。"规定首都各级私立学校于 1930 年度第一学期开学以前一律立案之外，所有各地私立学校之立案期限，应由各省市教育行政机关酌量情形，迅即分别规定。但是，立案期限至迟不得超过 1931 年度第一学期开学前一日，"逾限不立案者，应由各省市教育行政机关酌量情形，饬令停止招生或勒令停闭。"当然，对于军事灾荒以及边缘区域之私立学校，因有特殊原因，可由各省市教育行政机关酌量情形，拟定展缓期限，由教育

_____

　　①　1930 - 6 - 4Minutes of Meeting of Board of Directors Shantung Christian University，1930 - 6 - 4，齐档，J109 - 01 - 370，pp126 - 131。

　　②　《教会学校禁陈列宗教书》，《中华基督教教育季刊》第六卷第三期，1930 年 9 月，第 91 页。

部核夺。①

步步紧逼令齐鲁大学不得不加快准备立案的步伐。8月底,齐鲁大学校友会开会,增选校友董事。9月新的校董会终于改组成功,其组成符合中国政府的要求。齐鲁大学为了提交立案的文件,随后又制定了一个校董会章程,宣布"根据教育部颁布的《私立学校规程》之第二章,校董会对学校的重大事务负责"。② 10月立案表册又重新整理、改善完毕。③ 但是由于没有校长,有些表册无法填写。1931年3月,齐大不得不采取变通的办法,请孔祥熙担任校长,孔祥熙接受了这一请求。但孔作为中央政府要员,无法来济南主持校务,只能作一个非常驻校长(Non-resident President)。4月27日齐鲁大学师生收到孔祥熙致电:"现在校中事务,既有副校长及诸位教职员热心主持,必当发达",希望同学"秉承教训,勤修学业,以光校誉",同时勉励德位思及诸位教职员:"校务发达,实赖诸公,尚希益励初衷,以期广大"。④ 孔祥熙虽然不可能承担何种实际职务,但在齐鲁大学看来,依然可以借助孔祥熙的政治影响,顺利通过山东省教育厅的审核。

1931年秋季开学后,曾任教育部次长的朱经农来校担任校长。9月下旬根据私立大学校董会先于大学立案的规定,教育部第3825号指令首先核准齐鲁大学董事会的立案申请,同时指出"至于该校立案一节",须"候派员视察后,再行核办"。⑤ 11月,教育部决定派教育部视学王慎明视察齐鲁大学,并要求山东省教育厅另聘医学专家会同视察大学医学院。山东省教育厅遂聘请了医学专家尹莘农会同视察。视察自21日持续到23日,王慎明等对视察结果表示满意,遂报告教育部,认为齐大已达到立案标准。教育部即于12月17日下发2119号训令,批准齐大立案。该训令全文如下:

---

① 《私校立案期限》,《时事新报》,1930年7月12日。

② 山东济南私立齐鲁大学文理两学院一览,1931年,齐档J109-01-530。

③ 《立案表册渐次就绪》,《齐大旬刊》,第1卷第3期,1930年10月10日。

④ 《孔校长来电》,《齐大月刊》,第1卷第7期,1931年5月10日,第667页。

⑤ 《山东省教育厅指令 第八三九八号》,《齐大旬刊》,第2卷第6期,1931年10月21日,第32页。

教育部训令 2119 号令内开:

"查私立齐鲁大学呈请立案,前经本部派员视察,兹据报告该校办理情形大致尚无不合,应即准予立案。惟该校神科既已分立,其校址应早日划清,并另定名称,以免混淆;宗教科目不得强迫或劝诱学生修习;校产所有权应于一年内办妥转移手续,以期该校基础益臻巩固;教授待遇应酌量改订,俾悬殊不致过巨;校务长职权应遵守该校组织大纲之规定,协助校长管理校务,如校内一切财政管理权及进退教职员等应商承校长办理以符定章。"①

至此,齐鲁大学终于在中国国内获得了合法地位。

三、乡村计划与抗战前的齐鲁大学

考察立案之后的齐鲁大学需要注意这么几个方面:首先是 1920 年代末 1930 年代初的经济大危机导致差会力量的减弱,学校在境外经费大受影响的情况下,开始注重本土经费的获得(详见第四章)。第二,自 1931 年九一八事变后,"一·二八"事变、华北事变、七七事变接踵而来,中国进入国难时期,国难期中的齐大人如何反应,有何特点,也是齐大发展史之重要组成部分(详见第八章)。第三,校长问题仍然是制约学校发展的重要因素,朱经农 1933 年正式辞职,林济青被逼辞职之后,齐大无人掌校的时间超过两年,直到 1935 年请得刘书铭出山。第四,这一段时间也是南京国民政府经济发展比较好的一段时间,一些研究认为 1927—1937 年为民国发展黄金十年,齐大对于这一建设运动的重要参与是进行了乡村建设运动,而这一乡建运动却出现了比较复杂的局面。本节主要就此做一介绍。

罗志田先生曾经指出,中国近代的民族主义除了破坏性的一面,

---

① Minutes of Meeting of the Administrative council,1932 - 3 - 4,AUBA,243 - 3976,pp787 - 789. 又见《山东省政府教育厅训令》,《齐大旬刊》,第 2 卷第 13 期,1932 年 1 月 21 日,第 73 页。

还有其建设性的一面。[①] 经过"非基"、收回教育权、立案等运动的不断冲击,教会大学开始思考自己如何为基督化目标与中国的民族主义找到一个契合点,为社会服务,建设强大的国家因此成为选项。"既然学生们希望以实际行动表现自己的民族主义,因此,教会大学就鼓励学生参加农村建设计划、工人文化学校、卫生运动等等。教会大学行政领导希望把基督教关于社会与伦理的教导同中国人的抱负结合起来,使学生能够在基督教而不是在共产党的领导下实现他们为国家服务的愿望。"[②]

齐鲁大学的乡村建设肇始于 1927 年神学院在济南东约 30 公里的龙山镇实施的一个乡村计划。该计划在龙山有男女小学各一所,诊所一个,另加一个带有体育设施的娱乐场。

1928 年 6 月中国基督教高等教育协会咨询委员会出台了一个中国基督教教育的全盘计划。这一全盘统筹计划的最早提出者是巴顿委员会 1922 年的报告,其目的是为了避免教会大学之间的重复以提高效率。但这一计划历经磨难,真正出台已是 6 年以后。该计划针对教学水准已经有所下降的齐大文理学院的现实,提出应该将课程改为职业教育课程,要为农村和非工业化城镇地区培养"教师、传教人员、医生、护士和其他的社会宗教工作者"。[③] 这一规定无疑降低了文理学院的课程标准,将会使文理学院的毕业文凭更加不值钱。所以这一建议虽然得到了理事会英国部和美国部的热烈欢迎,却遭到了齐大师生和校友的强烈反对。他们对于拥护学校荣誉的心情使他们对于学校有可能会成为一所低层次的"农学院"而倍感紧张。

但是,如果不接受这一全盘计划,就意味着无法得到各大学董事会联合募集的资金支持。同时,齐大学校当局接受这一计划还有另外一个苦衷,那就是 1920 年代以来,齐鲁大学尤其是文理学院的确是走下坡路了。文理学院虽然是中国最早的现代高等教育机构,但

---

① 罗志田:《乱世潜流:民族主义与民国政治》,"自序"第 1 页。
② (美)杰西·格·卢茨著,曾钜生译:《教会大学史(1850－1950)》,第 268 页。
③ 郭查理著,陶飞亚、鲁娜译:《齐鲁大学》,第 204 页。

是在 1917 迁到济南以后就再也没有恢复往日的辉煌。先是由于差会势力的斗争,院长职位长期空缺,院务常沦入混乱之中。又由于其教育目标狭窄,严格限制在宗教服务领域的教师、传道人、牧师等,在教会势力发展缓慢的时候会大大影响学生的就业,进而直接影响到招生。中间齐大还曾一度将自己设计为一个师范学院,如 1925 年,文理学院对外宣称的主要目的就是"培养训练有素的教师"。① 在医学院不断得到罗氏驻华医社、山东省政府等等世俗资金的挹注时,文理学院的经费却只能靠数量比医学院少很多的差会拨款维持,1929年后的经济大危机直接导致了差会募款能力的下降,文理学院经费大为缩水。由于经费不敷使用,图书设施、实验设备等当然无从改进,所以到 1920 年代末 1930 年代初,文理学院衰落了。后来赫尔基金哈佛燕京学社的拨款总算让其在国学研究及藏书方面有了些起色,但是哈佛燕京学社的经费不能支付文理学院的一般性开支,文理学院的经费依然捉襟见肘。故在此情况下,齐大急需找到一个突破口,以提升文理学院的水平。与当时的主流思潮相一致的是,齐大当局想到的也是中国广大的农村。于是虽然有种种反对,而且所谓的联合募捐由于经济危机的出现被无限期推迟了,但是齐大的乡村计划还是坚持了下来。

　　校董会在 1928 年 11 月的会议上,通过了在原则上批准全盘计划方案的决议。因为要维持目前大学的水准和条件,并沿新的方向发展需要等待通过美国和英国的资金运动募集的额外资金。但如果等待刚刚起步的资金运动的募集需要花费很长时间,大学决定于 1929 年拨款2000 美元以使乡村推广部(rural extension department)能够完成其工作。这一拨款更多的是要表达对这一工作的重要性的确信,而不是确保其有效性的合适手段。就在这次会上,校方同意在资金允许的情况下成立一个乡村生活研究院(Institute of Rural Life),并立即在文理学院教育系增加乡村教育课程,社会学系增加乡村社会与乡村

---

① School of Arts and Science 1925,AUBA,262 - 4242,p869.

经济课程;成立一个作为计划核心部分的家庭经济系,在医学院增设一个公共卫生部,神学院增加乡村教会系和宗教教育系。①

1929年9月28日山理(Dr. C. A. Stanley)被评议会任命为农村工作委员会(Rural Work Committee)主席。② 农村工作委员会的主要工作地点是在龙山。在此前的6月30日,山理曾代表乡村研究院(The Rural Institute)做了龙山乡村工作计划的报告,计划包括创建乡村小学、注意公众健康与护理、开展社区服务和娱乐活动、宗教工作以及先进农业的示范与推广。③ 1930年3月,董事会通过了评议会提出的将文理学院按照乡村计划的规定重组的方案。该方案规定乡村计划将致力于培养以下各种乡村领袖:

(1) 乡村师范和中学老师;

(2) 乡村学校管理者;

(3) 乡村群众教育承办人;

(4) 乡村牧师、布道者和管理者;

(5) 乡村宗教教育负责人;

(6) 乡村医生;

(7) 乡村社区护士;

(8) 乡村公共卫生组织者;

(9) 乡村社区组织者和社会工作者;

(10) 乡村家庭指导员;

(11) 乡村基督教青年会和女青年会秘书;

(12) 乡村初级推广工作者;

(13) 农业指导者。

---

① Minutes of Special Meeting 1928 - 11 - 8, AUBA, 263 - 4245, p333.

② 齐档,J109 - 01 - 132。

③ Report of the Rural Institute, *Shantung Christian University*, No. 72, 齐档, J109 - 01 - 530。

并规定到 1930 年秋天齐大的不同学院将提供以上所述前八种乡村领袖的培训课程。其他乡村领袖则在学校有了充足的资金和师资可用时立即增加。并提出要将文学院改名为文学与教育学院(School of Education and Arts),理学院改名为应用科学学院(School of Applied Science)。①

然而这些计划基本未能落到实处。事实上,齐大校内的抵触情绪非常高,文理学院的林济青对乡村计划不屑一顾,他的箴言是:"在龙山你们爱干什么就干什么,只是不要打搅文理学院。"②1932 年 12 月国民党四届三中全会通过了《确定教育目标与改革教育制度案》,提出:"师范教育机构,分简易师范学校、师范学校、师范大学三种,均由政府办理,私人不得设立。"③这样,师范教育就被政府垄断了,齐鲁大学的乡村师范教育等自然无法再办,乡村教育课程也只有取消了。

乡村工作虽然在校内颇受冷遇,但在龙山还是做出了一些成绩。现据 1932 年龙山服务社工作总结,对该社的基本情况和活动情况略作说明。

龙山农村服务社以龙山镇为活动中心。该镇离龙山车站里许,交通便利除有少数商店外,几全为农业社会。全镇共有 460 余户;土地共约 6 000 余亩。该镇附近八里以内村庄,为暂定的全部工作区域,计共 40 余村。此外尚有特别区 3 处,俱在 10 里以外。服务社的合作机关有三:南京金陵大学农学院,担任对外推广,并本区农事股工作;山东华洋义赈会农场,供给种子药料等;齐鲁神学院担任宗教及道德之培养。服务社职员设置为:主任兼农事股、事务股、妇女股、平教股各 1 人,医药股医士 2 人(由齐大医士轮值),护士 1 人(专门产科),助理 1 人,附男小教员及女小教员各 1 人。

---

① Recommendation of The Organization Committee of The Senate Committee on The Rural Program,齐档,J109 - 01 - 132。

② 郭查理著,陶飞亚、鲁娜译《齐鲁大学》,第 209 页。

③ 马啸风主编:《中国师范教育史 1897 - 2000》,首都师范大学出版社,2003 年版,第 225 页。

每月终服务社有月会一次,报告已往事工,并筹将来计划。每星期六有职员励志会,借以促进职员彼此间合作之精神。秋初举行村长及地方领袖大会一次,借以发表本社工作计划,鼓励农民的合作,征求农民的意见。1932 年的大会到会 100 余人。

服务社设书报室,藏有《大公报》、《申报》等报刊以及平民读物和儿童读物等,书籍包括农事、教育、卫生、合作、宗教各项。农民前来阅读者,每日平均约五六人,借书者尚不甚多。其原因是已有书籍,大多不合于农民阅读,且农民读书习惯未开。同时还设有巡回书库,内储有关农事、教育、合作、卫生、故事、浅说等类,每半月轮流一村,以便农民就近借读。各村巡回完毕,则另换书籍。服务社还联合创刊《乡村服务》刊物一种,内容有二:一是发表本区工作状况;二是容纳各教会机关之服务报告,借以彼此研究,并实现精神的联络。服务社专供农民来社娱乐运动的设备,包括运动类与娱乐类两种,前者有沙袋、掷圈、木球(代替网球);后者有象棋、陆军棋、跳棋、笛、手琴等。"设法吸引及指导农民以正当娱乐"。服务社为发展当地乡村事业,达到该社服务的最后目的——地方自办——起见,特大力吸收当地农民为社友,连同工作人员,合组农村服务委员会。委员会不仅可以让农民对工作表达意见,还可训练乡村改进基本人才。1932 年时服务社已在龙山成立青年励志团、农暇参观团、农事运动会等等。这些都充分体现了农村服务社的最大希望:"村无游民,野无旷土,人无不学,事无不举"。[①]

大学的乡村计划在校内地位的真正确立是其有了真正公认的领导之后的事情。在齐大立案成功半年后,也就是 1932 年 6 月朱经农奉命到湖南任教育厅长,仍兼齐大校长,并约定一年后返回学校。然而 1933 年 6 月,朱经农受到了来自湖南、教育部等各方面的压力而不得不留在湖南,齐大再一次进入了寻找校长的长期磨难中。直到

---

①　私立齐鲁大学印刷事务所承印:《私立齐鲁大学龙山镇农村服务社报告书》,第一期,1932 年 12 月,第 5-6 页。

1935年,刘书铭在德位思的几番邀请下,终于来齐大就任校长。1937年,刘书铭终于明确同意乡村计划在齐鲁大学中的地位,由孙恩三为主任,对乡村计划进行改组。然而不久,七七事变发生了。

齐鲁大学是中国教会大学中合作差会数目最多的大学,差会一度达到13个,如此众多的差会足可见西方势力的强大与分散。作为主要的管理一方,内部之重重矛盾深刻影响到了学校发展。1917年,齐大实现同地教学后,恰处于民族主义发展的大潮中,作为基督教学校,很容易成为民族主义斗争的靶子。在立案、收回教育权等运动中,广大学生、校友并不是一直坚定地站在国家民族一边,其也会为了维护母校和自己的利益而发出自己的声音。在西方差会迫使学校变成农学院时,学生、校友再次起而反对西方差会,同样是为了维护母校的荣誉和声望。故,外来势力、民族主义和母校情结三种因素共同构成了齐大校园的民族主义风景线,三种力量的相互斗争与纠缠深刻影响到了齐大校内民族主义的滋生与发展。

第三章

西人掌控:管理机构变迁

第一节　分散办学时期

一、差会—传教士个人威权

最初的教会学校一般规模很小,因而大多没有正式的行政管理人员。登州文会馆初办时,仅有 6 名学生,第二年增加学额后也不过 12 名。开始办学时,狄考文夫妇尚不能以汉语教学,故聘请张赣臣当校长。张当校长主要是负责教学及与中国学生家长的联系,这从蒙养学堂最早订立的与学生家长的 6 年契约之执笔人为张赣臣而非狄考文即可看出来。真正大权比如雇佣师资、招收学生、开设课程等等仍掌握在狄考文夫妇手中。由于当时办学采取私塾形式,故课程以中国经典为主,传统教授经典的办法与西方教学方法迥然相异,所以在狄考文等传教士和中国教师之间常发生冲突。故"设学九载,教习五易"①,却仍不能达到狄考文的要求,1873 年后狄考文对学堂进行了全面改革。

登州蒙养学堂除了由狄考文夫妇进行管理之外,作为早期的差

---

① 王元德、刘玉锋:《文会馆志》,潍县广文学校印刷所摆印,1913 年,第 21 页。

传事工,仍然要受到美国北长老会差会总部的制约与管理。比如,在总部未批准之前,其仅能招收 6 名学生。学堂开办第二年,总部来函批准开办学堂,并将学额提到 12 名,蒙养学堂才真正有了自己的合法地位。

1881 年狄考文拟定改办大学计划时,曾主张设 6 人理事会管理,未被批准,而是由长老会总部直接管理,其实大权操之监督狄考文一人之手。在迁潍之前,登州文会馆共有三任监督:狄考文、赫士和柏尔根。

虽然 19 世纪七八十年代,狄考文颁布了讲堂条规,但是"个人的影响力"①一直是登州文会馆的创办者们治校的主要特色。狄考文呼吁教育传教士要多同学生个人接触:"福音在学生身上会产生什么效果,重要的不在于懂得多少基督教教义,而在于教育者的品格修养程度如何。特别是在最初阶段,外国教员必须把他们的时间和精力放在教室内外,通过教导、谈心、讲故事、关心生活,帮助每个学生排除他们面临的烦恼,这种工作是没有任何东西可以取代的。"②

正是由于对这一观念的坚持与实践,狄考文夫妇包括后来的传教士教师在学生们中间都享有很高的声誉和威望。学生对狄考文"畏之神明而爱之如父母"③。文会馆里,狄考文有个外号为"老虎",意思是狄对纪律要求十分严格,对违反禁令者严惩不贷。但是,狄考文的高明之处在于其将学生当自己孩子看,处罚完后即不再提;对生活困难的学生"设法周恤之",但又照顾贫困学生的自尊心,"处置得当,而不示其恩"。④ 这让狄考文在学生中间享有崇高的威望。1906 年广文学堂学生因学习英语一事大起风潮,柏尔根辞职,狄考文再次被差会推为监督,"摄职半载,诸生帖服,诸事就理,人至今称道不衰,

---

① 狄乐播(Robert M. Mateer)著,郭大松译:《中华育英才·狄邦就列传》,第 30 页。
② (美)狄考文:《怎样使教育工作更有效地促进中国基督教事业》,朱有瓛、高时良主编:《中国近代学制史料》第四辑,第 105 页。
③ 王元德、刘玉锋:《文会馆志》,第 14 页。
④ 王元德、刘玉锋:《文会馆志》,第 6 页。

其德望之尊有如此".① 狄邦就烈更是以其女性的特有细致与耐心在学生们中间获得了崇高的威望。她曾经谈起过自己的工作:"每天照看30个孩子,要看看他们的房间是否打扫了,床铺是否整理了,他们的头是不是梳了,脸是不是洗了;一个星期检查一遍他们所有的衣服是否掉了扣子什么的,或是需要洗了、缝补了,或者更糟糕的是要不要替换了;最要紧的是要给他们的瘰疬上敷药膏。不过,当孩子们都健健康康,一切都很顺利的时候(不时会有一小段时间一切都很顺利),我就会认为我是一个多么幸福的女人。"狄夫人对学生无微不至的关怀得到了学生的好感和拥护,因此她后来成为了学生们倾诉烦恼、困难、计划、婚姻等个人问题,以及宗教体验等事务的挚友和导师。② 在一次过生日时,学生们很崇敬地打造了一副题为"育英寿母"的牌匾赠送给了狄邦就烈。因此,在文会馆时期,狄考文夫妇的个人权威无与伦比,这也是保证学校在初期顺利发展的重要条件。

与文会馆类似,青州的广德书院与神学院的管理权均归于英国浸礼会差会总部,负责实施者为传教士库寿龄、怀恩光、聂惠东等人,华人几乎不可能得到管理学堂权益。故在差会联合工作之前,齐大各前身单位的基本管理模式就是差会——个人威权。相对而言,此时的差会对学校控制并不太严,在提供了学校运转的基本经费(包括传教士的工资)之外,学堂内部的管理基本委之于一线的传教士。此时的中国人,在管理方面则几乎没有发言余地。即使狄考文与美国北长老会很注意培养中国牧师,但仍对没有从年轻时起就经受神学训练的中国基督徒充满警惕:"受异教思想培育出来的人,尽管他们的脑子里充满着儒家说教,但在外国教师的诱导和监督下,他们仍然能够出口成章地宣讲福音,只是正如经验所表明的那样,他们并不是靠得住的人。"又提到"许多学校之所以办理失败,是因为那里工作主要掌握在中国教员手里。这些异教徒或基督徒教师多半缺乏高尚或

① 王元德、刘玉锋:《文会馆志》,第8页。
② 狄乐播(Robert M. Mateer)著,郭大松译:《中华育英才·狄邦就烈传》,第21—22页。

诚挚的基督徒品格。"①对于中国教师的警惕使早期办学的传教士不太可能将管理权放手。事实上,这种警惕一直贯彻办学始终,即使立案之后中国校长也并未真正得到实际的掌校权力。

二、差会一校董会

1904 年,美国北长老会和英国浸礼会联合办学成功,颁布了《教育工作联合准则》(下简称《联合准则》),《联合准则》规定其管理机构为校董会(Board of Directors):

　　大学处于一个校董会的管理之下,校董会由两差会选举产生,为他们负责,并直接处于两差会总部的直接控制之下。

校董会由 6 位董事组成,两差会分别任命 3 名,服务 3 年,每年更换 1 位。第一次选举出的 3 名人员,1 位服务 1 年,1 位服务 2 年,1 位服务 3 年。教学人员中的外籍成员有权参加董事会会议以备"磋商(consultation)",但没有投票权。各学院院长对于有关其学院的事件可参与投票。董事一旦休假离岗,即须考虑辞职,其所在差会应立即选举一个继任者以完成其任期。

根据《联合准则》,校董会一般情况下每年至少在三学院之一处开会一次。专门会议由董事长在 3 名成员的书面要求之下召开,专门会议审议的专门事项须提前 1 月书面通知,会议不得处理其他事务。处理事务的法定人数由 4 名董事构成,任何议案须有 4 名以上赞成投票方可宣布进行。会议的完整记录和所有的工作报告,应在第一时间递交给伦敦和纽约的差会总部以及当地差会秘书处。校董会遴选教职工中的所有固定成员,但院长的遴选须得到伦敦和纽约

---

① (美)狄考文:《怎样使教育工作更有效地促进中国基督教事业》,朱有瓛、高时良主编《中国近代学制史料》第四辑,第 97 - 98、105 页。

差会总部的认可。各学院院长在与其同事集体商议之后,有权任命其所在学院的中国教师,但须得到下次校董会的同意。校董会将审议并决定每个学院的课程,这些课程由各学院院长代表外籍教师(Foreign Teaching Staff)提交。校董会要审议并通过大学支出的预算,该预算由各学院外籍教师准备与提交;要决定各差会应承担的份额,并将预算寄给纽约和伦敦的差会总部。委员会的所有议案均须受到伦敦浸礼会和美国长老会海外传道部的审查与控制。[①] 这些规定可以说明两个问题:首先,校董会是学校的直接管理机构,由差会产生并向差会负责,受差会总部的直接控制与领导。其次,学院外籍教工职权重大,有权提交课程和预算,而中国籍教师则不得参与。

校董会设一个董事长,一个副董事长,一个秘书兼司库,这些行政人员一般一年选举一次。校董会的权利和义务计有七项:第一,遴选教学人员;第二,决定大学课程;第三,通过预算,并在英浸礼会与长老会之间分摊花费,提交预算给伦敦和纽约;第四,有权建议修正《联合准则》;第五,审核各学院外籍教师的正式会议记录;第六,审计各学院账目;第七,通过所有由教工设计的有关管理学院的普通规则。[②] 另外,校董会还设有财政小组与审计小组两个常设小组,各由两位成员组成。前者职责为接受并审核预算,在必要的情况下于校董会开会之前在与教师相关的问题上与教师会交换意见;提交预算给校董会;在伦敦和纽约做出拨款之后,有权在总体上对拨款进行调剂使用。审计小组则有权审计各学院年度账目。

此时的山东基督教大学沿着140英里的胶济线分三个地方办学,因此除一个统一的大学校董会之外,没有一个总的行政人员,而是在三个地方分设三个院长(president 而不是 dean)。各学院的内部管理由院长、注册员与司库进行。各学院院长为各学院的主要行

---

① Basis of Union in Education Work, *Shantung Protestant University* 1907, AUBA, 267 - 4269, pp556 - 557.

② Rules of Procedure and Organization of the Board of Directors, *Shantung Protestant University* 1907, AUBA, 267 - 4269, p558.

政首脑,其须每年向校董会提交有关过去一年学院工作的书面报告。此报告根据管理各部门的教授由其工作与效果所做的个人报告写成,该报告也包括一个一般报告,介绍院长与班级工作关系、宗教生活、道德基调,以及学生的身体健康、纪律情况、毕业班的未来职业和作为院长必须考虑的其他事情。注册员由各学院的外籍教师任命,其职责是记录学生来自哪里,是否为基督徒,大学中的品格与成就,离校后的定居地及其他需要注意的内容。各学院须由校董会在教师会建议下任命一个当地司库,维护学院账户并向校董会负责。

由上可知,联合后的各学院虽已经摆脱了传教士的个人威权治理,但管理权仍基本控制在外人手里。不论是对差会总部的权力的强调,还是对各学院外籍教师的重视,都表明传教士牢牢掌控着学校的管理权。

三、差会—大学委员会

当英国圣公会参加联合后,为争取更多的差会联合工作,《联合准则》于1909年做了修订。修订版对1904年版做了一些较突出的修改,最大的变化是其对其他各差会的邀请:"我们也邀请其他在山东的以及相邻省份的差会组织全部或者部分的加入联合,同受规则制约。"

在管理机构方面,最显著的修改就是将校董会改成了大学委员会(下简称大委会):

> 大学由大学委员会(University Council)管理,大委会由各联合差会选派并为差会负责,处于各联合差会之国内总部的直接控制之下。

为适应参与联合差会增加的形势,大委会的组成与校董会比有所扩大,根据差会参与联合的范围分为三类。充分参与联合的各差会,即,每个学院提供至少一位外籍教师,解决其住宿,提供与其所占份额相应的两个学院的经常性开支费用,并提供与其参加联合相关的日益增长的大学资产的维持费用。可任命3位委员会成员,服务3年。3位成员每年更换1位。第一次选举出的人员1位服务1年,1位服务2年,1位服务3年。在两个学院参与联合的差会,即,在两个学院中分别至少提供1位外籍教师,并解决其住宿,提供与其所占份额相应的两个学院的经常性开支费用,并提供与其参加联合相关的日益增长的大学资产的维持费用,在委员会中占有两席。仅在1个学院中参与联合的差会,即,在该学院中提供至少1位外籍教师,并解决其住宿,提供与其所占份额相应的该学院的经常性开支费用,并提供与其参加联合相关的日益增长的大学资产的维持费用,在委员会中占有1席。在参与联合的差会或者校委员会急需相当的经费以代替1个常驻外籍教师的情况下,可以经费代替派驻教师,这一相当的经费数量须与大学委员会商议经其同意后确定。①

除各差会代表外,大学委员会还包括各学院院长以及一中一西两名教工代表,这两名教工参选的条件是需要在岗位上工作满5年。这是在齐大管理机构层面第一次提出中国人代表权问题,成为了大委会与校董会的最大区别。各类代表的投票权有所不同,各差会代表仅在其所在差会参与联合的相关院系事务上有投票权,教工代表及各院长则在大委会所有讨论事项上有投票权。这样就加强了来自教学一线的发言权。

但是,此类规定并没有被很好地执行,比如修订《联合准则》出台后的1910年,大学委员会成员如下:

方法敛牧师,董事长,潍县,北长老会

章嘉礼博士,副董事长,济南,北长老会

武成献博士,秘书兼司库,青州,英浸礼会

尼格尔斯牧师,青州,英浸礼会

---

① Basis of Union in Education Work in Shantung, *Shantung Christian University* 1910,AUBA,267 - 4269,p630.

　　哈门牧师,济南,英浸礼会

　　卜道成牧师,当然成员,青州,英浸礼会

　　柏尔根牧师,潍县,美北长老会

　　聂惠东博士,济南,美北长老会①

　　由上名单可知,大委会8名成员仍是长老、浸礼二会分担,新加入的圣公会未派代表,且也没有规定中的一中一西各学院的教工代表。此种局面到了1912年有所改观,一切显得正规起来。这一年的大委会名单中开始分为差会代表、教师代表与当然成员3部分。具体如下:

　　差会代表:

　　　哈门,主席,英浸礼会

　　　韩维廉,副主席,美北长老会

　　　方法敛,秘书兼司库,美北长老会(缺席)

　　　郭显德,美北长老会

　　　巴德顺,英浸礼会

　　　怀恩光,英浸礼会

　　　柴德勒在方法敛缺席期间代理司库

　　教师会代表:

　　　赫士,葛罗神学院,美北长老会

　　　白向义,文学院,英浸礼会

　　当然成员:

　　　柏尔根,院长,美北长老会

　　　卜道成,院长,英浸礼会

　　　聂惠东,院长,美北长老会②

---

　　①　*Shantung Christian University*1910, AUBA,267-4269,p628. 其所在差会由郭大松:《中西文化交流的先驱和桥梁》第121-124及177-178页增补。

　　②　*The Annual Register and Report of the Shantung Christian University*, 1912, AUBA,267-4270, p693,其所在差会由郭大松:《中西文化交流的先驱和桥梁》第121-124及177-178页增补。

但是,仍然可以发现,除两大差会外,教师代表中仍无中国人,医学院除院长外尚无法选出代表。直到 1913 年 8 月,大委会专门会议才根据纽约美国长老会的要求,审议大委会中国代表问题,提出如下计划:(1) 长老会和浸礼会各选出两名中国代表;(2) 各学院教师会选出两名委员会成员,一中一西;(3) 委员会中须有一名成员为毕业 5 年以上的校友,由大学校友会在其成立时选出。在这三条中,第二条其实是对修订《联合准则》的重复,第一和第三条则是最新增加的内容。就以上计划,专门会议决议如下:有关大学委员会中国代表的议案可作为对《联合准则》的修订建议。如果该议案最终被各联合差会和国内总部批准,将立即生效,并对《联合准则》进行修改。卫礼士、白向义和武成献(当然成员)被指定对《联合准则》做必要的改进以应对即将出现的形势。①

　　1914 年 1 月 13 日大学委员会年度会议再次决定:如果长老会批准了大学委员会引入中国成员的建议计划,大委会就要求中国团体考虑选举他们的成员以便作为代表参加在 1915 年 1 月的大委会会议。② 该计划得到了批准,故 1915 年大学委员会名单中增加了中国代表:

　　差会代表:

　　　　叶吉斯……峄县(美北长老会)

　　　　希尔思……芝罘(美北长老会)

　　　　卫礼士……潍县(美北长老会)

　　　　巴德顺…青州(英浸礼会)

　　　　武成献……周村(英浸礼会)

　　　　怀恩光……济南(英浸礼会)

　　教工代表:

　　　　神学院:

_____

① Minutes of Special Meeting of the University Council, *Shantung Christian University*, 1913, AUBA, 267 - 4270, p764.

② *Shantung Christian University*, 1914, AUBA, 267 - 4270, p793.

　　赫士牧师(美北长老会)

　　孙鹏翔牧师

文学院:

　　倪理逊

　　王锡恩

医学院:

　　徐伟烈医生

中国长老会代表:

　　王元德 潍县

　　王守清 青岛

中国浸礼会代表:

　　王守礼　博兴

　　宋传典　青州

当然成员:

　　方伟廉:文学院代理院长

　　卜道成:神学院院长

　　聂惠东:医学院院长[①]

　　传教士代表中仍是两大会平起平坐。最引人注目者是齐大建校以来中国人第一次参与进了管理机构,中国代表占了 6 席,为总人数三分之一。此虽然可以表明中国力量在校内的增长,也是校外民族主义发展的体现,但是,最主要的原因应该是欧战爆发后,原本作为教师来源的西方传教士人数大减,对中国人的需要骤然增强。"一战"期间的校长报告一再谈到学校外籍职员损失惨重而不得不更多地依赖中国人的事实。这几位中国代表都是齐大毕业的学生,在校内几无说话的余地。1916 年,差会代表中增加了圣公会代表艾立法。自此,大委会设置逐渐走向正规,基本上符合了修订《联合准则》

---

　　① *The Annual Register and Report of the Shantung Christion University*，1915，AUBA，267‒4270，p814.

的要求。

　　大委会的具体功能权限及其与各差会总部的关系与校董会区别不大。在各学院的内部管理方面,院长、注册员和司库的设立及功能与校董会时期亦基本保持未变,人员也都是外国人。最大的变化则是教师会(the Faculty)的设立。教师会由大委会任命的各学院院长和教授组成。在章程中并未明确规定教师会的权利与义务,但可以看出其为各差会的另一代表机构。办学联合中占有全部份额的差会,在可能的情况下,在各学院教师会中亦有相等的代表权。教师会中没有成员的差会或教会,则选派一位代表参与大委会。

第二节　海外董事会与驻华董事会

　　1917 年,为便于教学和管理,文理学院与神学院迁来济南,与医学院合校一区。在合校前后,齐大的发展出现了两大特点,一个是联合差会的增加,一个是合校造成内部管理必须改革的情势。前一特点促生了海外董事会,后一特点则使学校内部管理出现了重大变化。

一、海外董事会的提出与成立

　　最早提出成立海外联合董事会是在 1913 年潍县大委会上,当时大委会建议国内差会总部,组成一个大学联合董事会(Joint Board of Trustees for the University)。其将负责和推进大学在差会母国的利益,尤其是合适的大学教师的选聘,资金的维持和工作的扩展等,并与大委会联系以发展大学。会议议决任命卜道成和路思义将此事提交国内总部讨论,寻找具有可行性的计划并向大委会报告。[①] 这里提出的联合董事会只是一个服务机构,尚无管理功能,且后来的发展证

---

　　① Minutes of Special Meeting of the University Council, *Shantung Christian University*, 1913, AUBA, 267 - 4270, p763.

明,其并未引起差会总部的兴趣。

1917年9月4日,卜道成在第一次作为一个整体学校的校长所做的报告里讲道:

> 在医学院,有8个差会正在派驻代表或将要派驻代表,文理学院5个,神学院4个。三年前在文理学院只有3个差会参与联合,其他两院只有两个。······对学校来说,将来已不可能再如当前一样在美、英差会总部的直接控制之下。当两个差会总部控制学校时可能采取的有效举措,在8个差会联合时将会变得无法工作。所有这些都指向一个方向:毫不拖延的立即在母国或者在中国组建一个董事会(a Board of Trustees)是必要的。该董事会应是一个整体,负责大学的行政管理工作并对外代表学校,通过它可以向学校各合作差会所代表的区域吁求资金与人员帮助以保证学校工作的正常运转。①

卜道成口中的董事会具有了实在的管理功能,成为大学的一个最高管理机构和代表机关,以避免联合差会过多而造成的工作效率低下。卜道成的报告得到了英美差会总部的重视。不久北美各差会即在园林城市会议(Garden City Conference)上制定了成立一个联合董事会的方案,董事会由在齐大进行联合工作的美国和加拿大差会代表组成,会议建议英国的相关差会也执行类似的方案,后者的办公机构设于伦敦。

1918年初,纽约长老会总部干事阿瑟·布朗(A. J. Brown)先生在给大委会的第66号信中,从发展以中国官话进行高等教育的迫切性出发,指出应该抓住目前的特殊机会,在山东基督教大学中联合

---

① The President's Report, 1917 - 9 - 4, *Shantung Christian University Bulletin*, No. 3, AUBA, 262 - 4239, p305.

运作,不仅要使齐大具有广泛的代表性,且要维持其绝对的一流医学院水平在讲官话的情况下成为可能。为此,布朗提出了北美联合董事会成立的相关原则和方案问题。

布朗提出,成立于北美的联合董事会,由在齐鲁大学部分或全部院系方面已经合作的与准备合作的各差会代表组成。各合作差会中参与所有院系者可在联合董事会中任命3个代表;参与一个以上但不是全部院系者,任命两个代表;仅参与一个院系者,任命一个代表。参与哪一个或哪一些院系的工作由各差会总部决定。支持大学各院系资金份额的最低限度包括由大学批准的传教士教师的住宿租金,以及每年5万美金的资助以供其他经常性开支,也可以每年由每个合作差会支付包括居住租金在内的25万美金。同时,进入联合董事会的各差会须说明在当前预算中保证能够提供的额外资金。联合董事会在认为适当的时候可特邀成员,但其总数不得超过由联合差会选出的代表数目的一半,如此,董事会可以为大学任何一个主要院系扩大任命一个分委员会。布朗提出联合董事会的功能包括七项:第一,关于大学年度预算的议案;第二,通过联合差会媒介和直接呼吁的方法提供学校需要的财政支持;第三,对包括大学的基督教特征、教育政策的改变、新院系的建立或扩大不得不由国内支持的开支等所有事务的最终决定权;第四,与英国的联合董事会以及驻华董事会(the Field Board of Managers in China)保持密切联系;第五,与英国联合董事会和驻华董事会合作,任命大学的职员与全职教授;第六,任命一个执行官员兼任北美的秘书与司库,接收并管理有关大学或其学院来自联合差会和其他资源的资金,并进行所有与大学有关事务的一般通讯;第七,需要以后决定的其他事项。驻华董事会(即前所谓大学委员会)将由参与联合的各差会选举传教士与在限制条件下额外的特约成员组成。联合董事会美国部与英国部和驻华董事会要与他们所代表的教会和差会保持紧密且和谐的联系,驻华董事会将被承认为在中国的唯一的管理单位,而联合董事会是在北美和英国的唯一管理单位。布朗在信中强调:"如果这些团体的行动在超过一打甚至更多的独立行动的差会总部进行核查和控制之前不被认为有效,管理齐大将是不可思议的。参与联合的教会和差会的利益通过其在国内或者布道地的各自组织中遴选代表的权利来维护。此处推定:他们应该相信自己遴选的代表,并有权随时进行更换。"章程承认所有联合教会在适当的财政调整并提前通知的情况下具有退出大学的权利。①

在信中布朗还提出由布朗、巴顿、巴慕德组成一个三人小组,向参与联合的各差会总部报告调查结果以期批准,其后将按照联合的各差会总部所做出的规定组织联合董事会。可是,吊诡的是,首先提出建议的北美各差会建立董事会的进程,并未像期望的那样得以更早实现,而是由于"一个临时性质的原因"②以及在当时形势下"需要考虑一些变通策略"③而有所延宕。

在英国,计划执行顺利,联合董事会很快于1918年成立并召开了第一次会议,会议通过了《英国联合董事会章程》。规定山东基督教大学之英国联合董事会由所有在该大学参与联合的英国差会总部代表组成。参与所有学院联合的差会须在每年的前三个月任命4个代表进入联合董事会;参与1个以上但不是全部院系的差会得任命3名代表,而仅在一个学院参与联合的差会得以同样的方式任命2名代表。对大学某一学院的联合与承担份额的需求由各差会总部决定。各差会在各学院参与联合的最低份额是:一、提供由大学批准的一名教师,或者其后决定的教师数量;二、提供并维持一个宿舍或一间房屋的租金;三、每年支付100美元作为学校的经常性开支。联合董事会在其认为必要时可以特邀总数不超过合作差会遴选代表总数一半的董事会成员。英国联合董事会功能有六:第一,处理大学的年

①　Minutes of A Called Meeting of the University Council, *Shantung Christian University Bulletin*, No. 5, AUBA, 262 - 4239, pp327 - 329.

②　President's Report For 1917 - 1918, *Shantung Christian University Bulletin*, No. 9, AUBA, 262 - 4239, p385.

③　Minutes of A Called Meeting of the University Council, *Shantung Christian University Bulletin*, No. 5, AUBA, 262 - 4239, p329.

度预算;第二,通过联合差会媒介与以联合差会同意的其他努力方式获得资金,以满足学校的年度需求;第三,批准包括大学政策变化和新院系设立等在内的所有事务;第四,维持与北美联合董事会及中国大学委员会①的密切关系;第五,与北美联合董事会和大学委员会磋商任命大学的行政人员和所有教师,即与大学教工有关的所有事项在生效之前都必须由各差会以合适的方式通知;第六,每年任命一位英国的义务司库(Hon. Treasurer)与义务秘书,承担两个职责:一、接收来自联合差会或其他渠道的资金,转交给大学委员会;二、在所有影响齐大的事项上进行一般性联系。会议还决定:大学委员会被承认为在中国的唯一管理机构,应使其有充分的酌处权。每年通过两个联合董事会或者在中国本地募集的资金与合法的年度预算保持一致。在有关大学的基督性质、教育政策的变化、新院系的设立或扩大推广,以及其他必须由国内支持者面对并须承担责任的事项上,应首先提交给联合董事会并取得他们的同意。各合作差会对其捐献的资产以及通过其他渠道获赠的资产拥有所有权。②由上可以看出,联合董事会牢牢控制着大学的资金、人事、基本政策、院系调整以及一切涉及基督性质的种种事务,是大学的最高管理机构。

北美联合董事会迟至 1919 年 1 月 14 日亦告成立,并于当天召开了第一次联合会议,同意《联合准则》并派代表参加联合董事会(the Joint Board)者为三个差会:美国北长老会(在所有学院参与联合),代表为布朗,波瓦艾德(David Bovaird),徐伟烈(William M. Schults),史格特(George T. Scott);加拿大长老会(在两个学院合作),代表为麦奇(R. P. Mackay),甘地尔校长(Principal Alfred Gandier);美国南长老会(在 1 个学院参与联合),代表为切斯特(S. H. Chester)。由此可以看出,一些已参加联合的差会不愿参与此种联合,比如信义会在医学院参与合作,但没有在联合董事会中派驻代

---

① 时尚未改称为驻华董事会。北美联合董事会亦尚未建立。

② British Joint Board Constitution(Adopted 1918),AUBA,243 - 3981,p67.

表。北美联合董事会主席为布朗,副主席为麦奇与切斯特,秘书与司库为史格特,财务委员会由甘地尔与史格特组成,章程细则委员会由徐伟烈与史格特组成。这些行政人员与委员会任期1年。①

在第一次会议上,议决邀请哥伦毕业大学的孟禄(Paul Monroe)教授和格林内尔学院的曼约翰(John H. T. Main)牧师作为特约成员。会议根据英国制定的联合董事会办法对代表准则进行了修改,规定凡是在大学3个学院均参与联合者可任命4名代表,参与超过1个但不是全部学院者可任命3名代表,只参与1个学院者可任命2名代表。这样来看第一次会议时的各差会代表,只有北长老会达到数量,其他差会则表示乐意扩大代表名额。4月11日,北美联合董事会召开年度会议,职员进行了重新选举如下,任期至下次年度会议:

主席:孟禄;副主席:麦奇与切斯特;秘书兼司库:史格特。

执行委员会:布朗(主席);波瓦艾德;当然成员:孟禄,麦奇,切斯特;史格特。所有住在纽约并于执行委员会开会期间没有外出的董事会成员均可以作为投票成员与会。

财产物资委员会:执行委员会被授权目前代理财产物资委员会。②

从北美联合董事会与英国联合董事会的组成、功能与职权上看,联董会是各联合差会总部的代表机关。各联合差会通过联董会控制齐大的人事与财务和所有大政方针。但是也有很明显的一点,即基本的课程设置(院系调整除外)、学校一般行政管理,联董会基本放手不管,这种权限由驻华董事会负责。

---

① Minutes Of The North American Joint Board of the Shantung Christian University,1919 - 1 - 14,AUBA,241 - 3971,pp838 - 839.

② Minutes of Annual Meeting,1919 - 4 - 11,AUBA,241 - 3971,p843.

二、大学委员会重组为驻华董事会

为适应同地教学后管理的新形势,1917 年,大委会组成了《联合准则》修订小组。该小组联合相关差会驻大委会代表一起开会磋商,于并校后第一次例会——1917 年 9 月召开的秋季例会上,提出了新的组织计划。根据此计划,例会决议任命新的小组,由怀恩光(作为召集人)、艾立法、希尔思、米切尔(Mitchell)、尼格尔斯(Nickalls)与卫礼士组成,以按照上述建议计划草拟方案,以备 1917 年冬或 1918 年春召开的特别会议审议。

(一)布朗来信与初步设计

前文已及,布朗曾于 1918 年致信大委会(即 66 号来信),提到了改大学委员会为驻华董事会的问题,提出将由参与联合各差会选举传教士与在限制条件下特约额外成员组成。[①] 5 月大委会经过认真讨论后,表示衷心赞同布朗博士所提"建议",并议决将当前的大学委员会重组为驻华董事会(The Field Board of Managers,下文除译文或特别需要外,一律简称为华董会),其组成如下:

> 各联合差会分别遴选一名代表,校友会、山东教会各遴选一名代表。当山东教会代表悬而未决时,驻华董事会应从山东教会特约一名代表。大学教工不再有资格被遴选为以上各团体的代表。
>
> 大学校长是驻华董事会的当然成员。[②]
>
> 驻华董事会在认为恰当的时候可以继续特约中国或外国成员,总数不能超过其成员的一半。[③]

---

① Minutes of A Called Meeting of the University Council, *Shantung Christian University Bulletin*, No. 5, AUBA, 262 - 4239, p329.

② 美长老会山东差会修改时增加"无投票权"。AUBA, 262 - 4239, p373.

③ 驻华董事会首次会议增加:有纯正的基督品格与信仰(AUBA, 262 - 4239, p469.)。长老会增加:所有增选成员必须是一些福音教会的宗教团体。浸礼会增加:这些成员应充分理解大学的目标和政策。(AUBA, 262 - 4239, p373.)这些增加的言辞都说明了各差会对宗教性质的重视。

　　会议议决驻华董事会权利与义务共八项:第一,作为在中国的执行机构和最终权威管理与控制大学。第二,与北美和英国的联合董事会维持紧密的关系。第三,通过并向北美和英国联合董事会提交学校的年度预算,并使联合董事会对学校的财政需求完全知情。第四,向北美和英国的联合董事会建议有关教育政策变化、新院系的设立或者扩大必须有国内支持的开支。第五,与北美、英国联合董事会合作委任校长、司库、各学院院长及大学的全职教授。[①] 第六,直接或者通过可能委任的团体委任大学的所有其他教师和管理人员。第七,为有效管理大学可以制定并修缮必要的规章制度。第八,直接或通过负责团体管理和控制大学的所有土地、建筑、设备和其他财产;通过北美和英国联合董事会监督所有基金的开支,并为中国大学募捐;一般性指导大学的财政与商业事务。[②]

　　关于校董会服务期限,会议进一步议决驻华董事会成员每年应改选三分之一,具体细节留待驻华董事会开会时决定。大委会在会议上还进一步提出,除了校长以外,大学教职员作为驻华董事会成员是不可取的。大委会的会议决议分别交给了纽约和伦敦的差会总部,其修改可见前之注释。从修改中可以看出差会总部对于神学院及对学校宗教性质的重视。

　　(二)成立与功能

　　1919 年,有所延宕的北美联合董事会成立,自此两个海外董事会均已组建完毕。5 月 6 日下午大委会最后一次会议举行,提出:

　　　　鉴于在山东基督教大学工作中参与合作的差会组织大幅增加,需要重组其管理机构,特组成英国和北美联合董事

---

　　① 美长老会山东差会修改:为保证神学院福音真理的教学,长老会认为须做如下修改:神学院院长和教授之任命须得到驻华董事会五分之四成员的同意,董事们须为在大学合作的差会和(或者)中国教会的正式代表。(AUBA,262 - 4239,p373.)

　　② Minutes of A Called Meeting of the University Council, *Shantung Christian University Bulletin* ,No. 5,AUBA,262 - 4239,p329.

> 会及济南校董会。英、美的联合董事会业已成立，各合作组
> 织的代表在当时被选举出来并召开会议，现在，根据1918
> 年5月5日委员会会议记录，大学委员会移交大学事务管
> 理权给新选举成立的驻华董事会。另，已退出的大学委员
> 会秘书须在新校董会主席被任命时，移交会议记录簿和前
> 委员会的官方通信。①

此要求获一致通过，大委会正式退出。

5月7日至12日华董会召开了第一次会议，此次会议组成了一个委员会负责起草华董会章程细则。该章程细则几经讨论修改，于1920年6月会议上予以通过，称为《驻华董事会章程》。该章程对1918年5月大委会会议所提建议案进行了调整。在成员方面，规定各合作差会选举或任命一个代表，提供至少6名教职工的差会可以选举或任命一个额外代表，校友会选举两名代表。② 如果成员不可避免地要缺席董事会议，其所代表的团体应该选派替代人员。大学教工除了校长以外不能成为华董会成员。此处与1918年5月决议案最大区别是将校友会代表增为两名，同时不再提及山东教会代表问题。华董会成员任期3年。校长是华董会当然成员，并任书记，由此具有推动和副署决定的权利，但无投票权。在认为必要的时候，华董会可以从具有纯正基督品格和信仰的中国人或外国人中产生特邀成员，其总数不得超过选举和任命成员的一半。年度会议最好在毕业典礼举行期间召开。7名具有投票权的委员构成法定人数。华董会每年选举一名具投票权委员为主席。专门会议由常务华董会（Administrative Council）召集。

章程规定华董会功能共有九条：第一，是在中国管理和控制大学的执行机构与最终权威。第二，应与北美和英国联合董事会保持密

---

① Minutes of the Final Meeting of the University Council，AUBA，262－4239，p467.
② 随着女生的入学及妇女委员会的成立，1923年6月会议时增加如下语句：由妇女委员会选举不少于三名代表。（AUBA，262－4241，p762.）

切关系。第三,通过并向北美和英国联合董事会提交大学的年度预算并使其了解大学所需的全部财政信息。第四,向北美和英国联合董事会建议有关教育政策变化,新学院的设立,必须得到国内支持的开支的增加及其他联合董事会关心的问题。第五,与联合董事会合作任命或者解聘校长、副校长、司库、注册处长、图书馆长、大学牧师、各学院院长、社会教育科主任、正教授、教授和讲师,任何学院的院长和教员的提名由各相关学院分委员会做出并批准。第六,直接或者通过其指定的相关机构任命或解聘大学教师和行政人员中的其他成员。第七,确定未由合作差会确定薪水的大学教师成员的薪水。第八,制定并修缮有效的必要的规章制度进行大学管理。第九,代表受托人直接或者通过指定相关机构间接管理和控制所有土地、建筑、设备或者大学的其他财产,监督所有资金的支出,以及一般地指导大学的财政和商业事宜。①

由以上组成与功能可以看出,华董会与联合董事会在工作上既有交叉也有分别。理论上联董会代表差会总部管理与控制华董会,是华董会的上级机关,但是华董会并不由联董会组成亦不向其负责。

为进一步细化华董会的管理权限,章程还规定设立常务董事会、各学院分委员会与财务委员会等二级委员会。

驻华董事会常务委员会(Administrative Council)是华董会的执行机构,在 1919 年华董会第一次会议上即已提出设立,并规定常务会成员 6 名,即驻华董事会年度会议选出 5 名董事,加上作为当然成员没有投票权的校长。4 个有选举权成员构成法定人数。常务董事会例会每季度召开一次,特别会议在遇到紧急情况时随时召开。常务会代表华董会,在由华董会制定的政策限制内,实现如下两种功能:一是管理和控制大学所有的土地、建筑、设备或其他的财产,监督所有由北美和英国联合董事会移交或由在中国的大学自己募集基金的支出,同时一般性地指导大学的财政与商业事宜;二是在遇到紧急

---

① Constitution of Field Board of Managers, AUBA, 262 - 4240, p572.

事件期间,如果拖延会对大学有害的话,有权采取包括任命教工在内的紧急措施。

常务会采取的所有措施都要立即报告给所有华董会成员。其决定必须全体一致通过以使其有效,在紧急情况下,他们应是最终裁决者。在某些事务中,常务会有权实行最终裁决,除非在两周内校长接到了不少于两名董事会成员的异议报告。在这些事务中,有问题的措施将被保留到全体驻华董事会开会时讨论解决。大学校长是常务董事会当然主席。①

1920 年章程出台后,在内容上做了修改。首先是将成员人数由 6 个改为 7 个:"常务会由华董会年度会议选出 7 个成员②与没有投票权的当然成员校长和副校长共同组成。5 名投票权委员构成法定人数。"常务会主席不再是大学校长,而是由华董会主席兼任。常务会例会由每季度 1 次改为 1 年 3 次,并由校长召集。遇到紧急情况时可由 3 名成员召集专门会议。常务会功能未变,但决定的有效性规定由原来的"全体一致"改成了更具操作性的"四分之三多数",异议时限也由原来的两个星期改成了"三个星期",异议代表有效人数亦由 2 人改为 3 人。③ 这种改动其实是体现了在齐大参与合作的差会数量不断增加的事实,也体现了齐大董事会工作会愈来愈复杂,比如常务会的主席由校长改成了华董会主席,其实就是为了加强差会通过董事会控制大学校政的能力。

学院分委员会是华董会在各院的执行机构,最早在 1918 年 5 月会议上即已提出设立,并议决该分委员会应由驻华董事会成立,成员不限于驻华董事会成员。④在 1920 年章程规定的分委员会的功能中,文理学院与医学院负运作该院的专门责任,委员会由在该学院参与

---

① *Shantung Christian University Bulletin*, No. 14, AUBA, 262 – 4239, p471.
② 1923 年 6 月华董会会议改为:不少于 7 个(AUBA, 262 – 4241, p762.)
③ Constitution of Field Board of Managers, AUBA, 262 – 4240, p573.
④ 长老会修改:在神学院方面,其部门委员会应由该学院内的差会和(或)中国教会成员组成。(AUBA, 262 – 4239, p373.)

合作的差会各选举一名代表组成,并有权提名不超过 4 个的特邀委员会成员,特邀成员可以是中国人也可以是外国人。神学院分委员会与其略有区别,其负责任命和解聘教学人员、课程设置以及学院的一般管理。该委员会由在该学院参与合作的差会各选举一名代表组成,并由与这些差会有关的中国教会各选举一名代表与之共同组成。在各学院分委员会中,向各学院每年提供至少 500 美元以维持其发展的任何中国教会均有资格提供第二名委员会代表。此外,当独立中国教会(中华基督教会)代表华北时,他们可以以一个法人的资格选择他们自己的代表在委员会中服务。任一委员会被授权去提名一名中国人作为校董会的特邀委员,最好从其自己的成员中选择。大学校长是各学院分委员会的无投票权的当然成员,各院长是其所在学院分委员会的无投票权的当然会员及召集人。各分委员会将向华董会报告所有希望确认的事情。[①] 华董会对学校财产物资的管理与控制由常务会之财产物资委员会根据常务会的指令进行。财委会主要负责财务管理、司库账目的年度审议、庭院和建筑物的保养维修、电厂、商店以及印刷所事务等等。校长和司库是没有投票权的当然成员。1922 年与华北女子协和医学院合并后,齐大走上了男女合校教育的轨道。1923 年一个专门的妇女委员会在中国成立,并在大学校董会中派驻代表,以照看女生的专门利益,而在北美部组织了一个类似的委员会,给予齐大女生教育以极大支持。[②]

由以上分析可知,华董会相对于其前身大学委员会来说,中国人代表被大大减少,差会代表力量不断增强。如章程颁布后的 1921 年之华董会成员中,作为差会代表的传教士 11 位,校友代表 2 位,在 4 名特约成员中由张伯苓、诚静怡和冯纯修三人,共计 5 位中国代表,在全部 19 名成员中只有四分之一略强。[③] 进入常务会的只有校友王

---

①　Constitution of Field Board of Managers, AUBA, 262 - 4240, p572.

②　President's Report 1923—1924, *Shantung Christian University Bulletin*, No. 42, AUBA, 262 - 4242, p837.

③　*Shantung Christian University Bulletin*, No. 23, AUBA, 262 - 4241, p637.

元德一位。这些中国代表还往往不参加会议,如 1921 年 7 月华董会第五次会议,与会董事 14 人,只有诚静怡和王元德两位中国人。[1]

中国代表减少的原因有客观因素,即参与联合的差会不断增加,每会一席,人数已然不少,而董事会总数势不能过多,只有缩减校友以及从中国人中遴选的特约董事的数量;另外为保持董事会的相对独立性,不再自教工中遴选董事也是中国成员减少的重要原因(原大委会规定从各院教工中选取一中一西两位代表)。主观方面的因素则是随着五四运动后,中国民族主义的加强与对教会大学的不断冲击,差会极欲加强对大学的控制,故力求减少中国代表的数量。总之,此时期的华董会中中国人力量更加薄弱。

三、大学内部管理

合校后,齐大院系设置包括文理学院、神学院、医学院以及师范训练部、社会教育科等部门,相对于分散办学的松散联盟时期,内部管理更加复杂。为应对新的形势,齐大设置了包括校长、副校长、各学院院长、司库、注册科长、图书馆馆长等行政管理人员,同时还成立了评议会、教务委员会、教师会等一系列委员会进行大学内部管理与控制。

(一)校长

合校一区后,必须得设置一个校长(President)作为学校代表,副校长协助工作。原来各学院行政主官称院长(Dean 而不再是President)。根据《驻华董事会章程》,校长职权有四:第一,校长是大学的正式代表,是大学所有管理机构的当然成员。第二,校长的职责是与校董会和联合董事会联系以获得必要的师资力量的加强,提升大学的财政利益,并要经常关注所有影响大学福利和发展进程的事情。第三,校长与大学财务和商业管理人员一起日常性监督各院系以及大学财产。在华董会同意下,他可以授权学校其他行政官员如

---

[1] The Fifth Meeting of the Board, *Shantung Christian University Bulletin*, No. 23, AUBA, 262 - 4241, p638.

他一样获得监督权力。第四,校长是教务委员会主席,因此,其应为维护大学的教育水准负责,为学生群体的整体福利负责,并为大学的一般教育管理负责。另外,副校长应在大学的日常管理方面与校长合作,并在必要时代替校长行事。① 概括起来,校长职权包括代表学校、加强师资、监督财务、维护教学水准四个方面。

　　齐鲁大学的校长一职从产生那一刻起,就注定了多灾多难。作为大学的官方正式代表人与主要行政人员,校长成为各差会各团体争抢的对象。首先是卜道成与路思义的争夺,结果被选为副校长的路思义因对此结果极度不满而弃校而去,丧失其卓越的筹款能力对齐大打击甚大。而路思义的不就副校长也导致齐大副校长一职长期空缺,直到1927年秋李天禄被任命为副校长。1930年德位思被请回校任副校长,向政府立案成功后改称为校务长,可是此时的校务长从职责到权限,从势力到威望,都绝不是副校长可以比拟。卜道成对学校的管理及其神学理念曾引起北长老会赫士等人的极度不满,因而大学合校不久神学院就出现分裂。1919年卜道成在压力下去职后,聂惠东任校长,仅一年多的时间即因中风辞职。在美北长老会和英浸礼会两大差会的竞争与抢夺不相上下时,来自加拿大的巴慕德成为了妥协的最好人选。巴慕德掌校期间学校总算有了一个表面上的平静。1924年巴慕德因病休假,瑞思培代理校长。但在高度紧张的情况下瑞思培竟然于1927年精神崩溃,"他想象中的敌人正在到处抓他,要伤害他"②。此时学校又开始受到了民族主义的冲击,在对中国校长的选择中,困难可想而知越来越大。李天禄被学生赶下了台,代理校长林济青在差会争夺中迟迟不能扶正,且看上去永远都不能,朱经农任职一年为湖南"抢"去。在经历了漫长的无校长阶段后,曾为广文学堂学生的刘世传被德位思邀来做校长,校长问题才总算有了一个解决。

---

① Constitution of Field Board of Managers, AUBA, 262 - 4240, p575.
② 郭查理著,陶飞亚、鲁娜译:《齐鲁大学》第 191 页。

（二）学院院长、司库、注册处长、图书馆长

院长是各学院的行政负责人。《章程》规定,各学院院长有权监督其学院的教学和管理,为其效率负责,与学院教师和校长磋商,用其最大努力确保学院的福利和进步,并与学院教师一起负责学院纪律。院长还是该院教师会的主席、执行官和召集人,须在开会前拟定日程表发给教师会成员和校长。

司库则在华董会指令下,负责学校基金的收入支出和其他处理,负责维持学校账户,准备账目平衡单、预算表和所有的其他财务分析表。司库还负责支付所有由华董会授权人士签署的订单,提供在华董会拟定政策范围内的专门账目订单的所有费用。在行政委员会之财产资金委员会的监督和指令下管理司库的办公室,须研究大学资金利益,向校董会或行政委员会提出建议。注册处长负责记录所有学生的入学与学习情况,根据评议会指令参与办公室其他相关事务。图书馆长为图书馆委员会的主席,与委员会密切合作管理图书馆,保持藏书的完整目录。在委员会的同意下,图书馆长负责安排购买图书馆的所有拟增书籍,与评议会磋商制定规则。在评议会同意下,图书馆委员会可以决定在一些院系下设立分图书馆。[①]

（三）评议会

评议会(the Senate)的设立是1917后齐大管理机构建设的重要举措。评议会由校长任主席,成员有副校长、院长、社会教育科主任、医院院长和每年从教师中选举的一位中国人和一位外国人。注册处长[②]是当然成员但没有投票权。

评议会在华董会规则之下负责学校的内部管理,并在下述十一项事务以及其他由华董会做出决定的事情中为最终权威:第一,评议会在有关院系的建议下,制定关于入学规则、学习课程、考试和文凭颁发等规则。采取必要的措施统筹给予一些大学学院的指令;在教

---

① Constitution of Field Board of Managers, AUBA,262 - 4240,p575.

② 校董会第五次会议加"司库",The Fifth Meeting of the Board, *Shantung Christian University Bulletin*,No.23,AUBA,262 - 4241,p639.

师建议下颁发文凭,以及发布大学提供的一般的内部教育指令。第二,评议会收集每位教师关于影响学院、教师的发展和效率的所有建议,如果必要向校董会报告认为可取的建议。第三,评议会有权复核、翻阅、中止或禁止教工的可能对学校各大院系造成不利影响的活动。任何教师或其中成员可以向校董会或其行政委员会提出诉求。第四,评议会须收集并统筹由教师和常委会准备的预算,并提交统筹预算给校董会。第五,在向相关教师咨询后,评议会应向校董会或相关学院的分委员会建议有关对正教授和讲师的任命与解聘问题。第六,在咨询相关的教师后,评议会有权任命或解聘一些院系教职员中的主任及助手。第七,评议会有权向华董会提出须由华董会决定的大学行政管理人员的任命建议。第八,评议会有权任命和解聘由华董会成立的大学一般管理机构的助理人员。第九,评议会向华董会负责学生群体的一般道德和宗教福祉,制定其认为必要的规则,并制定学校纪律的一般规则,且有权对某些学生做主暂停学业以至开除的处罚决定。第十,评议会的所有举措、规则和条例都受到校董会的核查和控制。其会议记录应第一时间递交给校董会成员传阅并与教务委员会成员接触。第十一,评议会可以为其决定的事项任命专门委员会。①

由此可知,评议会其实是大学内部管理的最高机构,是在华董会领导下并向华董会负责的最高执行机关。

（四）教务委员会与教师会

1917年9月之例会即已出现了教务委员会(Academic Board)的雏形,虽然一些细则尚须进一步讨论,但临时教务委员会先成立了起来,由各学院自一般员工中选出四名代表,连同作为当然成员的大学校长、各院院长、社会教育科主任以及司库和注册员共同组成。②

1920年的《章程》明确了教务委员会的组成与职责,教务会由校

---

①　Constitution of Field Board of Managers,AUBA,262 - 4240,p576 - 577.

②　Minutes of the Regular Fall meeting,1917 - 9 - 4,*Shantung Christian University Bulletin*,No. 1,AUBA,262 - 4239,p296.

长、副校长、各院院长、医院院长、社会教育科主任和一些教师会中的所有其他成员，司库、注册主任、图书馆长和大学牧师组成。教务会向评议会建议有关教育政策、新院系建立和其他的一些影响大学发展和一般效率的事件。每学年召开两次例行会议，校长为召集人，紧急情况时可在评议会要求下或者由教务委员会5位以上成员要求下由校长召集专门会议。可知，教务委员会主要关心的是大学的教育政策问题，而教育教学的一般管理与执行则由教师会（the Faculties）负责。

各学院教师会由华董会任命的该学院院长、正教授（Professors）、教授（Associate Professors）和讲师（Lecturers）组成。校长是各个院系教师会的当然成员。教师会负责所分配课程的讲授，并处理校董会和评议会承诺的其他事项。同时，根据评议会的规则条例，调整分配给他的科目的考试运作。根据学校规定的纪律条例负责其学院的学生纪律，并向评议会建议入学规则、学习课程以及在本学院颁发文凭。教师会向评议会建议有关教育政策和其他影响学院发展的事项，并向评议会建议涉及职员任命的事情。通过评议会向行政委员会建议有关建筑和设备问题，准备所在学院的年度预算并向评议会报告，负责交付给他的钱款的开支。教师会还须将教师全体的所有行动向评议会报告。[1]

很长时间里，教师会中没有中国人代表。

第三节　理事会与驻华董事会

1924年7月19日齐鲁大学获准于加拿大立案。立案成功后，加拿大多伦多设立一理事会总部，原英美联合董事会改组为理事会英国部与北美部，驻华董事会的组成与功能也出现了变化。

---

[1]　Constitution of Field Board of Managers, AUBA, 262-4240, p577.

一、理事会的成立与功能

根据加拿大颁布的《立案特许状》规定,齐大须将领导机关设在安大略省的多伦多,但同时可以在合适的一个或数个地方,建立一个或多个办公机构。

多伦多的领导机关称为理事会(the Board of Governors),主要由参与联合的各传教士组织根据细则规定的方式和人数选出的代表组成。

理事会可以选举适当的行政人员或组成适当的委员会,可以采纳合适的大学法人印章,并可以随时制定、废除与修改章程。其具体功能包括:经营、管理和控制大学的资产、收入及由理事会负责之事务;对大学购买的财产可以再投资,但须受制于影响信托财产的条款;在理事会允许下,任何人均可捐赠一个席位或建立一种奖学金;有权购买、接收、接受、征用和取得并维持由大学受赠或购入的所有土地和其他财产;理事会账目至少一年审计一次;理事会可以确定必要的达到法定人数的数字,并有权以轮流或代理的形式为成员提供代表人;理事会在认为必要的时候可根据章程分成北美部和英国部,两分部同时做出的决定与全体理事会议所作决定具有同等效力。[①]理事会每年举行一次大会,其地点和时间由理事会决定,每一次年度大会上都会对大学提交的各项事务进行充分讨论。理事会还要求成立驻华董事会,其成员随时由理事会根据规则任命或选举并随时授权,驻华董事会有义务和权利随时获得理事会根据章程进行的授权。

1925年4月7日新的理事会成立,同日《理事会细则》被接受,根据此细则理事会分为两个分部:北美部和英国部,两分部同时做出的决定与全体理事会议所作具有同等效力。各分部在理事会要求下或者在分部希望下举行会议并制定条例,分部由多数成员开展的举措与理事会同等有效,分部的功能主要是联合推进和执行由理事会临

---

① Charter and Incorporation, Shantung Christian University Bulletin, No. 47, AUBA, 262－4242, p903.

时分派的事务，或分部在与理事会的政策和程序相一致的情况下须承担的其他事务。各分部可以设置其认为必要的行政管理人员和相关委员会。理事会会议一般在各分部召开。

根据《理事会细则》理事会的功能与前稍有变化：第一，齐大及其财产、收入、商业和事业之管理、运转、治理和控制由理事会负责。理事会为大学和理事会决议指定的各种功能负责。第二，理事会是大学的绝对权威，但大学当地的管理须授权给驻华董事会并通过他们尽可能充分地进行。来自中国的有关理事会的事情须通过华董会提出建议。第三，理事会决定大学的年度预算，通过对资产的购买、建造或者出售的计划，有权审议齐大所有有关政策变化或者建立新的院系的事项，并通过合作组织或者其他方式努力提供齐大之需。第四，理事会可以任命校长、副校长（们）、司库、院长、正教授、教授和所有的非中国人及固定教工成员。他们在其职权范围内可任命或调动任何教工成员。第五，理事会在齐大提出要求时可以进行如下事项：① 可以大学的信誉为担保借入资金；② 削减或增加借钱的数量；③ 制定、接受、规划、签批、执行票据交换，包括本票与可转让票据；④ 随时决定以适当的方式和票据投注大学资金。第六，理事会决定大学钤记的保管和使用。钤记寄存于多伦多办公室，由理事会投票决定可以存放于济南、伦敦、纽约或其他地方的钤记复制品。①

由上可知，理事会一般工作均在北美和英国两分部进行。理事会对大学的人事、财务、资产等拥有控制权。驻华董事会由理事会根据规则任命或选举，并随时从理事会获得管理学校的授权。这样一来，从章程上看，驻华董事会的权限进一步被压缩。

二、驻华董事会的功能调整与大学内部管理

1925 年 11 月根据立案精神，驻华董事会（the Field Board of

---

① By-laws of the Board of Governors(Adopted April 7,1925), AUBA, 241 - 3971, p925.

Managers)章程细则与 1920 年章程相比作了改动。

在成员方面,仍规定参与合作的差会、教会或其他基督教组织各选举或任命 1 名代表,合作者提供教工或财政支持达到 6 个完全单位(full units)者可以选举或任命 1 个额外代表。但将 1923 年 6 月补充规定的 3 名妇女代表改为了 1 名,将毕业生代表名额增加到了 3 位。

变动较大的是关于华董会的功能规定,这种变化也可以比较明显地看出理事会与华董会关系。按照理事会细则,董事有责任和权力在布道地管理大学,权责与类似学校的董事相似。为提高学校功能和效率,董事们可委派负责机构或个人代行他们的权利和义务。他们应以所有适当的方式提升大学利益,尤其是妇女单位的利益将有一个专门委员会负责。董事们应向理事会提交校长、副校长、司库、院长、正教授、教授及教员中非中国籍的永久职员名单,并与直接相关的差会谘商,任命或更换教工中的成员。华董会应制定学习的课程,决定入学条件,确定学费及其他收费,并一般地决定地方管理者的所有问题,与大学确认的政策和方案保持和谐,适当考虑全体教工的意见。教育章程或财政政策、计划的重要变更只能由理事会做出。华董会至少每年向理事会预备并提交一次审计平衡单和财务说明,包括来年的预算,并就对大学有重要影响的所有事情提出意见和建议。华董会向理事会负责,保管和使用理事会从各种途径募集的所有基金,决定由大学直接支付的教工的工资。华董会应遴选管理者并代表所有者控制大学在中国使用的所有土地、建筑物、设施和其他财产。基金的支出和偿付只有在得到理事会批准的年度预算范围内方为有效,他们在北美和英国专门正式吁求的基金也必须得到理事会或者相关部门的同意。①

根据如上规定,华董会作为理事会的下属单位的地位已经显现。原华董会并不向海外联董会负责,但在理事会成立后,华董会虽然仍

---

① By-laws of the Field Board of Managers, *Shantung Christian University Bulletin*, No.53,AUBA,263－4243,p41.

不由理事会组成,在一般校务管理和人员遴选方面与前变化不大,但在财务方面却作出了重大变革。新细则明确规定在保管理事会募集基金方面向理事会负责,财务方面也要向理事会提交明确的审计平衡单和财务说明,而不是如原来那样提交预算书即可了事。这种变化可以说明差会总部对于大学财政控制的加强。驻华董事会对西方更加依赖。

至于常务董事会除将每年开会次数减少至两次外,其余未作变动。在内部管理方面,行政人员设置中增加了女生部主任一职,这是对齐大男女合校后管理需要的因应。其余均变动不大。这说明,向加拿大立案成功,除增设了一理事会加强了对齐大的财务控制外,其余变化不大,并未在根本上改变齐大的内部管理格局。

第四节 冲击与调整

就在差会不断加强对大学的控制力度的时候,来自中国民族主义的挑战开始急剧加强。1920 年代之后,"非基"、收回教育权、要求基督教学校立案等运动此起彼伏,一波接一波地冲击着包括齐鲁大学在内的所有教会学校。在强大的校内校外压力下,齐大开始了一波三折的立案历程,终于于 1931 年 12 月立案成功。

在追求向政府立案的过程中,齐大的管理机构一再进行调整,而最大的变化就是驻华董事会 1929 年改组为校董会。此后,在民族主义的压力下,校董会的组成与功能不断发生变化,其内部管理格局也不断调整。

一、临时评议会与中国人的管理能力

1927 年南京事件爆发,传教士们被害的消息很快传到了济南,齐大传教士担心受到攻击而选择赴青岛避难,校内只剩下了施尔德与惠义路两个外国人。这使得原本主要由外国人担任的行政管理机构陷于瘫痪。然而这却为中国人管理能力的发挥提供了条件,李天禄、江清、罗世琦组成了临时评议会代行学校管理权力。临时评议会在动乱中以不凡的工作维持了学校的正常运转,以致 1927 年 6 月在青岛召开的驻华董事会第 9 次年度会议上对之给予了高度评价:

> 校董会将其对在外籍教工被迫离开期间的紧急时段,负责学校内部管理的临时评议会和其他委员会的卓越服务的感激记录在案。他们愿意承担完全责任时所表现出来的精神和驾驭困难形势的能力,是大学整个未来发展的充分保证。

也是在此次会议上,江清被任命为医学院院务长(Associate Dean),罗世琦被任命为神学院代理院长(Acting-Dean),李天禄则被任命为代理副校长(Acting Vice-President)。三人还受命成立一个执行委员会,代理并代表评议会,并有权特邀其他成员。[①]

8 月传教士们纷纷回到济南,齐大重新开学,评议会等行政管理机构重新办公,三人临时评议会自然解散。但是学校的传教士当局不得不承认李天禄等中国人在处理突发事件问题上是有能力的,或者说是更适合的,因此让中国人更多地参与齐大的管理符合大学利益,也是可能的,这促使传教士“更加迅速地把权力让渡给中国同事”。[②] 1927 年秋李天禄升任副校长。1927 年 10 月至 1928 年春李天禄代理校长,因需要赴耶路撒冷参加会议并赴英美休假一年,1928 年春至 6 月江清代理校长,6 月至 11 月罗世琦代理校长。11 月后至 1929 年 7 月李天禄代理校长,同月李转任正式校长,任期 5 年,直至 11 月学潮发生。三人担任校长虽然时间都不长,但这一职位在三人手中流转,充分说明这三位中国人当时在校内的威望是被充分认可的。

---

① Minutes of the Ninth Annual Meeting of the Field Board of Managers,1927 - 6 - 21,AUBA,263 - 4244,p101.

② Campus Jottings,p2,齐档:J109 - 01 - 456。

二、立案前的调整与重组

1929 年 8 月 29 日教育部公布了新的《私立学校规程》,其中规定外国人及宗教团体设立之学校属于私立学校性质,并特别规定"私立学校如系外国人所设立,其校长或院长须以中国人充任",而宗教团体设立的私立学校,"不得以宗教科目为必修科,亦不得在课内作宗教宣传;学校内如有宗教仪式,不得强迫或劝诱学生参加,在小学不得举行宗教仪式"。关于学校行政,由校董会选任校长或院长完全负责,校长或院长人选应由主管教育行政机关认可。主管教育行政机关如认为校董会所选任校长或院长为不称职时,亦得令校董会另选之,另选仍不称职,或校董会发生纠纷以致停顿时,得由主管教育行政机关暂行遴任。有特别情形者,可以外国人充任校董,但名额最多不得过三分之一,其董事长或校董会主席须有中国人充任。[①]

根据这一《规程》,齐大进行了校董会与内部管理的重组。

(一)华董会重组为校董会

在立案屡屡碰壁之后,1929 年 1 月驻华董事会常务会议通过第 834 号决议,向理事会提出为与中国政府关于立案的规则相一致,大学的内部管理当局应改为中国的校董会(Board of Directors),常务董事会要求理事会授予驻华董事会自我调整以符合中国政府规则的权力。为促进立案进程,华董会建议如下:

1. 改驻华董事会(the Field Board of Managers)之名为校董会(Board of Directors),并要求有权提交官方通信给作为创办人会的理事会。

2. 校董会有权遴选校长。

3. 大学的设备租给校董会至少 5 年,在此期间要如理事会要求的那样进行保障。

---

① 《教部公布私立学校规程》,《中华基督教教育季刊》,第五卷第三期,1919 - 9,第 85 页。

4. 理事会授予校董会如下权力:有关行政管理人员和教学人员的任命和解职,并颁发学位。①

根据 1929 年《私立学校规程》第二章有关校董会的规定:"私立学校以校董会为其设立者之代表,负经营学校之全责"。② 将驻华董事会改组为校董会本身的象征意义在于使学校在形式上摆脱西方理事会的控制,将理事会架空为一个专门募集资金而不负管理责任的机构。须注意的是"校董会"(Board of Directors)一名在齐大最初的管理机构中使用过。当时山东的基督教高等教育刚刚联合为合会学局,所成立的校董会直接向差会负责,为大学唯一的合法管理机构。后来随着联合差会的增加,校董会曾一度改称为大学委员会。当海外联合董事会成立后,大学委员会被改组为驻华董事会,其实驻华董事会英文直译应为布道区经理人委员会,顾名思义,华董会是海外联合董事会以及加拿大立案后理事会的分支机构,大学的最高权威在西方。此次民族主义者要求再改回校董会,其实是想架空西方理事会,使在华的董事会理论上成为大学的最高领导机构。

同年 11 月 20 至 21 日,齐大常务校董会在济南开会,主要议题即讨论立案改组问题。当然此会的背景是齐大学生的剧烈风潮(参见第八章)。会议决定由常务校董会声明立即根据政府立案条件进行大学的管理和组织的变动。首先对校董会(驻华董事会)进行改组,保证至少三分之二成员为中国人,采取步骤增加杰出的中国和外国教育学家在校董会服务,并正式确定董事会中文名字为"校董会"(Hsiao Tung Hui)。会议要求评议会亦行重组,采取步骤达到以中国人为多数的目的。会议议决此后校董会、评议会和教师会会议的官方记录使用汉语,同时建议理事会立即重组神学院,将其改设为一

---

① Minutes of Meeting of the Administrative Council, 1929 - 2 - 26, AUBA, 263 - 4245, p339.

② 《教部公布私立学校规程》,《中华基督教教育季刊》,第五卷第三期,1919 - 9,第 84 页。

个独立学院，学院名字由神学教师会做进一步的审议。神学院单独设立校董会并对大学理事会负责，神学院校董会由中国教会代表、各合作差会代表、学院校友会代表、特邀成员以及校长组成。神学院办学层次为大学，内部管理操诸校长和教师会之手。关于文理学院，由于当时学生正在罢课，在学生的压力下，会议要求评议会采取立即步骤分开文理学院。由于文理学院院长一时无法到位，故评议会批准了文理学院教师会会议所提出的文理学院分开后的管理方法，即由两个三人委员会作为独立后两学院的临时行政委员会。经选举，理学院临时行政委员会为杨道林博士（主席）、王锡恩和杰克特（Jacot）组成。文学院由傅葆琛博士（主席）、奚尔恩和周幹庭三人组成临时行政委员会。同时，由傅葆琛、杨道林和罗天乐组成紧急委员会全权应对学潮造成的危急局势。会议接受了李天禄被迫辞去校长的辞呈，同时由衣兴林、江清、傅葆琛和施尔德组织成校务会（Executive Committee）代行校长室职权。又指定衣兴林、施尔德、江清组成外部联系委员会，作为与外部一般团体进行联结的机构，并有权特邀成员。①

上述措施是在学生运动巨大的压力下做出的，因此改革力度亦属空前。临时行政委员会、紧急委员会、校务会以及外部联系委员会等等管理部门的设立，充分说明了齐大当局在民族主义的冲击中穷于应付的窘迫。而且从这些委员会组成上来看，也可以看出中国人地位的上升，各委员会中外国成员的数量都是 1 人，在人数上处于绝对劣势，衣兴林已经隐然成为了学校的最高首脑。但此种局面并没有维持太久，当 1930 年初校工罢工时，衣兴林在省党部遭到了猛烈打击，愤而辞去了校务会职务，其余中国成员也一并退出，权力又回到了外籍人员手中。外国人当权后，断然关闭了文理学院，关闭了校医院，做出了强硬的姿态。② 外人的强硬表明当时学校的主导权依然

---

① Meeting of Administrative Council, 1929 - 11 - 20, pp1 - 2, 齐档, J109 - 01 - 371。

② J. J. Heeren: Shantung Provincial Government Abdicates in Favor of Labor Unions, 齐档, J109 - 01 - 335。

在外人手中。

根据 1929 年《私立学校规程》之要求,校董会成员须至少有三分之二为中国人。为达到这一要求,齐大校董会于 1930 年 3 月 5 日至 7 日的校董会上通过了第 899 号决议,提出了校董会重组方案为:差会代表 8 外 2 中;校友 5;特邀 10,共 25 名,以省长、教育厅长、商会主席、英国领事、美国领事、张伯苓为荣誉校董。[①]

但是此项重组计划未得到理事会英国部的批准,英国部经过认真讨论后责成秘书做一个调查咨询,同时暂停此方面的所有措施。[②]北美部通过认真审议这一建议,希望继续由与大学建立和维持方面直接相关的差会对大学进行实质性控制,建议校董会对重组细则的必要修订如下:

> 相关的教会和差会代表 15
> 校友代表 4
> 不超过选举成员三分之一的特约成员 6
> 合计 25

由教会和差会团体选举的 15 人中,应有数量足够的中国人以能够符合政府规定的中国人在校董会全部成员中的比例,如此校董会则可以由相关的团体选举形成。[③]1930 年 5 月 30 日英国部开会时又对改组问题提出意见。时秘书报告自贾赛德(Garside)先生处收到的电报,贾称已经收到了济南校董会的电报,校董会要求理事会对"增加特约成员问题充分考虑并给予建议",他们可否有权这么去做。对此,英国部回复如下:"在两理事部或年度会议收到来自布道区令人

---

① Minutes of the Meeting of Board of Directors, 1930 - 3 - 5, p4,齐档,J109 - 01 - 371。

② Minutes of the Meeting of British Section Board of Governors, 1930 - 4 - 24, p3, AUBA, 241 - 3972, 1243。

③ Minutes of the Meeting of North American Section Board of Governors, 1930 - 4 - 25, p5, AUBA, 241 - 3972, 1249.

满意的信息之前,不允许增加特约成员。"①这说明两理事部对于学校改革后的基督教性质的维持问题充满顾虑,要求华董会审慎从事。

但是,1930 年 6 月 4 日如期召开的齐大校董会通过第 921 号决议,建议校董会重组如下:

1. 差会代表(其中最多 9 人为外国人)12
2. 大学校友(中国人)5
3. 特约成员(如为确保中国成员达到三分之二,可以都是中国人)10②

即重组后的校董会共计 27 人。但是,会议对用来确保校董会三分之二中国人数量的特约成员的来源做了特别规定,即"特约成员由选举产生的校董会成员指定"。怎么理解呢? 选举产生的校董会成员是差会代表和大学校友,差会代表中 3 人为中国人,校友 5 人为中国人,且不说差会选举出的中国人代表对差会的忠诚度,仅在人数上看也不敌外国人的 9 人。这就为特约成员的立场和选择范围定下了基调。

对此,理事会于 1930 年 6 月 30 日召开的年度会议上,专门对校董会 921 号决议进行审议。会议指出:自从 3 月份校董会提出最初方案以来,理事会两分部提出的修订方案都是要确保差会代表超过其他代表,以占据多数为目的。校董会 921 号决议考虑了这些建议。大会认为,差会代表可分为两大类,差会团体代表和教会的代表,前者绝大多数可以肯定是外国人,虽然有一少部分是中国人。后者被大众所熟知且被称为"当地的"领导人。鉴于大学的核心位置及其民族立场,校董会非常急切地需要充足的被称为"民族"领袖的中国成

---

① Minutes of the Meeting of British Section Board of Governors, 1930 - 5 - 30, p3, AUBA, 241 - 3972, 1267.

② Minutes of the Meeting of Board of Directors, 1930 - 6 - 4, p3, 齐档, J109 - 01 - 370。

员,为了大学可以开展有效率的工作,必须确保有一个强大的中国教会的代表以增加"民族"领袖比重。因此,议决:

> 齐鲁大学理事会同意校董会第 921 号决议可作为一临时的校董会重组方案……理事会不认为这种重组是最终方案,并建议深化考虑由董事们和理事会提出的,确保校董会中有强大的教会代表和差会、教会代表占多数的建议。①

也就是说,中国政府要求的"中国人占多数",到了理事会这里变成了教会、差会代表占多数,这一变化体现了很多问题。因为除了差会所派代表传教士为西方人外,中国教会代表则是中国基督徒。基督徒掌权仍可确保学校的基督教性质。这一对保证学校基督教性质与氛围的强调也体现于校园文化的创建上(详见第五章),这种思路与在大学内加强宗教氛围的做法是一致的,是立案前后齐大管理者进行的一系列举措的一部分。即使如此,理事会仍然认为上述改组是一个临时举措,而不是"最终方案",为的是因应时局不得不为之的无奈之举。故为了降低在校董会中失去形式上的多数席位可能造成的不利局面,其在对内部组织的重组方面做了些手脚。

(二)内部管理的新变化

学校内部的重组首先是适应政府规则的需要。根据 1929 年《私立学校规程》,外人所办学校须由中国人任校长或院长,由校董会选任,并需得到教育主管部门之认可。

1930 年 6 月 4 日齐大校董会开会讨论内部重组问题。以政府规则为基础,根据一些私立学校的实践经验所作出的修改内部重组计划,被提交给校董会中一个由张达忱、德位思、韩立民和米切尔组成的委员会审议,该委员会经过仔细的考虑和修订后,决定交由全体校

---

① Minutes of the Meeting of British Section Board of Governors,1930 - 6 - 30,p6,AUBA,241 - 3972,1273.

董会在细节上加以审议,一致投票通过。

《齐大内部重组规则》(下文简称《重组规则》)共分为 7 章,分别对校长、副校长、校务会、各院院长、女生部主任、评议会、教师会等行政人员与机构的产生和权限做了明确规定。这次调整与 1920 版内部管理规则相比改动较大。

1920 版《章程》中,校长由华董会联合海外联合董事会(后来为理事会)任命或者解聘,1930 版则修改为"由校董会任命"。前已述及,1920 版校长职权包括代表学校、加强师资、监督财务、维护教学水准四个方面。在 1930 版中虽然基本仍是这些职能,但已经不需要与华董会和联董会、理事会联系,只要"通过大学校务会批准",即可有权聘请、擢升或解聘教职员工。校长可以"负责大学的日常行政管理责任",对校董会和校务会的议案负执行之责,并负责学生的一般纪律。校长是校董会的当然成员,但无投票权,是校务会和评议会的当然成员,并任主席。校长还是大学所有常设委员会的当然成员及大学所有正式会议的主席,是学校处理与外界关系时的代表。

专章对副校长进行界定为 1920 版所无,这突出了副校长的地位。盖 1920 年时副校长为中国人,无足重轻,十年后,正副校长中西异位,只能获取副校长位置的传教士不得不更加关注这一职位的设置与权限问题。副校长职权有三:第一,副校长协助进行大学的日常行政管理。第二,在校长不在期间,副校长须承担校长职责。第三,副校长是校董会、校务会以及校内所有常设委员会的当然成员,无投票权。[①] 如上所述,即使校长在校时,副校长亦可作为当然成员参加校内所有常设委员会,与校长权限几乎不分高下。

《重组规则》对校级管理层面的最大修改是校务会(Executive Committee)的设立。校务会最早出现于 1929 年 11 月,时常务校董会面对李天禄不得不辞职的紧急形势,授权衣兴林、江清、傅葆琛和

---

① Regulations For The Internal Re-organization of Cheeloo University, Minutes of the Meeting of Board of Directors,1930 - 6 - 4,Exhibit E. 齐档,J109 - 01 - 370。

施尔德组成校务会以代行校长室职权。所以校务会从一诞生就带有"高贵"的身影,其可以代行校长职权。李天禄去职后,校长一职迟迟无人膺选,校务会即逐渐成为学校的正式管理机构。《重组规则》对此转变进行了肯定并固定化,规定校务会由校长、副校长、各学院院长,女生部主任和由评议会选举产生的一位代表组成,校长是大学校务会主席,在其离校期间由副校长代替。校务会的权利与义务如下:

1. 执行校董会处理学校内部事务的决定,并有权向校董会提出有关于此种事务的建议。

2. 校务会与司库磋商,拟定各学院预算以及年度财政报告提交给校董会。

3. 查核司库根据预算开支大学资金的情况亦属委员会职责。

4. 校务会执行聘用、解聘和擢升教师与管理人员的决议。其可以决定所有关于薪水、住房等等问题。上述某些问题若为校董会职权范围内的事情,可以作为建议提交给校董会以获取支持。

5. 校务会有权决定大学教师和行政人员的职责和工作。

6. 校务会拟定大学校历,并决定所有的大学公告。

7. 校务会有权执行评议会的建议,或者作为建议返回评议会,或者中止、驳回某一些建议。

8. 校务会须负责执行教育当局的命令。

9. 校务会会议两星期召开一次。校长在委员会两个以上成员提出书面要求的情况下可以召开专门或紧急会议。

10. 校务会须有中文和英文秘书,由主席指定。[1]

---

[1]　Regulations For The Internal Re-organization of Cheeloo University, Minutes of the Meeting of Board of Directors, 1930 - 6 - 4, Exhibit E. 齐档, J109 - 01 - 370。

由以上规定可以看出，校务会由学校的所有行政管理人员与一名评议会选举的代表组成，其权力包括了学校财务、师资、人事、宣传等在内的几乎所有内部管理事务，几乎成了学校最高领导机关和执行机构，不仅是对中国校长权力的制约与分散，对于校董会和评议会的建议与决定亦有执行和提出建议甚至驳回的权力。

在 1920 版中，评议会曾是学校内部管理的最高机构，其在很多事务上拥有最终处置权。可是当校务会成立后，评议会的地位颇显尴尬。首先，二会组成人员有很大程度上的重叠，而校务会更加高端。评议会由校长、副校长、各学院院长、女生部主任、各部门负责人，以及由各教师会选举出的代表、司库、注册员和庶务管理人员组成。代表权扩大的结果必然是集中的弱化和执行力的降低，相反，校务会与之相比则显得精简高效得多。其次，在原来属于评议会的大量权力为校务会所夺之后，评议会更像是一个建议机关。比如对行政人员与教师的任命权和建议权、对学校内部事务的最终处置权等等都已经归于校务会，评议会的功能仅剩下微不足道的建议权：基于自己的判断或者基于来自教职员工的建议，或者基于任意三个成员以上的要求，评议会可以向校务会提交关于任何对大学内部事务有影响的事项建议。同时，为了使议案更为可取，在专门会议期间，评议会或者校长有权邀请相关专家与会，无投票权。这些邀请来的专家不应该超过评议会正常职员的五分之一。

与 1920 版相比，各院院长权力也大为扩充，除原有的监督学院教学和管理、负责学院纪律、为该院教师会主席和执行官外，又增加如下权力：为校务会、评议会当然成员；有权建议校务会聘请、解聘其所在院各部门的负责人，并为他们分配工作；有权建议校务会，在相关的部门负责人同意下，聘请、解聘和擢升正教授、教授、讲师和助教；有义务聘请和解雇本院的秘书和雇员；其在所有与学生群体的官方关系中代表教学和管理人员。

《重组规则》另一重大变化就是取消了教务委员会的设置。1920版时，教务委员会作为学校管理的重要机构，其主要功能是向评议会建议教育政策和设立新院系问题。该委员会被取消后,权力被分置于各学院教师会手中,这也体现了分权的意图。教师会由院长、正教授、教授、副教授和讲师组成,一月一次会议,或者在院长召集下随时举行。教师会负责讲授课程表之课程,根据大学的规定、规则安排所有的考试,根据学校规定负责其所在学院学生的品行管理,同时向大学评议会和校务会建议如下事项:① 入学考试要求;② 学习课程设置;③ 构建大学精神;④ 教育政策;⑤ 设备;⑥ 其他与学院有关的事情。同时还要负责各自部门的年度预算筹划,并向校务会提供相同建议以供采择。[①]

　　考察《内部重组规则》,并与 1920 版章程相比较之后,我们会有一个明显的感觉,就是《重组规则》中机构的叠床架屋所导致的相互权限不清的问题十分严重。比如校长与副校长都是各种常设委员会的当然成员,都无投票权,副校长的"协助"工作也体现于校内管理的各个方面,这就为正副校长之间发生权力冲突留下了隐患。从该规则出台之后齐大的发展来看,也印证了这一点。李天禄去职后,林济青以文理院长身份代理校长,但其与副校长德位思之间矛盾重重,故而学校只好选择朱经农任校长。朱经农一年后去职,林济青继续代理校长,与已改任校务长的德位思仍然斗争不断,原因由林济青和朱经农二人的处事风格可以清楚地看出。林济青能干事,但"官气十足,政客军阀作风严重",[②]不甘于人下,而朱经农则是"不会闯祸"[③]的人。二人由此在传教士眼中的地位高下立判,究其实,不论是在副校长还是在校务长任上,传教士都不会甘心将权力完全拱手让出,加之学校长期由西人控制的传统惯性,立案后的齐大管理权从未曾真正落到中国人手里。后来德位思在给孔祥熙信中谈道:"我们这里的

　　① Regulations For The Internal Re-organization of Cheeloo University,Minutes of the Meeting of Board of Directors,1930 - 6 - 4,Exhibit E. 齐档,J109 - 01 - 370。

　　② 刘怀荣:《黄孝纾先生与崂山》,王明先主编,青岛市崂山文化研究会编:《崂山研究》,第 1 辑,第 139 页。

　　③ 胡适著,曹伯言整理:《胡适日记全编》(6),安徽教育出版社 2001 年版,第 185 页。

职员至少来自七个国家。处理诸如所有人都关心的工作秩序和保持和谐关系不是一件小工作。"①刘书铭被邀出任齐大校长时也透露过自己的忧虑，"齐大医院就有二百余名美国教授、董事，一切权力都在洋人之手。以往中国人当校长都不长久，都被洋人赶走……洋人势力强，校长等于傀儡。"②凡此都说明齐大校长，尤其是中国人任校长是非常不容易的。

而且就在出台这一《重组规则》的会议上，第 929 号决议提出校长、副校长的任命办法如下："经过进一步的投票决定，我们建议理事会委托校董会任命校长和副校长，校董会为任命做的提名应在第一时间提交给理事会核查。"③这说明校长、副校长的任命权并没有被英美理事会所完全放手由校董会自己选举。

再比如校务会与评议会的关系也十分模糊，二者职权完全可以合并。这种重复设置管理机构的问题其实也透露出一种对校长权力进行分散以制约的思路。校长及其他中方管理人员的管理行为在这种重复的虚耗中陷于空转。各院教师会权力的加强亦是不能担任院长的传教士教师对院长权力的约束。

三、对民族主义的抗拒

不论如何，齐大校董会及内部管理的修订至少在形式上符合了政府立案的要求，经过一番努力后，齐鲁大学在孔祥熙与朱经农的努力下终于在 1931 年 12 月立案成功。立案之后，齐大校董会细则与学校的内部管理规则又经过了几次变化，表面上是对国民政府立案规则的适应，但倘若细究起来，却并非如此。

（一）校董会与理事会

1932 年 3 月 4 日，根据教育部颁布的《私立学校规程》（1929 年

---

① Letter from Mr. Davies to Dr. Kung, July 27, 1933, AUBA, 267 - 4273, p94.

② 刘贞模:《忆我的父亲——齐鲁大学校长刘世传》,蓬莱县文史委员会:《蓬莱文史资料》第三辑,1987 年,第 5 页。

③ Minutes of the Meeting of Board of Directors,1930 - 6 - 4,p5,齐档,J109 - 01 - 370。

版)第 2 章之规定,齐大新定《校董会细则》公布。细则规定校董会包括 15 个中国成员,7 个西方成员。12 人为创办人代表,5 个校友会代表,5 个特约成员。校长、校务长为无投票权的当然成员。董事任期 3 年。校董会功能如下:

1. 任命校长和校务长;
2. 管理学校财务;
3. 决定学校政策;
4. 通过学校所有预算和财务报表;
5. 负责学校的所有财产和资金的接收;
6. 向教育部报告有关学校的财务和管理状况。[1]

以上功能表明校董会真正掌握了学校的财务、人事与日常管理职能,并向教育部报告学校情况,符合了政府立案规则对教会学校的要求。

1933 年国民政府又颁布了新的《私立学校规程》。根据此新规程,齐大又于 1935 年拟定《校董会章程细则》草案交教育部与理事会审议,并于 1936 年公布。根据新章程,校董会有 11 至 15 个成员,其中外国人代表不超过三分之一。代表席位与资格如下:创办人[2]代表 7 席,分布如下:美南、北长老会联合起来推荐一个中国人和一个外国人;英浸礼会、伦敦会和循道会联合推荐一个中国人和一个外国人,其中英国浸礼会必有一名代表;圣公会推荐一个中国人或者一个外国人;加拿大合一会与女合一会联合推荐一个中国人或者一个外国人;妇女海外传教士协会(the Women's Foreign Missionary Society)推荐一位女代表,中国人或外国人。校友会可有三名代表,其中必有一位医学毕业生。中国基督教大会有一名代表。所有上述代表应由其所代表团体选举产生。另外校董会可特邀四名代表。不

---

[1] By-laws of the Board of Directors Cheeloo University,齐档,J109 - 01 - 371。
[2] 所谓"创办人",是指参与支持大学的西方差会代表之组合。

直接选派校董会代表的合作差会可以选送一名代表作为通讯成员列席校董会，没有投票权。细则还规定了校董会成员的资格，要求所有校董会成员须是一些福音教会的信誉良好的成员，不少于四名成员为训练有素的教育家或具有学校管理经验者，并保证至少一名成员为女性，至少一名成员为医学专业人员。大学教师不得成为校董会成员。①

另外与1932版最大区别在于，1935年《章程》草案改变了原来的校长校务长为校董会当然成员的说法，而明确提出"校长与校务长，不是校董会成员，可以参加所有的会议并有发言权，但无权提出议案和投票"。② 但在1936年修改版本中，只提校长不是校董会成员，这显然是受到了西方差会的影响而保留了校务长作为当然成员的资格，由是已知校务长地位之尊崇。

自此齐大校董会完成了抗战前的最后调整。这里有一个问题需要解决，立案之后齐大校董会受国内政局影响，其章程修订的原则来自于中国政府的规定，那么其与西方差会和理事会是什么关系？

从理论上来看，校董会已是学校的最高管理机构，不再受到理事会的制约和约束。但是从其立案后的种种表现来看，校董会在有关大学发展的各种事情上仍须上报理事会，或汇报情况，或商量事宜，总之，理事会从未在管理齐鲁大学方面放手。比如1932年校董会章程颁布后，北美理事部立即成立了一个委员会进行审议并改组理事会细则以与校董会章程相一致。理事会细则于1933年4月21日予以颁布。须注意的是此时的理事会不再是齐鲁大学一家的理事会，还是由齐鲁大学分离出去的齐鲁神学院的理事会。该理事会细则规定了加入大学进行联合教育的条件和最低标准以及撤出自由原则，也规定了成员来源、任期以及北美部和英国部的设置等问题，均与前

---

① Revised By-laws of the Board of Directors Cheeloo University，1936，AUBA，241 - 3970，pp808 - 810.

② By-laws of the Board of Directors Cheeloo University，Annual Meeting of the Board of Directors，1935 - 4 - 23，p7，齐档，J109 - 01 - 368。

无太大变化。在理事会的功能方面,最大的变化在于对行政管理人员的任命权问题:

原规定为:

> 理事会可任命校长、副校长(们)、司库、院长、正教授、教授和所有的非中国籍的长期教工成员。他们可以在其职权范围内任命或调动任何教工成员。[①]

新规定为:

> 理事会可任命副校长(们)、司库、院长、正教授、教授和所有的非中国籍的长期教工成员。他们可以在其职权范围内任命或调动上述的任何教工成员。然而,理事会可以授权校董会进行部分或全部的任命与调动的权力。校董会对大学校长的遴选和调动须得到理事会的同意。[②]

也就是说对于行政管理人员的任命,校长虽然不由理事会直接任命,但却须得到其同意。在其他人员的任命上,校董会须由理事会授权。其余均无甚太大变化。修订的理事会细则仍以校董会上级机构自居,要求校董会所有完整的会议记录递交至理事会。这种基本没有变化的章程细则,说明校董会与理事会的关系未变,或者在理事会看来关系未变。事实上理事会对于齐大的财产、人事以及管理事务的发言权仍然在经费源头的名义下继续保持。

(二) 内部组织的调整

1932 年《齐大内部组织规则》颁布,与前最大的修改是将副校长

---

① By-laws of the Board of Governors(Adopted 1925 - 4 - 7), AUBA, 241 - 3971, p927.

② By-laws of the Board of Governors(Approved 1933 - 4 - 21), AUBA, 241 - 3972, p1429.

改设为校务长（Associate President），增设了训导长与各级委员会，取消了评议会，校务会代表扩大为校长、校务长、学院院长、训导长（Proctor）、女生部主任、司库、注册员，和一个由教师会选举出的代表。教师会代表在全职正教授和教授中选举。他们的任期为一年，但可以连选连任。选举于各学年开始时选出，各学院分别进行。

校务长协助校长对大学进行日常管理，是校董会当然成员，但无投票权，还是校务会、各学院教师会和所有常设委员会的成员。增设秘书处，由文员办公室、注册员办公室、司库办公室、庶务处和印刷室组成。

为体现党治大学，国民党要求突出学校政治，故增设纪律委员会，主要负责加强对学生的管理，由训导长、各学院院长、党义教师、女生部主任和校长指定人员组成，由训导长为该委员会主席，委员会职责为：决定惩戒政策和方法；为学生提供更好的生活指导和监督学生的品行；调查并报告学生的行为；对学生的课外活动给予指导和建议；监督班级领导的遴选并指导这些领导履行其职责；处理奖惩事宜。①

另成立出版委员会、体育协会、图书馆委员会、奖学金和奖金委员会等。一系列委员会的设立当然可以解读为学校规模的扩大，管理事务的增加所致，但同时仍是层层制约中国校长权力的措施之一。

（三）校务长与校长

1932 年副校长改称为校务长（Associate President）。前已提及，立案前后校内管理机构的最大改变就是校务会的设置，1932 年评议会被取消，更造成了校务会一家独大的管理形势。Associate President，在当时的齐大不被翻译成副校长或校长助理，而是称为校务长，本身就说明，在当时齐大人的心目中，在校务会为最高管理机构的情况下，校务长才是真正的当家人，而"校长"只是"虚君"。尽管校长的权力有明文规定，校务长仅是协助校长工作，但是在集体管理

---

① 　By-laws of the Board of Directors Cheeloo University，齐档，J109 - 01 - 371。

的机构中,集体议事与投票表决的管理形式,往往会使所谓主席仅成为主持人而已。集体议事中的权威不一定是职位最高者,而是集声望、权威、个人影响力等等各种因素在内的复杂形势下形成的天然领导者。齐大长期以来在西方人的管控之下,立案以后,中国人地位的上升并不是一个自然的过程而是外力冲击的结果。因此中国人的领导能力虽然一再突显,但并不能当然地为所有人自然接受。李天禄后,林济青在整顿文理学院增加中文图书提升大学办学水平方面做出了极大的努力,但就是不能见容于医学院同事。造成这种现象的原因一方面有教派利益之争(林济青属于美国北长老会,而齐大校内长老会与浸礼会的竞争长期存在),一方面还有学院利益之争(林济青将获得的大量经费用于文理学院),更重要的恐怕还是以传教士为主要教职工的医学院对一个中国领导人的天然警惕。这种心理也许永远找不到证据,但却是人同此心心同此理的必然推论结果。关于校务长与校长的关系,对山东民国教育素有研究的褚承志有着精到的分析。褚认为华人任校长后,又设校务长,由西人担任,“校内一切财政管理权、进退教职员权,皆操诸伊一人之手,名为协助校长,实则权限超越校长之上。且亦系校董会聘任,对于校长不负责任”。① 校务长的权限可见一斑了。

　　这里还有一件事情值得一提,1931 年出任齐大校长的朱经农,自 1932 年 6 月赴湖南教育厅任职一年后,1933 年 8 月无法按约返回学校,只有辞职。在其离职期间一直担任代理校长的林济青则继续代理校长一年,由于西董的反对,直到 1934 年林仍无法成为正式校长,遂于 6 月校董会上提出辞职。8 月 15 日校董会会议鉴于无人能任校长,遂选举林济青为正式校长。但开学后,林发现施尔德、魏礼模等西教士对其十分抵触,故提出正式辞职。11 月 15 日校董会在华籍董事缺席情况下,魏礼模等 4 名西籍董事在不足法定人数的情况下,推翻了 8 月 15 日的决议,同意林济青辞职。这一事件引起了大

① 褚承志:《私立齐鲁大学》,《山东文献》第九卷第一期,1983 年 6 月 20 日,第 13 页。

多学生不满的同时,也引起了华籍董事李植藩的抗议。李要求将自己的意见写入会议记录:"我对前一次常务校董会关于林济青校长问题以及邀请朱经农任校长的问题上做出的决定提出抗议,我认为此问题如此重要,应该提交校董会特别(extraordinary)会议做出审慎商议和决定。"[①]李在此处用了 extraordinary 而非 special 表示应召开会议的性质,可见其之愤慨。校董会在不到法定人数的情况下开会议决林济青的去留也酿成了一场大的事变。这些都说明在齐大校园里,中国人校长的地位岌岌可危。事情的结果当然是西籍传教士胜,林济青再未能回到齐大,齐大校长的选任也一再耽延,直到 1935 年刘世传赴任。即使各方面都能为西方人接受的朱经农,其在任的一年里,也常常发出"本极清闲"[②]的自嘲,只是因为其"不会惹事"的秉性才让其为广大西方人所接受。

齐大校长难当,是众人皆知的事实。所以在差会势力庞大,各种利益错综复杂的齐大校内,即使立案之后有了政府法规的强力要求,中国校长也只能是一个摆设而已,中国董事也不会真正掌握控制学校的权力。

自登州蒙养学堂始,齐大的管理机构几经演变,但其作为教会大学受各联合差会直接或间接的制约则从未曾改变。在联合之初,由差会代表组成校董会与大学委员会进行校务管理。随着联合差会的扩大,在两个差会控制下行之有效的管理方式在多个差会参与下不可能进行,差会总部开始在海外成立联合董事会,在布道区成立驻华董事会来统一管理大学事务。于加拿大政府立案后,又在多伦多成立理事会总部,北美和英国各成立一分部,成为学校的最高管控机关。1920 年代随着民族主义大潮的一再冲击,齐大向中国政府立案成功,中国人地位在纸面上得到空前提高,但在改组后的校董会理论上成为学校唯一代表机构和最高管理机关的同时,理事会并未撤销,

---

① Meeting of Administrative Council,1934‑11‑15,p3,齐档 J109‑01‑,368。

② 朱经农:《十年回忆》,《湖南教育月刊》(第 33、34 期)、《国民教育指导月刊》(第 2卷第 3、4 期)联合版,1942 年 10 月 13 日。

甚至其章程细则亦懒得根本变动,其多次强调校董会成员、校长、院长人选等人的基督徒身份,强调校董会会议记录、预算账册交由理事会审议等等,均表明了西方人底气十足的"傲慢"。在中国校长和外国校务长的权力争夺战中,中国人也从未占到上风,以致齐大校长一职多年虚悬,大大影响了学校的发展。

1930年代后,随着立案成功,齐鲁大学与其他教会大学一样继续提高中国籍管理人员的比例,但"这种情况并不意味着外国人在教会学校的影响有所减弱;他们仍然起着重要的作用。这是因为,一方面教会大学聘请到热心办好学校的人,从而保证了学校教师的连续性;另一方面大量的经费来自西方。"①

总之从管理机构的角度来看,抗战以前齐大的所谓中国化远未成功。出现如此现象的原因是多样的,但是有一点最为关键,就是经费来源,毕竟"经济基础决定上层建筑",理清经费来源对于理解齐大管理实态是很有帮助的。

---

① (美)杰西·格·卢茨著,曾钜生译:《教会大学史》,第261页。

第四章

外款为主：经费来源分析

第一节　学校的基本建设经费与产权归属

一、基本建设经费

在齐大校史上大规模的基础建设有三次：一次是各前身单位的初创时期，一次是 1900 年前后美国长老会和英国浸礼会决定联合的时期，一次是 1911 年后对济南校区的全力打造时期。

初创时期的登州蒙养学堂并没有真正的校舍，而是使用一个租来的破观音庙，这座观音庙最初既是学堂也是狄考文夫妇的居住之所。两年后狄考文修建了一座二层的住宅，观音庙的主屋就被重新修整用作学堂。1869 年，在与观音堂隔开的地方又建了一间 63 平方英尺的房子，这样高级班与低级班开始各自独立上课。这些建造经费都是靠狄考文募捐而来，此后为学校基本建设进行的募捐从未停止，在文会馆迁至潍县之前，狄考文和柏尔根曾争取到一笔 25 万美元的捐赠。狄考文虽然激烈反对联合，但当联合成为事实后，其仍将募捐款项带到了潍县广文学堂。

创建于 1885 年的青州神学堂，最初产业由英国浸礼会出资创建。但是英国差会经济力量比较薄弱，所办学校往往采用"私办洋助"的形式,即学校由教会自办,差会酌情补助。① 神学堂初建时不外此例。1893 年学堂得到了浸礼会传教士英国布瑞斯特尔城爱德华·罗宾逊(Edward Robinson)夫妇的捐赠而扩建为葛罗培真书院。学院名字是为了纪念罗宾逊太太之父葛奇(Gotch)先生和罗宾逊先生之父伊利沙·罗宾逊(Elisha Robinson)先生而特意命名。广德书院在英语里称为青州高中,青州高中亦为浸礼会所创建,由库寿龄夫妇负责。广德书院在经费方面主要由差会负责,"学生家长负责买汉文书籍,预备课室和桌椅等设备,并至少要负担教员三分之一的薪水,剩余三分之二和所用宗教书籍由差会补助"。②

义和团运动后,长老会和浸礼会迅速走向了联合。1902 年,在两差会的共同努力下,《山东教育联合准则》草拟出台,该准则于 1904 年审定通过,其对联合后的大学资产的所有权做出明确规定:

1. 潍县的产业属于美国长老会海外差会董事会所有。

2. 青州产业属于伦敦浸礼会。

3. 济南的医学院产业属于伦敦浸礼会。

4. 任何捐赠属于募集资金者的海外差会董事会所有,由此带来的收益将被用于为此负责的董事会的花费与设备增添。③

根据这一准则,两差会分别为各自的校区建设负责。潍县的长老会产业在义和团时期遭到了极大的破坏,教堂、学校均被毁坏。时任山东巡抚的袁世凯赔偿了这些损失,但文理学院建筑的经费仍须由长老会筹措。为建设校区,长老会最初拨款 26 125 美元,后来的实

① 详参张德明未刊硕士论文:《英国浸礼会在华活动历史考察(1845—1952)》,山东师范大学 2010 年,第 89 页。
② 齐成志:《基督教在益都办学概况》,青州市政协文史资料委员会编《青州文史资料》选本,第 227 页。
③ Basis of Union in Educational Work, AUBA, 267 - 4269, p557.

际支出超出了 5 545 美元,即共花掉了 31 670 美元。① 1904 年开学时工程并未完全竣工。次年,费城的康佛思(John H. Converse)捐赠的科学楼竣工,为添置设备,其又捐献 1 000 美元。1906 年路思义休假期间为学校募得 30 000 美元,其中包括老麦考米克夫人(Mrs. Cyrus H. McCormick Sr.)捐赠的一栋住宅的费用。②

青州的浸礼会财产在义和团时期受破坏的程度比长老会要轻一些,所以当怀恩光带着博物馆到了济南之后,腾出来的房间接纳了迁来的长老会学生。相对于广文学堂而言,神道学堂在校园建设方面的压力不大,校舍由浸礼会财产继承而来。

医学院最初采用的是"巡回班"的组织模式,学生四年的学习时间里分别在沂州、济南、邹平、青州四个地方跟章嘉礼、聂惠东、巴德顺和武成献学习。直到 1906 年,校董会才明确决定了在济南建设校舍的计划。1908 年由英国的罗伯特·阿辛顿遗产组成的阿辛顿(Arthington)基金会资助,校董会在济南南郊购买了地皮,建起了包括教室、实验室、手术室的主建筑,以及诊疗所、学生宿舍、接代来访演讲者的平房和教师住所的学校建筑群。所用费用为 9 000 英镑,土地财产的所有权属于英国浸礼会。学校于 1911 年 4 月 11 日举行了

---

① John J. Heeren:*On The Shantung Front, a History of the Shantung Mission of the Presbyterian Church in theU. S. A 1861—1940 in its Historical, Economic, and Political Setting*, New York, 1940, p130. 另需指出,在本文需要处理的大量英文资料中对于货币单位的使用略显混乱。有时会标识为 $1 000;有时会在其后加 gold,即 $1 000 gold;有时表示为 Mex. 1 000。根据当时汇率以及使用习惯看,很可能第一种是说中国当时所流行使用的货币,第二个为美金,即美元;第三个为墨元,墨洋,英洋,鹰洋;还有一个 Cash 的用法,疑为当时的制钱。根据《中华民国史大辞典》(张宪文等主编,江苏古籍出版社,2001 年版)第 1917 页,鹰洋 1854 年流入中国,1905 年墨西哥采用金本位制停铸鹰洋,中国市场上渐为中国自铸银元代替。1919 年五四运动后,上海金融市场停开鹰洋行市,从此鹰洋不再作为中国一种主要通货。中国市场银币则以"袁大头"、"孙大头"为主。但是,齐大的英文档案中绝大部分计量单位以 Mex. 1 000 的形式标注,而对应的中文资料则径译为"元",与 $ 1 000 译法相同,故可推知,1917 年后对于 Mex. 1 000 的使用是一种习惯,而并非仍是墨元。本文在翻译使用上,除 $ 1 000 gold 译为美元或美金之外,其余两种形式均译为"元",以与当时话语背景相一致。

② 郭查理著,陶飞亚、鲁娜译:《齐鲁大学》第 67 页。

竣工典礼,1914年有了独立医院建筑。①

　　在医学院后来的建筑中,其经费来源据所见到的资料可列表如下:

表4-1　医学院基本建设经费来源表

供款者	时间	供款目的	供款金额	史料来源	备注
美国北长老会	1911	装备医学院实验室	1 000美金	AUBA,267-4269,p670	
山东巡抚孙宝琦	1911	医学院设备	1 000两白银	AUBA,267-4269,p679	
伦敦浸礼会	1913	医院100张床、重建门诊部、一个外籍教工宿舍、大学的蒸汽发热厂	6 000英镑	AUBA,267-4270,p804	超过其原初投资两倍
费城凯特(John F. Keator)夫人	1913	一座学生餐厅和阅读室	1 000美元	AUBA,267-4270,p805	纪念其丈夫凯特(John Frisbie Keator)
帕萨迪纳(Pasadena)长老会	1913	提高和增加实验室器材	500美金	AUBA,267-4270,p805	
尚德思(Saunders)先生与费城公司	1913	小的藏有英文医学参考书的图书馆	大量图书	AUBA,267-4270,p805	
浸礼会医疗辅助传道会	1913	外科手术设备及其他医院设备	100镑	AUBA,267-4270,p805	
伦敦浸礼会	1914	新医院	6 000英镑	AUBA,267-4270,p835	

　　① *The Annual Register and Report of the Shantung Christian University*1915, AUBA,267-4270,p817.

　　1909 年巴顿最早提出了山东基督教大学三校区合并的建议。巴顿于访问中国时,在青岛与柏尔根和路思义商讨了有关齐鲁大学办学问题,提出了将大学各学院迁至一处的想法。该想法得到了齐大大学委员会的同意,也得到了北长老会和浸礼会总部的赞同。

　　于是大学委员会于 1911 年 1 月举行会议,授命一个五人小组在济南寻找合适的建校地点。经过一番努力,在 5 月 23 日会议上大委会通过了关于购地的决议。地点确定以后,接下来就是土地的购买和资金的募集。根据上述《准则》规定,文理学院由美国北长老会负责校舍建筑和搬迁的费用,神学院则由英国浸礼会负责。在募集经费方面,北长老会的路思义功劳卓著。他于 1912 年离开中国 1915 年才回来,不辞辛劳为大学募捐,共募得了 305 000 美元,"部分是现金,部分是承诺"。[①]

　　英国浸礼会也为神学院的搬迁筹集了款项,1914 年底已募得 6 700 英镑,尚余 1 300 英镑有待进一步募集。神学院长在当年年度报告中对慷慨的捐赠者再次表达感谢,并认为"毫无疑问我们的被捐助数量迄今并未因为欧洲熊熊燃烧的战火而停止增长。我们应该感激的是目前金钱已在手,前面的路虽漫长而多变,但毕竟已开始"。[②]但是,战争终究还是影响到了募款的进程,院长在次年的报告中虽然仍然对朋友和帮助者对主的工作诚意深信不疑,但也承认这 1300 英镑的款项尚未筹齐,以至于学院对动荡的局势深感不安。[③]

　　1917 年济南校区建成,文理学院与神学院完成了搬迁,至此齐大的全面建设告一段落。新建成的主校区在圩子外,包括麦考米克行政大楼、柏尔根科学楼、狄考文物理楼、葛罗神学院、男生宿舍等等。

　　这些建筑陆续建成后,最大的建设工程就是图书馆了。1920 年

---

　　① 郭查理著,陶飞亚、鲁娜译:《齐鲁大学》第 129 页。

　　② Report for 1914 of the Gotch-Robinson Theological College, *The Annual Register and Report of the Shantung Christian University* 1915, AUBA, 267 - 4270, p834.

　　③ The Gotch-Robinson Theological College, *The Annual Register and Report of the Shantung Christian University* 1916, AUBA, 267 - 4270, p894.

加拿大长老会奥古斯丁教会拨出 50 000 美金建造图书馆和教授宿舍。齐大组成了由瑞思培、奚尔恩、校长和凯斯特莱顿(Castleton)组成的大学图书馆建筑委员会负责此事。① 根据《准则》规定:任何捐赠之资产所有权归捐赠差会总部所有,因此奥古斯丁图书馆属于加拿大长老会所有,自然维持费用亦由其提供,年度经费 2 000 美金,并邀请帕克(D. D. Parker)就任馆长一职,任期三年。

二、学校产权归属

1904 年《山东教育联合准则》规定潍县产业属于美国北长老会,青州产业和济南医学院属于英国浸礼会。

1908 年圣公会提出加入联合。圣公会广传福音会伦敦领导人为保持该教派的信仰之纯洁,保证本教派学生独立进行宗教活动和礼拜仪式。坚决要求建造自己的学生宿舍和相关设施②。在此问题上三差会斗争激烈。长老会和浸礼会在向其他差会团体请求合作时,并不拟将基本产业拱手让出,因而起初不同意圣公会建造自己的宿舍和房屋。谈判一度僵持不下,直到长老会差会总部干事布朗写信劝诚,两创始差会方同意圣公会在学校里可以有自己的产业。

这一纠纷直接影响到了后来的联合政策,1909 年《山东教育联合准则》进行了修订,对学校财产所有权重新规定如下:

1. 潍县的文学院最初的产业仍属于美国长老会海外传道部董事会所有。

2. 青州的神学院最初的产业仍然属于伦敦浸礼会。

3. 济南的医学院最初的产业仍属于伦敦浸礼会。

4. 各差会总部要为其在教师中的代表提供住宿,按照

---

① Minutes of the Finance & Property Committee, 1920 - 4 - 10, *Shantung Christian University Bulletin*, No. 19, AUBA, 262 - 4240, p571.

② Annual Meeting of the University Council, *Shantung Christian University* 1911, AUBA, 267 - 4269, p669.

大学委员会的安排或者建造自己的房子或者支付租金。

5. 要为大学现存的资产、厂房和设备支付费用并不是差会进入联合的条件,不过各差会总部要提供加入联合时与其相关的资产增长的费用,增长的数量由大学委员会决定。

6. 任何联合差会贡献给相关学院的附加资产与厂房设备应属于提供之的差会总部。

7. 在差会退出联合时,拥有初始设备的差会总部有选择购买退出差会资产的权利。

8. 对大学的任何捐赠均属于募集该捐赠的差会,由此带来的收益将被用于为此负责的差会的花费与设备增添。[①]

基于这一准则,虽三学院最初产业仍属于两大发起差会,但其后加入的差会组织亦可拥有自己独立的基本建设设施。圣公会坚持在校园里建起了自己的学生宿舍,根据上述第 6 款规定,圣公会宿舍产权属于圣公会广传福音会总部。前述之奥古斯丁图书馆,由加拿大长老会(后来为加拿大合一会)奥古斯丁支会投资建设,因此图书馆的产权就归加拿大长老会差会总部所有。

在齐大的基本建设方面,完全由中国人自建的只有由校友于 1924 年 6 月 17 日捐款建造的校友门,其余建筑均由一个或数个海外组织筹款建造。

所以从基本建设和产权归属上来看,齐鲁大学是一所标准的外资学校。

第二节 学校维持经费

齐大的维持经费主要来自差会拨款、世俗基金、政府资助、学生

---

① Basis of Union in Education Work in Shantung, *Shantung Christian University* 1910,AUBA,267 - 4269,p630.

学费等项,这些经费在不同时期有着不同的比例,所起的作用在不同阶段也有区别。

一、初期的维持费用

登州文会馆时期,经费主要由狄考文夫妇自筹。筹集渠道主要是向美国的各主日学校募捐,"为了每年都能获得这样的捐助,必须仔细的写好一封信函,然后再抄写,起初是手写,后来平版印刷,寄给每一所承担捐献的主日学校。"[①]上课使用的各种仪器设备也是狄考文在美国不断募捐所得。比如他在 1879 年第一次休假时成功说服了费尔德送一台发电机给学校,在美国还获得了一台 10 英寸的反射望远镜,当然很多实验器材则是狄考文亲手制作的。

长老会差会何时开始向文会馆拨款以及具体的拨款数额已不可考,即如 1913 年印制的《文会馆志》对此也是持模糊处理的态度:"试思全堂经费为数颇巨,果何恃而不竭乎? 曰美国差会所拨给也;彼美国差会又何恃而能给乎? 曰会中信徒所乐输也;会中信徒何所因而乐输乎? 曰推上帝之爱以爱人也。文会馆历年经费已不可考统,谓上帝所赐赉也可。"[②]

此时期学生也交学费、膳费等费用。但这种收入与学堂整体的巨额办学经费比起来可谓寥寥无几。据《文会馆志》记载,登州蒙养学堂初办时,不仅学费免收,还"丰其供给,一切衣履、靴袜、饮食、笔墨纸张、医药、灯火以及归家路费,皆给自本堂"。1871 年时(即办学 7 年后)才不再供给学生衣服。到了 1904 年,即与青州广德书院合并为广文学堂前后,才"逐渐除去一切零费,令学生酌交学资若干,而膳费仍给"。[③] 亦即说整个文会馆时代学生缴费极少。

---

① 费丹尼著,郭大松、崔华杰译:《一位在中国山东四十五年的传教士——狄考文》,第 87 页。
② 王元德、刘玉锋:《文会馆志》,第 53 页。
③ 王元德、刘玉锋:《文会馆志》,第 53 页。

二、初步联合时期

1904 年长老会和浸礼会联合后出台的《山东教育联合准则》对联合后的大学资产的所有权以及人力、财务等方面的义务情况进行了详细规定。在教学人员方面，两差会如果可能，应平等分担各学院的教学人员；其中，文学院外籍教工至少 4 人，神学院外籍教工至少 2 人，医学院外籍教工至少 2 人。在财务方面，规定长老会须为文学院教职工提供住宿，浸礼会须为神学院和医学院教职工提供住宿。如果一个差会需要为其教工提供更多的房屋，须为此付出租金。校园物产的维修和维护由其所有者承担。外籍教工的薪水由其相关差会支付。各学院的日常性开支由两差会平均分配。日常性开支包括参加校董会的教师和院长的差旅费用，仪器的修理与维护费用，中国教师的薪水，取暖，照明，以及由校董会决定的其他条目。章程规定条目之外的开支分配由校董会决定。两差会衷心赞同自我支持的原则，并敦促校董会尽量扩展其应用范围。[①]

如此一来，整个学校的运营几乎全由两差会买单。但是两差会平均分摊日常性开支的做法很快就引起了矛盾，因为两差会的学生人数是不相同的。在广文学堂，文会馆的长老会学生有 84 人，青州广德书院浸礼会学生只有 30 人。联合之前浸礼会仲均安曾"担心浸礼会在提供人员和资金方面不能与长老会并驾齐驱"[②]。《联合准则》照顾了这种情绪，规定了平均分配的原则，但这一原则在事实面前变得既不公平也不合理。于是 1908 年 1 月校董会在潍县召开第四次年会，对《联合准则》的经费负担方法进行了修改。新办法除了继续强调各地财产的修理及维护须由所属差会负担、外籍教师薪水由派遣教会负责以外，最重要的修改是各学院的日常性开支不再平均分摊，而是各差会按照自己选送的学生人数比例承担。[③] 这也为其他差会参与联合的条件约定奠定了基础。

---

① Basis of Union in Educational Work，AUBA，267 - 4269，p557.

② 郭查理著，陶飞亚、鲁娜译：《齐鲁大学》，第 65 页。

③ Annual Meeting of Board of Directors，1908 - 1 - 23，AUBA，267 - 4269，p599.

1908 年底,英国圣公会主教艾立法提出加入文理学院参与教育联合。艾立法提出的参与条件是将在泰安、平阴两所学校的毕业班学生送到文理学院,并提供一名教师。1909 年 1 月校董会对此表示同意,并对《联合准则》做了调整。2 月圣公会派出的教师葛焕瑞(H. S. Cousens)及 11 名学生来到潍县。

基于联合扩大了的形势,《联合准则》在 1909 年进行了修订。修订本对学校财产所有权和财务分担情况规定如下:第一,外籍教师的薪水正常情况下由其所代表的差会总部支付。第二,各学院的经常性开支由联合差会分摊,比例以各差会派送学生的平均数量为准。经常性开支被定义为包括大学委员会以及参加大学委员会会议的教师的差旅费用,仪器设备的维修与保养,中国老师的工资、供暖、照明、考勤以及由委员会决定的其他事项。资产的所有维修保养的花费将由所有者承担。第三,除此文件中已经提到的花费以外,其他花费项目的分配将由大学委员会决定。第四,联合差会衷心赞成自给原则,敦促大学委员会尽量扩展其应用范围。[1]修订版充分照顾到了创始差会和其后加入联合的各差会的利益,除产业仍归长老会和浸礼会分别占有之外,各差会按比例分摊经常性开支,并支付所提供教师的薪水。在提供教师方面,不再如 1904 版那样强求平均,而是要求"在联合中占有全部份额的差会,在可能的情况下,在各学院教师队伍中有相等的代表权"。[2]部分联合的差会可按照实际联合情况选派教师。

广文学堂时期,已经有了明确的学费规定,且膳费亦需学生部分承担。据《广文学堂》章程规定,凡在堂肄业学生每生全年膳费 24元,学费 30 元,每学期各缴足一半。凡属合会[3]学生力不能自给者,学堂酌定暂为借贷,然该生每学期至少亦须缴纳足鹰洋 7 元;家境稍好者务须尽力多纳。凡属合会之选班学生不能将膳费学费缴足者每

---

① Basis of Union in Educational Work in Shantung, AUBA, 267 – 4269, p631.
② Basis of Union in Educational Work in Shantung, AUBA, 267 – 4269, p631.
③ "合会"即联合的长老会与浸礼会。

学期至少须缴足 14 元。凡合会以外学生,系他会所派送者每学期须缴纳足 27 元。凡在堂学生不能缴纳 54 元者必先与学堂订立合同,由学堂暂借,离堂以后必遵前约缴足欠资,即未毕业退学者亦须一律偿还。学格物化学者每学期各科缴试验费 1 元,学英文者每学期另行缴费 5 元。并规定学生所应纳资费,务于开学时立即缴足,否则不能报名登册。[①] 可见合会内外学费有别,学堂对学费问题十分大度,可以暂时借款至毕业之后。

由于教会学校多是向贫困家庭开放,山东基督徒家庭又大多贫寒,所以学生的学费大多是由选送来学的差会组织提供的。即使如此,根据刘家峰先生的考证,学费标准并没有严格执行,因为根据大学注册人数和所收学费计算出的平均学费大大低于规定标准。刘先生以 1909—1910 年学生缴费情况列表如下予以说明:

表 4 - 2　1909—1910 年学生缴费表[②]

学院	学生数	缴费总数(元)	平均数
神学院	北长老会 70 名	306.73	4.38
	浸礼会 58 名	263.48	4.54
文理学院	北长老会 122 名	1 515.67	12.42
	浸礼会 104 名	1 009.21	9.70
	其他教会 49 名	580.36	11.8

合会学生无人能够交够规定的全年 14 元的最低标准,合会以外学生更是照全年 54 元缴费额度差得很远。

三、差会联合扩大与经费承担情况

在第二章校史介绍中,我们梳理了齐大联合差会的进出情况,由此可知,各差会在齐大的合作是变动不居的,在三个学院的分布也并

---

① 王元德、刘玉锋:《文会馆志》,第 58 页。

② 转引自刘家峰:《齐鲁大学经费来源与学校发展:1904—1952》,章开沅、马敏主编:《社会转型与教会大学》,湖北教育出版社 1998 年版,第 92 页。

不均衡。要考察各差会在每一年每一学院的具体捐赠数额是一件浩繁的工程。感谢刘家峰先生的努力,让我们对差会拨款的总数额与基本趋势有了一个基本的了解。

刘先生曾列表指出,1917 年以前差会拨款是齐大收入的主要来源,其后由于罗氏基金的注入和当地包括学费在内的收入的增加,差会拨款所占比例有所下降,但仍然是"最持久、最稳定也是最重要的一笔收入"。[①]

表 4 - 3　1937 年以前差会对大学拨款表[②]

年度	拨款(元)	占总额比例%
1908—1909	23 226	81.9
1909—1910	32 289	87.3
1910—1911	47 356	88.6
1911—1912	44 369	79.2
1912—1913	26 131	69.7
1913—1914	19 483	79.7
1914—1915	17 884	67.5
1915—1916	40 068	76.7
1916—1917	31 730	78.6
1917—1918	34 525	66.8
1918—1919	39 795	67.0
1919—1920	36 450.79	63.0
1920—1921	152 686	57.9
1921—1922	—	
1922—1923	184 030	68.3
1923—1924	217 511	71.8

---

① 刘家峰:《齐鲁大学经费来源与学校发展:1904—1952》,章开沅、马敏主编:《社会转型与教会大学》,第 82 页。
② 表格据齐大历年财务报告表与预算表制定。1919 年前数字转引自刘家峰前揭文。

（续表）

年度	拨款(元)	占总额比例%
1924—1925		
1925—1926	未找到差会负担的具体经费数字,但是据 1925—1926 年校长报告指出:"尽管许多困难影响到了当前所有形式的差会拨款,但令人高兴的是联合董事会维持了以前的拨款比例。"①	
1926—1927		
1927—1928	219 678	62.3
1928—1929	211 707	64.3
1929—1930	217 358	65.2
1930—1931		
1931—1932	232 043	52.8
1932—1933	239 050	45.9
1933—1934	252 030	45.7
1934—1935	238 270	48.9
1935—1936	193 705	46.2
1936—1937	193 299	42.5

　　由于资料的缺乏,在上表列出的一些数字中,作者使用的是预算数字。众所周知,差会募捐经常会受到国内外经济形势的影响,因此有些预算拨款往往不到位,但这并不能代表差会的拨款失去了其在齐大总经费中的重要意义。长期持平来看,差会的补助的确是齐大发展中最为稳定的部分。当然,正如表格所示,差会拨款在齐大经费来源中所占比例呈稳步下降趋势,这有两个原因:一个是差会募款能力受政治经济形势影响较大,外在干扰因素太多以至于不能始终恒

---

① President's Report 1925—1926，*Shantung Christian University Bulletin*，No. 54，AUBA，263 - 4243，p72.

定拨款;第二个原因就是各类基金的注入和当地学费等项目收入的增加(后文详述),使其所占比例相对降低。但是差会拨款在齐大的经费来源中最低时亦占到总开支的42.5%,其影响力是决不可小觑的。

1920年代末到1930年代初的经济危机使差会拨款有所减少,比如1931—1932年,来自差会总部的收入除以下列出者外均已全额得到:浸礼会在1932年1月至6月削减了其拨款25%,加拿大合一会在1932年1—6月削减开支15%,然而因为开支全年由黄金支付,由于兑换比率变更,到达济南当地之后的数字比预算表还要高出一些。圣公会在1931年削减了对文理学院拨款的7%。美国南长老会削减约35%。[①] 可见当时经济危机的出现严重影响到了差会的募款能力,对学校的经费造成了较大冲击。但是一个较明显的现象是,由于合作差会较多,故而经费困难分担者较多,所以齐大总可有惊无险。比如合作差会较多、来款比较稳定的医学院在1930年代初受到的冲击就不是太严重。

仍以1931—1932年为例,医学院预算差会收入为116 283元,占总预算收入183 266元的63.5%。具体如下:

表4-4　医学院1931-1932预算收入表[②]

美会	收入	金额(元)
美北长老会	经常性	2 000
	薪水	21 000
南长老会	经常性	1 600
	薪水	12 000
理事会英国部	经常性	2 025

① Preliminary Financial Report1931—1932, *Shantung Christian University Bulletin*,No. ,88,齐档,J109-01-530。
② Minutes of the Administrative Council,1931-2-13,p7. 齐档,J109-01-368。

（续表）

美会	收入	金额(元)
浸礼会	经常性	4 638
	薪水	13 123
伦敦会	经常性	1 500
	薪水	6 000
圣公会	经常性	1 800
	薪水	15 000
加拿大合一会	经常性	1 500
	薪水	9 000
加拿大女合一会	经常性	3 000
妇女海外传道部(WFMS)	经常性	7 420
	西人薪水	3 000
女美以美会(WMMS)	经常性	6 675
妇女委员会(长老会)	经常性	5 000
小计		116 283
罗氏基金		50 000
收费		10 000
总计		183 266

　　上述差会预算收入中包含了各差会为其传教士教师提供的薪水,这一块支出是固定的,且不能为学校所支配,若去除这一块经费,预算收入为 37 155 元。当年度,有 4 个差会(即上述之浸礼会、加拿大合一会、圣公会、美国南长老会)进行了紧急削减拨款,但由于大多拨款以黄金进行,由于当时金对银兑换率增高,故而医学院还得到了一个超过预算数字的资金增长。其实当年医学院和医院开支超过预算 20%,但由于兑换率的关系,这一开支的增长正好被平衡。如表 4-5:

表4-5　1931-7-1至1932-6-30医学院财务收入报告表①

对经常性开支拨款的差会	金额(元)
北长老会	2 000
南长老会	627
浸礼会	6 179.83
理事会英国部	2 025
伦敦会	1 380
圣公会	2 025
加拿大合一会	1 692.63
加拿大女合一会	3 678.85
女美以美会(WMMS)	7 830.85
妇女委员会(APMN 和 WFMS)	13 341.32
FWB Day of Prayer	5 750.47
合计	46 530.75
罗氏基金拨款	62 378
学生学费	9 156
济南医学评论	62.08
合计	118 126.88
付给医院的最少补贴	39 376.77
收入	78 750.06

　　须注意:第一,在预算表中计算进了各差会为传教士教师支付的工资,收入表中未包括此项。第二,之所以除紧急削减经费的差会以外,其余各差会的实际拨款数字出现了比预算表还要高的情况,是因为兑换率变化所致。由上表可以看出医学院该年度实际差会拨款收入为 46 530.75 元(不含传教士薪水),占总实际收入 78 750.06 元的59.09%,与预算相差不大。

---

① Financial Report for the Year July 1st,1931-June 30th,1932,University Bulletins No. 89, AUBA,263-4246,p571.

四、西方世俗基金的挹注

在齐大发展史上,经费除了来自差会拨款以外,还有两个不容小觑的西方世俗基金,即罗克菲勒基金(罗氏基金)和赫尔基金。

(一)罗氏驻华医社①与医学院的荣衰

罗氏基金会成立于 1913 年,由美国石油大王老约翰·洛克菲勒(John D. Rockefeller Sr.)所创,主要资助慈善、医药、农业、教育等事业。基金会成立次年,通过对中国考察之后,决定成立"罗氏驻华医社"(China Medical Board of the Rockefeller Foundation),与在华传教士组织合作,强调以英语进行高标准的医学教育。② 但是,强调英语授课就将一些用中文进行医学教育且行之有效的医学院排除在外了,于是中华博医会(the China Medical Missionary Association)想尽办法向基金会建议,至少应该将一所使用中文教学的医学院提高到一流水平。③ 中华博医会向罗氏驻华医社推荐齐鲁大学医学院是"用汉语教学最适合的学校"。④

但由于基金会对英语教学的坚持,经过 1915 年又一次对华考察后,决定对齐大医学院不予支持。不过驻华医社当时为建设中国的一流医学院,于 1915 年购买了北京协和医学院的全部资产,准备在其基础上建造一所全新的高规格的学校。在施工期间,协和医学院用中文教学的 3 个低年级班怎么安排上课成了问题。于是驻华医社提出了一个双方都能接受、都有好处的建议,即将这 3 个班转至齐鲁大学,并愿意提供 5 万美元用于齐鲁医学院的扩建和设备购买,同时承诺在此后 5 年内拨款 10 万美元作为维持费用。⑤ 这一举动也深刻

---

① China Medical Board(CMB)of the Rockefeller Foundation,一译中华医学基金会。现据 1934 年版《私立齐鲁大学医学院章程》,可知至少 1934 年前齐鲁大学仍称其为罗氏驻华医社,本文为尊重历史原貌,依此译法。

② 慕景强著:《西医往事》,中国协和医科大学出版社 2010 年版,第 185 - 186 页。

③ 郭查理著,陶飞亚、鲁娜译:《齐鲁大学》,第 111 页。

④ Union Medical College, *The Annual Register and Report of the Shantung Christian University* 1916,AUBA,267 - 4270,p896.

⑤ Report of the School of Medicine for the Year Ending June 30th,1930,p8,齐档,J109 - 01 - 530。

影响到了中华博医会的医学教育改革,其将以中文教育的医学教育机构均迁至济南,集中发展齐大医学院。

从其后来的实际拨款看,这10万美金并没有在5年内拨完,在齐大的财务汇报表上,驻华医社每年提供的资金远远低于2万美金,且其拨款直到1934年方真正到位,后来又追加了一些拨款,详见下表:

表4-6　罗氏驻华医社历年拨款表①

年度	拨款(元)	占医学院收入比例%	占学校总额比例%
1917—1918	5 226.39	26.0	10.2
1918—1919	5 465	22.3	9.6
1919—1920	12 084	36.9	20.9
1920—1921	20 935	39.3	7.9
1921—1922	33 000	55.5	13.1
1922—1923	33 000	55.6	12.3
1923—1924	33 000	50.4	10.9
1924—1925	33 000	45.3	10.2
1925—1926	33 000	43.6	10.0
1926—1927	—	—	—
1927—1928	50 800	31.9	14.4
1928—1929	49 000	54.4	14.9
1929—1930	40 000	46.7	13.8
1930—1931	68 165	59.9	—
1931—1932	62 378	52.8	14.2
1932—1933	65 175	59.1	12.5
1933—1934	48 317	48.7	8.8
1934—1935	23 088	29.5	4.7
1935—1936	6 000	8.0	1.4
1936—1937	7 829	12.3	1.7

①　表据医学院收支表(1917—1927),齐档J109-04-118,第5-8页,医学院收支表(1929-1939),齐档J109-04-118,第87页资料所制,另为与齐大收入项目在全校范围内进行比较,特据齐大历年布告预算与财务报告表增加"占总额比例"一列。

驻华医社拨款在全校范围内虽不能与差会相比,但在医学院内确实为收入之大宗。当然需要注意的是,上表在计算医学院全院收入时,没有计算差会为传教士支付的工资,若将其加进总数,驻华医社拨款数额不会超过 50%。比如以 1930—1931 年为例,该年度驻华医社拨款 68 165.33 元,当年医学院总收入 113 747.49 元,占 59.9%,但是若再加上当年差会付给传教士 10 万元的薪水、津贴等,其比例只剩下了 32.0%①。但不容忽视的是,差会拨款和驻华医社的进项构成了医学院最主要的收入来源。

在差会募款能力经常会受到国内外政经形势影响的情况下,罗氏基金不啻为齐大稳定的经济支柱。所以每当齐大经费陷入困窘,总希望罗氏能给以援手。1924 年 11 月 5 日,驻华医社还进行了额外拨款:① 划拨 5 万美金给大学以供医学院的建筑和设备支出,条件是,大学须从其他渠道获得不少于 10 000 美金以作为已承诺和已获得的资金的附加数额。② 划拨 3 万美金作为由妇女委员会和中华医学委员会向齐大医学院时拨款时产生的兑换利率损失。③ 提供 65 000 美金的额外拨款作为医学院补助金,该补助金连同一个额外的对于妇女委员会和由于医院扩大所增长成本的补助一直持续到 1928 年 9 月。② 1925 年,代理校长瑞思培作报告时提到与驻华医社进行了艰难的谈判,请求其为医预科提供 6 000 元的资金,并请求其为医学院在 1923 年 33 000 元的基础上在增加拨款 25 000 美金③。虽然谈判很艰苦,代校长也表示很难表达自己在谈判中的态度,但令人高兴的是,驻华医社答应了拨款。1925 年 10 月 6 日驻华医社做出了以下拨款决议:① 拨给 14 000 美金作为科学楼的额外装备和其替代品;② 划拨 1 700 美金购买书、期刊与其他医预科使用书籍;

---

① Financial Report For the Year 1930 - 7 - 1—1931 - 6 - 30, *Report of the School of Medicine of Cheeloo University* 1931,pp14 - 15,齐档 J109 - 01 - 530。

② Minutes of the Administrative Council, 1924 - 12 - 18, *Shantung Christian University Bulletin*,No. 49,AUBA,263 - 4243,p16.

③ *Shantung Christian University Bulletin*,No. 48,AUBA,262 - 4242,p961.

③ 18 000 美金为医预科两位额外老师发薪①。驻华医社捐助 1935 年到期,1934 年减半支付。陷入恐慌的医学院与医社紧急磋商,终于令其答应拨 6 000 元的紧急救助,此数目与前相比当然已经大大缩减,但总算能解燃眉之急②。1937 年后资助停止,1941 年又恢复捐助,但数额已大不如前。

罗氏驻华医社对医学院的作用至关重要。正因为如此,当罗氏基金不再向其注资时,医学院很快陷入了窘境。故在拟定 1937—1938 年医学院预算时,司库提请大家注意一个事实,即医学院"失去了罗氏驻华医社资金的支持,又没有一个恒定充足的经费抬注,因此在这一预算框架内,它(医学院——译者注)开始失去其过去曾经拥有的国家一流学院的地位"。当年医学院预算中有 20 926 元赤字无从所出。③

（二）赫尔基金与齐大国学研究所

赫尔基金来自于美国大发明家查理·赫尔(Charles Martin Hall,1863 年 12 月 6 日—1914 年 12 月 27 日)的遗产。该遗产一部分被明确指定用于发展美国国外的教育事业。哈佛大学注意到这笔资金后,与时称为北京大学的燕京大学合作,于 1925 年筹备建立"哈佛—北京中国研究学社（Harvard‐Peking Institute for Chinese Studies)",后来改名为"哈佛燕京学社（Harvard‐Yenching Institute,下简称哈燕社)"。哈燕社的首要目的是通过哈佛大学与燕京大学以及中国其他研究机构合作,"保证为学术研究提供便利,资助出版那些经学社董事会赞同的在中国文化领域以及中国学的其他方面的研究成果"。④ 1928 年 1 月 4 日与 2 月 10 日,哈燕社分别在哈

---

① Minutes of Eighth Annual Meeting of the Field Board of Managers,1926‐6‐15,*Shantung Christian University Bulletin*,No. 53,AUBA,263‐4243,p52.

② *Report of the School of Medicine*,1935‐6‐30,AUBA,263‐4246,p643.

③ Minutes of the Board of Directors of Cheeloo University,1937‐1‐29,p4.

④ 张寄谦:《哈佛燕京学社》,章开沅、林蔚(美)主编:《中西文化与教会大学》,第 140 页。

佛大学和燕京大学成立。10 月，①赫氏遗产董事会制定了美国国外
教育基金分配方案：总额 1 400 万美元的基金中，760 万做如下公开
分配：燕京大学 100 万，岭南大学 70 万，华西协和大学 20 万，金陵大
学 30 万，福建协和大学 5 万，齐鲁大学则分得 15 万；另外的 640 万
美元给哈燕社，再分两部分使用：450 万为日常性开支；190 万为限制
性开支，按比例分配给上述 6 所学校和印度的阿拉哈巴德
(Allahabad)农业研究所，齐鲁大学按比例得到了 20 万美元。②

　　齐大最早得到这笔拨款是在 1929 年初。当时的齐大正被立案
问题搞的焦头烂额，由于图书馆等各种设施无法达到标准，又值西方
国家金融危机，信义会撤出联合，浸礼会大幅度削减拨款，经费出现
严重困难，所以此时赫尔基金的到来可谓及时雨。因此齐大代理校
长李天禄在 1928—1929 年度报告中透着欣喜：

　　　　如果不提到赫尔基金提供的 35 万美金的可贵礼物，我
　　无法结束我的报告。当大学如此需要经费以加强自己的工
　　作、努力提高水准以达到立案要求之际，这笔经费真可谓雪
　　中送炭。我希望记录下对赫尔遗产董事会和学校理事会以
　　及我们在纽约的秘书的感谢，他们在为我们获得这一可爱
　　的礼物方面付出了巨大的心血。③

　　1929 年 2 月常务校董会会议在评议会建议下通过了第 832 号决
议，将赫尔基金 15 万美元拨款中的 5 万美元用于妇女股(Women's

---

　　①　此时间据陶飞亚、刘家峰《哈佛燕京学社与齐鲁大学的国学研究》(《文史哲》1999
年第 1 期)一文，但张寄谦《哈佛燕京学社》(《中西文化与教会大学》146 页)一文则认为是
12 月。前者对分配方案的介绍略有错误，齐大得到的 15 万美元并非用于医学院发展，详
细可见本文后述。

　　②　此小节内容主要参考：张寄谦：《哈佛燕京学社》，(《中西文化与教会大学》140
页)；陶飞亚、刘家峰《哈佛燕京学社与齐鲁大学的国学研究》(《文史哲》1999 年第 1 期)；刘
家峰《齐鲁大学经费来源与学校发展：1904—1952》,《社会转型与教会大学》90—91 页。

　　③　Report of the Acting President for the Year Ending 1929 - 6 - 30, *Shantung
Christian University Bulletin*, No. 72, p4.

Unit),以其利息作为妇女股的日常性开支。^① 这样,赫尔基金拨款就被分为 3 部分:5 万美金的利息给齐大妇女股;10 万美金的利息用作大学经常性开支和文学院;由哈燕社资金董事会控制使用的 20 万美金的利息用来提升中国文化教学和研究。^②

根据哈燕社的规定,限制使用的 20 万美金的利息在第一年可以自由使用,其后则需要按照规定开支。故赫尔基金 1929 年上半年的使用情况是:550 元用作立案经费;2 670 元拨给文理学院以平衡1928—1929 学年预算赤字^③。另外 20 万美金半年的收益大约 6 000美元分配如下^④:

表 4 - 7   1928 - 1929 学年预算赤字表

部门	用款者	美元
文学系	周幹庭	1 500
	栾调甫	1 140
	系部	200
历史系	张西山	900
	系部	150
	神学院	600
	中学	720
	图书馆	790
		6 000

为符合哈燕社基金使用的规定,1930 年秋,栾调甫建议文学院成立了国学研究所,国学所的资金使用独立于文学院,只对国学所有

---

① Minutes of Meeting of the Administrative Council, 1929 - 2 - 26, *Shantung Christian University Bulletin*, No. 73, AUBA, 263 - 4245, p339.

② Report of the Acting President for the Year Ending 1930 - 5 - 31, *Shantung Christian University Bulletin*, No. 77, p2.

③ Minutes of Eleventh Annual meeting of the Field Board of Managers, 1929 - 7 - 2, *Shantung Christian University Bulletin*, No. 73, AUBA, 263 - 4245, p345.

④ General University Budget 1929 - 1930, *Shantung Christian University Bulletin*, No. 73, AUBA, 263 - 4245, p349.

关的人事开支负责。1931 年起哈燕社每年向国学所资助 8 947.36
美元,这笔钱接近文学院常年经费的两倍①。8947.36 美元是 20 万
美金每年的利息收入,由此反推,赫尔基金每年向文学院与大学一般
经费投入 4 473.68 美元,向妇女股投入资金 2 236.84 美元。

赫尔基金首先挽救了齐鲁大学立案的命运。齐大在立案问题上
可谓饱受折磨,赫尔基金的投资使齐大增加了图书数量,购买了大约
6 万卷图书,为顺利注册"立了一功"②。同时运用哈燕社基金创建的
国学研究所虽然有学者研究后认为"并不很理想",真正有影响的建
树不多,③但也确实提高了齐大的学术水平。在一个相对保守的基督
教学校里成立起一个专门研究中国学问的研究所且招揽了栾调甫、
周幹庭、张西山、老舍等一批名流学者,令 1930 年代的齐大出现了十
分生动活泼的局面,这应该是赫尔基金的功劳。

五、来自中国的经费

(一) 学生缴费

对一所私立学校而言,学生缴费应该是其收入的一大来源。但
是教会学校所不同于一般私立学校之处就在于其更浓的慈善和公益
性质,这一点在办学初期尤为显著。

齐大的各前身单位初办时基本不收费,前文已述及。到合会学
局时,参加联合的差会学生仅支付学费的四分之一④,且可以欠贷的
形式毕业后归还⑤。虽然此时已要求学生缴纳膳宿费,但对贫穷学生

---

① 陶飞亚、刘家峰:《哈佛燕京学社与齐鲁大学的国学研究》,《文史哲》1999 年第 1
期,第 98 页。
② 刘家峰:《齐鲁大学经费来源与学校发展:1904—1952》,《社会转型与教会大学》,
第 91 页。
③ 陶飞亚、刘家峰:《哈佛燕京学社与齐鲁大学的国学研究》,《文史哲》1999 年第 1
期,第 102 页。
④ Fees and Regulations, *The Annual Register and Report of the Shantung
Christian University* 1915,AUBA,267 - 4270,p822.
⑤ 《广文学堂简章》,王元德、刘玉锋:《文会馆志》,第 58 页。

而言,仍由学校增加预算助其支付。[①] 直到 1919 年前,所有来自山东的文理学院、师范训练部以及神学院学生的学费还由其选送差会按比例支付的经常性费用予以补助。

变化出现于 1919 年底,由于一战对西方世界的破坏,差会募款能力下降,大学出现了严重的财政赤字。由于医学院有罗氏驻华医社的资金,相对好一些,赤字主要出现在大学的经常性开支和文理学院方面。在 1919 年 12 月 26 日—1920 年 1 月 5 日的驻华董事会会议上,专门就此事进行了讨论,会上要求文理学院不得在规定的服务与事业之外进行其他的开支。同时会议通过决议,要求所有新生于 1920 年 9 月 1 日入学注册时缴纳学费,并规定学费如下:

文理学院:本科生 15 元每学期;神预科 10 元每学期;医预科 20 元每学期。

神学院:10 元每学期。

医学院:20 元每学期。

出于对学生承受能力的担心,北长老会和英浸礼会采取了渐进放手的方式。对由二差会选送的学生规定:1920 年每学期学费 5 元,1921 年增加到 10 元,此后如需帮助,需要向差会提出申请。[②] 从此差会对其选送学生的资助范围从全部学生改为对特需学生的临时援助。从这一年起,学费收入在大学收入中才真正有了独立意义。

---

① Minutes of Special Meeting of the University Council,1913 - 8 - 23,AUBA,267 - 4270,p763.

② The Third Meeting of the Field Board of Managers, AUBA, 262 - 4240, p487 - 488.

表 4-8 齐大历年学费数额及占全部收入比率表①

学年	学费(元)	占全部收入之比例%
1920—1921	6 200	2.4
1921—1922		
1922—1923	7 600	2.8
1923—1924	10 500	3.5
1924—1925		
1925—1926		
1926—1927		
1927—1928	23 400	6.6
1928—1929	19 482	6.0
1929—1930	15 875	4.8
1930—1931		
1931—1932	25 204	5.7
1932—1933	29 820	5.7
1933—1934	36 415	6.6
1934—1935	44 855	9.2
1935—1936	44 000	10.5
1936—1937	49 000	10.8

　　由以上可知,学费收入在学校总收入中的比重有一个逐渐增加的趋势。但在抗战以前,总体上而言其比重并不太高。但是这一相对并不太高的比重对学生而言也不一定就是小数目。齐大学生在学校一般花费大约在 250—300 元左右,以学生缴费所占比重较大的 1937 学年为例:

---

① 数据来自齐大历年财务预算表与报告表。

表 4 - 9　1937 年齐大学生费用一览①

费用名	收费范围	金额(元)
学费	文学院正式生	每学期 35
	理学院正式生	每学期 40
	医学院	每学期 50
	文理两学院选修生	每学期每学分 4
体育费	文理医各学院	每学期 2
医术费	文理医各学院	每学期 2
图书馆费	文理医各学院	每学期 3
男生宿舍费	文理医各学院	每学期 14 元另备二人房间,专为 1、2 年级男生之用,每学期 12;
女生宿舍费	文理医各学院	每学期 14
试验费	化学	每门每学期 5
	测绘学	每学期 3
新生军训制服费		3
赔偿保证费		
普通保证费	文理医各学院	10(新生入学一次缴纳,毕业时退还,多退少补)
实验保证费	理学院	每学年 10
	文学院习实验科学者	每学科 5
钥匙保证费	文理两院	2
膳费	文理两学院	每学期 35
	医学院	每学期 40(一二年级随文理院缴 35)
特别费	文理医各学院	
毕业费	文理医各学院	6
补考费	文理医各学院	每门 2(三门以上缴 5)
迟到注册费	文理医各学院	每日 1 元(3 元为限)

　　由上可知,一个学生在齐大一年的开支为 200—300 元左右。由

---

① 《私立齐鲁大学文、理、医学院招生简章》,1937,齐大布告类第 99 号,第 13 -15 页。

于山东当时普遍贫穷，尤其是基督家庭更是贫寒者居多，故而开支还是很高的。但相对于其他学校而言就比较低了："如果想进北京或上海接受高等教育，那么他将花费在齐大两倍或三倍的钱。因此，齐大在这些外国在华教育机构中就显得很重要：它使一些贫穷而又有志气的青年人有机会接受高等教育。"①

齐大学生不仅是学费较为低廉，而且还经常受到差会、教会的补助。比如曾任齐鲁大学医学院院长的张惠泉先生说："我从 12 岁一直到大学都是在教会学校里读书，在读书期间，曾因经济困难退学一年，又一次几乎停学，都因得到教会的津贴而复学。当时我虽有些顾虑，但始终认为若不是教会的津贴，我不会成为一个大学毕业生……"②

（二）政府资助、校友捐助及其他来源

最早向齐鲁大学提供具有官方背景资助的是清末山东巡抚孙宝琦。1911 年 4 月 17 日山东基督教共和大学联合医道学堂在济南举行竣工典礼，孙宝琦亲临参加，并捐助 1 000 两白银。这是山东教会大学得到的第一次来自官员的资助，因此全校十分重视，为此大学委员会于 4 月 15 日专门组成特别小组写信给山东巡抚表示感谢，③并于 5 月 23 日要求特别小组就写信事件汇报结果。④

第二次得到的政府援助来自山西。1919 年初山西省长的代表拜访了齐大医学院院长要求学院接受来自山西的学生。华董会开会后决定接收 30 个由山西政府派送的学生，通过入学考试进入学院预科班学习。如果有学生能通过进入高级班的考试，每个班可接收 10 个。华董会向山西省长指出，每生每年度需要缴纳学费 30 元，除了

① 刘家峰：《齐鲁大学经费来源与学校发展：1904—1952》，章开沅、马敏主编：《社会转型与教会大学》，第 94 页。

② 包德威、陶飞亚：《齐鲁大学医学院毕业生的历史分析》，顾学稼、林蔚、武宗华编：《中国教会大学史论丛》，成都科技大学出版社 1994 年版，第 264 页。

③ Special Meeting of The Council，1911 - 4 - 15，*Shantung Christian University* 1911，AUBA，267 - 4269，p679.

④ Special Meeting of The Council，1911 - 5 - 23，*Shantung Christian University* 1911，AUBA，267 - 4269，p680.

外籍教授薪水不必缴纳以外,每生每年全部花费大约 150 元,不足之数由外国慈善团体补齐。华董会请山西省长作一专门拨款以平衡由其派送学生造成的大学赤字。华董会提议最好每年向大学提供包括学生学费在内计 6 000 墨洋,另要求提供学生的总数目每年不超过 40 人①。山西政府的答复如何目前尚未找到资料,但从后来齐大的学生名单中山西籍贯学生占了相当数量,则可看出此事的解决应该是圆满的。

1920 年代后,齐大加大了对中国本土经费的寻求力度。1920 年,山东省议会及另外一些对齐大医院工作有兴趣的人视察了医院,发现医院开张 10 年来治疗病例大约 30 万人次。为表达对这种工作的感谢,参与检查的人士希望对医院给予财政帮助,于是由 12 位绅士联名参加了对省长的请愿,要求每年拨给医院 5 000 元资助。在省长的支持下,该提议得到了省议会的批准,第一年的拨款于 1921 年 6 月给付。② 这一拨款到 1923—1924 学年开始降为 3 000 元直至 1929 年资助结束。

1934 年初齐大再次向山东省政府请求补助 1 万元,省政府于 4 月 25 日发函准予一次补助金洋 5 000 元。③

同年 3 月教育部为奖助成绩优良而经费困难的私立专科以上学校,向行政院提议:自 1934 年起由国库每月拨款 6 万元(计全年 72 万元)定为私立专科以上学校补助费额。中央政治会议核准备案后,教育部召集审查委员会拟定了分配办法。齐鲁大学每年可得 3 万(医学院 2.1 万,理学院 0.9 万),因受该补助费"注重实科"规定之约束,文学院未能获得补助。④ 该补助费应该一直坚持了下来,但曾经

---

① The Initial Meeting of The Field Board of Managers, 1919 - 5 - 7, AUBA, 262 - 4239, p470.

② How Much are the Chinese Doing for The University, *Occasional Notes from Shantung Christian University*, Number One, July 1921.

③ 《齐大旬刊》,第 4 卷第 22 期,1934 年 5 月 5 日,第 158 页。

④ 《教部本年度私校补助费核定经过》,《中华教育界》第 22 卷第 4 期,1934 年 10 月,第 185 页。

过调整。如 1935 年齐大所得份额为 23 665 元(理学院 9 110 元,医学院 10 555 元)。[1]

从政府来的补助还包括 1935 年开始,由掌管美国庚款的中华教育文化基金会提供的每年 14 000 元拨款。[2]

齐大一直以培养教师、牧师和医生为己任,强调学生具有基督教的牺牲精神,故从一开始就严格控制学生从事高收入行业的意愿,比如迟迟不开设英语课即是此种思路的自然体现。这么做就导致了一个极其严重的后果,就是齐大校友所挣薪水大多只能维持温饱,当齐大在 1930 年代初陷入经费困境时,众校友在求援面前束手无策。其实齐大校友会早在 1916 年 11 月即在潍县建立,华董会成立后,校友还占有两个席位。但是除了在 1924 年 6 月 17 日建立的一座校友门以外,校友在 1937 年以前为学校所做贡献的确不大。

在中国募捐是 1920 年代之后齐大为解决经费危机而采取的一个重要手段。1922—1923 年的预算中出现了在中国募捐 10 000 元的要求。此目标显然没有实现,以至于 1923—1924 中国募捐数额在预算中就被调整成为 1 500 元,大大降低了预期。此后直到 1933—1934 学年,中国募捐再未出现于预算表中。1933 年由于严峻的财务形势,学校不得不求助于中国慈善机构,请求慈善捐助(donations)3 000 元。此后此数额有所增加,1934—1935 年度为 15 420 元。此后即再无音讯。

第三节　经费与财务管理

在齐大的各前身单位发展过程中,由于规模不大,经费管理尚无

---

[1] 《二十四年度私立专科以上学校补助费》,《中华教育界》第 23 卷第 3 期,1935 年 9 月,第 88 页。

[2] Report of the School of Medicine For the Year Ending June 30th,1936,AUBA,263 - 4246,p658.

制度化之必要。比如登州蒙养学堂时期的账目就是由狄邦就烈亲自管理的。①

财务管理制度真正形成是在两创立差会联合之时。1904 年通过的《联合准则》中规定校董会要考虑并通过大学的支出预算,该预算由各学院外籍教职工准备与提交;同时校董会还要决定每个差会应承担的份额,将预算寄给纽约和伦敦的差会总部。② 校董会附设有一个财务小组(Finance Committee)和一个审计小组(Auditing Committee),各由两位成员组成。前者职责是接受并审核预算,如果必要的话要在校董会开会之前与相关教师联系,向校董会提交预算,在伦敦和纽约拨款之后,有权在拨款总额之内作出调配。后者负责审计各学院的年度账目。在各学院内部分别设一个司库,其须维护学院账目并为校董会负责,同时校董会设一总司库。③ 1909 年修订《准则》对以上规定基本未作修改,大委会依然设 2 人的财务小组和 2 人的审计小组,功能如旧。

1919 年在英国联合董事会和北美联合董事会相继成立后,驻华董事会于 5 月正式成立。华董会在财务上的权限有二:一是通过并向北美和英国联合董事会提交大学的年度预算并使其了解大学所需的全部财政信息。二是代表受托人直接或者通过指定相关机构间接管理和控制所有土地、建筑、设备或者大学的其他财产;监督所有资金的支出;以及一般地指导大学的财政和商业事宜。驻华董事会常务委员会(Administrative Council)是华董会的执行机构,华董会对学校财产物资的管理与控制由常务会之财产物资委员会(Finance and Property Committee of the Administration Council)根据常务会的指令进行。财产物资委员会主要负责:财务管理、司库账目的年度

---

① 狄乐播著,郭大松译:《中华育英才——狄邦就烈传》,第 21 页。

② Basis of Union in Education Work, *Shantung Protestant University* 1907, AUBA, 267 - 4269, p557.

③ Rules of Procedure and Organization of the Board of Directors, *Shantung Protestant University* 1907, AUBA, 267 - 4269, pp558 - 559.

审计、庭院和建筑物的保养维修、电厂、商店,以及印刷所事务等等。校长和司库是没有投票权的当然成员。① 财产物资委员会在功能上统一了原设之财务小组和审计小组,并增加了对一些不动产的保养维护等等。学校司库则在华董会指令下,负责学校基金的收入支出和其他处理,负责维持学校账户,准备账目平衡单,预算表和所有的其他财务分析表。支付所有由华董会授权人士签署的订单,提供在华董会拟定政策范围内的专门账目订单的所有费用。在行政委员会之财产物资委员会的监督和指令下管理司库办公室,同时须研究大学资金利益,向校董会或行政委员会提出建议。②

查此时的常务校董会中国人比例极低,由其组成的财产物资委员会更是不可能出现中国人,如 1920 年的一次财产物资委员会会议上,出席者 4 人:史宝翰(C. G. Sparham)、鲍尔(Paul MacEachron)、盖斯特伦敦(A. G. Gastleton)和聂惠东。③ 1923 年 6 月华董会年度会议选举的财产物资委员会组成如下:盖聂耳(A. J. Garnier)、黑宁格(A. D. Heininger)、汤姆逊(T. N. Thompson),另加校长与司库。④

1924 年齐大向加拿大立案成功,1925 年理事会成立,华董会功能与权限做了调整,除向理事会提交审计平衡报表与财务报表和预算外,还要在资金使用方面对理事会负责。⑤ 财产物资委员会组成、功能与前基本没有变化。司库功能有四:第一,司库在校董会管理下,接受、支出或以其他方式管理大学基金;为大学账目的精确保管负责,准备平衡表,预算表和所有其他财务报告单。第二,支付所有由驻华校董会正式授权之人签署的所有订单,提供所有的校董会拨

① Constitution of Field of Managers,AUBA,262 - 4240,p572.

② Constitution of Field of Managers,AUBA,262 - 4240,p575.

③ Minutes of the Finance & Property Committee,1920 - 4 - 10,AUBA,262 - 4240,p569.

④ Minutes of the Annual Meeting of The Field Board of Managers, 1923 - 6 - 6,Shantung Christian University Bulletin,No. 34,AUBA,262 - 4241,p768.

⑤ By-laws of the Field Board of Managers,AUBA,263 - 4243,p41.

款范围内的特别账单。第三,司库办公室的管理在资金与财务委员会的监督和指导之下,司库做出的每条开支的合理性和订单的有效性问题,都需提交给校长,于资金物资委员会上讨论。第四,其须研究大学的经济利益并就此向校董会或者行政委员会做出建议。①

随着中国民族主义力量的不断增长,教会大学遭受到的冲击愈益激烈。齐大于1929年出于立案需要将华董会改组为校董会。校董会以中国人为主,1930年内部重组规则出台,在其内部的财务管理方面,权力主要集中于校务会之手,校务会与司库磋商,准备各学院预算以及年度财政报告提交给校董会;同时校务会有权查看司库根据预算开支大学资金的情况。②

1932年《校董会细则》公布,规定校董会功能6项:任命校长和校务长、管理学校财务、决定学校政策、通过学校所有预算和财务报表、负责学校的所有财产和资金的接收、向教育部报告有关学校的财务和管理形势。③ 其中4项与财务资金有关,而且字面上看,校董会已是学校财务的最高管理者。另外学校设司库办公室,职责为:第一,司库为校务会、校董会财产物资委员会当然成员,并一般地为大学财务负责。第二,司库与其他管理人员磋商,准备大学预算提交校务会议决,同时将材料提交校董会;当校董会审议预算或其他重要的财务问题时,司库应提交相关资料。第三,司库是所有在中国的大学基金的保管人,在校务会的批准下,确保海内外银行账目的有效和便利。第四,司库对资金的支出须依据如下规则:① 专门用途的规划使用须根据提供经费方的意愿进行;② 根据校董会批准的年度预算;③ 预算中的由校长、各院长、庶务主任及其他人在校务会批准下签署的财年内的应支付账单;④ 如果对于某一项支出是否在预算以内产生分歧须提交校务会决定;⑤ 当必要的支出超出预算时须由校务

---

① By-laws of the Field Board of Managers,AUBA,263 - 4243,p43.

② Regulations For the Internal Re-organization of Cheeloo University, p1. 齐档,J109 - 01 - 370。

③ By-laws of the Board of Directors,p2,齐档,J109 - 01 - 371。

会批准,在司库认为有必要的情况下,有权拒绝支付直到提交常务校董会或者全体校董会讨论通过。第五,财年一结束,司库即须准备一个完全的报告说明大学的财务形势,该报告的复印件应送交校董会每位成员和纽约与伦敦的秘书处,司库也要向校董会年度会议提交报告。第六,司库应接受由校董会批准的人士的年度审计。①

与前相比,司库的权力有所扩充,由于中国当局强调要求校长、校董会多数成员为中国人,但并未规定学校司库必须为中国人,事实上,齐大抗战之前的司库一直掌握在外国人手里,而且校务会的实际当家人校务长也是外国人。

表 4-10 齐大司库及任期时间表

时间	司库	备注
?—1917.9	赖哲(Lazear)	
1917—1924.12	赛保罗	胡约瑟(代)1921.6—?
1924.12—1926.6	胡约瑟	1925.6—1926.6休假,由赖恩源代
1926.6—1927.2	艾基(Ronald F. Adgie)	
1927.2—1937.	赖恩源	1929.7赖离开期间胡约瑟代理

除司库一直掌握在外人手里外,财产物资委员会也始终由外人把持,如立案已经两年之后的 1933 年委员为史多玛(主席)、章伟博(W. B. Djang)、阿伯特(P. R. Abott)三人。②

由以上梳理可知,齐大的主要经费来源以外款为主,且经费的管理与使用权亦属诸传教士。与此相关的一个问题是情境内外中国人迥然不同的感受。情境外中国人从民族主义角度出发,非基反教,收回教育权,迫切要求完全享有大学的自主权,但这需要有相应的经济实力,首先要做到经济自立。在此条件不具备的情况下,情境内人士

① Minutes of Fourteenth Annual Meeting of the Board of Directors,1932-6-16,齐档,J109-01-371。

② Minutes of Fifteenth Annual Meeting of the Board of Directors,1933-6-15,齐档,J109-01-368。

还必须默默做事,勉力维持。在经费操诸人手的情况下,既要顾全民族颜面,又要小心经费来源,真的是难为了。

第五章

"基督化"：校园文化概览

基督教学校的"非民族情境"的性质不仅体现在管理、经费两个方面，在管理操诸人手、经费靠人供给的情况下，其文化的生成与构建也必然是管理、经费等物质状况的自然反应。

基督教学校的文化氛围可以体现于其宗旨的提倡、目标的设定、仪轨的制定、课程的安排以及校园生活、师生关系等细微之处。现以齐鲁大学为例，剖析齐大校园文化主流究竟如何展演，其与中国传统文化有何不同，因而与大学周遭文化环境出现了怎样的区隔。

第一节　学校宗旨与目标

一、基督教教育的宗旨与目标

言基督教学校在文化上也是一种"非民族情境"，是指其提倡的文化精神迥异于中国传统。历史上，中国国情下举办的学校始终有一种浓厚的意识形态情结，据考商朝即有了大学。商朝大学学习"礼、乐、舞、射、御"，其中"礼"就具有意识形态性质。西周时期的大学也非常重视"明人伦"教育，重视礼乐之教。① 汉董仲舒后"独尊儒

---

① 　熊明安：《中国高等教育史》，重庆出版社1988年版，第7、11页。

术"。隋唐之后科举取士,《五经正义》更是必修。宋明以来理学兴起,科举走向僵化,儒家经典只剩下了教条式的理解与生硬的记忆。晚清时期,中国自办学校不论学习内容、教育形式如何变革,其对孔孟传统的提倡从未稍歇,比如洋务学堂的中体西用,戊戌学堂的通儒致用,壬寅学制强调"中国圣经垂训,以伦常道德为先",故"于修身伦理一门视他学科更宜注意,为培植人才之始基"。癸卯学制又以"中国礼教政俗,本与各国不同",故各级学堂都以伦理读经为必修。[①] 民国前期,对尊孔读经一直提倡不懈,南京国民政府成立后,传统经典失去市场的同时,三民主义进入了大小课堂的必修课系列。

学界咸认为,基督教学校在中国近代是与中国自办教育相并行的另一种教育体系,之所以认为其办有实绩,成效不菲,是因为其讲究自由精神,不注重意识形态,这或许与事实不符。基督教学校提倡的也许不是政治色彩较浓的意识形态,但却也有一种极其类似的思想灌输,那就是基督精神。基督教学校对自己的目标从未稍懈,那就是其自始至终坚持的"以基督精神"办学,培养"具基督品格"的社会各阶层领袖,以在中国推进"上帝之国"。胡卫清将此种教育哲学概括为"基督化"。[②] 这样的教育宗旨既天然地排斥中国传统意识形态儒学,也天然地排斥中国近代意识形态三民主义,因而使基督教学校自成一家,成为典型的文化"非民族"区。

以基督精神办学为教会学校其他特色的根本。如有人1914年撰文指出:

> 教会之高等学校或大学,于各方面观察之,若课程运动演说辩论任事各节,莫不抖擞精神,活泼泼地,故由该校等所培植之人材,一旦出而任事,亦莫不精明强干,劳怨不辞,

---

① 陈元晖主编:《中国近代教育史资料汇编·学制演变》,上海教育出版社 2007 年版,第 243、299 页。

② 胡卫清:《普遍主义的挑战——近代中国基督教教育研究(1877 - 1927)》,第 77 页。

非溢美也,盖有所试矣。或曰,此精神何自而生乎,曰,此即
基督教之精神。因该校等皆以基督教旨为基本,而为学生
者,朝濡夕染,习惯自然,其所由来者渐矣。①

1920 年代后,中国民族主义兴起,"非基"反教、收回教育权等声
音此起彼伏,教内人士不得不对其进行回应。1922 年《新教育》刊文
对基督教教育之宗旨与精神进行了说明。该文开宗明义指出:

基督教教育对于中国教会全部事业上之特殊贡献,为
能应用教育方法,以实现传教之目的;所以使各人与教主耶
稣,发生亲切之关系,而实现天国,并以创造基督教的社会
秩序。其对于教育全部事业之贡献,为能使基督教精神浸
渍于学校生活之中,而供给学者精神上最深切之需要。②

这一段指出基督教教育目的有二:传教与创造基督教的社会秩序,方
式则是"使基督教精神浸渍于学校生活之中"。"浸渍"一词用得非常
到位,基本上教会学校从立案之前明目张胆传教到立案后对于学校
文化氛围中基督精神的强调,都是这一"浸渍"政策的体现。因此该
文作者又提出基督教教育特质不在于"办理之机关,不在于其办理者
与宗教之关系,亦不在于其课程与教材,而实在于其精神与目的"。
这一精神当然就是基督精神。基督教学校的目的则可分为"最近目
的"与"大目的"两类:

基督教教育之最近目的,在发展强有力之宗教社会,而
此种社会区域之增加,亦在此目的之中。但其尤重要者,将

---

① 余日章:《基督教会之高等教育之特色》,李楚材:《帝国主义侵华教育史资料:教会
教育》,教育科学出版社 1987 年版,第 136 页。
② 《基督教教育之宗旨与精神》,李楚材:《帝国主义侵华教育史资料:教会教育》,第
44 页。

以谋人民健康,思考,智力,品行,及精神能力之发展。故其学校事业,所贡献于教育事业之全部者,可谓无限。至教区之增加扩充,非基督教之终鹄,不过为达到大目的之一种手段。大目的盖在造成中国为一基督教民族。①

1926年时的"非基"浪潮已经转向收回教育权迫使教会学校立案的实际行动上来,美国人博尔顿撰文指出:"基督教教育,如同其他基督教事业一样,其根本目的在表现基督精神。表现基督精神,是传布福音最有效的方法。"对基督教教育的根本目的并未有何实质性改变,但是博氏却引进了各国"具体目标"的概念以对中国基督教教育目标做出解释:

> 任何国家的基督教教育的具体目标,应以适应各该国家的环境情形为准。宜于甲国的基督教教育的具体目标,未必宜于乙国。甲乙两国的情形既然大不相同,则甲乙两国的基督教教育的具体目标,当然不得一致。按照中国的情形看来,中国基督教教育应以培植一个强健的基督教化社会为具体目标。我深信中国基督教教育已至这种时期。但这个宗旨包括好几件事,例如:博得非信徒对于耶稣基督的信仰;养成明达的基督教徒,服从强有力的基督教领袖;训练此项领袖人才;养成基督徒的社会服务精神,并使此项精神表现发扬于社会全部的生活。

培植健全的基督化社会是当时中国基督教教育追求的具体目标,所谓具体目标,"乃是方法",仅"是一种求达目标的手段"。② 表现基督

---

① 《基督教教育之宗旨与精神》,李楚材:《帝国主义侵华教育史资料:教会教育》,第46页。

② (美)博尔顿:《中国基督教教育的宗旨》,李楚材:《帝国主义侵华教育史资料:教会教育》,第52-53页。

精神才是根本目的，为此目的计，方法可以改变。

在民族主义大潮的冲击中，如何保持基督教学校的基督化特性成了教内人士经常思考的问题。有人给出了四条意见：首先所有教员最好个个都有真实的和感化人的基督化品格，他们对于各个学生、学校的目的和教授的科目，都极感兴趣。其次至少须有百分之五十的学生是由基督徒的家庭来的，或者他们本人已是基督徒。再次，学生须有充分的机会，得以研究和实行耶稣的精神。第四，学校之中须充满基督化的空气。那么什么是基督化的空气呢？其特征如下：

（甲）教员和学生对于一切事情的见解，皆能以基督的主张为标准。

（乙）教员和学生的日常生活，皆能表示基督化的行为和友谊。

（丙）学校的团体生活和活动，皆能表示基督化的精神。

（丁）学校中一切生活，不以利己而以利人为主动力。

（戊）学校的建筑和设备，皆能引起活泼高尚的感情。[①]

这种对于基督化氛围的强调，就是对民族主义冲击的应对。因此，立案以后的基督教学校的宗教氛围与宗教特色并未有所淡化。

当然1930年代以后，基督教教育尤其是大学的目标与重心发生了转移也是事实，但是这种转移并非完全是民族主义冲击的结果，也有基督教内部对教会大学认识的进步所致。比如美国平信徒调查团在调查了中、日、印三国的基督教大学以后，于1933年发表报告指出基督教大学的目标已由"传扬基督教"转向了"辅助青年们得到高等教育"。第一个目标在大学创办初期时是工作重点，1930年代后则

---

① 《教会学校的特性》，李楚材：《帝国主义侵华教育史资料：教会教育》，第54-55页。

逐渐转向了第二个目标,这是因为大家都认为"用耶稣的精神,去辅助和激励东方人,使他们从事高等教育,培养青年学子,乃是美国基督徒表示友谊和善意的良好机会与权利"。良好的大学教育应具备的特征是:为研究社会问题的优美工具、保存原有文化的最优美点、成为西方文化上所能贡献的最优美点之模范场所、培养青年男女对民众能作有用的服务工作。然而,

> 这样的教育,并不是要对于基督教运动,减少了热忱,乃要对于基督化服务,存着更广大的观念;并不是要对于学生的精神生活,减少了兴趣,乃是要明瞭任何课内的卑劣教学,都有损害宗教的影响。所以精神革新应与智力训练,是息息相通而应该同时并进的。至于宗教教授,还是要完全保存着;用各种方法去灌输耶稣的教训,仍旧要继续努力的。[①]

这一段话才是重点所在。

1939年马德拉斯大会对于当时时局影响下确保基督教教育的目的与宗旨提出了主张。大会认为"教育是教会的重要事工,而且应该视为永久的要务,因为教育是一种利器,可以养成人们的理想,确立人们的态度,建立人们的品格"。基督教教育包含但不限于"宗教教育",在基督教教育中"实在无所谓'神圣'的与'世俗'的划分。基督教教育要为上帝培养整个的人及其整个的生活"。大会对于坚持基督教教育的独立性做出了如下表示:

> 如政府资助私立学校,以限制宗教为条件,则教会为培养其教友子女起见,应另筹经费,维持其学校。又如政府取

---

① 美国平信徒调查团:《基督教大学的目标与其重心点的转移》,李楚材:《帝国主义侵华教育史资料:教会教育》,第147页。

缔在各级学校内教授宗教,则教会应设法进行各种实验,以
达到原来目的。①

为坚持宗教目标和宗旨可以不要政府资助,为应对学校不得教授宗
教的禁令则要试验各种其他方法以达目的。由此可见,在实现教育
宗旨和达到教育目标上,基督教教育从未曾放松。具体到中国基督
教大学而言,向政府立案之后,宗教课虽然被迫改为选修,然而学校
的宗教氛围却得以加强,前述文章中对学校基督化空气的培植方法
就是此种探索之一。

二、齐鲁大学的宗旨与目标

齐鲁大学作为基督教大学,其目的与宗旨并不例外于前述。

登州蒙养学堂的创办者狄考文就基督教育的目标和任务做过深
入思考和阐述,他指出:"教会学校的目的,我认为是要对学生进行智
力的、道德的与宗教的教育,不仅使他们皈依上帝,而且使他们在信
仰上帝后能够成为上帝手中捍卫和促进真理事业的有效力量。"但其
也认为:"作为教会的一种力量,教育是很重要的,但它不是最重要
的。教育不可能取代传教的位置,传教应摆在第一位,这是无可争议
的。"此外,狄考文说自己认为传教士不应当把全部时间用于教育,而
忽视传教。② 也就是说,在狄考文眼里,教会教育从来都不是一个单
纯的教育文化工作,而是承载着传播基督文明的重要基督事工。

1877 年文会馆第一届学生毕业,狄邦就烈对毕业典礼做了生动
描述:"整晚进行文学竞赛,由裁判员判定每个毕业生的好坏。他们
每个人都做了发言。演讲可以和任何一所美国的大学毕业生的演讲
相媲美。这三位已经完成学业的诚挚的年轻男子,从未学过英语,没

---

① 秋笙:《玛德拉斯大会对于基督教教育的主张》,李楚材:《帝国主义侵华教育史资料:教会教育》,第 60 - 61 页。
② 狄考文:《基督教会与教育》,朱有瓛、高时良:《中国近代学制史料》第四辑,华东师范大学出版社 1993 年版,第 86、90 页。

有超越他们的本来身份,或者说他们无论如何都是中国公民。我们的目的一直是启发和训练他们的心智,使他们成为强健、勇敢、自立的中国基督徒,适合为主所用。"①培养"适合为主所用"的中国年轻人是文会馆早期的首要目标。

1904 年联合以后,《联合准则》规定:"联合学院第一位和最重要的目标是推进基督在中国的事业",并规定了三个学院的目标与政策如下:文理学院目标是"向主要来自基督教家庭的年轻人提供具备鲜明基督特色的通识教育(Liberal Education),用中文授课"。神学院目标是"向牧师和布道员提供神学培训;所进行的教育应与美国长老会和英国浸礼会共同信奉和讲授的福音真理相一致"。医学院目标是"向主要来自基督教家庭的年轻人提供在鲜明基督特色影响下的医学教育,用中文授课"。②

须注意的是,《联合准则》对文理学院和医学院的目标进行阐述时用语稍有不同,文理学院是"具有鲜明的基督特色的通识教育",医学院则是"在鲜明基督特色影响下的医学教育",这一不同导致了后来医学院课程中宗教课程的缺席(详见后文)。

另外《联合准则》十分强调学生以来自基督家庭为主,但后来随着生源的扩大,一些非基督徒加入进来。1917 年齐大将宗旨进行了修订:"依基督教主义教育中国青年,俾皆被基督教之泽。"③次年 5 月齐大大委会开会对学校的目标专门进行讨论后议决:"大学目标是通过提供具有鲜明基督教影响的高等教育推进中国的基督教事业。"④1923 年齐大校长强调"齐鲁大学的唯一目标就是建设中国基督社会"。⑤

---

　　①　狄乐播著,郭大松译:《中华育英才:狄邦就烈传》,第 26 - 27 页。

　　②　Basis of Union in Educational Work, AUBA, 267 - 4269, p556.

　　③　舒新城:《中国近代教育史资料(下册)》,人民教育出版社 1981 年版,第 1089 页。

　　④　Minutes of A Called Meeting of the University Council, 1918 - 5 - 4, *Shantung Christian University Bulletin*, No. 5, AUBA, 262 - 4239, p330.

　　⑤　President's Report, 1923 - 6, *Shantung Christian University Bulletin*, No. 36, AUBA, 262 - 4241, p782.

1920 年代，随着中国民族主义的增长，通过非基督教运动、收回教育权等等运动对教会大学的不断冲击，尤其是五卅惨案发生后，在波涛汹涌的情势面前，所有教会学校都不得不发声表达自己的观点，也不得不对教育宗旨、目标做出相应的调整。齐鲁大学 1924 年在加拿大注册成功，1925 年 4 月成立了海外理事会，理事会细则规定大学的目标是：

> 齐鲁大学是通过提供纯正基督品格的高等教育以推进天国在华事业，培养具有能力和奉献精神的中国社区与基督教会之领袖。[①]

这种表述与 1904 年《联合准则》相较，最大的区别就是对中国社区和中国基督教会的强调，而不再仅仅提及上帝在华事业问题。为此目标的实现，齐大对各院系的目标和领域都做了调整：文理学院，主要目的是培养训练有素的教师，该学院提供一个四年的课程，包括从各种待选系科中选择课程，也提供对计划进入医学院和神学院学生的医预科和神预科教学。神学院，主要目的是培养训练有素的牧师、布道师和其他宗教工作，学制四年，第一年在文理学院，后三年的专修课程为已经在文学院毕业的学生提供。医学院训练那些已经在医预科学完至少两年课程的学生，这二年课程可以在文理学院专门医预科或其他相当学力的学校完成。大学医院附设培训男女护士的护士学校。社会教育科培养与城市和社区联系的社会和宗教人员，通过公共演讲、布道演说、模型展示、图形图表等方式开展工作，年度参观人员 50 万人左右。[②]

五卅惨案爆发后，出于对学生上街游行的担心，1925 年 7 月 29 日齐鲁大学评议会发表通告宣称"其立学宗旨乃在对基督教守始终

---

① Minutes of the Seventh Annual Meeting of the Field Board of Managers，1925 - 6 - 3 - 5，AUBA，263 - 4243，p24.

② *Bulletin of General Information* 1925，AUBA，262 - 4242，p915.

不渝之忠诚。其力行者概循基督教教育之目的——纯正文化之施予与基督化品行及人格之养成"。[1] 这种描述极力撇清教会学校与政治的关系,表明自己纯正的文化目的。

但是学校对于基督教精神的坚持一以贯之,在经过 1925 年最严重的"非基"运动的冲击之后,巴慕德校长依然在报告中强调:"我们努力实现我们的目标和高等教育协会目标的前提,是在开展这些事业时以宗教动机为主导。"[2]这种"宗教动机"决定了齐大教育目标在于造就中国基督教领袖人才,即以上所讲通过培养有基督教精神的牧师、布道者、教师和医生为社会服务,成为社会领袖。对这种目标的坚持使其无法接受 1928 年 6 月中国基督教高等教育会要求其集中力量为农村服务的意见。这种以造就基督教领袖为目标的说法也不符合中国政府提出的立案要求,故 1928 年 11 月驻华董事会专门会议上提出了新的教育宗旨的表述方法:

> 本校校董会接收英国基督教浸礼会、圣公会、伦敦会、循道会、长老会,美国基督教北长老会、南长老会、美以美会、信义会、美以美会女布会,坎拿大(引者注:即加拿大)基督教合会所创立之私立齐鲁大学,由本会全权管理,以继续其博爱牺牲服务之精神,培养高尚人格,造就专门人才,研究高深学术,适应社会需要为宗旨。[3]

我们可以发现,这一对"宗旨"的表述中,未出现基督化品格等字样,"造就专门人才,研究高深学术"也是对政府《大学组织法》的因应。[4] 可以说在字面上,齐大对宗旨的阐扬已经做出很大让步。但是

---

[1] 《评议会对学生爱国运动所发之通告》,《齐大心声》1925 年第 3 期,第 23 页。

[2] Shantung Christian University Bulletin, No. 54, AUBA, 263 – 4243, p67.

[3] Shantung Christian University Bulletin, No. 73, AUBA, 263 – 4245, p336.

[4] 1929 年 7 月 26 日颁布之《大学组织法》第一条规定大学要"研究高深学术、养成专门人才"。教育部印行:《教育法令汇编》,1933 年 3 月,第 279 页。

且不说"博爱牺牲服务"本就是基督化特色浓厚的话语,考察当时齐大校内西方人的真正想法,后来曾代理文理学院院长的罗天乐的表述应该引起注意。

罗天乐于1928年发表一篇长文,阐述基督教教育的目的。罗氏首先认为教育"不是单纯的授以事实与智识,待其学有成足,便使之毕业而了事",而"应能教导学生广大其思想,肯心悦意乐的以其智能为社会世界服务,使该社会或世界因为他生存其中的缘故,比较以前进步"。注重为社会服务的思想是教育的目的,基督教教育尤其应该如此,其"除以人世的学识与科学技能教授学生之外,更应以基督教的要旨与理想灌输学生"。因此,"以社会的或是属灵的立场讲",罗天乐罗列了基督教教育主要的特殊目的为如下八条:

(1)领导学生认识由耶稣基督身上所显现的上帝。

(2)使学生了解并感觉耶稣的教训,和他的生与死的意义,以期其接纳耶稣做他们个人的至友与救主。

(3)启发学生对于耶稣和他在世界上为公义而奋斗的忠诚。

(4)引导学生养成一种基督化的人格,这种的基督化的人格是要时时进展的。

(5)培养学生使有一种志愿与能力,参加教会的生活与事工。

(6)协助学生了解并爱读圣经,对于其他教会名人的经验记事,须亦能予以一种明敏的欣赏。

(7)以训诲与以身作则的方法,训导学生为耶稣和他的新的生活方法的人。

(8)领导学生明敏的热烈的参加基督化的社会和基督

化的世界的建立工作。①

罗氏的这一番话其实集中体现了齐鲁大学校方至少传教士的内心真实想法。说到底,对于上帝之国的追求,对于基督精神的灌输,对于学生基督化人格的培育一以贯之,他们从未放弃。

其实立案后的教会学校不久就发现:"立案并无阻碍于学校基督化宗旨的成就,因为用积极方法去改变学生的信仰,固是违反政府法规的精神;可是对于基督徒教授的人格感化,及用选修宗教仪式与宗教教授制度去教诲,在培养人格方面,是没有什么异议的。"②立案后的齐大也积极探索了其他的宗教培养方式,比如教师注重与学生的直接接触等等。这种方式的探讨我们拟置于学校生活一节中进行。事实上,这样的培养方式对维护齐大的宗教特质是有作用的。如有统计指出,1924—1936 年齐鲁大学入教学生比例为:89.1%(1924);81%(1930);56%(1936),虽然比例确实在下降,但基督徒比例仍高居所有基督教大学之首,③足见立案对齐大的基督宗教气氛之影响并未触及根本。

齐大学生如何评价基督大学里的宗教影响呢? 有学者在解放后对医学院毕业生做了调查。毕业生认为"教会办大学总有自己的目标,但是对此也不能夸大其词,教会大学的宗教影响实际还不如中学、小学和医院,即使教会大学的教师也不去社会的礼拜堂做礼拜。学生进查经班是为了学习英语,总之大学是教会办的,但大学还是大学而不是教会"。④

────────────

① 罗天乐:《基督教育的目的》,李楚材:《帝国主义侵华教育史资料:教会教育》,第56 - 59 页。

② 美国平信徒调查团:《中国的基督教大学》,李楚材:《帝国主义侵华教育史资料:教会教育》,第 145 页。

③ 徐以骅:《教育与宗教:作为传教媒介的圣约翰大学》,珠海出版社 1999 年版,第226 页。

④ 包德威、陶飞亚:《齐鲁大学医学院毕业生的历史分析》,《中国教会大学史论丛》,第 263 页。

三、校训与校歌

校训与校歌属于校园文化的组织文化范畴。所谓组织文化是指校园主体在校园文化活动中所形成的以校园精神为核心的群体舆论、群体凝聚力、群体心理气氛等。①

什么是校训?《教育大辞典》对校训的释义是:"学校为树立优良校风而制定的要求师生共同遵守的准则。"②有学者认为,校训是"是学校着意建树的特有精神的表征"。③ 原教育部部长袁贵仁在一次讲话中将校训与校风联系起来进行考察,他指出:"所谓校训,不过是一个大学对其文化传统、文化精神的理性抽象和认同;所谓校风,不过是一个大学对其传统、精神、校训的文化自觉和习惯",而不同的校训、校风则"构成了学生思想和行为的不同'文化模式'"。④

目前已知齐大校训有两个。

一个是齐大医学院老校友李文欣所回忆的"尔将识真理,真理必释尔"。这句话出自圣经《约翰福音》,具有强烈的宗教特色。大意是指大家应该认识真理,而且熟识真理,真理一定能让你得到解放,得到自由。这里的"真理"指的当然是基督教教义,"释尔"的意思则是身心自由,因信称义,减少罪愆,死后得升天国。

但是作为校训,这句话的含义不仅仅局限于宗教层面。"尔将识真理"本身就包含了务实尚做之意。正如李文欣本人所解释的:

> 齐大的校风朴实,学校倡导埋头实干,不尚浮华,正如校训所言:"尔将识真理,真理必释尔。"崇尚实做,而且做了亦不说,齐大的毕业生遍及各角落,虽然都是默默地耕耘,不求闻达地奉献所学,但齐鲁大学的名,特别是医学院,却

---

① 吴昌珍、李化树:《大学校园文化若干问题探讨》,《重庆师范学院学报》1994 年第 2 期,第 67 页。

② 顾明远主编:《教育大辞典》(简编本),上海教育出版社 1999 年版,第 510 页。

③ 陈桂生:《"校训"研究》,《宁波大学学报(教育科学版)》,1998 年第 1 期,第 29 页。

④ 袁贵仁:《加强大学文化研究,推进大学文化建设》,《中国大学教学》2002 年第 10 期,第 4 页。

深印在一般人的脑海里,以服务的热忱,工作的表现,实践基督精神。[①]

校训是学校精神的集中体现,是学风校风的引领力量,不同的校训的确能够产生不同的校园文化风貌。或者说二者是相互促进的,齐大埋头实干、不尚浮华的校风来自于齐大校训,同时也是校训产生的土壤。

在齐大发展史上,至少还有另外一条校训。该校训登载于齐鲁大学 1932 年出版的《年刊》上,辞谓:"立己立人。"先立己而后立人。对此,胡适曾以王安石"学者之事,必先为己,其为己有余",然后可以为人之说解释"立己"不是自私,而是易卜生说的"先把你这块材料铸造成器"。[②]

先把自己铸造成器,立己立人的校训与"尔将识真理,真理必释尔"在本质上有一脉相承性,所强调的都是埋头实干、服务社会的精神。

当然仔细区分,二者还是有一定的区别。虽然我们目前不能判断"尔将识真理,真理必释尔"校训产生的具体年代,但必定属于学校向政府立案之前。李文欣 1919 年进入齐鲁大学预科,未及立案即毕业他去,因此其对学校的记忆当属立案之前。这句明显带有基督色彩的校训也不会出现于立案之后的校园里。从目前看到的材料,"立己立人"一语不晚于 1932 年出现,也与齐大 1931 年 12 月立案成功的时间点恰合。二者最大的区别是后者的宗教特征明显淡化,已基本看不出教会学校的特性。另外,对"立己"的强调更加内敛了一些,也更加注重埋头实干、不尚浮华的精神。

齐鲁的朴实还得到了毕业生在建国后所做回忆的证明。一位在成都华西学习过的校友说:"齐鲁到成都后虽与燕京、华西同窗共度,

---

　① 李文欣:《忆齐鲁大学读书时》,《山东文献》第 11 卷第 3 期,1980 年 3 月 20 日,第6 页。

　② 胡适:《齐鲁大学本年毕业纪念》,《齐大年刊》,1932 年。(是书无页码。)

香港大学的部分学生也报名在齐鲁,但学生依然是很朴实的,当时华西五大学的特点是华大阔气,金陵大学神气,燕京大学洋气,而齐大是土气。"①

校歌与校训作为显现学校精神的重要两翼,二者所蕴自有相通之处。齐大的校歌歌词可如下:②

齐大校歌　　C调　4/4

```
1·2 3·2  |  1 6 6 5  |  2·1 7 1  |  2 —    ·0

齐鲁雄藩      燕吴绾毂      浃浃大国      风
合群以伦      息争以义      汲外以存      中
无恃春华      恣为玩愒      储用养端      蒙

1·2 3·2  |  1 6 6 5  |  2·3 4 7  |  1 —    ·0

鸠资任力      分科建学      规模缔造      弘
灌输新知      发扬科学      实是忌谈      空
酌导民言      宣劳国事      华风启大      同
```

副　歌

```
3·3 2·2  |  1·1 7 7  |  6·6 5 1  |  2 —    ·0

执教先事      求学先志      合作在分      工

1·2 3·2  |  1 6 6 5  |  2·3 4 7  |  1 —    ·0

愿我同校      师生协力      为国造英      雄
```

校歌第二节为:

　　　　合群以伦息争以义,汲外以存中。

　　　　灌输新知发扬科学,实是忌谈空。③

---

① 包德威、陶飞亚:《齐鲁大学医学院毕业生的历史分析》,《中国教会大学史论丛》,第262页。
② 《山东文献》第9卷第4期,1984年3月20日,第83页。
③ 《校歌》,《齐大年刊》,1932年。

"谈空"是大忌,"存中"是目的,只有"忌谈空"方可"以存中",在爱国方式上的务实精神展露无疑。

校歌表达了齐大师生的爱国情感、好学精神和服务志向,最主要的是体现了"立己立人"的思想:灌输新知发扬科学的目的是要"酌导民言,宣劳国事",为国家社会服务。

第二节 课程设置

齐鲁大学的课程设置有其鲜明的特征,从狄考文创办登州蒙养学堂开始,齐大就追求课程内容的世俗化和教育精神的基督化。除神学院以外,齐大在课程上并不注重宗教知识的灌输,它注重的是基督精神的潜移默化,营造的是齐大整体的校园氛围。

一、不做神学校:宗教课程并不占主要时间

登州蒙养学堂创办之初,办学的形式是中国旧式私塾形式。"除了每天早晚的祈祷外,就像中国其他的小学一样,按当时流行的方式教经书",如果"西方人走近学校听到每个孩子都以唱歌的腔调扯着嗓子念课文,一定会感到很吃惊。孩子们的学习就是按老师教的那些象形文字和符号的发音,一遍遍地重复指定的几行课文。老师逐个听着每个学生的朗读,指出他们的发音是否正确。"①

1891年发展已经比较成熟了的文会馆的课程可分为三大块:传统经典、西方知识与宗教教育。根据1891年刊印的《登郡文会馆典章》,文会学馆正馆与备馆课程如下:

---

① 郭查理著,陶飞亚、鲁娜译:《齐鲁大学》,第14页。

表 5-1　文会馆六班正馆课程表①

一班	二班	三班	四班	五班	六班
念书经 (三四本)	念礼记 (上二本)	念礼记 (下二本)	讲念左传 (上四本)	念讲左传 (下二本)	念易经 (全)
念诗文 (各一本)	念诗文 (各一本)	念文章 (二十篇)	念文章 (二十篇)	念文章 (二十篇)	念文章 (二十篇)
念天道溯源 (上卷)	讲书经 (全)	念诗 (四十首)	念赋 (十五篇)	念古文 (二十篇)	讲易经系词
讲诗经全	重讲孟子	重讲学庸	讲礼记 (上三本)	讲礼记 (下一本)	倍作文章
重讲论语	作全篇文 及六韵诗	重讲诗经 (全)	重讲书经 (全)	作诗赋文章 (每七日 一课)	微积学
作半篇文 及四韵诗	形学及圆 锥曲线	作诗文 (每七日 一课)	作诗赋文章 (每七日 一课)	中国史记	天文学
代数学	万国通鉴	八线学	格物学 (光电)	代形合参	是非学
	天路历程	诸形量法	量地法及 航海法	格物算法	富国策
		格物学(力 水气热磁)	天道溯源	罗马	化学分质
		省身指掌	地学及石学	化学	
		救世之妙			

表 5-2　文会馆备馆三年课程表②

第一年	第二年	第三年
念诗经(一二本)	念以弗所哥罗西	作题讲及诗四句
念马太六章	念诗经(三四本)	念半篇文章

---

① 《文会学馆课程》,《登郡文会馆典章》,上海美华书馆摆印,1891 年,AUBA,244-3992,pp685-688。

② 《备馆课程》,《登郡文会馆典章》,上海美华书馆摆印,1891 年,AUBA,244-3992,pp689-690。

（续表）

第一年	第二年	第三年
念讲官话问答	讲念唐诗	念圣经(共十七篇)
讲上孟	讲下孟	念书经(一二本)
心算(上)	地理志	讲学庸
数学(第一本)	数学(第二本)	数学(第三本)
分字	圣经指略(下)	圣经指略(上)
	乐法	

　　仅从此课程表上来看,宗教类课程所占比重并不大,有观点认为的"这里的学生要花一半多的时间学习宗教知识和西方科学知识"[1],这一看法似乎站不住脚。在正馆最后二年甚至完全没有了宗教教育课。此原因有二。

　　第一,当时应试科举是学生学习很重要的一个目标,因此中国传统的四书五经占了极大比重。在狄考文夫妇的汉语水平还不能给学生上课之前,学校里只有传统经典,与乡间私塾没有两样。直到狄考文夫妇可以给学生们上课之后,学堂教授内容才增加了宗教知识与西方科学知识。狄考文夫妇利用近代的方法授课,使学生获得了远超过知识本身的东西。所以1873年邹立文考取了蓬莱乡考,而与其同时考试的原中文教习周文源的两个儿子却落第了,此消息轰动一时。1875年邹立文甚至还考取了举人。在学堂成立之初,参加科考是最能吸引学生来学的举措:

　　　　孩子们最终确信我们的教育体制是有用的。他们看到了这一教育体制的优势,知道了这一教育体制不但没有妨害他们的"文理"(文言文),而且他们所获得的智力训练对他们的"文理"有着巨大价值。[2]

---

① 史静寰:《狄考文与司徒雷登——西方新教传教士在华教育活动研究》,第48页。
② 狄乐播著,郭大松译:《中华育英才:狄邦就烈传》,第28页。

唯其如此,学堂才能在登州百姓中间立住脚,才能吸引学生来学。

第二,狄考文不希望别人将其学堂称为神学校。"他总是尽力要让人们明白他办的学校绝不是一所神学校;他把要人们将他的学校看作是我们称之为世俗的学校这一点看得很重,尽管这所学校自始至终都进行基督教育。"①这与当时的社会背景有关,19世纪末期,中国人的仇教思想还相当严重。当然也与狄考文在此背景下生成的教育思想有关系,狄考文认为教育是"中华归主"的最好办法,比如作战,军队的目标"不只是尽可能多地杀伤敌人,而是征服他们",所以传教士应该"使基督教的信仰和伦理渗透到整个社会结构中去",以"使整个国家基督教化"。中国在西学东渐大潮的冲击之中,"西方文明与进步的潮流正朝它涌来,这种不可抗拒的潮流必将遍及全中国……如果虔诚的基督教不准备控制和指导这场变革的话,它就会被异教徒或不信教的人所控制"②。这番话其实就是狄考文如此重视西学教育而竭力避免被人误解为仅仅传播神学的原因。要主导中国的变革,控制异教徒,首先应取得其信任,若以种种利益诱惑别人进入学堂,然后再一味灌输基督教义,定然会引起反感,而这样招收的信徒也定然不会心悦诚服、衷心皈依,故只有征服人心,让异教徒彻底感觉到主的存在,主的力量,才能真正实现"中华归主"。

狄考文的这一思想深刻地影响到了齐鲁大学后来的课程设置。除神学院外,文理学院一直到立案之前,宗教课始终未占据主要学习时间,而医学院则干脆不设宗教课。

再看广文学堂的课程表(见表5-3),广文学堂内部被分为五个系部。宗教教学部的工作由教师群体中的不同成员分担。其余四个系由不同的外国教授负责:中国语言与文学系,柏尔根负责,在华23年;自然科学系,库寿龄负责,在华20年;数理系,路思义负责,在华8

---

① 丹尼斯著,郭大松、崔华杰译:《一个在中国山东四十五年的传教士——狄考文》,第144页。

② 狄考文:《基督教会与教育》,载朱有瓛、高时良主编:《中国近代学制史料》(第四辑),第84-93页。

年;哲学历史系,白向义负责,在华 11 年。[①]

表 5-3　广文学堂正班五年课程表(数字表示每周上课次数)[②]

第一年		第二年		第三年		第四年		第五年	
首季	次季	首季	次季	首季	次季	首季	次季	首季	次季
旧约史记2	旧约史记2	旧约史记2	旧约史记2	耶稣实迹3	耶稣实迹3	宗教确证3	教门汇参3或辩学3	使徒史记3	使徒史记3
诗经4	书经4	礼记4	左传4	读国文2作文1	读国文2作文1	读国文2作文1	读国文2作文1	读国文2作文1	读国文2作文1
孟子3	孟子3	论语3	论语3	英文或格物实验5	英文或格物实验5	英文5	英文5	英文5	英文5
读国文2	读国文2	读国文2	读国文2	中史5	中史5	西史近世纪3	西史近世纪3	科学历史3	进化历史3
作文1	作文1	作文1	作文1	测绘3	航海3	天文4	天文3	解析几何5	微分几分5
英文或寻常理化5	英文或博物初阶5	英文或代数下5	英文或格物实验5	动物学3	动物学3	地质学2	地质学2	高等格物实验4	高等格物实验4
西史上世纪3	西史上世纪3	西史中世纪4	植物学5	光学静电5	磁学动电5	化学7试验在内	化学7	分析化学4	分析化学4
卫生4	音乐4	平八线5	弧八线3	理财学3	是非学3	心理学3	师范学3	英国公法3	辩学3
平面形学5	体形学5	力学水学气学5	声学热学5	体操5	体操5	体操5	体操5	体操5	体操5
体操5	体操5	体操5	体操5						

上表所列学科凡十一:① 修身;② 讲经;③ 中国文;④ 外国文;

①　*Shantung Union College* 1906,AUBA,267-4269,p540.
②　《广文学堂简章》,王元德、刘玉锋:《文会馆志》,第 59 页。

⑤ 历史；⑥ 算学；⑦ 博物；⑧ 理化；⑨ 法制；⑩ 心理学；⑪ 体操。表中除英文及英文下所列之一科听学生选习一科外，余皆通习。第四年或第五年终考试及格者各给一毕业凭照；领第四年毕业凭照生欲出学别就职业者听之，欲留堂补习第五年学科或迳入专门大学者亦听之。

由课程表来看，广文学堂时期仍分为宗教教育、中国传统经典与西学三部分。宗教课程比重仍然不大，西学仍是重中之重。广文学堂正式更名为齐鲁大学文理学院并迁至济南后，其课程在立案之前一直保持着这种三足鼎立的局面，且宗教课程所占比重一直不大。如1917年之后，文理学院提供5年的课程，前三年提供普通课程的讲解，第四第五年学生被允许选择所提供的更专业的学习的几组课程中的一个。当时有四组，包括：中文组、数理组、生化组、英语组。前三年的课程中，包括宗教课、中国语言与文学、英语、西方自然科学、军事训练等，第四年开始分组开课后，其公共必修课包括宗教课、中文、英语与体育。然后是专业课。宗教课都是护教学、比较宗教学；非英语组，英语各学期均为4学时；非中文组，中国文学、写作共3学时；宗教课每学期2学时；体育3学时。①

医学院的课程则更加彻底，几乎完全避开了宗教课。1914年，医学院课程分成两个阶段，第一阶段是在潍县文理学院学习1年，课程为：

1. 物理学——实验讲座与实验室工作
2. 化学——化学实验室工作
3. 动物学——初级
4. 植物学——
5. 心理学——初级

① *Shantung Christian University Bulletin*，No. 6，AUBA，262 - 4239，pp349 - 353.

后五年在济南医道学堂上课,课程表如下:①

表5-4　济南医道学堂五年课程表

第一年		第二年		第三年		第四年	
1学期	2学期	1学期	2学期	1学期	2学期	1学期	2学期
解剖学1	解剖学2	解剖学—专门	解剖学—手术	内科临床	内科临床	手术专门	手术专门
生理学	生理学	胚胎学	病理学—普通	手术—普通	手术—普通	产科	儿科
组织学—实验	组织学—实验	生理学	内科临床	治疗学	物理诊断	妇科	法医学
制药学—实验	制药学—实验	药物学	药物学	眼科	皮肤科	脑科	临床会诊
	动物解剖	本草	本草,治疗和毒理学	病理专门	病理专门	病房服务	病房服务
		生理实验	卫生学	病理组织学	临床实验	临床会诊	临床

第五年以实习为主。五年课程特点:全为专业课;没有人文科知识课,亦没有英语课。

再看1920年代医学院的一张课程表(数字为学时):

表5-5　医学院1920年代课程表②

第一学年		第二学年		第三学年		第四学年		第五学年	
上学期	下学期	上学期	下学期	上学期	下学期	上学期	下学期	上学期	下学期
解剖学一 340	解剖学二 180	解剖学三 50	生理学二 170	病理学一 32	内科学一 80	内科学二 64	内科学四 64	内外科临床实习四及他等专科 288	内外科临床实习五及他等专科 288

---

① *The Annual Register and Report of the Shantung Christian University* 1915, AUBA,267-4270,p827.

② 《齐鲁大学医科章程》,第17页,AUBA,262-4240,p594。

（续表）

第一学年		第二学年		第三学年		第四学年		第五学年	
上学期	下学期	上学期	下学期	上学期	下学期	上学期	下学期	上学期	下学期
组织学一140	组织学二70	生理学一170	药效学130	内科学一80	实验诊断64	外科学三80	外科学四80	病理学二64	病理学三64
英文80	胎生学70	药物学及制药学120	病理学一180	疗学64	外科学二80	产科学二48	眼科学二64	防症卫生学一32	防症卫生学二32
	生理化学170	细菌学及血清学142	英文80	察体诊断64	产科学一48	眼科学一64	皮肤病学及花柳病学二32	精神病学一16	精神病学二16
		英文80	英文80	实验诊断及寄生物学160	内外科临床实习208	皮肤病学及花柳病学一32	小儿科学48	妇科学一16	妇科学二16
				外科学一80	英文80	内外科临床实习二及他等专科192	内外科临床实习三及他等专科192	外科手术学32	迷蒙药学16
				英文80		英文80	英文80	耳鼻咽喉科16	裁判医学8
								X光线学16	耳鼻咽喉科二16
								英文	X光线学16
									英文

医学院其他时间课程大致与此类似,没有宗教课是其重要特征,但是令人不解的是,医学院的学风一直最好,在历次的学潮中几乎都看不到医学院学生的身影。医学院基督氛围也相当浓厚,比如医学生经常到校医院病房进行义务传道工作,即使在立案之后的1932年,

学生仍坚持组织圣经班,坚持晨祷,并到医学院病房协助早祷。[①] 这说明齐大一贯依靠课程以外的人格感染传道的办法是有效的。

正因为如此,齐鲁大学在立案时将宗教课程改为选修课时才没遇到太大的阻力。追求中国化,既有外在民族主义的压力,也有内部教育发展规律的驱动。在课程方面,齐大自始至终十分注重中国语言与文学的学习,甚至早期还为此坚决抵制英语教学。立案以后,在政府要求必须对课程调整时,齐大其实压力不大。因为正如瑞思培所说的,齐大多年以来一直坚持有限的宗教课程必修,其余均为选修。[②]

1931 年 12 月齐鲁大学立案成功,此后齐鲁大学文理学院课程表中去掉了必修的宗教课,文、理学院的共同必修课程如下,数字为学分:

一、文学院各学系共同必修课程

国文 16;英文 12;中国史 3;社会经济 6;教育 9;自然科学 6—10。

二、理学院各学系共同必修课程

国文 6;英文 12;社会科学 6。

三、党义 2;军事训练 6;体育 8;亦系共同必修,但不在总学分之内。[③]

以文学院国文学系课程为例,可以推知立案后齐大课程设置之一般状况。

---

① *Shantung Christian University Bulletin*,No.88,p12,齐档,J109 - 01 - 530。

② 《齐大心声》1926(2):(with the editors)pp4 - 6。

③ 《1932 年度教育部立案私立齐鲁大学文理学院一览》,齐大布告类第 87 号,齐大印刷所承印,1932 年 5 月初版,第 29 - 30 页。

表5-5 文学院国文学系课程表(数字为学分)①

第一学年		第二学年		第三学年		第四学年	
第一学期	第二学期	第一学期	第二学期	第一学期	第二学期	第一学期	第二学期
古今文选 3	古今文选 3	诗选 3	词选 3	美学 2	文艺思潮 2	中国古代思想史 3	中国近代思想史 3
文学概论 3	中国文学史 3	文艺评论 2	诗学概论 2	修辞学 2	小说及作法 2	戏曲概论 2	世界文艺名著 3
英文 3	英文 3	文字学 3	音韵学 3	子学通论 2	辞赋选 2	专家诗 2	专家词 2
中国史 3	经济 3	目录学 2	经学通论 2	词学概论 2	戏曲选 3	辅系 5	辅系 4
社会学 3	自然科学 3	名学 2	中国文法学 2	教育 3	教育 3	选修 4	选修 3
自然科学 3	选修 3	英文 3	英文 3	辅系 4	辅系 3		
		选修 3	教育 3	选修 3	选修 3		
合计 18	合计 18	合计 18	合计 18	合计 18	合计 18	合计 16	合计 15

上表所列课程中须另加党义、军训与体育课。其他各系类似,最突出的特点是宗教课程已撤出课程表。

二、有关英语的纠缠:学习世俗课程的底限

狄考文坚持不把学校办成神学院,而是以教授世俗知识为主,并不能说明狄考文等就不重视宗教教育,或者说不重视学校的基督培养目的。仔细探查起来,狄考文的教育思想其实存在一个严重的悖论,该悖论在是否学习英语方面体现得十分明显。

关于英语课程的设置问题,狄考文最初坚决反对。其反对的主要理由就是担心学习英语会使学生迅速世俗化,群趋于挣钱行业而不会安心于福音布道事业:

---

① 《1932年度教育部立案私立齐鲁大学文理学院一览》,齐大布告类第87号,第32-34页。

如果我们教授英语,并以此寻求官员和富人们的资助,无疑我们会得到一些帮助和支持。然而,我们将被迫尽量放弃文会馆与众不同的宗教特点。我们会培养出一个不同的学生阶层,学校的宗教气氛将不由自主地发生变化。另外一个结果也会是不可避免的,那就是中学水准的下降。学习英语会对学生学习中国经典造成致命的伤害。当学生们能够说英语时,我们想留住他们无疑困难极大。英语能为他们带来高工资时,他们就会立即到有高收入的地方去谋职。此外,登州不是一个外国人居住的港口,而是一个相当偏僻的内地城市,它不是一个靠教授英语取得显著未来的学校应该选择的地方。①

狄考文的担心是有道理的,但是这与狄考文培养中国领袖的初衷有所偏离,因为在当时倘若不学好英语自然也无法真正理解西学,不可能成为西学东渐影响下社会改革的有力参与者。也说明狄考文世俗教育有一个预设的高压线,那就是学校的基督教精神。

狄考文在1890年传教士大会上强调:

教会学校建立的真正意图不仅仅为传播福音,把学生培养成一个基督徒,他们看得更远,他们要进而给受洗入教的学生以智慧和品德训练,使其成为社会上和教会中有影响的人物,成为一般人民的教师和其他方面的领袖。②

这并不是狄考文第一次提将学生培养成社会和教会领袖的目标,早在1877年大会上,他就提出:

---

① 丹尼斯著,郭大松、崔华杰译:《一个在中国山东四十五年的传教士——狄考文》,第148页。

② 狄考文:《怎样使教育工作更有效地促进中国基督教事业》,载朱有瓛、高时良主编:《中国近代学制史料》(第四辑),第95-96页。

　　教会学校的目的,我认为是要对学生进行智力的、道德的与宗教的教育,不仅使他们皈依上帝,而且使他们在信仰上帝后能够成为上帝手中捍卫和促进真理事业的有效力量。①

　　可以看出,狄考文很注重培养对象成材的问题。其思想逻辑是:教会学校培养的学生须有捍卫教会的能力而不能仅仅有信仰,这就需要学习近代的知识,在中国的近代化改革中成为领导力量。唯其如此才能成为社会领袖,才会有影响力。也就是说,狄考文开办教会学校并不单单注重培养教会工作人员,还要培养"一般人民的教师和其他方面的领袖"。要培养这样的领袖,就需要实施"完整的教育",所谓完整的教育是指"要对中国语言文学、数学、现代科学以及基督教的真理有个良好的理解"。② 简言之,即中国经典、西学与基督教教义在教育教学中三足鼎立。

　　那么这里就出现了一个问题,英语本身是否也是一种知识? 是否也应该是完整教育的一个组成部分? 事实上当时已经有很多人认识到了英语是寻求真理的重要媒介。但现在观察 1890 年传教士大会的那次争论,大家似乎在纠缠着两个根本不属于同一个层面的问题:双语教学与教授英语。二者是如何纠缠到一起的是一件让人很惊讶的事情。教授英语必然就得要双语教学吗? 试着看一下我们目前的学校,不开设英语课的几乎没有,但真正实行双语教学的又有几家?

　　诚然教授英语不一定导致双语教学,但实行双语教学必得先学英语却是不争事实。这就又回到了问题本身,英语是否是一种知识? 其实,狄考文本人也并不是完全反对教学英语,而是主张要"在学好

---

　　① 狄考文:《基督教会与教育》,载朱有瓛、高时良主编:《中国近代学制史料》(第四辑),第 86 页。
　　② 狄考文:《怎样使教育工作更有效地促进中国基督教事业》,载朱有瓛、高时良主编:《中国近代学制史料》(第四辑),第 95 页。

中文以后再学英语"。① 事实上,在当时大量西学术语、西方概念尚无标准统一的翻译之前,用英语能更好地接受西方知识是很明显的事实。这样也能更加容易地接受西学,成为有知识、有能力的领袖人物。当时对这一问题认识最为深刻的当属香便文。香便文1881年就认识到,中国有一部分人并非出于商业动机学习英语,而是来自政治和科学两方面的推动。政治上是由于当时中国需要大量的外交专门人才,这类人才仅靠简单的商业英语是不足以胜任的,必须得懂得历史、法律、文学等各方面的相关知识。在科学方面,随着西学东渐的影响,越来越多的人认识到英语是引进西学的重要媒介。这些人学习英语的动机光明正大,也符合中国近代化发展的潮流,对这些人学习英语的愿望是需要去满足的。然而香便文并不同意马上开设英语课,"如果大量的时间被特别地用于这项工作,就将忽视更重要和更合理的传教工作",这句话才是香便文的真实意志。正如胡卫清所评价的,其看似矛盾的态度其实体现了"传教士视传教高于中国之实际利益"的真实意志,英语虽然对中国人和中国的发展而言是十分重要的,但对于传教工作则并不那么重要,相反还有可能冲击福音布道工作。所以虽然传教士情感上似乎表达了对中国进步的支持,"但出于对传教事业的实际考虑,他们很难真正融入中国现代化的潮流之中"。②

　　狄考文的悖论也是这一思想的集中体现。在其并不反对英语也是西方知识之一种,已经认识到中国人欲取得影响力学习英语具有必然性的情况下,仍然坚决反对英语学习,则说明其进行世俗教育有一个清晰的底线,那就是不能干扰福音布道工作,哪怕这种"干扰"对中国的发展有利。

　　但是狄考文的看似矛盾的做法中还有另一个不变的线条,那就是要确保所培养学生的社会影响力是不变的。其早期坚决反对学习

---

　　① 狄考文:《怎样使教育工作更有效地促进中国基督教事业》,载朱有瓛、高时良主编:《中国近代学制史料》(第四辑),第101页。
　　② 胡卫清:《普遍主义的挑战》,第262-264页。

英语却强调中国传统经典学习,这是因为通过传统经典可以让学生参加科举获取功名,从而扩大学校的影响力。正是在这一思路的指导下,邹立文通过了科举考试,整个学堂高兴异常。但当 1905 年科举废除之后,靠旧式科举手段获取社会影响力的路径断绝,文人需要寻找新的出路的时候,海外留学成为了捷径之一。1907 年 2 月狄考文坚决反对开设英语并为此迫使柏尔根辞职自任代理院长 10 个月之后,即 1907 年 12 月 26 日亲自打开了教授英语的大门,原因就在于赴外留学需要英语考试。[①]

所以考察狄考文时期的课程设置中英语学习的问题,可以看到齐鲁大学的底线就是不能干扰福音工作,不能影响学校的基督教特质。只有在这种基础上,世俗课程才可以传授。

齐大校内关于学习英语问题也有不同的声音,而且后来教授英语竟然成了学校吸引生源的最大王牌。比如薛愚曾经回忆自己 1920 年代初在齐大读书时,预科历史成绩很好,但由于与出资送其入学的淑华女中签有合同,必须得学习理化。当时历史系主任奚尔恩这样对他说:"薛愚你入历史系吧,历史系是用英文授课,英文学好了容易找工作,而且钱挣得多。化学系是小孩子耍把戏,没意思……"[②]最后薛愚没有听他的,而是选修了化学专业。这段回忆的真实性由于年代久远容有失误,但是也能揭示当时学校包括一些传教士对于英语学习的认知。

第三节　齐大宗教活动与政治活动

一、宗教活动

教会大学宗教气氛无疑是浓厚的,对于基督徒比例一直偏高的

---

① 郭查理著,陶飞亚、鲁娜译:《齐鲁大学》,第 77 - 81 页。

② 薛愚:《我走过的路》,九三学社中央研究室编:《中国科学家回忆录》(第 2 辑),学苑出版社 1990 年版,第 16 页。

齐鲁大学而言尤其如此。一般说来,学校的宗教活动包括固定的礼拜仪式以及宗教灵修等。

学校成立之初即有早祷的安排。在 1873 年狄考文的记述中,我们可以知道早祷的时间是上午 8 点之后,"全体到大教室做早祷。早祷之后,修习一小时,吃早饭"。①

据 1913 年出版的《文会馆志》所记载的文会馆条规,我们可以大致勾勒出文会馆时期学生的生活礼拜安排情况。学生每天 6 点起床,6 点半钟上堂背书或备课,至 8 点下堂。8 点钟会集礼拜,虔事上帝,由监督倡领读经,一起歌诗祈祷。义和团运动后改为监督解经,时赫士已接任监督,同众歌诗祈祷。1901 年柏尔根先生为监督,又改为监督与教习轮流解经,领诸生读诗篇歌诗祈祷。8 时过一刻早餐,午前 9 点半上堂考课,每课 40 分钟,至 12 点半放学、午餐。午后 2 点上堂考课,每课以 40 分为限,至 5 点下堂。6 点晚餐。晚 8 点钟会集礼拜,值日生读经祈祷。若为礼拜三,则晚 7 点半钟在餐厅会堂礼拜听讲。晚 10 点钟一律熄灯。学生不考课时,均在公堂内自修,只有最高年级的六班生可以在寝室内自修。至夏冬之间上堂下堂时刻,会作出变动,以求适宜。礼拜日则有特殊安排,午前 9 点钟,先于学堂内会集礼拜,分班读经,11 点半共赴会堂礼拜、听道。后因勉励会、青年会盛行,乃以 9 点钟定为勉励会与青年会众祷之时,而废 9 点钟之礼拜。礼拜日下午 3 点钟再赴会堂礼拜,并考拜日学课,晚 7 点半钟又分班集体祈祷,由教习考问午前所听要道。1901 年后,柏尔根为监督时废除了礼拜日晚上的礼拜活动,自是礼拜日晚无礼拜。②

除固定的礼拜以外,狄邦就烈还十分注重平时与孩子们的交流以创建校园宗教氛围。狄经常走出教室,给孩子们讲"一些关于著名的具有基督精神、自我克制、不屈不挠的追求事业等方面的故事",借

---

① 丹尼斯著,郭大松、崔华杰译:《一个在中国山东四十五年的传教士——狄考文》,第 91 页。

② 王元德、刘玉锋:《文会馆志》,第 31 - 33 页。

此对学生进行宗教引导。"她在祈祷会上极其成功地使孩子们感到有兴趣,唤醒了他们的良心。"狄夫人经常"教给孩子们一种思想或一句话,机智地给予引导,直到这些孩子能够复述上午讲道的大部分内容",最后以带领学生们祈祷的方式结束聚会。①

葛罗神学院对此则更加注重。在通常的早祷之外,学生在不同的教室里进行晚祷。几乎由全体学生参加的每周的祈祷会在礼拜堂举行。除了领导者之外,尽量努力劝诱其他人参加每次集会,以使祈祷完全变成个人的事情。②

1906年,由于学习英语问题文理学院发生了学潮。这导致了学校宗教氛围的弱化,大家对宗教都打不起精神。传教士教师路思义感到需要发起一个宗教奋兴运动提振一下学校的基督空气,遂请丁立美前来布道,取得了极大的成功。路思义向国内总部写信时讲到,学院整体基督教氛围良好,毕业生从事各种形式的基督服务工作,但也有不少人受到了商业社会的影响,为争取学习英语不惜罢课相争,为恢复基督宗教氛围,传教士们加强了与学生的接触与交流,老毕业生丁立美来校布道,当讲到宗教爱国一段时,才得到了学生们的认可。宗教氛围明显变得热烈,1909年丁立美再来布道打消了许多学生家长的顾虑,学生可以投入到传教工作中去。③

随着山东差会之间教育的联合,各教派由于礼仪仪式有所区别,曾出现过误解与调整。比如圣公会学生就单独居住并单独举行礼拜仪式。

学校的整体宗教氛围常会受到政治活动的影响。1913年由于二次革命的爆发,文理学院的学生出现了一些反政府的苗头,因此导致全院的宗教氛围虽然总体良好,但却不如过去时间里那么温暖融洽。青年会的会议和学生志愿团的活动只被有限度关注。毕业班只

---

① 狄乐播著,郭大松译:《中华育英才:狄邦就烈传》,第32页。

② *Shantung Protestant University* 1907,AUBA,267-4269,p569.

③ College of Arts and Sciences of Shantung Christian University,AUBA,267-4269,p618.

有一两个人宣称学习牧师但并未为此工作做什么事情。然而另一方面,由于中外教工成员表现出的基督教勇气和服务的理想,正在每一个合适的场合,对学生的思想发生越来越深刻的影响。作为制度,每次晨祷时老师的讲话,都对学生十分有帮助且学生对其有较浓厚的兴趣。当时的代理院长方伟廉刚到学校不久,就趁机对学院的氛围进行了测试,认为"结果令人满意"①。

　　1915 年春季学期,中国续行委员会干事诚静怡牧师访问文理学院,他与学生举行了颇有助益的会议并做了鼓舞人心的报告。但在学期末,文理学院学生由于工作、学习等问题终以膳食账目为导火索发起了被校方称为叛乱的运动。运动使得学校的宗教利益受到了损害。10 月中旬,丁立美牧师与平度南浸信会的史蒂芬(S. Ernest Stephens)牧师访问文理学院。丁立美此行原本主要关注学生立志传道团的进展情况,但所举行的会议却在致力于基督氛围的恢复与振兴。许多学生被引领思考更加认真地研究福音事工。这些会议也成了文理学院的两个年轻老师,冯纯修与刘福增,决定去青州府研究福音的原因。为此,两人都要承受严重的经济损失。② 此后,文理学院所有学生被要求参加早晚礼拜、周三晚上的祈祷会议以及安息日的两次服务。正如须学习的科目所列,所有的学生须立足于历史的方法,通过完整的课程接受正规的宗教教育。大学青年会也蓬勃发展,集会的成员与参加者是自愿的,大约有 150 名。该协会的计划是自愿研究圣经,几乎全校的学生卷入了进去。宿舍中的学生会议一周一次讨论既往阅读情况。这些群体由学生领导一周聚会一次。每个周日一些学生会由协会派出在邻近村里或者在城郊执行布道任务。③

　　此时医学院的宗教生活则更有特点,除每周两个早晨由哈门(F. Harmon)牧师进行例行的圣经讲解外,许多学生也参加医院的布道

---

①　The College of Arts and Science, AUBA, 267 - 4270, p801.
②　Report of the Year 1915the College of Arts and Science, AUBA, 267 - 4270, p889.
③　*The Annual Register and Report of the Shantung Christian University*, 1915, AUBA, 267 - 4270, p823.

工作,以及其他的基督服务形式。①

同地教学实现之后,随着三个原属于不同地区的相对独立的教师和学生群体突然生活在一起,不适应是避免不了的。所以卜道成在其作为校长所做的第一次报告中提到,为发展每个学生的道德与精神,需要学校"营造气氛,这种气氛的增长之最重要的因素是老师和学生之间的感情与信心,以及学生自身的健康的团队精神"。② 故卜道成提出要大力发展学生宗教组织如青年会,同时要求老师多与学生进行交流。这种师生间的交流成为了齐大布道的一个特色,也是最有成效的手段之一。面对刚刚合校的形势,1917—1918 学年学生表现出了对老师的可贵的忠诚,同学们普遍精神良好,认为所有困难都是因为过渡阶段所引起因而是暂时的,一些院系的学生对于其他系学生也采取了很多善意的举措。但是校长卜道成仍在报告中忧心忡忡:

> 我们不得不承认我们依然需要一如既往的努力。每一个学院应当发展和珍视团队精神是重要的事情,这一点在一些学院的独立生活中虽然一直存在着,但在当前关节点上却有失去的危险。我们不得不尽快认识到,最大的困难在于迄今仍然存在的相互独立的生活。我们需要在整体学生中提高团结意识,以及伴随着自信、热情的将学校当成自己的大学的荣誉感。我们相信这种精神现在已经出现,我们已经看到了端倪,但是需要鼓舞和加强。我们的信念是,只有克服专业以及教派的障碍,我们珍视的学生性格塑造方向的理论才能被充分的理解、接受和达到。……③

---

① Union Medical College, *The Annual Register and Report of the Shantung Christian University*, 1916, AUBA, 267 - 4270, p894.

② The President's Report, 1917 - 9 - 4, *Shantung Christian University Bulletin*, No. 3, AUBA, 262 - 4239, p312.

③ President's Report For 1917 - 1918, AUBA, 262 - 4239, p387.

事实证明,卜道成的担心不是多余的,很快,学校就陷入了教派冲突与分裂的危险之中(详见第二章)。

1922年非基督教运动爆发。基督教教育界逐渐认识到了强迫进行宗教灌输的缺点,有人撰文指出:

> 基督教在教会学校的势力,并不是靠托主权和强权,乃是要有精神上和道德上的一种善势力。精神上和道德上的善势力倘使灌输在学生中间,就不知不觉,可以收潜移默化之功。学生们的品行,一定容易受这种善势力感动,结果就能够养成一种基督徒式的品行。这基督徒式的品行,逐渐的推行开来,就在教会学校中造成一种非常的势力了。①

随着"非基"向收回教育权运动发展,"非基"人士对于基督教学校的攻击愈发猛烈。而此时基督教大学校内的宗教生活状况如何呢? 1926年顾子仁根据其观察所得经验给出了答案:第一,学生对于灵性生活,抱着一种漠不相关的态度,非基督徒学生固多如此,基督徒学生也如此。第二种特殊的情况是一种很坦白的怀疑态度。无论基督徒,或非基督徒,他们的生活,似乎都毫无灵性根据。第三个特殊情况是一种显著的,或是蕴蓄的反基督教思想。第四个特殊情况就是教职员对于学生灵性生活方面的幸福,殊乏关切的态度。此外,顾子仁极为痛惜的,就是多数学生对于基督教和基督徒表现出藐视侮蔑的态度。并称"五六年前,我们在基督教学校里,并未觉着这种空气。诸位! 我们不是牺牲一切,全心全意地为上帝服务吗? 而所得的结果,不但不能使人荣耀上帝,反而使人藐视、侮辱、痛恨上帝,这是何等悲痛的事!"不过顾也指出,所幸还有一小部分学生很能注意灵性的发展。其每至一学校,总有几个学生,以使人谈话的态度,与其讨论灵性生活的问题,而这是顾"引以为最愉快的事"。顾子

---

① 民侠:《教会学校的学生》,《青年进步》第52册,1922年4月,第52页。

仁认为这些情况是"基督教大学所共有的"。为什么会出现这种情况呢？顾给出了18条理由，其中10条理由为学生的说法，8条为顾本人的看法。

学生的10条理由中，针对教会学生的有两条：即教会学生品行不良与接收津贴。就前者言，既然基督徒与非基督徒的生活并无显著的分别，"我们何必兢兢研究灵性幸福与基督教问题"？就后者言，由于教会学生接受津贴，故常被同学称为"饭碗基督徒"，言其"吃教"，因饭碗而信教。甚至有些学校学生称该校基督徒学生为"六元基督徒"。这种情形颇值得教会人士的注意。针对宗教传播方法及教职员者有6条：第一，宗教教学法不适当。因为教学方法不良，无法引起学生敬仰宗教之心。第二，宗教方面过于强迫。公立学校不足容纳全国儿童，于是非基督徒不得不入基督教学校。他们以为基督教学校利用这个弱点，强迫学生学习圣经。第三，压制学生的主张与活动。凡事必照章而行，学生无法表达他们创作的意见，没有表示他们个人信仰的机会。第四，学校之教职员对于学生全体或个人，毫无真正兴趣；且他们视教授为职业，目的并不在所教的人。他们对于学生并无很关切的态度。凡与其职业无关者，均不愿过问。普通洋商到中国的宗旨是在发财差会的传教士唯一目标是在宗教，并不是对中国人有什么特殊的兴趣。教会中人以宗教为营业，所有关于学生个人的问题，是在宗教范围之外的，当然不愿过问。假使真有这种情形，学生马上就可侦查出来。第五，教职员在宗教方面不能通力合作。第六，教会有派别之分。在联合的大学内，阻碍更大。每每一校之中，各派自行礼拜，并无公共敬拜之所。这种各行其是的礼拜仪式，颇使学生疑念丛生。强调民族感情者有两条：第一，教会学校内之礼拜不能令人满意。如某校学生说："牧师在礼拜日讲道时，只知赞美西方文化之特长，而对于中国文化，则多方批评指摘，若毫无足取者。"故是校学生对于灵性生活，发生不少的反感。第二，源于基督教之洋化的性质。顾子仁以为教会学校内"一切行政、课程皆是外国的，大都在外国人基督指挥之下。宗教因为感人较切，入人更深，故其洋化的性质更加明显"。由此导致了中国学生的反感。

根据顾子仁自己的观察,则有如下八条原因。第一,基督教学校内常有一种学生,"专为教育而来,对于基督教总是貌合神离漠不相关",一与他们谈到宗教,便掩耳急走,宗教思想万难灌入,其实他们在入学之先,已经决定不受宗教的影响。顾觉得这一类学生是学校内灵性生活的大障碍。第二,牧师在做基督徒的工作的时候,往往用一些使学生不大明了的名词,造成不易接受,这是完全错误的。第三,基督教学校内,不但崇拜上帝,更有许多别的"小神"。有些崇拜效率,有些崇拜科学,又有些甚至于崇拜学分等,因此学校内发生了很多困难。因为有时在这一班,教师使学生注重上帝的真理;在那一班又改换方向,注重别的东西。于是学生就意志不定,产生疑虑。这又是灵性生活不能发展的另一原因。第四,对于学生个人灵性生活之培养的帮助有限。第五,中国革命后,基督教与国家主义关系甚切。那时候以为:"若欲为良好公民,就应当做基督徒。因为基督徒可以救国。"这是一个很普通的说法。但是到1926年时这种意思早已消弭,情形已大不相同。对于基督教,全国已有一致的反抗。这种情形且有日盛一日的趋势。第六,各大学的教职员,鲜有与差会之传教士合作。中国教授并不承认他们也是主人,大家都抱有一种雇主与雇工的态度。这种关系在灵性生活的发展上很有阻碍,且使基督教"洋化"的性质永无改变的机会。第七,学校内真正在学生中做个人工作的教职员为数太少。第八,基督教在中国还是异乡人,未曾入籍。在中国的思想、文化、阅历等方面,亦未寻到永久立足的地方,因此很觉困难。很多牧师不能信任自己为上帝的使者,顾子仁自己亦不能自信,每逢受邀演讲时,总觉得有趑趄不前的情形。顾认为这并不是他们不忠于基督,而实在是在那些踌躇满志的学生面前,演说自己生活上还未成为自然习惯的人生观,觉得异常困难。①

---

① 顾子仁:《基督教大学学生的灵性生活》,《中华基督教教育季刊》第二卷第二期,1926年6月,第26-32页。

出现这种情况应该如何处理呢？顾子仁给出了八条建议：注重学校生活的影响，添设宗教指导员，多传基督教少讲教门畛域，鼓励学生自动，使学校宗教事项和教职员心目中所以为灵性的根本观念相联络，言行须谨慎注意教职员身份，在课室以外与学生共探真理而不要一味训诲、加强教职员自身的灵性休养。

顾子仁道出了当时的实际情况，所给的建议亦有针对性。在1920年代的民族主义大潮中，齐鲁大学的宗教精神也受到了严重的冲击，1924年6月的校长报告提到：

> 在所有的大学工作中没有比培育一个强烈而且热情的大学精神以及加深我们学生的精神信仰更加重要和压倒性的了。我们绝没有解决这一问题，虽然它在我们脑海里永远至上。大量的因素使这个工作变得困难。中国学生群体中日益增长了的民族主义意识，使已经经常发生在中国和西方强权之间的不幸事件以及对于这个国家处于外国压力下的持续性焦虑变得日益恶化。事实是，我们的学生来自全国各地，经常出现省际嫉妒和排他性。一种肤浅的理性主义，加上与大城市生活密不可分的并不违背道德的诱惑，易于使那些尚没有认识到真理的无畏的人的精神活跃性丧失，而不能拥有一个强有力的宗教体验。……[1]

校长的报告似乎夸大了这一问题的困难程度，事实上齐大的宗教氛围并未受到太大影响。比如五卅惨案掀起的更大规模的对基督教大学的攻击严重影响了基督教学校的精神生活，但齐大似乎并未受到太大影响：学生们中间的小型团体紧密团结在一起，并定期举行会议以冥想和灵修，自愿圣经学习班超过12个成员，基督福音会超过20名成员，来自同样的学校或地方的学生祈祷群体，虽然都尽量

---

[1] President's Report 1923－1924，AUBA，262－4242，p840.

地使自己不引人注意,但却为维护大学的精神基调做出了贡献。① 在民族主义的压力下,齐大不再强迫学生进入教堂礼拜,礼拜全由学生自觉,但齐大学生的礼拜热情似乎并未完全失去,因此在 1925 年发行的一本宣传册中,齐大当局不无炫耀地写道:

> 本校宗教生活的特色素无校章的束缚,又无权势的督促,纯粹出于学员方面的自由自动。凡关于宗教生活的信仰仪式礼节,学院方面有随时提出讨论和建白改善的责任。故每当朝曦初升,金钟数扣时,同学诸君三三两两载欣载往,鱼贯而入,按次列坐,歌唱雍穆和叶可感可兴,祈祷则心向神往如左如右,读经则黾勉淬励立己立人。着实人人庄肃,各个钦敬,再于每安息日敦请各地名人莅堂演说,又佐以诗歌。此种形而上的精神生活实为青年事业成功的要素。②

南京国民政府成立后,齐大积极向政府申请立案,受政府规定学校不得传布宗教的制约,宗教教育改成选修,公开的大规模布道活动也不得不停止。但齐大的宗教氛围却得到了保持,这主要归功于学校当局采取了如下举措:第一,不再将重点放在早、晚祷以及周日服务等例行仪式上,但仍保留其存在。第二,保留了齐鲁大学基督协会(Cheeloo Christian Associations)。当时在政府压力下,许多学校类似的组织都已暂停或解散,但齐大认为该组织在学生精神生活中依然有其地位故决定保留,同时认识到这一协会在宗教活动中承担了太多的社会工作,所以决定将其活动限定于以宗教活动为主。第三,加强师生之间的交流。1928—1929 学年举行了两场师生间的户外社交晚会,取得了重大成功,并促进了师生之间友好的交往。这种交

---

① President's Report 1925 - 1926,AUBA,262 - 4243,p75.
② Shantung Christian University,AUBA,267 - 4272,p22. 原文为中文。

往要达到其最好的效果,须由单个教职员工发起,而不是在行政人员领导下进行。①

立案之后,齐大早祷(朝会)继续保持,只是周一改成了总理纪念周,其余五日皆有朝会。但由于不再强迫参加,因此人数确实减少了。按1936年统计:9月第二周,每日男女到会者,平均32人,三周到会者,平均33人,四周到会者,平均50人,五周到会者,平均42人。虽然报告说这一数字"比往年大有增加",②但是的确可以看出来礼拜自愿之后的状况,1936年全校学生569人,入教比例为56%,即有318位基督徒,五周平均到会人数占全校学生的13.2%。③

但是这是否说明齐大的宗教生活衰落了呢?恐怕未必。齐大除校内固定礼拜仪式外,"每年秋令,向有灵修会之举行"。如1935年秋季就举行了两次灵修,第一次在9月21日兴隆山,"凡三院同学,热心灵修者,可向两事务课报名参加,费用每人约需一元"。④

恰于此年,齐大学生生活指导委员会于10月成立全校宗教委员会,如康穆堂宗教委员会,以及文理医各学院朝会委员会、退修会等,均隶属之,以便划一,而利进行。⑤ 第二次灵修会于10月5、6日于龙洞举行。这次灵修退修会就是由宗教委员会组织发起的,比较典型,特录之,以供读者探求当时齐大学生灵修会之实际情况:

> 本校宗教生活委员会,于月之五日,特开一师生灵修会
> 于龙洞,于是日下午,各委员分头出发,或骑驴,或坐车,或
> 步行,至晚五时许,皆已先后到达目的地。赴会会员,约有

---

① Report of the Acting President For the Year Ending June 30th, 1929, p4, 齐档 J019-01-530。

② 《朝会人数日渐增多》,《齐大旬刊》,第7卷第5期,1936年10月20日,第38页。

③ Cheeloo Students Hall From Twenty-Three Provinces, *Cheeloo*, AUBA, 267-4274, p125.

④ 《本校秋季举行第一次灵修会》,《齐大旬刊》,第6卷第3期,1935年9月30日,第16页。

⑤ 《学生生活指导委员会工作近况》,《齐大旬刊》,第6卷第3期,1935年10月10日,第23页。

五十余人,其中约师生各半,六时晚餐,每桌七人,两菜一汤,则以山东特产之馒头为主。

晚饭后,即在院中开一演讲会,由神学院彭彼得教授主讲,其演讲题为"个人所认识的基督",彭教授确将一个满有博爱慈悲,并负有勇敢前进精神之活基督,介绍于听众之前,使众人更深切的认承基督之伟大。

演讲会毕,各委员即预备就寝,其中有自携旅行床者,自属幸福之至,凡未带床者,即向住持索草一捆,芦席一领,席地而睡,亦甚潇然。

次晨六时起床,梳洗毕,六时半举行晨更,及分组读经祈祷,共分四组,由谭院长、陈德亮教授、彭彼得牧师、俞康德先生分别主领,其总题为"基督徒之生活"。分三部讨论:1. 耶稣及其门徒所有之生活;2. 基督徒新生活之渊源;3. 基督徒生活的目标。引据圣经,各抒己见,出席者获益匪浅,七时半进早餐,八时半举行见证会,周幹庭先生领导,由会员自动起立,为基督作见证,言词诚恳动人,似有神力助其发挥者焉。十时半,主日礼拜,十二时半午餐。

午饭后,举行闭会演讲,会毕游山玩景,或洞中捕蝠为戏,或道旁采枣闲游,既饱受灵修之益,复可尽赏秋野之景,一举两得,无不载欣而返云。①

这段史料可以说明,立案之后的齐大并未放弃对学生进行基督教的灵性教育,只是由教堂搬到了山间,由课堂搬到了课外,其实就是顾子仁所讲的在课室外寻求真理的问题。

其实在校园里面,宗教活动依然在继续。比如在 1934—1935 学年的医学院,诸如各种圣经班以及医院的病房布道服务等普通日常工作一如既往。另外沃夫(Wolfe)先生还于周日早上向医学院和医

---

① 《龙洞灵修退修会记》,《齐大旬刊》,第 6 卷第 5 期,1935 年 10 月 20 日,第 30 页。

院的雇工聚会布道。单覃恩(Thornton Stearns)医生的圣经研究吸引了一批学生参加进来,于每个周日早上和晚上怀着真正的热情聚会研讨。学院的退修会(Retreat)也采取了多种形式,取得了很好的效果。[①]

注重老师的个人影响力是可以溯源至文会馆的老传统,立案之后的齐大对宗教生活的维系也看中了这一点的独特魅力。1932年12月27日晚,全校教职员分别宴请全校学生,或数人或十数人或数十人济济于各教职员寓中,极尽融洽之乐。[②]

关于齐鲁大学1930年代的校园宗教气氛,当时求学于斯的张昆河先生的回忆应该有一定的说服力:

> 齐鲁大学的宗教气氛很浓厚,外籍教师很多都是每星期日在家里组织查经班来宣教,分别招呼一些同学参加,有时还备茶点招待。教我英文的米勒夫人(美国人)、教地质学的司克德(汉字德斋,苏格兰人)就都招呼过我。特别是司克德先生,态度随和,常和同学聊天,也说说笑话,令我很感难以应付。

张先生还详细地讲了去明义士家拜访请教时,明义士一家对他们的热情招待:

> ……明义士夫人安妮(Mrs. Annie Menzies)性格比较开朗,有时明氏不在家,她也会招待我们。她的普通话讲得也比较好,有时还要说说玩笑话,她有一次就笑着说:"你们是不是把外国人都叫洋鬼子?可不要把明义士先生和我也

---

① Report of the School of Medicine of Cheeloo University,1935,AUBA,263 - 4246,p640 - 641.

② 《盛会》,《齐大旬刊》第3卷第13期,1933年1月1日,第75页。

叫做洋鬼子啊!"我们都一笑而过。①

　　凡此都可以说明立案之后齐鲁大学的基督教特质的发展问题,其宗教氛围并未因为某些政治事件,因为宗教课不再必修而受到太大的影响。

　　然而我们还需要探讨另外一个问题,即学校的宗教生活到底在多大程度上影响到了学生? 1926 年 6 月《齐大心声》发表了赵伯平的《齐鲁学生生活之回忆》一文,在文中赵谈到了自己初入校时的狂妄、交友的愉快、学习内容、内心曾经的悲观以及对职业的选择等等,通篇未提及宗教内容,似乎基督精神和文化并未在其身上得到什么体现。② 关于齐大的宗教影响,一些校友在回忆时认为"教会大学的宗教影响实际还不如中学、小学和医院,即使教会大学的教师也不去社会的礼拜堂作礼拜"。③ 1933 年入学的张智康在回忆医学院的生活时,对很多细节描绘得活灵活现,他写到了晚上补课之后去趵突泉吃鸡丝面这样的生活片段,却只字未提校园的宗教生活问题。④ 例外的是抗战时期入学的王耀春,在回忆中着重提到了自己"课间二十分钟在康穆堂中虔诚地崇拜上帝,尽所能地学主榜样做人,罗牧师的一切教诲,如今思之如昨,四十年后的今天,他还在吗?"⑤但王在入学时,齐大主体已经撤到四川,在济南的仅是几位传教士留守的开课不全的学校,文中提到的罗牧师就是罗天乐,当时未随学校搬迁。这些情况的出现有两个可能的解释,第一就是齐大的宗教氛围的确弱化了,以至于学生都不注意这件事情;第二与此正好相反,就是齐大的宗教

---

　　① 张昆河:《明义士与甲骨学研究》,李涛主编、济南市政协文史资料委员会编:《文化名人与济南》,黄河出版社,2002 年版,第 159 页。

　　② 赵伯平:《齐鲁学生生活之回忆》,《齐大心声》第三卷第二期,1926 年 6 月,第 28 - 32 页。

　　③ 包德威、陶飞亚:《齐鲁大学医学院毕业生的历史分析》,《中国教会大学史论丛》,第 263 页。

　　④ 张智康:《齐大医学院生活片段》,《山东文献》第九卷第二期,1983 年 9 月 20 日,第 155 页至 162 页。

　　⑤ 王耀春:《忘不了齐大》,《山东文献》第九卷第三期,1983 年 12 月 20 日,第 16 页。

氛围已经渗透进生活的种种习惯之中，以至于太熟悉而不能觉察。但不管是何种情况，都说明一个问题，就是在齐大学生的心目中，齐大的宗教生活本就是一件十分平常的事情，而这种感情与在情境外的观察中得到的心理体验或有不同。在外人因为基督教是西来宗教不符中国传统而思以抵制时，"情境"中人或许并不这样想。在其对宗教影响有意无意的辩护及回避中，我们看到的是对母校的一种归属的感情，比如在谈到齐大的宗教影响是为人所诟病的一个问题时，校友往往会以"教会办大学总有自己的目标"[①]来加以辩护与解释。

这就提出了一个问题，探讨教会大学毕业生受到的宗教影响究竟多大，似乎不应该仅从其回忆录中寻找，而应该看其作为是否符合基督教所宣称的"博爱牺牲服务之精神"。此问题容后探讨，但有一点还是可以提出来的，在毕业生去向一节中对此亦会有所提及，即齐大学生虽然未出现太多名家，但却都属于踏实肯干的践行者。

另外当事人当时的表现也应该是重要的衡量因素。比如1928年五三惨案发生时，齐大对女生的关怀无微不至，结果女生的数量与男生相比下降较少（从1927年的47到1928年的42）。一个原因是齐大当局在1928年五三惨案前后对女生进行了极好的照顾，用汽车将她们送到了火车站，滞留时给她们提供房间和食物，将她们转移到了青岛，再一次提供居所并竭尽所能给予她们照顾直到她们被送回家。另一个需要注意的是，在当时"非基"十分严重的情况下，齐大的学生群体在成员方面却变得更加基督化。基督徒所占比例：1926年为87%，1927年为91%，1928年则达到了92%。然而全体学生中只有62%来自基督家庭。[②] 这一数字说明很多学生是在校内受影响而加入基督教的。

---

① 包德威、陶飞亚：《齐鲁大学医学院毕业生的历史分析》，《中国教会大学史论丛》，第263页。

② Report of the Registrar，1929 - 6，Shantung Christian University Bulletin，No.72，p43.齐档 J109 - 01 - 530。

二、政治活动

学校与政治的关系一般来说有两个方面。一是学校对于政治事件的因应,一是校内政治活动。前者于第七、八章进行分析,此处仅探讨后者。

齐鲁大学作为一所教会学校,天然地与政治运动保持了距离,政治中立,或者说对政治的超脱是其追求的境界。文会馆时期,"摘藻"被设定为"学生共和国之试验场",聚集学生自定规程探究自治自立之道。其讨论辩论的话题也多有涉及政治领域者,但这种探究被严格限定在了学术的范围内:"本会只以练习口才增进学问为范围不得提倡实行,致起各界交涉"。① 所以严格来讲,摘藻辩论会对于政治的讨论以及后来齐大校内各种学术社团对于政治问题的研究,②只能算是一所教育机关的教学研究需要,是学生本职学习研究的一部分,尚不能称之为政治活动。齐大真正的政治活动开始于南京国民政府成立之后。

首先,齐大开设了政治意识形态性的课程,即党义课与军事训练课。

党义课是国民政府成立后,为推行"党化教育"和后来的"三民主义教育"而强行建立起的政治性课程。1929 年 8 月国民政府教育部颁布的《大学规程》明确规定,党义、军事训练等课程为共同必修课。③ 1931 年 9 月国民党中央执行委员会第 157 次常务会议又规定了"党义"课程的施教原则:一、应以阐扬孙中山先生全部遗教,以及国民党政纲政策,及重要宣言为主要任务;二、应依理论事实,证明三民主义为完成国民革命促进世界大同的唯一的革命原理;三、应依据三民主义比较批判其他社会主义学说。④齐大遵令行事,聘请王峙南任党义

---

① 王元德、刘玉锋:《文会馆志》,第 61、63 页。

② 关于齐大学术社团的研究活动,参见第三部分第七章。

③ 《大学规程(1929 年 8 月 15 日)》,蔡鸿源主编:《民国法规集成》(58),黄山书社 1999 年版,第 66 页。

④ 《三民主义教育实施原则》,吴相湘、刘绍唐主编:《第一次中国教育年鉴》(1934 年),传记文学出版社 1971 年影印版,第 19 页。

教师。1930年,齐大招生考试科目中增加了党义必考科目[1]。同年,王峙南所编之《党义讲义》上卷出版,内容丰富,条理井然,被誉"为关心国民党历史者所不可不读之作"。[2] 齐大根据国民党之规定,对党义课做出如下课程说明:

> 党义一科,为文、理学院第一年级生所必修,共二学分。
> 内容简要说明:即授以中国国民党之时代变迁,及三民主义之演进渊源,总理遗著建国大纲,建国方略等之阐明,俾青年学生,认清本党为救中国的唯一政党。[3]

须注意的是,截至1931年齐大医学院未开此课。联想到医学院之前也并不开设宗教课,可知医学院之特殊性。

1929年8月颁布的《大学规程》中还明确规定,"军事训练"课亦为共同必修课。为强制推行"军事训练"课,国民政府教育部于1929年连续发布《修正高中以上学校军事教育方案》、《修正高中以上学校军事教官任用简章》、《修正高中以上学校军事教官服务条例》、《高中以上学校军事教育惩奖规则》、《实施军事教育七项办法》、《军事教育两年作六学分》、《军事教官待遇标准》、《私立学校军事教官待遇得变通办理》等一系列文件。但是军事训练课似乎并未得到如党义课一样的待遇,齐大最早是于1932年才将其列入课程表,此前的课程说明中有"党义"却无"军事训练"。直到1931年九一八事变后,9月24日国民党中央颁布了《学生义勇军教育纲领》,要求全国高中以上各学校一律组织青年义勇军,初中以下各学校一律组织童子义勇军,实施军事训练,宣誓信奉三民主义。学生在不妨碍课程之时,须依据教

---

[1] 《济南私立齐鲁大学文、理两学院招生简章》,齐大印刷所,1930年4月,第6页。
[2] 《党义讲义已出版》,《齐大旬刊》,第1卷第8期,1930年11月30日,第45页。
[3] 《山东济南私立齐鲁大学文理两学院一览》,齐大印刷所,1931,齐大布告类第81号,第127页。

育纲领精神,组织宣传队,努力于唤起民众之工作。[①] 而此前齐大学
生已经组成抗日义勇队,请前保定军官学校毕业之陈锡忱先生为军
事教官,加紧操练军事。次年军训课进入齐大的正式课程表。修习
时间为二年,每学期每周实施 3 小时,作 1 学分半,每年 3 学分,两年
共 6 学分,为全体男生必修。1935 年秋季学期开始,文理学院加授军
事看护科,为一年级女生必修课,每周 2 小时,由林廉卿女医士
讲授。[②]

其次齐大还要参加或举办各种各样的政治性庆祝、纪念活动。

南京国民政府成立之后,要求学校举行的政治活动举不胜举,现
以 1930—1932 年史料为例,将齐大参加的政治性庆祝活动、纪念大
会列举如下,足见其活动之频繁,仪式之壮观。

表 5-6　齐大 1930—1932 年参加或举办的政治活动一览表

时间	内容	主办单位	参加人员	地点	史料来源	备注
1930 年 10 月 10 日 上午 八时半	国庆节庆祝大会	齐大	全体学生	广智院礼堂	《齐大旬刊》第 1 卷第 3 期,(1930-10-10)	
1930 年 10 月 10 日 上午 十时	济南各界庆祝双十节大会	济南各界庆祝双十节大会筹委会	大学全体参加	市政府前坪	《齐大旬刊》第 1 卷第 3 期,(1930-10-10)	
1930 年 10 月 10 日 下午 三时	庆祝双十节游艺大会	省党部	本校之音乐队担任奏乐;希望全体学生参加	省党部大礼堂	《齐大旬刊》第 1 卷第 3 期,(1930-10-10)	

---

① 《中央颁布义勇军教育纲领》,《苏报》9 月 25 日,转引自《暴日侵寇东北专刊》,
1931 年 10 月。

② 《文理学院一年级女生加授军事看护科》,《齐大旬刊》第 6 卷第 4 期,1935 年 10 月
10 日,第 24 页。

（续表）

时间	内容	主办单位	参加人员	地点	史料来源	备注
同日	国庆日全校运动会	齐大	全校学生		《齐大旬刊》第 1 卷第 3 期，（1930 - 10 - 10）	
1930 年 10 月 18 日上午九时	谭组庵先生追悼大会①	中国国民党山东省党务整理委员会	代表陈鸿飞、周人良、王景康、于占之、许慕贤五人	国民党山东省党部整理委员会大礼堂	《齐大旬刊》第 1 卷第 4 期，（1930 - 10 - 12）	
1930 年 11 月 12 日上午 8 时半	总理诞辰庆祝会	齐大	在校学生务须一律出席	广智院礼堂	《齐大旬刊》第 1 卷第 7 期，（1930 - 11 - 20）	
上会散会后	济南各界庆祝总理诞辰大会	市政府	全体	市政府	《齐大旬刊》第 1 卷第 7 期，（1930 - 11 - 20）	
同日下午 2 时及 7 时	庆祝游艺会	省党部	希望全体参加	省党部大礼堂	《齐大旬刊》第 1 卷第 7 期，（1930 - 11 - 20）	
1930 年 12 月 5 日上午 9 时	肇和兵舰举义纪念日	国民党山东省党部党务整理委员会宣传部	代表许幕贤	国民党山东省党部党务整理委员会大礼堂	《齐大旬刊》第 1 卷第 9 期，（1930 - 12 - 10）	
1930 年 11 月 27 日上午 10 时	讨逆军第一军团第十四军中山俱乐部成立大会	讨逆军第一军团第十四军司令部	代表舒舍予		《齐大旬刊》第 1 卷第 8 期，（1930 - 11 - 30）	

---

① 齐大所献挽联:本诵习六艺中人以旧文学魁多士以新知识导国民更服膺党义眺首大同顿令清白徽扬赫赫中华传革命综上下千秋定论于古贤达比元勋于今世界为先觉偏撒手尘寰恝恝心长往所憾玄黄血浓迢迢前路盼成功

（续表）

时间	内容	主办单位	参加人员	地点	史料来源	备注
1931年1月5日上午10时	山东东平市官钱局开幕典礼①	山东东平市	许慕贤		《齐大旬刊》第1卷第11期，(1931 - 1 - 10)	
1931年1月2日与3日晚	济南各界庆祝民国成立二十周年纪念大会游艺会	济南各界庆祝民国成立二十周年纪念大会筹委会	学生代表	省党部大礼堂	《齐大旬刊》第1卷第11期，(1931 - 1 - 10)	
1931年1月15日	第三路军讨逆阵亡将士追悼大会		代表于占之、张唯一、许慕贤	南关演武厅	《齐大旬刊》第1卷第12期，(1931 - 1 - 20)	
1931年1月16日	第三路军讨逆阵亡将士移灵典礼②		崔戒青、张唯一、许慕贤		《齐大旬刊》第1卷第12期，(1931 - 1 - 20)	
1931年3月10日上午8时	陆海空军讨逆阵亡将士追悼大会	省党部	全体	市政府	《齐大旬刊》第1卷第17期，(1931 - 3 - 30)	
1931年3月12日上午9—10时半	总理逝世六周年纪念日	济南各界纪念总理逝世六周年大会筹备委员会	全体	市政府	《齐大旬刊》第1卷第17期，(1931 - 3 - 30)	
1931年3月12日上午11时	济南各界造林运动大会	山东省造林运动临时委员会	全体教职员及男女同学	北商埠之金牛山	《齐大旬刊》第1卷第17期，(1931 - 3 - 30)	

① 齐大赠联:平剂得宜官民交利;市廛乐业钱币流通
② 齐大挽联:风鹤警中原屡因苞蘗兴师危而能安万姓同钦多士烈;沙虫怜浩劫试听苫华讬咏生不如死一杯遥酹战场燐。

（续表）

时间	内容	主办单位	参加人员	地点	史料来源	备注
1931 年 3 月 18 日上午 9 时	北平民众革命纪念日①	省党部	代表陈宝斋、许慕贤	省党部	《齐大旬刊》第 1 卷第 17 期，（1931 - 3 - 30）	
1931 年 5 月 3 日上午 9 时	五三惨案纪念大会	济南各界五月革命纪念日筹备会	代表许慕贤等五人	省党部	《齐大旬刊》第 1 卷第 21 期，（1931 - 5 - 30）	对于横祸之来均极愤慨，对于雪除国耻均极兴奋
1931 年 5 月 5 日上午 8 时	五五纪念日市民大会②	同上	全体	市政府	《齐大旬刊》第 1 卷第 21 期，（1931 - 5 - 30）	
1931 年 5 月 5 日下午 8 时	五五各界提灯大会	同上	全体	分城内、商埠两组	《齐大旬刊》第 1 卷第 21 期，（1931 - 5 - 30）	因大雨未能举行
1931 年 5 月 9 日上午 9 时	国耻纪念日各界市民大会③	同上	全体	市政府	《齐大旬刊》第 1 卷第 21 期，（1931 - 5 - 30）	

① 该日由教育厅何思源先生主席演讲北方民众革命经过,大意谓北方民众革命始于"五四"终于"三一八",皆想唤醒旧政府建设新国家。迨"三一八"惨事发生民众始知革命事业决不能谋新旧之妥协,亦不能望不革命者去革命。若要革命,必须彻底翻新。所以群起加入南方之革命工作,结果乃有今日之成功。若当日民众不如此觉悟而仍想要求旧人物去作新事业,则继"三一八"而起之惨案尚不知伊于胡底也。吾人纪念昔日之烈士不在举行一次纪念会乃在纪念伊等之精神与热血,而一般所谓新青年者尤当继续伊等之遗志,努力革命毋为一切旧势所屈服云云。散会之前全体起立高呼口号见极见悲壮激昂。

② 各机关学校放假一天,均应悬旗庆祝并于大门扎一松坊上书:"庆祝国民会议开幕及纪念革命政府成立"字样。

③ 知识分子对于邻国之侮辱愤慨尤深,是日除停止一切娱乐及宴会外,对于课业照常进行,志在努力学业以为他日雪除国耻之预备。

（续表）

时间	内容	主办单位	参加人员	地点	史料来源	备注
1931 年 5 月 18 日上午 9 时	陈其美殉国纪念日	国民党山东省党务整理委员会	代表 5 人	国民党山东省党务整理委员会大礼堂	《齐大旬刊》第 1 卷第 21 期，(1931 - 5 - 30)	
1931 年 6 月 1 日上午 9 时	约法公布日市民庆祝大会	省党部	全体	院东大街民众体育场	《齐大旬刊》第 1 卷第 23、24 期，(1931 - 6 - 10)	
1931 年 6 月 16 日上午 8 时	总理广州蒙难纪念日	国民党山东省党务整理委员会	代表 5 人	国民党山东省党务整理委员会大礼堂	《齐大旬刊》第 1 卷第 25 期，(1931 - 6 - 20)	
1931 年 7 月 4 日上午 8 时	世界合作运动纪念日宣传大会	国民党山东省党务整理委员会	代表 5 人	国民党山东省党务整理委员会大礼堂	《齐大旬刊》第 1 卷第 26 期，(1931 - 6 - 30)	
1931 年 9 月 1 日上午 10 时	国民党国民革命军陆军第七十四师特别党部开幕典礼	国民党国民革命军陆军第七十四师特别党部筹备委员会	许慕贤	辛庄国民党国民革命军陆军第七十四师师部	《齐大旬刊》第 2 卷第 2 期，(1931 - 9 - 11)	
1931 年 9 月 9 日上午 9 时	总理第一次起义纪念日	国民党山东省党务整理委员会	代表 5 人	国民党山东省党务整理委员会大礼堂	《齐大旬刊》第 2 卷第 2 期，(1931 - 9 - 11)	
1932 年 3 月 29 日	革命先烈纪念日大会	国民党山东省党务整理委员会	代表	国民党山东省党务整理委员会大礼堂	《齐大旬刊》第 2 卷第 20 期，(1932 - 4 - 11)	
1932 年 4 月 12 日	清党纪念日纪念大会①	国民党山东省党务整理委员会	代表 10 人		《齐大旬刊》第 2 卷第 21 期，(1932 - 4 - 21)	

---

① 在此国难期间,群知非全国一致万众一心不足以御外侮纾大难,一切扰乱分子皆宜竭力肃清决不予以姑息。

此后，各种纪念会连绵不绝，除特殊庆祝活动外，基本纪念时间与礼仪不出以上所列之范围，无需再一一列举。每次大会均可以看出国民党、国民政府对执政合法性的建构以及对爱国意识的灌输。齐鲁大学能够参与其间，倒也说明其对融入其中并不反对。通过上表，可以看出齐大通过《齐大旬刊》对政治事件所表达的认同感至少在表面上还是存在的。但如此浩繁的动辄全体放假参加的活动，对正常教学秩序的冲击可想而知，不反对并不代表不反感。这种看似庄重的纪念仪式，在齐大校方眼里，很可能并不受欢迎：

济南事件的解决，以及省政府在 3 月底迁到济南使我们陷入了一个困难并不稍减的新形势下。基于革命精神和政治要求，我们必须举行总理纪念周，并要向学生讲解其三民主义，该主义被宣布作为中国民族教育的基础已经很长时间。五月与六月的假期，要么是对革命事件的纪念要么是公共示威，其是如此之多并且接二连三，以至于我们一个抱不平的教员风趣地建议，我们应该节省点力气，不必宣布放假，只要在上课恢复时直接挂出停课通知就可以了！作为一个基督教学校，我们尚未从拒绝正确地理解我们的那些人的怀疑中解放出来。虽然我们从本省其他教会学校遭受到的严重迫害中幸免于难，然而这在很大程度上是因为形势的变化，而不是对本校观感的恶意与反感有所降低。[①]

对政治仪式的抵触情绪遍布于字里行间，而对于这种纪念仪式给上课带来的困扰更是有一些恼怒。文理学院代理院长胡约瑟也表达了五月份放假多以至于"课程计划完全被破坏"的不满。[②]

---

① Report of the Acting President for the Year Ending June 30th, 1929, Shantung Christian University Bulletin, No. 72, p1 - 2, 齐档, J109 - 01 - 530。

② Report of the Acting-Dean of the School of Arts and Science 1928—1929, Shantung Christian University Bulletin, No. 72, p5, 齐档, J109 - 01 - 530。

再次,总理纪念周与校内政治生活的制度化。

总理纪念周是"国民党推行仪式政治的集中反映。它被当作一种政治运行手段,用于建构和巩固集权统一的党治国家权威,成为民国政治文化史上的一道独特风景"。① 孙中山逝世不久,国民党就采取了一系列仪式性的活动进行纪念。1925 年 4 月,建国粤军总部制定了《总理纪念周条例》七条,规定了粤军官兵向孙中山遗像行礼纪念的具体仪式。1926 年 1 月国民党第二次全国代表大会正式通过了总理纪念仪式决议。随后国民党中央执行委员会制定了《总理纪念周条例》八条,规定"为永久纪念总理,且使同志皆受总理为全民奋斗而牺牲之精神,与智仁勇之人格所感召,以继续努力,贯彻主义,特决定凡中国国民党各级党部及国民政府所属各机关、各军队,一律于每周内举行纪念周一次"。纪念周时间为星期一上午,时长 1 小时。纪念周程序为:① 全体肃立;② 向总理遗像行三鞠躬礼;③ 主席宣读总理遗嘱,全体同时循声宣读;④ 向总理遗像俯首默念三分钟;⑤ 演说或政治报告;⑥ 礼成。"这个条例的制定和颁布,标志着'总理纪念周'制度在国民党阵营内的全面施行"。②

随着国民党势力在全国的推进,"总理纪念周"逐步推广开来。济南事件解决后,1929 年 3 月底国民党山东省政府迁到了济南,自1929 年 4 月后半开始,齐大在其双周文化讲座之外,每隔一周又增加了一场有关三民主义的讲座,安排在孙中山纪念仪式之前。这两种讲座,由原来的周三改在了周一进行。至于这种政治纪念活动的价值,代理校长李天禄引用了来校访问恰好参与了一次纪念仪式的 C. E. Wilson 牧师的话来证明。Wilson 牧师说:

> 作为一个英国参观者,我对这种爱国主义仪式十分感

---

① 李恭忠:《"总理纪念周"与民国政治文化》,《福建论坛·人文社会科学版》2006 年第 1 期,第 56 页。

② 李恭忠:《中山陵:一个现代政治符号的诞生》,社会科学文献出版社,2009 年版,第 308-309 页。

兴趣。在你们向贵国的民族英雄孙中山表达的敬意中,我
谦卑的献出自己的份额。孙先生带着对主的坚定信仰,遵
循基督的原则,将自己投入到为中国带来统一、平等和自由
的工作中……我在这里向你们的国旗致敬,与你们一起思
考国家的未来。你们的国旗很快会变成一个毫无疑问的,
不可挑战的公正、和平和独立自由权威的象征。我庆幸中
国与我的祖国及其他外国力量之间拥有的和平与友好。或
许这种友谊从未被打破过,只有实力和相互服务的增加。①

这种充满外交辞令和漂亮辞藻的演讲本不必采信,但这段话却
证实了齐大校内进行政治生活的隆重与正式的气氛。

根据规定,总理纪念周上要做演说和政治报告,齐大举行总理纪
念周一般是请政治人物进行演讲。据不完全统计,这些演讲主要有:

表 5-7 齐大"总理纪念周"部分演讲列表

时间	演讲人	题目或主题	要点	来源
1930 年 9 月 29 日	教育厅厅长何思源	革命的思想与革命的道德	"革命不忘读书,读书不忘革命";革命是中国人的革命,不是外国人的革命	《齐大旬刊》第1卷第3期,(1930-10-10)
1930 年 10 月 20 日	省党部代表邱瑞荃	有关党务政治		《齐大旬刊》第1卷第5期,(1930-10-30)
1930 年 10 月 27 日	省党部党员训练科总干事杨浩	有关党务政治		《齐大旬刊》第1卷第5期,(1930-10-30)

---

① Report of the Acting President for the Year Ending June 30th, 1929, Shantung
Christian University Bulletin, No. 72, p3, 齐档, J109-01-530。

（续表）

时间	演讲人	题目或主题	要点	来源
1931 年 3 月 16 日	省建设厅厅长张鸿烈	大学教育	一为课程实验宜博亦宜专门;二为学生道德宜旧亦宜新;三为学生志愿宜大亦宜小	《齐大旬刊》第 1 卷第 17 期,(1931 - 3 - 30)
1932 年 4 月 11 日	化学系主任、教授谢凝远博士	新式冰冻机之原理		《齐大旬刊》第 2 卷第 21 期,(1932 - 4 - 21)
1936 年 10 月 12 日	何思源	本省义务教育之现状及其实施		《齐大旬刊》第 7 卷第 5 期,(1936 - 10 - 20)

由于资料所限,无法查得所有讲演题目,但由上列有限几场亦可推知,此种演讲并不限于政治领域,至少对于教育问题、科学问题也有涉及;演讲人校内外兼顾,校外以政界人物为主。另外亦可知道,这种纪念周活动一直持续,至少直到 1936 年仍然请人演讲不辍。

齐大的这种政治生活具有被迫进行的性质。关于学生是否接受,接受程度如何,目前没有发现学生在此方面的回忆资料,不可妄测。但通过对现有资料的分析,总体上有一个印象,就是齐大在政治生活中对于爱国观念的强调,以及对民族主义的鼓吹,对种种活动至少表面上具有积极参与的态度。其实齐大除邀请政界人物前来演讲外,还常常接待名流来校参观,并与各政府机构进行文体活动的交流,邀请名人来校任职等等。这都是联络感情的需要,为齐大能在山东立足,奠定了人脉基础。这么做也给齐大带来了切实的好处,即从立案方面来讲,最初何思源及其领导的教育厅采取十分不支持的态度,齐大即多次邀请其来校视察、讲演,并邀请孔祥熙任校长、董事长,邀何的好友朱经农任校长,才最终使齐大立案成功。齐大的政治人脉也使其在经济上得到了一定好处。1934 年罗氏驻华医社减少了对学校的投资,在齐大的紧急求援下,省政府答应拨给 5 000 金洋①,一定程度上缓解了齐大的经济压力。

基督化是齐大的教育哲学、宗旨与目标。齐大课程设置中宗教课程虽不占主要时间,但学习世俗课程亦有不可逾越的底线;宗教氛围浓厚,宗教活动丰富是齐大校园文化的重要特点。向国民政府立案后,齐大被迫于校内进行政治活动,齐大师生对此虽反感却并不反对,同时还促进了齐大与外界的联络及对外部世俗世界的关心。但是齐大学生对于政治问题的热情仅限于学理层面,在真正的政治运动中极少现身,这一点将在后面相关章节中进行讨论。

---

① 《齐大旬刊》,第 4 卷第 22 期,1934 年 5 月 5 日出版,第 158 页。

第六章

宗教特色:学生群体分析

第一节　学生来源与特点

登州蒙养学堂初建时期,"由于担心花钱雇人参加教会流行说法的影响",加之当时中国基督徒寡少,生源不足,故开始招生时强调招收非基督徒,其第一批 6 名学生即全为教外人士。但随着狄考文对教外学生渐生失望之情,而中国基督徒数量亦有所增加,故于 1870年代开始,学堂着手从基督徒子弟中选考较优秀生源入学。此后,基督徒学生一直占据了学校生源主流。与此同时,狄考文等人一直对扩大招生规模十分警惕,因为那样会影响教学质量,"照料 60—70 个学生,肯定不可能像照料 30—40 个学生那么周到"。① 这种办学思想在山东基督教育联合以后仍继续发挥作用。1906 年,穆德(John R. Mott)在寰球旅行期间,曾对广文学堂进行了四天的访问,其在《世界福音布道》(*The Evangelization of the World*)一书中认为广文学堂自诞生起,就一直具有如下特征:

---

① 狄乐播著,郭大松译:《中华育英才:狄邦就烈传》,第 21、30 页。

坚持质量原则而不注重数量,所进行的教育也非常彻底。学院的精神和教学活动具有明显的基督特性。每一个毕业生都宣称自己是基督徒,几乎所有人,包括许多毕业前即离开的学生在内,均作为教师、牧师、福音布道者和医生致力于直接的基督工作。他们在中国南北各个省份处于具有重大影响的位置上。据说长江以北每一个高等学堂的教师中都有一个或多个山东毕业生。北京大学[①]教工中有6个,在南京的帝国大学(Imperial University at Nanking)[②]有3个。这样,学院以培养师资的方式,直接或间接的为变中国为基督王国发挥着巨大的影响。[③]

这段话说明广文学堂重质量而不重数量,保证学院基督特性的维持,为培养基督毕业生并影响全国做出了巨大贡献。美长老会和英浸礼会联合后,学院只招收二会的基督徒学生。

表6-1 1906—1907年差会学生入学人数统计表

年份	合计	长老会	浸礼会	史料来源
1906 神学院春	106	52	54	AUBA,267-4269,p568
1906 神学院秋	122	72	50	AUBA,267-4269,p568
1906 文理学院	221	151	70	AUBA,267-4269,p570
1907 神学院	110	66	44	AUBA,267-4269,p602
1907 文理学院	131			AUBA,267-4269,p607

这种局面出现的原因主要由于《联合准则》的规定。如前所述,《联合准则》十分注重学生的基督教家庭背景,根据这一原则招生的结果是,直到1912年,文理学院"有320名学生在学院学习(不含预

---

① The University at Peking,应指京师大学堂。

② 此学校不知何指? 疑应指两江师范学堂,加 Imperial 一词应是为与教会所办汇文书院区分开。

③ *Shantung Union College* 1906,AUBA,267-4269,p550.

科),很少有非基督徒。"①

表 6 - 2　文理学院 1912—1918 年学生所代表差会一览表②

年	学期	长老会	浸礼会	圣公会	其他差会	非基督徒	合计
1912	秋	161	85	12	15	19	292
1913	春	180	100	17	16	56	369
	秋	181	94	17	18	44	354
1914	春	157	78	12	27	45	319
	秋	152	81	10	26	34	303
1915	春	114	55	7	14	16	206
	秋	62	28	5	8	10	113
1916	春	58	24	9	14	4	109
	秋	44	26	8	16	6	100
1917	春	57	21	4	16	3	101
	秋	69	20	4	15	2	111
1918	春	61	18	4	18	2	103

　　由表可见非基督徒的数量 1913 年最多,然后逐年下降。此与学生招生总量趋势一致。所有学生中间,长老会数量明显占有优势,其次为浸礼会。7 年中非基督徒数量 241,占总数 2480 的 9.7%,不到十分之一,这充分说明了齐鲁大学的基督教大学性质。

　　随着学校层次的提高,对生源的质量要求越来越严,考试失败率在有些地方还是很高的,以 1918 年 6 月入学考试情况为例:

　　① *The Annual Register and Report of the Shantung Christian University* 1912, AUBA,267 - 4270,p701.

　　② Annual Report of the Dean of the School of Arts and Science for the School Year 1917 - 1918, *Shantung Christian University Bulletin*, No. 9,AUBA,262 - 4239,pp388 - 389.

表6－3 1918年6月入学各学校各科失败比率表①

1918年6月	学生数量	英语	算术	代数	几何	历史	地理	圣经	国文	作文	修身	科学	失败学校百分比
平阴	3	1	0	0	0	1	0	0	0	0		0	.066 6
泰安	5	4	1	0	0	1	0	0	1	1		2	.16
威海	1	0	0	1	1	0	0	0	0	0		0	.20
清江浦	3	1	1	0	1	1	0	0	0	0		1	.20
洪洞	2	2	0	0	1	0	0	0	1	0		0	.20
青州	16	9	1	2	6	4	2	3	0	7		0	.212 5
怀远	1	0	0	0	0	1	0	0	0	0		0	.30
潍县	6	1	1	2	3	3	1	3	1	3		2	.333 3
济南	6	3	4	2	3	1	2	3	0	4			.366 6
峄县	1	0	0	0	0	0	0	1	1	1			.40
苏州府	1	0	0	1	1	0	0	0	0	0			.40
登州	4	3	2	1	1	3	2	1	3	3		1	.50
北京	1	0	0	0	1	1	0	1	1	0			.50
通州	3	0	3	0	2	3	2	3	1	2		2	.533 3
济宁	3	0	3	2	3	3	2	3	1	3		2	.666 6
官方学校	7	3	6	7	7	7	3		5	4	7	6	.785 7
滕县	1	1	1	1	0	1	1	1	1	0		1	.80
合计	64	28	23	19	30	31	16	20	17	31	7	15	.385 9

　　失败率最高者除滕县(与考人数太少)外,是官办学校,而讽刺的是,官办学校的国文成绩竟然在所有学校中是最差的。这也说明当时不注重中国学问不仅仅是教会学校的特征。

　　医学院学生的最大特点是生源不限于本省,而是遍布全国。1911年医学院新校正式建成使用,同年招生情况如下:医前期11人,特别生30人。第一班40人,第二班46人,第三班44人,第四班70

---

　　① Annual Report of the Dean of the School of Arts and Science for the School Year 1917-1918, *Shantung Christian University Bulletin*, No. 9, AUBA, 262-4239, p389.

人,第五班 42 人,第六班 32 人,共计 314 人。18 名学生来自省外。[①]
1916 年 10 月来自北京协和医学院的 3 个低年级班和其他地方的 65
名学生并到了医学院,1917 年 2 月又有 14 名南京大学医学院的学生
到来,1917 年 9 月从汉口协和医学院转来 12 名学生,次年 2 月又从
同一学校过来 3 名医学专修生。这为医学院带来支持差会的增多、
经费的扩展之外,还在很大程度上扩充了生源。使得医学院学生的
生源地遍及全国。如 1918 年秋季学期共有 118 名学生注册,这些学
生来自如下省份:

表 6-4　1918 年秋季学期医学院学生来源省份表[②]

山东	直隶	满洲	山西	河南	安徽	陕西	湖南	湖北	江苏	浙江	广东	广西	福建	合计
43	17	17	8	4	7	1	1	5	4	4	3	1	7	118

　　1923 年 9 月齐大通过男女合校议案,不久即有北京女子协和医
学院女生 32 人分别插入医学院及医预科。当时男女合校一事不仅
在齐大为创举,即在中国各地亦属甚早。齐大女生招收范围只限于
文理学院教育系及神学院、医学院和医预科。[③] 随着女生的招收以及
学校规模的扩大,生源来自省份数量继续增加,以 1923 年秋季学期学
生入学为例,学生群体来自省份和差会分别如表 6-5、表 6-6 所示:

表 6-5　1923 年秋季学期入学学生来源省份表[④]

省份/地区	医学院男	医学院女	神学院男	神学院女	文学院高级班男	文学院初级班男	文学院初级班女	医预科男	医预科女	特别生男	男生合计	女生合计
山东	44		24	1	45	36	1	39	9	2	190	11
直隶	5	1	4		4	1		10	2		24	3

---

　　① President's Reports, *The Annual Register and Report of the Shantung Christian University* 1912, AUBA, 267 - 4270, p718.

　　② Report of Dean of the School of Medicine for the Year 1917—1918, AUBA, 262 - 4239, p395.

　　③ *Shantung Christian University*, AUBA, 267 - 4272, p20.

　　④ *Shantung Christian University Bulletin*, No. 32, AUBA, 262 - 4241, p737.

(续表)

省份/地区	医学院男	医学院女	神学院男	神学院女	文学院高级班男	文学院初级班男	文学院初级班女	医预科男	医预科女	特别生男	男生合计	女生合计
山西	10		5		3			4			22	
江苏	6				2	5		7	1	1	21	1
河南	4		1		2			6	2	1	14	2
奉天	5	2	3	2				1	1		9	5
福建	3							6	3		9	3
湖北	2		1		1	1		3	1		8	1
安徽	2				2	2		2	1		8	1
浙江	4		2					1			7	
湖南	2										2	
江西	1								1		1	1
广东	1										1	
四川								1				
黑龙江	1										1	
吉林				2								2
其他国家		1							1			2
合计	94		45		59	46		102		4	350	

　　由上表可知,仍以医学院学生所代表的省份最为广大,横跨15省,并有1名女生来自国外(应为朝鲜)。

表 6 - 6　1923 年秋季学期入学学生代表差会表[①]

差会	医学院男	医学院女	神学院男	神学院女	文学院高级班男	文学院初级班男	文学院初级班女	医预科男	医预科女	特别生男	男生合计	女生合计
美北长老会	32	4	5	1	22	19		19	7	1	98	12
浸礼会	8		17	1	15	9		8	1		57	2
非基督徒	12				3	5		17	3	1	38	3
公理会	11		10		5			1	3		27	3
圣公会	4				6	6		2			18	
美南长老会	4				3	5		5			17	
信义会	5		1		3	1		3	2		13	2
美以美会	4						1	9	3		13	4
加拿大长老会	4		1		1			4			10	
伦敦会	1							4	1		5	1
中国内地会			1					2		1	4	
南浸信会	1		1		1			1			4	
苏格兰自由联合教会			2					1			3	
美国朋友会			1							1	2	
全国圣洁团(National Holiness Mission)								2	1		2	1
基督教文理公会	1								1		1	1
美国降临基督教团(American Advent Christian Mission)	1										1	
爱尔兰长老会			1	3							1	3
英国浸礼会	1										1	
拿撒勒教会(Church of the Nazarene)								1			1	

①　*Shantung Christian University Bulletin*，No. 32，AUBA，262 - 4241，p740.

(续表)

差会	医学院男	医学院女	神学院男	神学院女	文学院高级班男	文学院初级班男	文学院初级班女	医预科男	医预科女	特别生男	男生合计	女生合计
独立	1										1	
兄弟会									1			1
合计	94	45	59	46		102				4	350	

由上表可知,齐大学生代表差会共计 22 个。其中医学院学生涉及 15 个差会,神学院 10 个,文理学院 16 个,但是若将在文理学院上课的医预科与神预科所代表差会剔除,则只剩下了 9 个。在学生群体中,非基督徒比例依然偏低,计 41 人,且主要分布在医学院(12)与医预科(男 17,女 3),占总数 350 人的 11.7%,比 1912—1918 年平均比例略高一点。

很快非基督教浪潮波及了齐大,收回教育权的呼声日益高涨。虽然 1925 年夏天济南排外十分严重,但对齐大 1925—1926 年度的招生影响不大。开学时仍入学 392 名学生,比前一年相应数字还增加了 20%。其中包括 53 名女生。文理学院:男 219,女 25;神学院:男 30,女 7;医学院:男 90,女 21。[①] 真正的影响发生于 1927—1928 学年,1927 年 6 月入学时,文理学院学生减少了大约 100 名,但神学院和医学院变化不大:

	1926 年	1927 年
文理学院	258	163
神学院	37	35
医学院	88	89

① President's Report 1925—1926, *Shantung Christian University Bulletin*, No. 54, AUBA, 263 - 4243, p68.

尚没有具体的资料分析该年度学生的来源省份和代表差会,但报告中提到,此数字仍与前一年同样是广泛地代表了很多省份,只是由于动乱的局势,理所当然地比往常有更大的比例来自邻近地区。① 亦即说,山东及其邻近省份的学生在 1927—1928 学年拥有了更高比例。

1928 年五三惨案发生后,学生数量降到了 1921 年以来的最低点,文理学院 133,医学院 94,神学院 40。但由于动荡的校内外形势,这一数字比齐大当局开始秋季学期时预想的还要高一些。1928 年学生入学有几个有趣的点需要注意。首先,女生的数量与男生相比下降较少(从 1927 年的 47 到 1928 年的 42)。一个原因是齐大当局在 1927 年济南事件时对女生进行了极好的照顾,用汽车将她们送到了火车站,在车站滞留时给她们提供房间和食物,将她们转移到了青岛,再一次提供居所并竭尽所能给予她们照顾直到她们被送回家。另一个原因是女生所属的两个院系,即医学院和教育系没有衰落。从入学率还可以看出教育系的重要性日渐增长,其从 1927 年的 19 人增加到了 1928 年的 32 人。这个数字在文理学院学生中的比例自 1927 年的 18%(医预科除外)增加到了 1928 年的 35%。可以说文理学院学生的下降与齐大文理学院要改建成主要为农村服务的教师培养机构有关。在此方案里,教育和农村利益在文理学院中占据优先位置,这一点大大降低了文理学院对学生的吸引力;向政府立案的不确定性也是招生下降的主要原因之一。其次需要注意的是,在当时"非基"十分严重的情况下,齐大的学生群体在成员方面却变得更加基督化。基督徒比例 1926 年 87%,1927 年 91%,1928 年则达到了 92%。然而全体学生中只有 62% 来自基督教家庭。② 这说明很多非基督教家庭的学生在齐大读书期间加入了基督教成为教徒。

---

① Acting President's Report 1927—1928, *Shantung Christian University Bulletin*, No. 67, AUBA, 263 - 4245, p245.

② Report of the Registrar, 1929 - 6, *Shantung Christian University Bulletin*, No. 72, pp43 - 44,齐档 J109 - 01 - 530。

表 6-7　1926—1928 年各系部学生入学统计表①

1928秋	文学院	理学院	教育系		医预科		神预科		文理合计		医学院		神学院		合计
	男	男	男	女	男	女	男	女	男	女	男	女	男	女	
大一	4	5	5	4	28	2	5		47	6					53
大二	6	4	3	4	11	5			24	9			3		36
大三	11	9	9	4					29	4	24	6	7	2	72
大四	16	3	2	1					21	1	13	4	12	1	52
											8	2			10
											14	4			18
											7	3			10
合计	37	21	32		46		5		141		85		25		251
1927秋															
大一	10	7	2	3	20	9	5		44	12					56
大二	16	9	5	6	20	6			50	12			15	2	79
大三	20	3	1	1					24		15	4	11		55
大四	15	4		1					19	1	8	1	6	1	36
											17	3			20
											6	3			9
											26	7			33
合计	61	23	19		55		5		165		90		35		268
1926秋															
大一	37	12	11		39	12	5	1	117						117
大二	31	9	11		21	4			76				8		84
大三	12	4	2						18		7	1	7	1	34
大四	17	4	3						24		16	4	9	1	54
											9	3			12
											27	7			34
											11	2			13
特别生	12		11						23		3		10		37
合计	109	29	38		76		6		258		90		37		385

---

① Report of the Registrar, 1929-6, *Shantung Christian University Bulletin*, No. 72, p44, 齐档 J109-01-530。

表 6 - 8   1925—1928 年各差会选送学生人数统计表(前六位)①

	1928	1927	1925
美国公理会	36	35	43
美国北长老会	63	89	107
行教会	17	15	19
英浸礼会	30	33	30
美以美会	19	30	40
中国教会	9	10	6

1928 年学生来源省份仍然很广,只有甘肃、广西、贵州、云南没有派送学生。1931 年 12 月齐大向政府立案成功,学校规模得以扩大。其学生来源省份继续扩展,如 1936—1937 年学生来源省份已达到 23 个省:

安徽 23;察哈尔 2;浙江 19;福建 23;黑龙江 1;河南 26;河北 153;湖南 3;湖北 20;热河 4;甘肃 2;江西 5;江苏 22;吉林 4;广西 2;广东 21;辽宁 35;山西 21;山东 161;陕西 9;绥远 5;四川 6;云南 2。②共计 569 人,省外人数已经远远大于山东省内人数。据徐以骅考证,1936 年齐鲁大学入教学生比例为 56%,虽然比 1928 年的 92%低了很多,但仍在众多教会大学里名列前茅,仅次于福建协和大学的 60%。③

在学生来源方面,有几个问题值得注意。

第一,基督徒比例偏高。由上述可以看出,立案并没有过多地减少齐大学生的数量、影响广度(来源省份)以及基督徒的比例。这也使得齐大保持了自己一贯的风格,其作为基督教学校对政治的超脱和对社会问题的关注贯彻始终。齐大学生内敛不张扬,懂埋头苦干,

---

① Report of the Registrar, 1929 - 6, *Shantung Christian UniversityBulletin*, No. 72, p45,齐档 J109 - 01 - 530。另表末尚有一行注明"另有 14 个差会未统计",说明 1925—1928 年间参与选送学生的差会至少有 20 个。

② 数字包括文学院、理学院、医学院、药学专修科和无线电专修科。Cheeloo Students Hall From Twenty-Three Province, *Cheeloo*, AUBA, 267 - 4274, p124.

③ 徐以骅:《教育与宗教:作为传教媒介的圣约翰大学》,第 226 页。

甘于服务社会,不以出风头为能事。所以我们在此后的叙述中可以看到齐大学生对于很多政治热点问题的理论关注兴趣与实际行动的缺位,以及在国难中与众不同的爱国表现。

第二,学生多来自农村,家庭贫困,多受教会资助,因而更易受基督教影响。齐鲁大学一直是"农村基督徒家庭子弟的教育中心,汉语几乎是唯一的教学用语。它对希望学英文的商人子弟毫无吸引力"。[①] 担任过齐鲁大学医学院长的张惠泉曾说:"我从 12 岁一直到大学都是在教会学校里读书,在读书期间,曾因经济困难退学一年,又一次几乎停学,都因得到教会的津贴而复学。当时我虽有些顾虑,但始终认为若不是教会的津贴,我不会成为一个大学毕业生……"[②] 对教会的感恩之情溢于言表。

第三,女生教育较发达,女生的特征是否缓解了齐大的有可能的激越情绪是一个尚待证明的问题,但在五卅惨案后非基督教宣传中,散发传单的共青团员遭到了女生的辱骂或可证明问题。(详见第八章)

第四,占学校主体地位的医学院学生一向对政治不感兴趣,原因是其"学业负担过重",以致"学生对社会活动都比较淡漠,在学校的学生组织中,很少有医学院的学生。"有学者引证 1943 年入学的一位同学的说法,认为齐大学生"不关心国家大事是一个大问题"[③]这一情况得到了杨懋春的证实:"医正科的学生每月课业确甚沉重。不但上课、实验与实习的时数多,每项学习的深度与分量也很重。"很多学生周末也不得休息,那么他们为什么如此用功呢? 原因是"能考进齐大医学院不是件容易事,能经历七年至于毕业更不是件容易事;一旦医学院毕业,成了名牌医生,高社会地位与优厚金钱待遇,就在校外等着。是这些不容易与这些优越诱因使他们不能不拼命用功"。除了

---

① (美)杰西·格·卢茨著,曾钜生译:《中国教会大学史(1850—1950)》,第 158 页。

② 包德威、陶飞亚:《齐鲁大学医学院毕业生的历史分析》,顾学稼、林蔚、伍宗华编:《中国教会大学史论丛》,第 264 页。

③ 包德威、陶飞亚:《齐鲁大学医学院毕业生的历史分析》,顾学稼、林蔚、伍宗华编:《中国教会大学史论丛》,第 263 页。

课业沉重、前景美好之外,齐大学生不愿关注校外事务还有省际因素。前文已及,医学院学生来自全国各省,其中包括很多"从江南各地来的学生",这些学生不大能讲华北流行的国语官话,衣食习惯也与华北有很大区别,这与文理学院、神学院学生"几乎清一色来自山东、河北、河南、山西等省与江苏、安徽的北部"十分不同。这种不同就造成了"医学院学生与其他各学院同学不能有密切的关系"。① 故,在文理学院发动的几次学潮中,医学院学生集体选择了缺席,当是不难理解的。

第二节　毕业生事工及民族主义表现

一、总体情况

1877 年注定是登州蒙养学堂也是齐鲁大学发展史上具有里程碑意义的一年。这一年学校第一届三名毕业生举行了毕业典礼。毕业典礼于是年 2 月举行,长达两天。狄邦就烈对毕业典礼做了生动描述:整晚进行文学竞赛,由裁判员判定每个毕业生的好坏。他们每个人都做了发言。"演讲可以和任何一所美国的大学毕业生的演讲相媲美。"② 应邀观礼的嘉宾对毕业生做出了高度评价,梅里士(Charles Mills)盛赞邹立文的演讲是其"听到过的最博学的中文演讲";郭显德(Hunter Corbett)则认为三名毕业生"都很好的展示了自己",高第丕(T. P. Crawford)也为毕业生的演讲感到异常高兴。③ 在有关这一年的情况报告中,狄考文谈到:

---

①　详见杨懋春:《齐鲁大学校史(三)》,《山东文献》第九卷第四期,1984 年 3 月 12 日版,第 69－70 页。

②　狄乐播著,郭大松译:《中华育英才:狄邦就烈传》,第 26－27 页。

③　Irwin T. Hyatt, Jr. *Our Ordered Lives Confess: Three Nineteenth-Century American Missionaries in East Shangtung*, Harvard University Press, 1976, p174.

　　三位毕业生都具有杰出的才能。他们在中国语言、文学以及西方科学方面的成绩都非常优秀。其中一人去了杭州,负责那里的一所教会学堂,该校比登州蒙养学堂早创办接近20年,繁荣兴旺。另一位去了烟台,在苏格兰长老会一所学校中教书。第三位去帮助倪维思博士开展广泛的农村工作,我确信他将对倪维思博士的工作给予最有价值的帮助。我们以前的一位学生,去年一直在学校教学,今年也去帮助倪维思博士开展工作。虽然知道这种工作要比教学更艰难,而且薪金少,但他自愿去做。我们希望明年多招学生,担心想到这里来上学的太多,难以容纳,我们将尽最大努力。①

　　这段话说明:首批三名毕业生以及提到的另一名学生都在从事与教会有关的工作。另外表达了这样一层意思:学堂影响已经很大,想来就学者已超过了收纳能力。应该从此时开始,狄考文开始计划将学校升格为大学。

　　虽然狄考文在1870年代对文会馆进行整顿时开始注重在教徒子弟中招生,但在学校章程布告中从未曾要求必须招考基督徒学生,"是否加入基督教从来都不是大学对入学和毕业的条件要求",但直到1906年大学从未毕业过一个非基督教学生。齐大学生由于其学术水准和基督品格,"声誉已遍及整个帝国"。齐大的毕业生正如其《联合准则》所称,主要是培养牧师、布道员、教师和医生,也有少部分的商人。如截至1906年,文理学院180名学生完成了课程并且获得了毕业证书。毕业生中,10人成为牧师,10人正在学习神学,8人受训成为医生,很多人在努力成为福音布道者和文学助理,但大多数是教师。聘请学院毕业生当教师的需求极大并且逐渐增长。省内长老会的初级和高级中学全由学院毕业生管理。华中和华北几乎所有的

---

　　① 费丹尼著,郭大松、崔华杰译:《一位在中国山东四十五年的传教士:狄考文》,第97页。

教会学院或者高中都在用文理学院的毕业生作为老师或校长。北京、保定、济南、太原、南京和上海的政府学院和大学,也多从齐大毕业生中招聘教师。也有一些毕业生进入了商界并获得了财富,尤其是其中一个还成长为富翁,但是其良好的基督品格及对教会的大度慷慨等原因使其成为学校的骄傲。① 该富翁就是刘寿山,刘毕业于1884年的登州文会馆,其人其事在后文"个案"中再行介绍。

神学院自然以培养神学工作者为主。1895—1905期间青州葛罗神学院已有超过100名学生毕业。31名被作为牧师和布道者,其中6名已故,22名仍在积极活动。37名被训练为学校老师,其中20人以此身份仍在为差会服务。33名其他人受到了主要作为布道者的正规课程训练。文理学院的教育宗旨是向主要来自基督家庭的青年人传授通识教育,并不排斥经商和从政。但事实上至少1912年之前,"很少有人去从事商业,毕业生最大的追求就是获取文凭并以饱满的热情和精神去做牧师、布道者、教师和图书管理员。可喜的是,由于他们训练有素,因此已经有了为数不少的在承担领导职责的人。"②

齐大医学院毕业生主要在医学领域工作,有学者统计过1949年以前的医学院毕业生职业分布表,颇能说明问题,现转引于此:

表6-9　1949年以前齐鲁大学医学院毕业生职业分布③

职业	人数	职业	人数
中学医务室	1	药房	4
居家	4	产医	5
医务官员	16	私人诊所	33
医学院教师	41	各类医院医生	420

① *Shantung Union College* 1906,AUBA,267-4269,pp535-542.
② *The Annual Register and Report of the Shantung Christian University* 1912,AUBA,267-4270,pp701-702.
③ 转引自包德威、陶飞亚《齐鲁大学医学院毕业生的历史分析》,《中国教会大学史论丛》,第254页。表格为原作者据原始档案统计而来,原表中尚有职业以外其他信息,本书从略。

由上表可见，医学院毕业生以各类医院医生为主要职业选择对象，这当然符合医学院的培养目标。毕业生在 1915—1927 年的 12 年中在教会医院服务者达到总数的 50％。[①]另据 1933 年的统计数字，截至 1932 年，医学院毕业生 271 人，12 人已去世。其余 101 人在齐大和其他教会医院工作，42 人在政府或其他公共机构工作。111 人私人执业。他们分布于除东北以外的中国 13 行省，只有 62 人在包括济南以内的中国 6 大城市里，其中 22 人在教会医院，其余 40 人在其他医院，服务于政府或私人执业。23 名女毕业生，11 人工作于教会医院，11 人私人执业。服务于 28 个差会的 101 名毕业生分布于 56 个医院 14 个省。1933 年的毕业班计 28 人，23 人在齐大和其他教会医院，2 人在政府服务部门，无人私人执业。[②] 也就是说 1933 年 6 月时，医学院在世毕业生总数达到了 287 人，除了两三个以外，所有的都在积极工作。其中在教会医院工作者占到总数的 46.7％，这一数字这也符合齐大的宗教特性。而 1932 年前留在大城市工作者所占比例为 22.9％，以上数据突出体现了一个问题，即齐大毕业生留在大城市者极少，这与齐大培养扎根基层医生的教学宗旨及由此形成的朴实肯干的学风是分不开的。

同样由于齐大校风倡导朴实实干的原因，其培养的医务人员多以精湛的医术闻名于世，但可称之为医学家者则为数不多。如在《中国当代医学家荟萃》中，齐鲁大学医学院毕业医学家仅 16 人，远低于北京协和的 76 人，也低于华西协和的 21 人和湖南湘雅的 18 人。[③] 这一点也充分说明了齐大培养方针上的有所为有所不为之处，当然当时中国对医学一线工作者还是极其需要的，这也是齐大毕业生的用武之地，但医学实践若不能再上层次，不能在学术上总结科学规

① Report of the Dean, School of Medicine, Cheeloo University for Year Ending June 30th, 1929, *Shantung Christian University Bulletin*, No. 72, AUBA, 263 - 4245, p245.

② Report of the School of Medicine of Cheeloo University, 1933, AUBA, 263 - 4246, p595.

③ 转引自包德威、陶飞亚《齐鲁大学医学院毕业生的历史分析》，《中国教会大学史论丛》，第 260 - 261 页。

律,对自身的发展也会是一种限制。

　　据 1925 年的统计,齐大已有毕业生 925 人,除了已经去世的 95 位校友外,其余 830 人均有自己的事业。519 位文理学院毕业生中当教员的占 60%,做布道事业的有四分之一,营别业的算是少数。神学院毕业生 148 人,大半是当牧师并传道,其余当神学教员和青年会干事的要算是少数了。163 个医学院毕业生在教会医院内服务的差不多占全数的四分之三,其余服务于军队或私人营业。[①] 另据中华基督教教育会 1925 年至 1933 年对各大学毕业生进行的职业调查中可以统计出从事牧师和基督教社会事工人员的数量:毕业后当牧师者,齐鲁 65 人,福建协和 4 人,之江大学 49 人,华中 41 人,金陵 21 人,圣约翰 27 人,沪江 16 人,东吴 64 人,华西 13 人,燕京 27 人,共 327 人;从事基督教社会事工者,齐鲁 312 人,福建协和 4 人,金陵女大 18 人,之江 13 人,华中 7 人,华南女大 6 人,岭南 1 人,金陵 38 人,圣约翰 9 人,沪江 38 人,东吴 42 人,华西 6 人,燕京 115 人,共 609 人。[②] 可见齐大毕业生在各教会大学中最为重视宗教事业。

二、几个个案:基督徒的民族主义

　　由前所述可知,齐大学生群体中基督徒的比例一直偏高,受此影响,其毕业生从事的工作也多数与基督教有关。在近代中国内忧外患的时局里,齐大学生及毕业生当然不可能置身事外。但是其民族主义的表现却有自己的特色,这种特色与其基督徒的身份有着莫大的关系。有关齐大校内学生的民族主义表现在第七、八章集中阐述,本节以几个毕业生代表作为个案分析下齐大校友的民族情愫。

　　齐鲁大学的校友根据其后来从事的工作,可分为以下几种类型:宗教型,以丁立美、邹立文等为主要代表;专业型,以侯宝璋、薛愚等为代表;教育型,以杨学贤等为代表;革命型,以刘谦初、丁君羊等为

　① *Shantung Christian University*,AUBA,267 - 4272,p23.
　② 转引自王立诚:《美国文化渗透与近代中国教育:沪江大学的历史》,第 188 页。

代表。也有商业成功后反哺教会者,如刘寿山。

最杰出也最纯粹的宗教型人才是丁立美。丁立美(1875? —
1936)1892年毕业于登州文会馆,在校友名录中亦写为丁立珊,山东
胶州人。丁是齐鲁大学毕业生中最杰出的宗教布道者代表人物,也
是"清末民初最杰出的奋兴布道家"①,极其擅长口头布道,足迹遍布
全国,有"中国的穆迪"之称,"是一位基督教界国内国际声震遐迩的
名牧"。② 与弟弟丁立介(1877—1954)均为传教士郭显德(Hunter
Corbett)的学生。丁13岁进入登州文会馆学习,1892年毕业后曾任
潍县长老会视学,1894年任文会馆物理教师,1896年入文会馆神学
培训机构教士馆,为义务传道学生,1898年毕业后按立为牧师,四处
游行布道。1900年丁立美在莱州(今掖县)传道,曾被义和团袭击杖
打,关进牢狱,经狄考文、赫士(Watson M. Hayes)到山东巡抚袁世凯
处说情方获释放。

丁立美还是中国基督教青年会全国协会学生立志布道团创始
人,并担任巡回干事。前文曾及,1909年路思义认为应该在广文学
堂学生中"发动一个奋兴运动",遂请丁立美来校主领奋兴聚会。在
300名学生中,有116人经其布道后,决志走上传道之路,占全校学生
的1/3以上,此即为"中华学生立志传道团"的前身。1910年6月23
日,在河北通州协和大学举行的华北区学生夏令会上,"中华学生立
志传道团"正式成立,丁立美为第一任游行干事。丁立美擅长口头布
道,演说充满说服力,其足迹遍及中国18省,并远至日本。"凡青年
学生萃集的中心地,无不跋涉走遍,选募人才",谢扶雅就是在日本留
学时为丁立美所发现并为其举荐于青年会任职。丁不断地在学生中
间和社会各界布道,希望大家接受基督的福音。他尤其喜欢在青年
和知识界里布道,吸引了不少青年学生成为基督徒。因此谢扶雅认
为,"丁牧在中国基督教文化史上最值得大书特书的一页,倒不是他

---

① 查时杰:《丁立美(1875? —1936):清末民初最杰出的奋兴布道家》,《中国基督教
人物小传》(上卷),台湾:中华福音神学院出版社1983年版,第107页。

② 谢扶雅:《丁立美牧师与青年学生》,《同工》第160期,1937年,第33-34页。

的'传道',乃是他的'得人'——这真是他对基督教界的重要贡献,这真是抓到了中国基督教命运的决胜点"。[①] 中国基督教史上的著名人物,如全绍武、宝广林、李荣芳、鲍哲庆、钟可托、浦化人、赵紫宸、刘凤山等都是从这里走上为教会服务的道路。他去世时青年会仍以他是青年会干事之名,赠发了抚恤金。

丁立美之所以能够打动青年学生,其所赖之原动力在谢扶雅充满感情的笔下有如下呈现:

> 与其说是他丰富的圣经知识和神学思想,毋宁是他自身活泼泼的宗教经验,尤其是他独特的宗教情绪,最能进入到青年人的心坎。青年人是富于情感的,他们所以投到这位牧师的怀中,不因其道高德茂,乃是感觉着他的内心之"美"。他有神秘的灵交,在上帝面前,自己好似赤子,所以我们能翻过来看一般青年也同赤子一样。他视上帝为慈父,而对青年男女亦以慈父自居。单从他的祈祷和代祷中,便可以证实我这个观断。听过他祷告的人,一定会陶醉在他那种和谐的声调,委婉的情辞,悠邈的音波,和有规律有节奏,而带着微妙震颤无限曲折的调子里面。我想像他祈祷时,宛同一个天真烂漫的婴孩,倾倒在他慈母的怀中唔唔唱语,显露出无限满足无限慰安的情态,真可以说就是音乐,是一片钧天之奏! 这并不是技术,乃由于他灵交的素养,内心的汩汩灵泉,是他的一片活经验![②]

可见丁牧师之所以能够得人,源于其巨大的人格之感召力。

丁立美是一个基督教徒,同时也是一个中国人,因此其极力推动基督教的本色化,成为中国自立教会的先驱。1885 年,丁与同为文

---

① 谢扶雅:《丁立美牧师与青年学生》,《同工》第 160 期,1937 年,第 34 页。
② 谢扶雅:《丁立美牧师与青年学生》,《同工》第 160 期,1937 年,第 35 页。

会馆毕业的邹立文、王宣忱等人,约请毕业的几届同学 40 余人,创办了山东酬恩布道会,后演变为山东基督教自立会,自订会章,宣布脱离美国长老会独立。1901 年又任青岛自立教会第一任牧师。1922 年中华基督教协进会组织了"云南布道会",丁又受派到那里拓荒布道,在禄丰、大理、腾冲等地展开福音工作。1923 年在仍为学生立志传道团工作的情况下,决定帮助赫士共同办好华北神学院,从此其将更多的时间用在华北神学院学生培养上。1932 年又创办天津圣经学院,任副院长。1936 年 9 月 22 日去世于天津。可以说丁立美一生都在为宗教服务,为基督工作,在中国基督教发展史上占有重要地位。

邹立文,字宪章,山东蓬莱人。1877 年文会馆第一届毕业生,也被后来的齐鲁大学追认为第一届校友。邹立文毕业后,一直担任狄考文翻译助手,在文会馆校友中"文字成就是最高的",其曾于 1885 年与美国传教士狄考文合译了《形学备旨》10 卷;1890 年与生福维、狄考文合译了《代数备旨》13 卷;1892 年与狄考文合编了《笔算数学》3 册及《西算备旨》2 卷,从而在中国数学史上占有重要地位,其参与翻译的这些书在清末作为学校教材被广泛使用。邹是一个虔诚的基督教徒,毕业之后曾在山东中部一些教堂做牧师,去世之前在由狄考文为主席的"圣经翻译委员会"中一直提供卓越的助力。① 与丁立美一样,邹也是中国自立教会的发起人之一,主张基督教的本色化。

文会馆早期毕业生中,也有学生投身于商业,致富后又来反哺基督教会的案例,虽然不多,但影响颇大。代表性人物即刘寿山。

刘寿山(1863—1935)字鹤亭,圣名福仁,山东文登人。幼年家境贫困,10 岁时丧父,靠母亲王氏为外国商人作女佣为生。1872 年经外商介绍被美国籍传教士郭显德牧师收为学生,1874 年受洗加入基督教。通过郭显德的资助,刘寿山得以进入学校学习。1884 年毕业于登州文会馆,任教 15 年后,"他发现自己的天性决定其人生道路

---

① *Shantung Union College* 1906,AUBA,267 - 4269,p547.

应该在商业领域发展"。遂于烟台投资经营房产。1901 年迁往青岛继续经营房产,资本更盛,致富后刘寿山将"其收入的十分之三拿出来支持基督工作,实际数额远远超过了这一数字,因为他在给予中获得了快乐"。①

刘寿山的名字还与中国基督教自立教会联系在一起。辛亥革命前夕,刘寿山等曾以"华人自理耶稣教会"的名义向青岛德国殖民当局申请租地建堂,但遭到拒绝。1912 年,刘寿山、王元德、袁日俊、李道辉等一批有资望的信徒在青岛召开会议,倡议创办基督教自立会,"除去依赖性质,唤起自立精神,以期民国肇造,圣道勃兴,奠共和之幸福,促人群之进化"②。1913 年,济南、青岛、烟台、潍坊等地的教会代表在济南召开会议,决定成立山东中华基督教自立会。1914 年刘寿山要求划拨济南一块大约 4 英亩的废弃之地以建立济南独立教堂。此要求被批准,在济南经四路小纬六路附近划给土地 20 亩,并批准地租永远豁免。刘寿山、王元德等人立即在此筹资建堂,1915年 8 月落成,在此堂内召开"山东中华基督教自立会"成立大会,选出刘寿山、王元德、李道辉、刘滋堂等 23 人为董事会董事,制定通过山东中华基督教自立会章程,其中规定:(1) 本自立会不受西差会援助;(2) 各地教会平等;(3) 牧师之任免须经总会同意;(4) 总会设董事会主持会务。③ 倡导中国教会自立、自养、自传,不受外国差会支配。1922 年山东中华基督教自立会向全国募捐,筹资扩建大礼拜堂。该工程 1924 年开工,1926 年竣工献堂,其外形为两个对称式钟楼(至今仍保存完好,位于济南经四路小纬六路)。金碧辉煌的教堂花费了大约 5 万美金,虽然这样的建筑物在美国会用掉数倍于此的花费。全部钱款都由中国人捐献,刘先生以 36 000 美元的赠予名列

---

① Seed That Bring Forth an Hundredfold, *Cheeloo Sketches*, Number 2, May, 1927.

② 王神荫:《山东基督教自立会简介》,山东省政协文史资料研究委员会:《山东文史资料选辑》(第 21 辑),山东人民出版社 1986 年版,第 191 页。

③ 山东省地方史志编纂委员会:《山东省志·少数民族志、宗教志》,山东人民出版社 1998 年版,第 602 页。

榜首。① 教堂后院建有 400 余间平房，多数出租以补贴教会费用。

其他的与济南自立教堂有联系的齐大毕业生是王元德。王元德 1904 年毕业于登州文会馆，曾协助狄考文用普通话翻译圣经长达四年，并翻译了其他一些书。后来其在文学院教书，随之迁到潍县。1913—1917 年他为济南青年会的组织做了大量准备工作。1918 年王成为济南独立教堂的秘书。王先生是华北独立教堂委员会的成员，是齐鲁大学校董会的成员，也是青年会民族行政机关委员会的成员，他还是中国一个大型中国出口公司的管理者。齐鲁大学刊物《齐鲁素描》中谈到："在济南自立教堂发展过程中每一个杰出的领导都是齐大毕业生。建造这个教堂是许多毕业生和受他们影响的其他人的事工。在他们极其有限的收入中捐钱或者提供服务，他们是在建设中国基督事业的未来。当我们接触到这些生活时，我们重新意识到努力和神圣造就了中国的基督事业并带来了百倍的果实。"②

由上可见，齐大最著名的一批以宗教事业作为终生追求的校友，都是以基督教的本色化作为自己最大事工的。他们将基督徒与中国人的身份角色统一了起来，民族主义情愫是朴实且可敬的。

丁立美、邹立文、刘寿山、王元德等都是长老会文会馆培养出来的人才，英国浸礼会在青州创办的广德书院也涌现出了宋传典等代表性杰出人物。宋传典（1875—1930），字徽五，又名化忠，山东省益都县人，12 岁加入基督教，17 岁入青州英浸礼会学校学习③。1899 年毕业于广德书院，蒙库寿龄院长留为该院教员。该书院与文会馆同时迁于潍县合为广文学堂时，仍延宋传典为该堂博物教员。宋借机翻译《动物学详考》一书，后因眼疾辞职归青，历充青州海岱中学、云门中学、太公庙中学、培真书院教员及益都教育会会长、官立高等小学校校长并齐鲁大学董事等职。宋传典还是当时有名的买办资本家。20 世纪初，欧美市场对中国花边的需求日增，库寿龄介绍宋到

---

① Seed That Bring Forth an Hundredfold, *Cheeloo Sketches*, Number 2, May, 1927.

② Seed That Bring Forth an Hundredfold, *Cheeloo Sketches*, Number 2, May, 1927.

③ 《齐大心声》第 1 卷第 1 期，1924 年，第 37 页。

当时花边集中产地烟台,学习编织技术。中华民国成立后,宋传典按库寿龄的意旨,弃教经商,在青州投资经营花边业,获利颇丰。除花边之外,宋还经营汽车、自行车、布匹、呢绒、花生米、核桃等贸易。一战爆发后,中国花边在欧美的销路锐减,发网在欧洲备受妇女欢迎。他放弃花边,改营发网。至1920年,宋经营的德昌洋行已在济南、青岛、潍县、烟台、天津、上海等地设立了分行或分号,除经营发网及汽车、自行车、布匹、呢绒、棉花、花生米、核桃等土洋货物,还设了一个地毯厂、一个火柴厂和一个肥皂厂,资本总额达100多万元。宋传典亦曾在仕途发展,1923年任山东省议会议长,曾倡设私立青岛大学,并曾兼任校长,1925年任段祺瑞执政府临时参议院参政。1928年春国民党军队北伐,进入山东,4月30日张宗昌率部撤出济南,宋传典怕自己长期依附北洋军阀,不能见容于国民党,也逃往天津。国民党山东省政府以"附逆"的罪名,下令通缉宋传典,并没收他在青州、济南两地的部分资产约60万元。宋传典以重金买通国民政府要员、基督教徒王正廷,向蒋介石代为说情,获准解除通缉。1930年1月宋突发脑溢血去世。宋传典与基督教渊源颇深。首先其名字由化忠改为传典,即是库寿龄所为,意为传播耶稣经典。同时其上学读书费用亦为库寿龄夫妇所接济,而其赖以发迹的花边企业也是库寿龄夫妇所交付。[1] 宋传典对基督教事工亦做出了自己的贡献,"对于教会所办事业,经常捐助。"[2]

在齐鲁大学的毕业生中,更多的是实实在在干事,踏踏实实贡献的人。其中科学教育救国的典型是薛愚(1894—1988)。薛愚,字慕回,湖北省襄阳县人。1925年毕业于齐鲁大学化学系,同年受聘于

---

[1] 《宋传典》,李明忠主编:《潍坊古今人物》,正之出版社1992年版,第257-259页;张文星:《宋传典事略》,中国人民政治协商会议山东省青州市文史资料研究委员会:《文史资料选辑》第5辑,1987年版,第131-135页;王钧堂、冯宝光:《我们所知道的宋传典》,青州市政协文史资料委员会编:《青州文史资料》(选本),山东人民出版社1991年版,第117-123页。

[2] 王钧堂、冯宝光:《我们所知道的宋传典》,青州市政协文史资料委员会编:《青州文史资料》(选本),第117页。

清华大学。1930 年赴法国学习,师从巴黎药学院著名教授、药师布礼德(M. Bridel)先生。1933 年获巴黎大学理科博士学位。回国后先后在河南大学、暨南大学、西北农专、国立药专、齐鲁大学、同济大学等校任职。其中曾担任齐大理学院院长、药物专科学校校长,先后讲授无机化学、有机化学、分析化学、生物化学和药物化学等。早在1943 年就发表《论药学教育》等文章,对药学教育体制、教学内容等都作出科学的构想,后又陆续发表有关药学建设和教育文章 15 篇。中华人民共和国建立之后,被聘为北京大学医学院药学系主任,为学生讲授多门类课程,先后编著《实用有机药物化学》、《普通化学定性分析实验教程》、《医用有机化学》等。除搞好教学外,他还进行大量科学研究工作,曾于中药醉鱼草中提取出了醉鱼草素甲、醉鱼草素乙,并测定出其化学结构,研究其化学性质等设计挥发油含量测定器。1957 年他进行了 60 余种芳香性中药挥发油含量测定及其性质的研究。晚年还主编《中国药学史料》。薛愚积极参与政治生活,是第一届全国人大代表,第一、三、四、五、六届全国政协委员,九三学社中央常委,第一届北京市人大代表,北京市政府委员,九三学社北京分社第一届主任委员等,还是中国药学会第 14 届理事长、第 17 届名誉理事长。

薛愚在中国近当代药学界做出了重大贡献,同时还是一个关心国家民族的爱国人士。五四运动时,薛愚正在教会学校鸿文中学读书,但仍"投入到伟大的爱国运动中,扛着大旗走向街头,游行示威,高喊锄奸、救国的口号。"[1]1920 年薛愚带着与鸿文中学的合同考入齐鲁大学学习。在齐大期间,薛愚推动成立了自然科学研究会,科学会的成立充分体现了薛愚等人科学救国、务实肯干的精神。(详见第七章)正如同薛愚本人所自称的,他"是个教育救国论者",[2]他执教

---

[1] 薛愚:《我走过的路》,九三学社中央研究室编:《中国科学家回忆录》,第 2 辑,学苑出版社 1990 年版,第 16 页。

[2] 薛愚:《我走过的路》,九三学社中央研究室编:《中国科学家回忆录》,第 2 辑,第 23 页。

60多年,为祖国培养了大批的药学人才。在医学领域比较著名的校友还有侯宝璋、郎国珍等,二人均参加过五四运动,这在相对比较沉寂的医学院是很难能可贵的。

相对而言,齐大毕业生中涉足革命的人比较少见。齐大刘谦初与丁君羊只能算是齐大校友,而不是齐大正经八百的毕业生。刘谦初(1897—1931)于1918年考入齐大文科预科读书二年,因家境贫寒无力攻读而未升入本科。后来因撰写征文《我的二十世纪的宗教观》获得李提摩太奖金,遂于1922年暑假入燕京大学文理科读书。在燕大刘"抵制教会的奴化教育,始终保持民族尊严和气节。"[1]毕业后去镇江教会学校润州中学任教一年,后赴广州参加革命。1926年参加北伐,1927年加入中国共产党,1928年9月任福建省委书记。1929年3月奉调到济南接任山东省委书记,7月被捕入狱,1931年4月牺牲于济南,年仅34岁。刘谦初是一个革命者,同时也是一个基督教徒。其信仰状况以及如何看待革命与宗教已经不得而知,在齐大的两年生活给其留下了什么印记亦无从考证。与刘谦初稍有不同的另一个与齐鲁大学有关系的中共党员是丁君羊,丁为了将革命思想传播进齐大校园,遂在齐大挂名读书一年。(丁的事迹将在第八章详述)

有关基督徒的民族主义表现,姚西伊曾有数篇文章予以分析,认为可以分为民族主义派、唯爱主义派与中间调和派三个群体。民族主义武力革命派是在国难面前主张抗争、倡导武力抵抗的一派,以吴雷川为代表;唯爱和平派则"坚持一条非暴力的革命路线,为全人类的大和解努力奋斗",以徐宝谦为代表;[2]中间派则"既不愿意断然抛弃或大幅修改对基督'博爱'精神的传统认同立场,但又充满了民族义愤,深感有参加抗日救国运动的必要。"两难中"采取了一种介于武

---

　　① 王家鼎:《刘谦初生平史实考订》,中共山东省委党史资料征集研究委员会编:《山东党史资料》1985年第1期,第143页。

　　② 姚西伊:《为爱注意与民族主义——吴雷川与徐宝谦社会伦理思想之比较》,陶飞亚、梁元生主编:《东亚基督教再诠释》,香港中文大学出版社,2004年版,第442页。

力抵抗派与唯爱和平派之间的立场",即坚持"博爱"传统的同时,"尽量为适当的武力反抗开拓一些空间"。① 但是若对民族主义做较宽泛一些的理解,其不仅具有反抗的一面,还有建设、建构的一面。② 爱国不一定非得走上战场,"服务国家,拯救人群,也不一定要做到当兵的地步;即如在战争的前方后方,服务军人,拯救伤亡,救济难民等,也是在在需人的重要工作"。③ 所以本文认为,基督徒民族主义表现除姚先生所分三类之外,还应有一个民族建设派。战争是一个系统工程,后方建设同样重要。齐大校友循此思路,发扬踏实勤奋的作风,为救国做着自己的努力。比如发展教育以挽救国难的齐大毕业生就不在少数,杨学贤是其中一个代表。杨1933年毕业于齐大教育系,是当时有名的运动员和学生领袖人物,与当时的校长林济青关系密切,深为林所赏识。杨学贤是鲁西中学创始人,其创办鲁西中学本身就是林济青鼓励的结果。教育系毕业的杨学贤,热心教育事业,办教育更是行家里手。④ "九一八"事变后,在东北任教的齐大校友孙伯愚逃入关内,历尽坎坷,"几罹杀身之祸"。后在河南信阳帮助汪学箴女校友经营义光女学,担任教务主任之职,该校在国难严重之时,经费支绌,难民麕集,生活维艰,大米每斗价值8元蔬菜一斤须费3角,学生多数不能留校吃住,管理十分困难。在此局面下,孙伯愚向齐大友人写信表示"际此外侮日亟,天灾遍地之时,吾人能尽一日心力即算为国家作一分事工,敢不努力图维"⑤可见孙是将教育当成救国手段进行思考的。与孙同样情况的余梦祥离开东北入关后,也是"极愿

---

① 姚西伊:《"九一八"之后中国基督徒对战争与和平问题的思考与讨论》,刘家峰编:《离异与融会:中国基督徒与本色教会的兴起》,上海人民出版社2005年版,第58-59页。

② 罗志田:《乱世潜流:民族主义与民国政治》,"自序",上海古籍出版社2001年版,第1-2页。

③ 编者:《国难期间基督徒急于求解的两个问题》,《真光》第37卷第10号,1938年10月,第2-3页。

④ 肖何生:《鲁西中学和杨学贤》,政协山东省济宁市市中区委员会文史资料研究委员会编:《济宁市市中区文史资料 第2辑》,第137页。

⑤ 《孙伯愚先生近讯》,《齐大旬刊》,第2卷第21期,1932年4月21日,第125页。

早日出山服务教育,俾以一得之长为未亡之祖国作有效之事工"。[①]
故可见齐大校友多以做好本职工作、安守本分作为爱国救国的最好
方式。

---

① 《余梦祥先生之行踪》,《齐大旬刊》,第 2 卷第 11 期,1931 年 12 月 11 日,第 64 页。

第七章

"共和国之实验场":学生社团组织

齐大学生的社团组织渊源极久。早在登州文会馆时期,即已"立会名目颇多,成效甚著"。[①] 后来的历史发展中,学校各种社团组织几乎不可胜数。但总结起来,主要可以分为学习学术型、自治管理型、宗教救国型等几大类。这些社团组织大大丰富了校园文化,同时也表现了齐大学生对国家民族命运的关注与思考。

第一节　对国家社会的学理关注:学习学术型

学习学术型社团组织包括两大类,一类是全校性组织,如早期的辩论会以及 1920 年代之后成立的文学研究会、科学会、国际友谊会(国际问题研讨会)、列传研究会,还有昙花一现的东风学社等。第二类是专业性组织,基本局限于各系部,以本系主修课程为研究对象。

一、全校性组织

(一)辩论会:"共和国之实验场"

成立最早也是最重要的学习学术型组织即为辩论会。

---

① 王元德、刘玉锋:《文会馆志》第 47 页。

　　1866 年登州蒙养学堂生徒增加到 11 人,"乃设辩论会"。[①] 在学堂所设各会中,辩论会为强迫加入,"夫所谓强迫者,学生不必自愿,而监督率之著为学课之一,其规条悉由学生自议。监督不为断定,惟从旁指教之评论之,使学生择善而从,所以养成学生自治自立之心也。"养成学生自治自立之心,是辩论会设立目的。辩论会原名摛藻。摛藻是一个中文传统色彩十分浓厚的词语,有铺陈辞藻、施展文才之意。汉代班固《答宾戏》:"虽驰辩如涛波,摛藻如春华,犹无益于殿最也"。北宋林逋《寄茂才冯彭年》诗:"无如摛藻妙,所惜赏音稀"。乾隆年间皇宫修建摛藻堂即取弘扬文华之意。蒙养学堂采用此名亦取义于此,目的是提高学生才华。摛藻后来分为三会:正斋分设高谈、阔论两会,备斋设育才一会。每逢星期六下午聚会,"监督及教习皆在会所监视诸事"。辩论会效果显著,毕业生在后来的发展中"负办事之名者无不得力于斯会",且此后"所立各会办事之法,均以此会为根柢",因此辩论会被誉为"学堂中不可不立之会也"。[②]

　　辩论会,"学生共和国之实验场也",因而又名学生共和会。由此可以窥测文会馆对学生公共自立之心的培育和现代公民意识的培养。

> 　　聚一堂学生而公立之,自定法律、自守范围、自治自立
> 之道,基于是矣。况言论之才,藉此可以练习;道德之心,藉
> 此可以培养。于学生前途大有裨益。此民国学堂所当急为
> 附设而广收其效者也。

以此出发,辩论会总纲第一条即为"本会以交换知识练习口辩造就共和国民资格为宗旨"。会中一切规则也均以现代国家选举之法,比如

---

　　① 王元德、刘玉锋:《文会馆志》,第 48 页。但据狄乐播著,郭大松译《中华育英才:狄邦就烈传》第 22 页:"早在 1867 年夏季,就举办辩论会训练学生,并把这作为学堂定期进行的特色活动之一。"
　　② 王元德、刘玉锋:《文会馆志》第 48 页。

"正副会长按提名密选之法规定之,余者均提名立选"。每次开会有念论、讲论、辩论三事,每事二人：

> 将己所作论说对众高声念之谓之念论,须求听者不知为念方佳;将己所作论说对众从容演之谓讲论,须求听者不觉为背方佳;某事或某说可就两方面言之,二人各执一说以辨明其理由谓辩论。凡辩论二人轮流各登台二次,第一次须说本方面之理由层层证明,第二次须驳彼方面之非是,层层驳诘。[①]

由于辩论会常常会涉及一些社会甚至政治问题,有些东西在当时政治环境下是颇为犯忌的。比如《中华育英才:狄邦就烈传》一书中就曾经列出过如下题目：

> 用理性或暴力施行统治,哪一种方式更难?
>
> 穷人还是富人容易犯罪?
>
> 基督教还是孔教对生活更有用?
>
> 呆在家里好还是到国外去好?
>
> 在接受教育过程中,天资重要还是勤勉努力重要?
>
> 在社会习俗和博爱方面,中国人好一些还是外国人强一些?
>
> 受斥责有好处吗?
>
> 参拜假神好还是什么都不参拜好?[②]

从这些题目上来看,辩论内容包括政治、社会、宗教、教育、中外比较等等命题,涉及外来政治、文化与思想理念者三:用理性或暴力

---

① 王元德、刘玉锋：《文会馆志》第 62 页。

② 转引自狄乐播著,郭大松译：《中华育英才:狄邦就烈传》,第 22 页。

施行统治,哪一种方式更难? 呆在家里好还是到国外去好? 在社会习俗和博爱方面,中国人好一些还是外国人强一些? 这些问题还是颇有些犯忌的。故文会馆辩论会章程专门规定,辩论会只以"练习口才增进学问为范围,不得提倡实行致起各界交涉",①将学术讨论与政治参与进行了区隔。

　　该社团在迁潍以后继续存在,或者说至少其"学生共和国之实验场"的宗旨目标继续存在。在广文学堂相关的英文档案里,经常会见到被称为 Literary Societies 的学生社团组织,直译是文学社团,而且这种社团不止一个,在 1906 年时存在两个,其主要活动就是"每周进行写作、演讲和辩论练习。在这里学生变成为公共演讲能手,养成旧中国所不知道的习惯"。② 1910 年后成为了 6 个,"每周六晚上开会,由学生自己组织。每个学生被倡议作为其中一个的会员"。写作、演讲、辩论和进行类似于议会讨论的活动是这些社团的主要特征,每年春季学期末举行文学比赛。③ 这些文学社团虽由学生自己组织,但基本都有老师辅助,一般每个社团有三个老师支持。其活动水平虽然离教师们的希望还很远,但是"相信它们的继续存在是值得关注并投入时间的"。④

　　文理学院很注重培养学生们"共和国公民"的精神。辛亥革命后,学校支持学生成立了学生自治会(详后),继续文学社团的写作、演讲、辩论并进行类似于议会讨论的活动。1916 年文理学院学生在教师指导下被组织成两个大的协会,涵盖了该学院的文学、演讲与体育活动,这些团体通过友好竞争的方式来发扬学院精神。⑤ 1917 年

---

　　① 王元德、刘玉锋:《文会馆志》第 63 页。

　　② *Shantung Union College* 1906,AUBA,267 - 4269,pp541 - 542.

　　③ *The Annual Register and Report of the Shantung Christian University* 1912,AUBA,267 - 4270,p708.

　　④ *The Annual Register and Report of the Shantung Christian University* 1912,AUBA,267 - 4270,p721.

　　⑤ The College of Arts and Science, *The Annual Register and Report of the Shantung Christian University* 1916,AUBA,267 - 4270,p889.

在文理学院与神学院学生之间有四个文学社团进行活动。所有这些院系的学生在入校时都成为了他们社团的成员,并积极开展了每周一次的辩论和论文提交的活动。存在于文理学院和神学院的这些文学社团到1918—1919学年时变为了三个,仍要求所有学生在入校开始即加入社团,其活动为每周一次的辩论和写作比赛。但随着1920年代后学生自治空气的上升以及各专业系部的先后发展成熟,尤其是五四运动的洗礼之后,学生自治会及其他社团组织逐渐代替了这些初级的文学社团的全部功能。"共和国之试验场"开始由其他社团来继续创建并维护。

(二)文学研究会:研究中国传统文学、文化

齐大文学研究会"系各学院学生之爱好文学者所组织",①成立于1923年12月中旬,于1924年2月中旬起手正式研究,会长许慕贤,书记张耀观,速记张维思,会计段仁德。章程中还规定可招收校外会员,凡该校校友有志研究文学或素有文学经验者,皆可通信研究,互换智识,而为会员。②

研究会除会员自己研究,每两星期开会派定三四人报告研究成绩外,特别注重请名人演讲。如1924年已请傅少虞先生讲"诗之研究",栾调甫先生讲"墨学之研究"。栾还应该会之请,作过多次演讲,"故该会同人均称幸甚"。③ 文学研究会初期作品由《齐大心声》发表。

文学研究会成立伊始即遭遇了一系列运动的洗礼,"非基"、收回教育权、五三惨案、立案注册所造成的风波等等,都对其产生了或大或小的影响。故"因种种困难未能一帆风顺进行无阻",遂于1931年初力行整顿,"广征同志,图维进行","招集大会,邀请名人讲演,并着手分配研究工作"。④ 整顿工作颇有成效。4月2日晚七点在柏根楼

---

① 《齐大文学研究会近讯》,《齐大旬刊》第1卷第16期,1931年2月28日。
② 《研究会同时发起两个》,《齐大心声》第1卷第1期,1924年1月,第33页。
③ 《文学研究会与自然科学研究会》,《齐大心声》第1卷第4期,1924年12月,第34页。
④ 《齐大文学研究会近讯》,《齐大旬刊》第1卷第16期,1931年2月28日。

333 号,研究会邀请山东省立图书馆馆长王献唐讲解"诗经之音韵",略论中国音韵历代变迁概略及《诗经》在音韵学中的地位,"甚为听众所欢迎"。① 除请名人公开演讲外,整顿后的文学研究会将原来的每星期报告研究成绩改为每月举行会员讨论会一次,因为事实证明每星期均报告研究成绩很不切实际。月讨论会办法为先指定会员数人,让其将研究文学时最有兴趣或最有心得的问题整理成文,开讨论会时当众报告,共同研究。第一次讨论会于 5 月 8 日晚七点在柏根楼 318 号举行,范围为"中国文学"。除所有男女会员列席外,还请中国文学组顾问周斡庭先生与老舍先生到场指导。先由会员黄约翰报告,题为"滑稽的文学",继由会员张敦臣报告,题为"小说的生命"。报告毕,会员群起讨论。最后由老舍先生做点评,舒先生"对诸同学作一番勉励",八点半散会。②

经过一番整顿,研究会颇为生机勃勃,尤其在老舍、周斡庭等人的指导之下,渐趋于正规。5 月 23 日晚七点在柏根楼 333 号举行同乐大会,首由老舍教授给诗谜 12 项,众会员皆争相猜想,结果以王新民与张淑惠所中最多,由舒教授各奖文学书籍一册。然后主席宣布按会章正式选举职员如下:

```
常务　黎怀英先生　孔祥林先生
秘书　王新民
会计　张淑惠女士
庶务　赵延杰
游艺　徐绍赓女士　王彩珠女士③
```

研究会此后发展不详。

---

① 《文学研究会公开演讲》,《齐大旬刊》第 1 卷第 18 期,1931 年 4 月 10 日。
② 《第一次讨论会》,《齐大旬刊》第 1 卷第 21 期,1931 年 5 月 10 日。
③ 《文学研究会之同乐大会及改选》,《齐大旬刊》第 1 卷第 23、24 期合刊,1931 年 6 月 10 日。

(三) 自然科学研究会:科学救国

自然科学研究会(下简称科学会)孕育于 1922 年秋。是时齐大学生薛愚与化学教员吴克明谈及齐大科学现状,薛提出齐大"科学既素驰名国内",且有宝维廉、王泽普等科学健将,"何不立一学会,发行刊物,以扬校光,以导社会"? 吴克明告之宝维廉早有此意,但未得到合适时机。薛愚便开始为此事奔走。1923 年春,趁郭金南同学[①]毕业,大家送贺之机再提此事,得到了数位同学的认可,大家"互相鼓吹,彼此酝酿",等待时机。是年双十节前一星期,宝维廉教授宴请同人,偶尔提起科学研究会之事,一唱百诺。席间即举定马九达、王伯训、孝启道、吴振钟、薛愚等 5 人组成起草委员会,草创简章。数星期后,简章草就,于 11 月 20 号当众宣读,选举职员,科学研究会成立。

1924 年 1 月科学会正式开会,会长段仁德,副会长崔永福,书记王伯训,会计吴振钟。科学会成立伊始,即计划刊发季报,设编辑主任薛愚,编辑员刘柏龄等。该季报当时即已收到周作人先生发刊题词。[②]

考查科学会发起缘起,其动机有二。

其一为"科学之紧要":

> 自欧战告终,人多以科学为杀伐之母,应当铲除尽净,推广哲理,甚者以为应举现代一切科学产物,悉数推翻。然吾人仔细推思:古人步行,日不过百里,遇有山河之阻,怅然而返;今者火车汽船飞机潜艇,日行数千百里,无山之阻,无水之限,朝欧夕亚,天涯比邻。古人居处求饱暖而难能;今者高楼宏厦,夏则电扇冬则汽炉,可衣俄罗斯之绒,可乘亚拉伯之马,可食波罗饴,可饮白兰地。古人交谊,仅限于家族部落,今者邮报电话千数百里之遥,可互相对语,虽有海

---

① 曾任济南青年会总干事。
② 《研究会同时发起两个》,《齐大心声》第 1 卷第 1 期,1924 年 4 月,第 33 页。

洋之限,亦可桑麻话衷,甚者欲沟通火星地球间之交通。古人治事,工作仅赖乎肢体,事十而功不一;今者水电汽机,一人所作者,古之十数人难能,一日所成者,古之数十日难成……是皆科学之赐。

其二为"我国科学之现状"太让人失望:

> 我国科学之现状不堪言,不忍言,言之痛心! 言之汗流! 以言书籍:前者科学会仅翻印数种西洋普通课本,毫无供大学专门研究之资料;今者科学会且倒闭矣。至于商务书馆中华书局广学会……出版之科学课本不足供中小学之探取,遑论夫高深精奥。以言杂志:时下流行者,虽号称数十种,而属乎科学者,仅科学社所出之《科学》及他各大学之《理化杂志》、《博物杂志》、《数理杂志》、《科学周报》、《科学周刊》……三五而已。以言治科学之人:据科学社 1920 年之调查,国内会员 17 行省共 276 人,(《科学》第八卷第一期),仅抵英国皇家学会会员之半,(英皇家学会国内会员共472 人——《科学》第一卷第七期)。以言学者之成绩:美之人口仅我四分之一,中选学者乃至十人;普鲁士,德之一联邦耳,人口仅我十分之一,中选学者有 22 人之多;撒克逊亦德之一联邦,人口为我国百分之一,中选学者乃得七人;而我国学者竟无一人中选。可不愧乎?

这里之所以将两段资料详细照列,是因为此段史料颇能说明齐大学生对于当时科学思潮的把握,从而可以说明齐大学生科学救国的热忱。欧战后,中国思想界发生新文化运动,倡导"民主"与"科学"。然而此时的"科学"已不再是"中体西用"下的西方自然科学技术知识,而是偏重于社会科学,于是各种主义、思潮纷纷流入国内,自然科学技术反倒并不彰显了。当此时,齐大学生能够力倡"科学救国",颇具思想史意义,[1]也足可以改变我们对教会大学学生不问国事的印象。同时这一阐述也是齐鲁大学追求学术、务实肯干精神的集中表达。

当然学生也有其局限性,其中浓烈的"科学万能"思想即有可商榷之处:

> 当此廿世纪,物质文明时代,自然科学之研究,极属重要,责任所在之青年,更当刻不容缓,诚因科学万能,包罗万有;举夫一切机器之发明,与夫自然现象难题之解决,莫不赖乎科学;甚至家常生活,医药事业,农田耕作,工厂制造,亦莫不与自然科学有直接之联属,此同人等所以有自然科学研究会之设也。[2]

不过必须承认,齐大学生成立科学会自有其不凡的意义与价值。

科学会主要工作有四:组织讲演会、发行出版物、论文评奖与组织参观。

第一学期共组织讲演会四场:第一场为臧惠泉先生讲"清华学校科学教员暑期研究会之概况";赵守夷先生讲"山西煤状"。第二场请燕京大学地质学教授巴贝耳(Barbour)讲"地震原理"。第三场请齐大天算系主任教授王泽普讲"一九二四年之火星"。第四场由科学会会员讲演:崔介卿讲"氧气与人生";孝贯一讲"印象术"。[3] 此四场六种讲演已涉及天文地理、宇宙人生,对拓宽知识面定然有益。且演讲人涉及校内校外,既有教师的讲学也有同学间切磋,组织不可谓不完备。如巴贝耳教授的"地震"讲演于 1925 年 3 月 11 日在化学楼大讲堂进行,"于地震之原理,发挥极为透澈",当晚听讲者"百余人之多,

---

① 治近代思想史者,似尚未将目光投射之教会大学学生这一群体身上。
② 《自然科学研究会》,《齐大心声》第 1 卷第 4 期,1924 年 12 月,第 23 – 28 页。
③ 《自然科学研究会》,《齐大心声》第 1 卷第 4 期,1924 年 12 月,第 26 – 27 页。

颇称踊跃"。①

由于资金问题,科学会发行出版物的计划未能实施。故与《齐大心声》社磋商,蒙允将所有稿件在该刊另开一栏,按期刊登。

为鼓励会员研究科学,科学会特请顾问拟定题目,由会员将研究所得写成论文,由科学会请顾问审查,奖给最优、次优者价值20元之书籍。

组织参观济南附近有科学研究价值之工厂是科学会另一重要工作,如溥益糖厂、裕兴颜料公司、工业化验所等。而且考察范围似乎并不以济南为限,比如1925年4月16日科学会工业调查团就曾赴博山淄川一带考察该地煤矿、玻璃厂、窑业、红土及黑礬等,历时三天。②

科学会此后的情况不详。即对报道学生社团活动不遗余力的《齐大旬刊》对此竟也只字未提,一个可能的解释是,此时齐大院系调整已经完备,系科划分比较细致,而各系部都成立了自己的专业研究会(如下文详述),全校性的科学会失去了存在的必要性,即不再开展活动。

(四)齐大国际友谊会(国际问题研究会):培养"具有爱国主义升华的世界公民"

齐大国际友谊会成立于1930年9月21日,是由"齐鲁大学一部分学生,鉴于国际问题关系之重大,遂邀集少数同志"③发起成立,以罗天乐为顾问,推选主席陈鸿飞,秘书刘贤增,会务委员五人:姚慈惠、胡仁安、罗先生,及当然委员主席、秘书,并议决每月开会讨论会务进行。④

齐大国际友谊会以"联络友谊并研究国际问题藉以促进世界大同为宗旨",会员分为基础会员与赞助会员两种:

---

① 《科学研究会消息一束》,《齐大心声》第2卷第2期,1925年6月,第28页。
② 《科学研究会消息一束》,《齐大心声》第2卷第2期,1925年6月,第28页。
③ 《齐鲁大学学生组织国际友谊会》,《消息》1930年12月20日,第19页。
④ 《齐大国际友谊会成立》,《齐大月刊》第1卷第1期,1930年10月10日,第79页。

1. 基础会员——以本校中西职教、学员之渴慕和平及关心国际问题并经本会基础会员二人以上之介绍者为合格。

2. 赞助会员——校外同仁之志同道合并愿助理本会进行者,经本会基础会员二人以上之介绍,复经全体大会之认可为合格。

设主席一人司理该会对内外事宜,秘书 1 人司理来往文件及记录事宜,会计 1 人司理出入款项事宜,执行委员 5 人,除主席、秘书及会计为当然委员外,另选二人充任,负责该会一切进行事宜。所有职员皆由全体大会选出,凡基础会员皆有选举权及被选举权。职员任期以一学期为限,但在假期内如有特殊事项发生,可由住济之基础会员临时办理。会员每人每学期缴会费洋两角。国际友谊会《章程》规定其会务有三:

1. 每月至少有全体大会一次,讨论本会一切进行事宜。

2. 每月至少有公开演讲会一次,研究国际间之重要问题。

3. 联络山东各地国际友谊会藉以互通声气勉励进行。①

如上可以看出,齐大师生对国际友谊会十分重视,不仅章程规范,且提出的以"联络友谊并研究国际问题藉以促进世界大同"的立会宗旨也十分豪迈大气。其出台的背景尤值得注意,世界经济危机持续存在,国际形势复杂多变,战争气氛日趋紧张,研讨国际问题确

---

① 《齐大国际友谊会简章》,《齐大旬刊》第 1 卷第 4 期,1930 年 10 月 20 日,第 21－22 页。

实是十分必要的。关键是在一个自诩与世无争、对政治保持超脱的教会大学里倾心于研究国际问题到底说明了什么? 提倡国际友谊,与基督教的"国际化"理想有关系,比如司徒雷登就曾提出要培养学生的"国际化"头脑,使之成为"具有爱国主义升华的世界公民",要求学生"消除民族之间的偏见,文化之间的隔阂,国际之间的不和"思想。[①] 若忽略当时的时代背景,此思想不能算错。

国际友谊会成立后积极进行活动。据不完全统计,在 1930 年 10 月至 1931 年 10 月共组织演讲 12 场,这些演讲均与国际政治或国际关系有关,如下表:

表 7 - 1　国际友谊会 1930—1931 年演讲表

时间	讲演者	题目	史料来源	备注
1930 年 10 月 3 日	奚尔恩	欧战后历史上之几大要事	《齐大国际友谊会演讲会志盛》,《齐大旬刊》第 1 卷第 3 期,1930 年 10 月 10 日	操中、英 两 国 语言,历两小时之久
1930 年 10 月 24 日	余天麻	太平洋问题	《国际友谊会》,《齐大旬刊》第 1 卷第 4 期,1930 年 10 月 20 日	
1930 年 10 月—1930 年 12 月	罗天乐、衣振青、魏礼模		《齐大国际友谊会之总报告》,《齐大旬刊》第 1 卷第 9 期,1930 年 12 月 10 日	讲题及具体时间、内容不详
1931 年 2 月	何思源	主义与民族性	《齐大旬刊》第 1 卷第 15 期,1931 年 2 月 20 日	
1931 年 3 月 6 日	日本领事西田畊一	现代日本问题	《齐大国际友谊会近讯》,《齐大旬刊》第 1 卷第 16 期,1931 年 2 月 28 日	
1931 年 3 月 17 日	德国领事 Fr. Siebert 博士	现代德国问题	《齐大旬刊》第 1 卷第 18 期,1931 年 4 月 10 日	一战后德国一落千丈之地位重又跻身强国足为吾人取法

[①]　顾长声:《传教士与近代中国》,第 385 页。

（续表）

时间	讲演者	题目	史料来源	备注
1931 年 5 月 2 日	英文系主任罗天乐	环游世界	《讲演》,《齐大旬刊》第 1 卷第 21 期,1931 年 5 月 10 日	讲演时并放映电影将英美德法加意诸大国之名胜古迹,现诸银幕以助兴趣,因此到会听讲者异常踊跃
1931 年 5 月 15 日	社会经济系主任余天庥	中国的政治与宪政运动	《社会经济系主任余天庥讲"中国的政治与宪政运动"》,《齐大旬刊》第 1 卷第 22 期,1931 年 5 月 20 日	余博士对于社会之实地考察尤能面面俱到,其所谈之政治问题均以社会问题为出发点,只要能促进社会发展与维持社会安宁之政策,无论古今中外都有提倡之必要。此种见地确为有识之论,故甚受听众之欢迎
1931年9月	建设厅厅长张鸿烈	建设问题	《齐大旬刊》第 2 卷第 6 期,1931 年 10 月 21 日	
1931 年 10 月 18 日	罗伯慈	经济问题与国际主义	同上	

　　友谊会成立之初,即由罗天乐提出组织发起了国际友善考察团,定于 1931 年夏率领一部分社员,赴日调查研究社会状况,以促进国际感情。该社与日本基督社会主义者贺川丰彦联系,贺川答允"愿尽招待之责"。考察团并不囿于友谊会成员,凡"国内男女学生及教职员,如有志研究国际及社会问题,而愿参加此项考察者",均可向罗天乐联系报名参加。[①]

　　1931 年初,考察团行程改为六七月间去日本住三星期,从事于现

---

　　① 《齐鲁大学学生组织国际友谊会》,《消息》1930 年 12 月 20 日,第 19 页。

代日本问题之考查,然后更去朝鲜与中国东北等地勾留数日,其计划如下:

1. 凡愿加入该团者必须于三月内报名同时交报名费二元。

2. 凡加入该团者必须阅读数种有关于日本之书籍,并且每周必须赴该团所组织之讨论班一次。

3. 旅费虽有各方面筹募,但加入者不可不分担,故暂定每人纳华币50元。

4. 在日本时,所应请担任指导或讲演之日本名人已在分别函洽中。

5. 报名事宜可与罗天乐及陈宝斋二位先生接洽。①

由此计划可知,国际友谊会为一自费团体,经费并不充裕,赴日考察须向报名者收取费用。为筹措经费,国际友谊会于3月28日晚在广智院举行游艺会,向济南“各界关心人类进步之士,筹措救济”。② 与会来宾300余人,虽然国际友谊会宣称“结果颇佳”,但是收入捐款并“不过巨”。由于经费不足,欲前往考察学生又太多,只有“施行投票选举之法”,齐大选出代表8人前往,此外北平8所大学代表3人,金陵大学1人,齐大教职员自备资费六七人一同前往。齐大8名代表是:王墨园、姚慈惠、王友竹、刘贤增、伍学宗、李路加、李春泽、胡仁安。③

6月国际友谊会又收到捐款一宗,可供4人旅行之用,于是将代表8人扩充至12人。④ 24日出发,一行22人,除齐大学生12人教授

---

① 《齐大国际友谊会近讯》,《齐大旬刊》第1卷第16期,1931年2月28日,第91页。

② 《国际友谊会游艺大会》,《齐大月刊》第1卷第6期,1931年4月10日,第562页。

③ 《国际友善考察团近讯》,《齐大旬刊》第1卷第18期,1931年4月10日,第103页。

④ 《国际友谊会赴日考察团近讯》,《齐大旬刊》第1卷第23、24期,1931年6月10日,第138-139页。

1 人外,其他 9 人则系杭州之江大学、北平协和医学院等诸大学师生。此去需时 50 日,除在东京加入暑期文化研究班需时较多外,余则遍访日本、朝鲜、中国东北各省以及西伯利亚等地,考察各处文化工业教育社会及村治诸事,并于所到之处提倡国际亲善与世界和平。该团以为,若要免除国际纠纷实现世界和平非有友谊态度合作精神不可,故提出口号如下:

1. 天下为公。
2. 真理万能。
3. 四海之内皆兄弟也。

其目的为:

1. 竭力以和平方法解决国际问题。
2. 以友谊态度接近各国青年考察各国真相促进国际友善。
3. 联络各国有思想之青年共同打倒帝国主义及经济侵略政策。
4. 竭力提倡国际和平消灭战争。①

8 月 10 日考察团回到了国内。

此事尚有一后续事件值得一提,即考察团在日考察时,在东京曾遇到了泛太平洋国交会发起人、致力于国际友善运动 30 余年的福特博士。8 月 27 日,福特来华北拜访张学良副司令,转道济南,特来齐大参观并访问国际友善考察团。是日午后,所有在校国际友谊会会员及国际友善考察团队员均集于办公楼招待室,举行欢迎福特博士

---

① 《国际友善考察团已出发》,《齐大旬刊》第 1 卷第 26 期,1931 年 6 月 30 日,第 151 页。

大会。席间博士对于促进国际友善方面多所指导,并希望本校能有多人注意此事。若在可能范围之内应使中西儿童之受过良好教育者常有彼此往来之机会。一方面固可借友谊以促进国际间之好感,另一方面尤可使西籍儿童认识曾受高等教育之中国人,这也是将来提高中国国际地位的一种办法。①

此后未到一月,九一八事变爆发,国际考察团的国际亲善努力失败了。

考察国际友谊会 1931 年之前的作为,其讲演会的选题以及所组织的国际亲善考察团,都表达了齐大师生对国际关系的关注和对国际友谊的追求。然而这种努力在当时是注定不可能成功的。国际友谊会的存在也证明了一点:就是齐鲁大学这样的教会大学对于国际政治问题、国家危难问题并非不管不顾,而是有自己的对待方式,那就是努力研究,做自己力所能及的事;加强自己的修养,以强己而攘外。这一点在此后的叙述中会得到一再的证明。

九一八事变之后,国际友谊会是否继续存在的问题未能得到史料证明。目前看到的资料中,1935 年齐大有一个“国际问题研究会”在活动,其活动方式仍以讲演为主,资料称该会“成立有年,成绩卓著”,从时间上推算,该会与国际友谊会应有前后承续关系,且以常理推之,在九一八事变之后深沉的民族危机中再以“友谊会”为名也确实有些不合时宜。但至于该会何时改名,以及九一八事变之后到1935 年间的活动情况由于资料原因,已无法考证。国际问题研究会在 1935 至 1936 年的演讲情况如下:

---

① 《福特博士来访国际友善考察团》,《齐大旬刊》第 2 卷第 2 期,1931 年 9 月 11 日,第 9 页。

表 7-2 国际问题研究会 1935—1936 年演讲表

时间	演讲人	主题	史料来源	备注
1935 年 9 月 27 日	校长刘书铭	中国之传统外交	《国际问题研究会请刘校长讲演中国传统外交》,《齐大旬刊》第 6 卷第 4 期,1935 年 10 月 10 日	张士心先生主席;对中国过去外交失败之症结多有阐明,听众异常满意
1936 年 9 月 28 日	罗天乐	英国最近之外交政策	《齐大国际问题研究会公开演讲》,《齐大旬刊》第 7 卷第 5 期,1936 年 10 月 20 日	程凌云先生主席;中英合参,言简意赅,颇受听众欢迎
1936 年 10 月 30 日	中央党部国际宣传部黄瑞棠	现在国际问题对于中国外交之影响	《国际问题研究会开本年度第二次大会名人讲演会员联欢》,《齐大旬刊》第 7 卷第 7 期,1936 年 11 月 10 日	黄先生系粤人不娴国语,而听众又多不解粤语,故用英语讲演,由张伯怀翻译。语意清晰,大受听众欢迎,赵锡善教授代表新会员致答辞。后进茶点,并讨论会务进行事宜

  三场报告集中于外交问题,这与 1931 年前涉及国际关系方方面面有所不同,这也可能是由于资料限制,可供统计的样本有限所得出的片面印象。总之,不论齐大国际友谊会还是国际问题研究会,都使齐大学生得到了国际、外交方面的知识熏陶,也使齐大师生保持了对国际政治持续关注的热情。

  齐大全校性的学习学术组织还有 1925 年 10 月 2 日成立的东风学社,学社"完全以研究学术,发扬本校的精神为宗旨",新社员不分国籍,不限省界,"凡系本校的职教学员或校友",苟愿加入,全部欢迎。该社出版物定名为《东风》月刊。[①] 但其后续发展不详。另还有

---

① 《齐大东风学社》,《齐大心声》第 2 卷第 4 期,1925 年 12 月,第 28 页。

一"列传研究会"。该会由文学院社会学系主任余天庥博士于 1930
年 10 月发起成立,目的"在研究中国历代名人事迹暨其成功秘诀"。①
参加该会的同学甚多,10 月 18 日下午 7 至 9 时在考文楼 432 号举行
第一次聚会,其后续发展情况仍有待于资料的发掘。

　　由以上全校性学习学术组织的宗旨以及活动进展情况来看,齐
大学生对国家命运前途保持了极大的关注兴趣,不管是国际友谊会
的直接参与,还是自然科学研究会的科学救国,都将自己的学习与家
国命运联系在了一起,而且这种关注方式具有浓厚的"反省"特点,即
注重内省、强调学习,但绝不是不闻不问。

　　二、专业性组织

　　除以上全校性学会外,学习学术型社团组织多是以院系为单位,
以本系主修课程为主要研究对象的专业性学会。这种学会基本以所
在系部名字命名,受学校院系部调整所制约,故名称常常改易,且为
数众多,一一考证介绍既不可能也嫌繁琐。现按现有资料对其特征
作一粗浅解读。

　　专业性较强是这类组织的基本特征。各学会都是由该系学生组
成,主要研讨本专业学术问题。如教育学会由"文学院教育学系学生
所组织",其工作"除于课余之暇从事研究学术并致力教育调查外,且
关心民众教育,或为文字宣传,或作实际工夫"。②历史政治学会由文
学院历史政治学系学生所组织,"以讨论史政学术上之重要问题交换
思想增进学术为宗旨"。③

　　很多学会在专业研究之外还关注国难、关心政治局势的研讨。
1932 年成立的历史政治学会恰成立于国难时期,因此其讨论会题目

---

　　①　《列传研究会举行第一次聚会》,《齐大旬刊》第 1 卷第 4 期,1930 年 10 月 20 日,第
24 页。
　　②　《教育学会》,《齐大旬刊》第 3 卷第 10 期,1932 年 12 月 1 日,第 57 页。
　　③　《历史政治学会第一次学术讨论会》,《齐大旬刊》第 3 卷第 10 期,1932 年 12 月 1
日,第 57 页。

多与时政、国难有关系,这也是该学会的最大特色。如第一次讨论会题目有三:第一,此次美国竞选何以胡佛失败而罗斯福成功?讲者为会员齐恩芳。齐君对于此题用美国经济状况及国际问题为根据以论断。第二,欧美势力侵入东亚何以在中日所产生之结果不同?讲者为会员朱文长、冯国正。二君对此题目用中日两国人民之性情与其对西洋文明之态度为根据进行论证。第三,法西斯蒂之来源及其前途,讲者为会员刘淑媛。① 次年 4 月 29 日,该会就"妇女救国诸事"进行了讨论,值"国难严重国土日蹙之时,讨论救国问题已足引人入胜,况为妇女救国耶? 是以该日讨论会情形极佳。"②历史政治学会对救国之热心可见一斑。对时局的关心不仅仅局限于青年学生,也为教师所提倡。1935 年华北时局紧张,9 月 21 日下午历史学会迎新大会上,历史系主任奚尔恩讲演时希望同学应多加注意报纸,关心"最近时局"。③

关注社会民生、直面社会热点问题则是一些学会的另一特征。如由社会学系所组织之社会学会,曾于 1935 年 10 月 22 日开本学期第一次讨论会,题目为"中国土地问题"。该会主席为徐振义,到会者有胡体乾主任,范迪瑞先生,会员方面除两位因故未到外,均按时出席。首先由大家研究讨论之范围,总括各会员所拟者有下列四点:①土地与佃农之关系;② 土地赋税问题;③ 土地调查之方法;④ 土地所有权之问题。因时间关系,无法讨论所有题目,遂经全体议决后,先讨论"土地所有权问题",又因材料丰富,内容广泛,该晚十时尚未讨论完毕。④ 对"土地所有权"问题的探讨说明社会学会对社会热点问题具有敏感的捕捉能力。

注重实地参观、社会调查与实践,以为课堂学习之助益。如教育

① 《历史政治学会第一次学术讨论会》,《齐大旬刊》第 3 卷第 10 期,1932 年 12 月 1 日,第 58 页。
② 《历史政治学会近讯》,《齐大旬刊》第 3 卷第 21 期,1933 年 5 月 1 日,第 125 页。
③ 《本校历史学会迎新会志盛》,《齐大旬刊》第 6 卷第 4 期,1935 年 10 月 10 日,第 25 页。
④ 《社会学会昨开讨论会》,《齐大旬刊》第 6 卷第 6 期,1935 年 10 月 30 日,第 40 页。

学会工作除研讨学术问题以外,还"关心民众教育,或为文字宣传,或作实际工夫"。① 如该会所办之平民夜校即颇有成绩。"该校学生,皆系失学劳工,及无力求学少年",在校经短期训练后,"竟能在大会场中,侃侃而谈,殊出意料之外"。② 社会经济学会亦常组织社会调查,曾于1932年底参观鲁丰纱厂等处,"全体会员欣然出发对于此项工作极感兴味"。③ 国文学会则于1934年3月15日前往省立图书馆参观出土文物。④

　　还有学会直接将实地研究作为立会主要宗旨,比如1935年成立的生物学会附设大明湖研究会,该会目的有三:(一) 养成本会同学课外研究之精神;(二) 研究大明湖生物之分布与分类及对于人类之影响;(三) 采集及装制标本。该会分为三队七组,分别在指导老师带领下进行研究:

　　第一队　昆虫(杨聚义先生指导)

　　　第一组——昆虫成虫

　　　第二组——昆虫幼虫

　　第二队　有脊椎,无脊椎动物及其寄生虫(温福立先生指导)

　　　第一组——轻体动物,及其寄生虫

　　　第二组——无脊椎动物

　　　第三组——鸟类,哺乳类,及其寄生虫。

　　　第四组——鱼类,两栖类,及其寄生虫。

---

① 《教育学会》,《齐大旬刊》第3卷第10期,1932年12月1日,第57页。
② 《教育学会平民夜校师生联欢》,《齐大旬刊》第4卷第25期,1934年6月5日,第181页。
③ 《学术研究会》,《齐大旬刊》第3卷第11期,1932年12月11日,第64页。
④ 《国文学会参观省立图书馆》,《齐大旬刊》第4卷第22期,1934年5月5日,第160页。

第三队 植物(孟庆华先生指导)①

　　还有学会热衷于组织讲演以扩大课堂知识。1934 年 2 月 24 日国文学会及文艺社敦请国学系教授舒舍予先生讲演,题目为"我的创作经验"。老舍将其创作经验,现身说法,对听众演述,并对其个人著作作了严格的自我批评,听众"获益不少"。② 化学系读书会不仅邀请名人讲演,还规定"每三星期,开会一次,举行学术演讲,每次凡四人,轮流主讲"。③

　　组织讲演最有成效者当为医学院 1933 级学术研究会,该年级生"自 1928 年组织学术研究会以来成绩卓然,每季聘有名人莅会演讲,师生之参加者颇行踊跃"。④ 其演讲不限于医学专业。如 1930 年其演讲会安排情况是:第一次为余天庥,题为"社会求治之原理";第二次为侯宝璋,题为"性的卫生";第三次为谢凝远,第四次为老舍,第五次为物理部陈主任,题为"相对论";第六次为奚尔恩,演讲题为"中国问题";第七次为生理化学主任江清,演讲题为"金属盐"。⑤ 1931 年 1月 16 日下午 6 时,病理学系助教李守诚大夫担任该年度第一次讲演,讲述 97 个肺结核病案病人之职业年龄及时间等与其患病之关系。同日,研究会还请慕大夫演述耶路撒冷之近况,慕大夫并为该级同学映射耶路撒冷风景影片以助雅兴。⑥ 另外在 1931 年 5 月前,还有五次讲演,如下:

---

　　① 《生物学会附设大明湖研究会》,《齐大旬刊》第 6 卷第 6 期,1935 年 10 月 30 日,第39 页。

　　② 《公开讲演》,《齐大旬刊》第 4 卷第 18 期,1934 年 3 月 15 日,第 131 页。

　　③ 《本校化学系成立读书会》,《齐大旬刊》第 6 卷第 8 期,1935 年 11 月 20 日,第52 页。

　　④ 《医学院 1933 级学术研究会本学期公开讲演之经过》,《齐大旬刊》第 1 卷第 22期,1931 年 5 月 20 日,第 130 页。

　　⑤ 《医学院 1933 年级之学术研究会》,《齐大旬刊》第 1 卷第 7 期,1930 年 11 月 20日,第 40 页。

　　⑥ 《医学院学生之学术研究会讲演会》,《齐大旬刊》第 1 卷第 12 期,1931 年 1 月 20日,第 71 页。

讲员	讲题
罗天乐教授	甘地的生活
吴耀宗教授	宗教与人生
舒舍予教授	美国人民生活与其性情
余天麻博士	中国之文字革命
罗天乐教授	中国共产党[①]

由以上讲题可以看出,医学院 1933 级学术研究会所组织的讲演题目
绝大部分与人文社会课题有关,而并非其专业的医学知识。这或许
说明医学院还是非常注重对社会政治形势的关注的。

学会还是联络感情活跃生活的重要渠道。这些学会组织虽以学
术为主,但基本都有联欢游艺迎新送旧之事。如历史学系迎新会就
由历史学会主持进行,先选举职员,后"由游艺股及职员特别聘请之
人员领导游艺","尽欢而散"。[②] 国文学会也常常将会务搬到聚餐会
上进行讨论,如 1935 年 9 月 15 日 12 时,国文学会于经二路纬四路
豫菜馆聚餐,计到会教授及新旧学员 30 余人,由邓士铭介绍教授及
新旧学员姓名,席间觥筹交错,浅斟低酌,饶有兴味。餐后讨论会务
进行,五时左右全体尽欢而散。[③] 化学系读书会更被认可为化学系
"同学课外修业之惟一组织,非但谋师友之联欢,而对于学业之切错,
尤为重要,学会之设,不可一日无也"。[④] 师友联欢、学业切磋成为学
生团体之本职。

除以上提到的学会以外,齐大有据可查的学术学习型社团组织
尚有天算学会、化学学会、临床病理研究会、生物学会、英语角等等。

---

　　① 《医学院 1933 级学术研究会本学期公开讲演之经过》,《齐大旬刊》第 1 卷第 22
期,1931 年 5 月 20 日,第 130 页。
　　② 《本校历史学会迎新会志盛》,《齐大旬刊》第 6 卷第 4 期,1935 年 10 月 10 日,第
25 页。
　　③ 《国文学会聚餐》,《齐大旬刊》第 6 卷第 4 期,1935 年 10 月 10 日,第 24 页。
　　④ 《本校化学系成立读书会》,《齐大旬刊》第 6 卷第 8 期,1935 年 11 月 20 日,第
52-53 页。

第二节　有限度的自治：自治管理型

　　齐大的自治管理型组织主要是学生自治会和饭团(又称膳团)，这一类组织是培养学生自治自立能力的重要活动载体，也是"共和国之实验场"的重要训练地。

　　学生自治管理组织最早称为学生会(Student's Council)，是受辛亥革命启发率先在文理学院成立，负责处理有关学生管理与纪律维护中的小问题。该组织得到了教师的许可，学生会会议记录每学期须由教师审查一次。"该组织增加了团结意识与道德责任，成为大学生活的重要财富"。[①]

　　在学校当局眼里，学生会其实就是学生自治会，1914年底的文理学院院长报告中就使用了 Student Self-Government Council 的字样，而就在同一本册子里，对 1914 年的工作记录中用的是 Student's Council，从二者的职责权限来看，其实是同一个组织。1914 年时很多学生都在老师尚未注意时即加入了自治会。所以代理院长方伟廉高兴地报告说，"学生自治会取得空前成功。教职工给了她很强的支持，其会议记录不时要交给教师会"。[②]

　　由此可见学生自治会既是受到辛亥革命刺激公民意识大涨的结果，也是文会馆一直将学生社团当做"共和国之实验场"思想的自然延续。最初自治会的主要职责是管理学生中间的一般的较小的纪律问题，由学生在教师的指导监督之下选举自己的委员会和干事。

　　但到了 1920 年代初，学生自治会出现了重大变化。

　　经过五四运动的冲击，尤其是 1920 年代后对民主、自由之风的

---

　　① *The Annual Register and Report of the Shantung Christian University* 1915，AUBA，267 - 4270，p823.

　　② *The Annual Register and Report of the Shantung Christian University* 1915，AUBA，267 - 4270，p830.

倡导,加之民族主义思潮的激荡,1922年由新文化运动肇始的反教运动开始转向"非基"。在这种社会风气中,齐大学生自"1922年秋季学期开始,自治空气大幅增长",自治会的管理权限扩大到包括宿舍纪律、一般的卫生和秩序的维护等方面,同时成为了整个学生团体自我表达及与教师进行协调联系的桥梁。学生自己组织管理各类体育场、组织课外活动,"大多采取社会或宗教服务的形式",比如为社区孩子和学校雇工组织的夜校的日常运作;暑假中在各个中心举行假日学校;周末祈祷、主日学校、公共讲演、幼儿服务等等。①

　　1923年学生自治会进行了重组改建,侯钟对其改建的缘起、组织情况和效果做了详尽的说明:

　　　　近世德谟克拉西主义之倡行,影响于各团体之自治精神,志大且深,而知识界中独先觉悟此主义与此精神于群众利益之互助,人格高尚之养成,为力尤巨,故吾学生自治会,以合作的精神,谋全体之利益;并以自治的方法,养成学生高尚的人格为宗旨,而自动的组成。其组织方法,因各方面事务之复杂,乃见于分工之利益,而采取三权分立的制度,因事制宜,复加以调剂,对内,既谋有同学生活各种之福利,又为补职教员于料理校务上力之所不及;对外,除交际有专员负责,更设有服务股,于服务社会的事业上,均勉尽绵薄,以期有贡献于社会,其他组织之大纲,均载于本会宪法草案中,而各部及各股亦皆专备其详章。本会自成立以来,各职员无不踊跃从事,殷肯勤勉,各恐有旷厥职,故虽为时不久,而成绩亦颇有可观,外受社会欢迎,内蒙职教员赞许,是以本校近来学生团体事业之活动,及与职教员互助精神之发展,敢谓空前。②

---

　　①　*Bulletin of General Information*,AUBA,262 - 4241,p710.
　　②　侯钟:《齐鲁大学文理科学生自治会组织及进行之梗概》,《齐大心声》第1卷第2期,1924年6月,第36 - 37页。

自治会宗旨是"以合作的精神,谋全体之利益;并以自治的方法,养成学生高尚的人格",此宗旨当然受到了民主主义的影响,但仍不脱文会馆时期训练之目的。所谓三权分立、服务社会等设计,仍可以视为"共和国之试验场"的继续与发展。但是对于学生的自治要求,一向标榜扶持与鼓励的校方当局却表现了强烈的怀疑与犹豫:

> 就大学的学生生活而言,我们必须永远记住远东的整个学生世界正经历一个迅速发展的变化。随着深刻的民族意识的觉醒和新文化运动的传播,唯一可以预料的是,今天中国的学生在观点上开始反传统,但其判断草率而肤浅,且富有蓬勃的野心。……这些人,如果正确引导的话,定能在全国未来发挥一个大的而且有益的影响。因此最重要的,对大学而言,是抓住一切机会努力引导大学生的生活走向负责、自治和富有牺牲精神的道路上来。不幸的是,今日学生的趋势是批评他们的领导,迫使领导以辞职面对破坏性的批评,制造严重的困难给那些将越来越多的权利下放给他们自己的人,类似的情况本大学去年也有所领教。自治会,和其他的学生活动已经被鼓舞起来,但并非一直能够轻易的实现其功能。宿舍纪律,对公共食堂的控制,和其他各种各样的责任都已经移交到学生自治会手中,希望他们能逐渐的提升自己新的负责精神并寻找到他们之间在法人责任上的强大联合。①

言辞间隐含了对向学生下放权力的悔意和对学生滥用自治权的不满。究其实,传教士的训练目标是学生的"负责、自治和富有牺牲精神"的基督品格,而不应该是对现实政治的过度参与,尤不该随着校

---

① President's Report 1922—1923,*Shantung Christian University Bulletin*,No. 36,AUBA,262 - 4241,p782.

外"非基"运动起舞。然而在社会大环境的压力下,又不得不给学生一定的自治权利,只是这一权利要受到校方当局的严格制约。另外,为了培养学生的负责、自治的基督品格,自治会也必须得要继续存在下去,只是校方认为他们有责任和权力去引导学生。

1929年齐大学生再次发动学潮,罢课抗议进展缓慢的立案问题,抗议迫使第一位中国校长李天禄辞职。校方回应时强硬地关闭了文理学院,学生自治会自然解散。复课后不久,女同学方面首先感到自治会之必要,遂单独组织女生自治会,在女生部主任余刘兰华的监督之下,负责管理学生厨房和监管宿舍规则的执行。[1]

很快男同学方面亦甚感无自治会之不便,乃由王墨园、罗玉崑等召集众同学协商自治会之设立,并举出筹备委员张冠英等六人草创简章,次日由众同学公决并选举职员如下:

常务	王定国	解敬业		
游艺	刘贤增	孙绳武		
书记	星兆钧	卫 生	刘锡恭	
会计	崔鸿章	庶 务	张 恺	
纠察	邵德森	张湘英	赵宝华[2]	

1931年2月28日晚七点在柏根楼333号举行成立大会,内容除主席报告各项计划外,且有副校长德位思及文理学院院长林济青演说。

1931年9月开学后,自治会组织进一步扩充,增加七部以便分工合作,并特请朱经农校长与林济青院长为顾问,兹将新添各部之职员胪列于下:

---

① Report of the Dean of Women Cheeloo University, 1931—1932, *Shantung Christian University Bulletin*, No. 88, 齐档, J109 - 01 - 530。

② 《文理学院男生自治会消息》,《齐大旬刊》第1卷第15期,1931年2月20日,第87页。

膳务部　星兆钧

交际部　余庭植

宿舍部　赵延杰

稽查部　王希圣

商务部　强一经

智育部　张敦臣

德育部　胡乐德

又该会为增加工作效率与组织严密起见,特新添监察委员会为该会之最高机关,此会共有会员五人,其中三位由委员会选举,二位由众同学直接选举,首批监察委员为:

委员会代表　余庭植　赵继山　杨学贤

众同学代表　吴金陵　梁茂竹[①]

需注意的是,文理学院出于立案的需要曾经分组为两个相互独立的学院,但其学生自治会则从未分开,而医学院自治会则单独设立,与文理学院自治会并列合作,不相统属。1931 年自女生自治会成立后,即单独工作,与男生自治会分立并举。

医学院学生自治会成立时间不详,工作亦是分股负责,如卫生股负责厕所浴室洗衣房理发所与校园电灯等清洁卫生,学术研究股则邀请名人讲演、勉励同学研究。[②] 其名称曾有改易。1930 年亦即文理学院关闭期间,未参与学生运动的医学院学生将学生自治会改成了学生会,此改动是校方的意思还是学生主动要求已不可考,但其主

----

① 《文理学院男生自治会近讯》,《齐大旬刊》第 2 卷第 4 期,1931 年 10 月 1 日,第 20 页。

② 《医学院学生自治会近讯》,《齐大旬刊》第 2 卷第 24 期,1932 年 5 月 21 日,第 141 页。

要工作仍是"所有关于学生之自治与全体之活动均由该会主持",①与自治会区别不大。故 1932 年又将名称改回了学生自治会,以与全校其他院系学生组织一律。

女生自治会则比较引人注目,因为"至女同学之能充分发展自治精神,尤足令人嘉许"。1935 年《齐大旬刊》记者以专访女生部主任余刘兰华的形式,专稿全景式介绍了女生自治会的情况:

1. 女生自治会各部之组织

女生自治会,包括文、理、医、神,四学院住校女生,虽分处于景蓝斋,及美德楼两地,而自治事业,则隶属于一自治会之下。余太太②为总顾问,一切会议,余太太必出席指导一切,间有困难学生,亦由余太太为解决之。

A 总部组织:总部职员,有会长一人,秘书兼副会长一人,书记 1 人,卫生 1 人,交际 1 人,会计 1 人,庶务 1 人,纠察 1 人,董司各事。各部另有职员数人,以为助理。

B 膳务部:至于膳务问题,因住所所限,分社为二,并隶属于自治会之下。各设膳长 2 人,书记 1 人,司库 3 人或 4 人,米面 2 人,客饭 1 人,油盐 1 人,司煤 1 人,卫生 1 人,洗衣则 1 人兼司二楼事。

C 任期:总部职员任期 1 年,膳务职员,任期则为半年,不得连任。

2. 各部工作概况

女生自治会,由总部专司一切事务,虽分处二楼,但议事时则假余太太之客厅为会议室,然后将议决案交由各部执行之。如是不但管理便利,即精神亦不致分歧,组织之有条不紊,良堪嘉许。

---

① 《医学院 1931 年秋学生会委员题名》,《齐大旬刊》第 2 卷第 3 期,1931 年 9 月 21 日,第 15 页。
② 即女生部主任余刘兰华。

A 膳务:女生膳费,每季三十元,各用厨艺三人,薪金为四,六,七元,专司造膳。由膳长二人,总司其事。至于米面,油盐,煤炭,则由学生管理,每日于晚饭后,开放储存室,领取次日之开支。因女同学素有责任心,故一切用费,既不患厨艺中饱,更不致稍有虚靡。

B 洗衣:女生洗衣费,亦有膳费三十元中支付。合用工人三名,每礼拜一三洗衣,二四熨衣,其工资每人每月七元,伙食则由二楼轮流担负。同学每次洗衣以四件为限,熨衣则可加赠二件,至于一切炭火及洗衣用品等,则由公费开支。并闻以上二者,每季三十元,开支外尚有盈余。

C 其他各部:如总部之会长,秘书,书记,会计,庶务,则对总部内部负责;如卫生则于注重宿舍卫生外,对工人之清洁亦加注意;交际则负对外一切全责;纠察则对于宿舍之治安,加意维持。

3. 女青年会之组织及工作概况

女生部旧有之青年会,一切组织,与现有者迥不相同。缘旧有之女青年会,宛然一自治会之缩影,今兹女生自治会,组织健全,一切工作,多取而代之。其组织现设委员四人,司理一切会务。其工作则除培养个人灵修,兼理一切宗教之庆祝大典外,无他事矣。

4. 各部参观掇拾

此次记者随余太太参观各部,但觉院落幽雅,花木沉沉,一切设施,井然有序,读书其中,诚佳所也。至于各处清洁肃静,寂然无哗,犹其余事。……①

由上可以看出:第一,女生自治会一直在女生部主任余刘兰华的

---

① 《女生部自治会概况》,《齐大旬刊》第 6 卷第 7 期,1935 年 11 月 10 日,第 44 - 45 页。

管理与指导之下工作,这也符合校方引导自治会的指导思想。第二,女生自治会为一全校性组织,包括文理医神四学院女生,这一点不同于文理学院男生自治会和医学院男生自治会。第三,1935年齐大立案已4年时间,神学院并未如教育部所指令的那样完全与齐大脱离关系,至少女生的读书生活还是不分的。而这一点也最能够提醒学生齐大的宗教特性。第四,自治会成立后架空了青年会的权力,但也从侧面证明,女生自治会成立之前,其部分功能由女青年会代行,亦即说女青年会在一定程度上已具有了自治会雏形,唯自治会成立后,方将主要精力置于宗教方面。

与自治会相联系的另一个重要的学生自治组织为饭团,饭团渊源较久,早在广文学堂时期,就以饭团账目问题为导火索发生过严重师生冲突(详见后文)。自治会主要是在行政管理方面,饭团的主要工作则是生活自治,主要负责膳务之进行,管理学生膳费等事宜。如从1932年文理学院所选职员中可略窥其职能范围:

总账　王文甲

司粮　胡世增

司薪　胡乐德

司菜　张□　侯传臣　刘俊峰

司帐　刘肇和

司查　崔鸿章

会计　徐惠溥

卫生　庄鹏举

杂务　金大雄①

粮、菜、账目、卫生等均囊括其中,可见饭团是学生生活自立方面的训

---

① 《文理学院男生饭团近讯》,《齐大旬刊》第2卷第14期,1932年2月1日,第82页。

练机关,其与学生会一起,成为齐大学生进行自治训练、培养公民独立意识的重要"实验场"。

第三节 大学精神:宗教救国型

登州文会馆十分注重校园宗教组织的作用。1876年传道会成立,"诸生蒙福音光照,获泰西实学,报本溯源,爰立此会",传道会其实并非是在校园内活动的组织,其活动方式是"凡入会者皆于毕业后照章捐资作日后传道之用",是一个毕业后向社会传道的团体。"此会积资颇多,成效亦著",然而由于此会关注的是毕业后活动,加上当时的交通落后,讯息不便,以致"会友云散,振作乏人,遂等于不废自废"。1883年勉励会创设,"诸生相与观摩,考经谈道获益良多"。后来青年会逐渐发达起来,勉励会宗旨与之略同,遂合并为一。1886年又成立了戒烟酒会和赞扬福音会。戒烟酒会是针对学生间或有人破坏烟酒之禁而设,会中"诸生自相禁忌,非徒违法也。厥后学生嗜好日渐减少",此会停废。赞扬福音会"宗旨在于聚会祈祷演说激起热心捐资兴道以答主恩"。此会得到了狄邦就烈的帮助与指导,"效亦甚著",后来合并于勉励会内。1895年学校青年会创立,"诸生因此会领悟真理皈依基督者实繁",文会馆毕业生任教士职者多因此会激劝之功。[1]

在齐大后来的发展中,宗教组织最有影响者有二,即基督教青年会与中华基督教学生立志传道团。

一、基督教青年会:务实工作,服务社会国家

基督教青年会是齐大最重要的宗教组织,影响甚大,"学生在学

---

[1] 王元德、刘玉锋:《文会馆志》第49页。

校的宗教生活主要由该会负责"。①

基督教青年会于 1844 年由英国青年商人乔治·威廉斯在伦敦成立,1876 年传入中国,在上海成立了中国第一个青年会,1885 年福州的英华书院和通州的潞河书院先后成立学校青年会。1910 年上海被确定为基督教青年会的全国中心,1912 年定名为中华基督教青年会全国协会,推举巴乐满为第一任全国协会的总干事。1915 年总干事一职开始由中国人担任,第一任中国籍总干事是王正廷。1922年在华基督教青年会臻于鼎盛时期:全国有市会 40 处,会员有53 800 余人,校会有 200 处,会员有 24 100 余人。外籍干事 95 人,中国籍干事 87 人。随后在"非基"运动的冲击下陷入低潮,直到 1931年才略有起色,但一直无法达到 1922 年的状态。到 1935 年,全国有市会 40 处,校会 122 处,会员 2 万人,其中 2/3 为非教徒。②

基督教女青年会于 1855 年成立于伦敦,创立者为金娜德夫人。1890 年传入中国,1906 年全国已有市会 3 处,校会 30 余处。1922 年全国有市会 12 处,校会 80 余处。1923 年组成中华基督教女青年会全国协会,丁淑静任总干事。

青年会在齐大最早出现于 1895 年的登州文会馆。自此青年会在学校扎根,1904 年随学校迁潍。据 1914 年的学校青年会调查表,山东广文大学、共和医道学校、神道学堂的情况如表 7-3 所示:

表 7-3　1914 年山东基督教大学青年会调查表③

校名	所在地	全体学生	信道学生	青年会友
广文大学	潍县	300	250	180
共和医道学校	济南	42	39	25
神道学堂	青州	123	119	123

---

①　*Shantung Christian University Bulletin*,No. 13,AUBA,262-4233,p429.

②　顾长声:《传教士与近代中国》,第 302,304 页。

③　《学校青年会调查表(1914 年调查)》,中华续行委办会:《中华基督教会年鉴》(2),1983 年版,第 323-324 页。

在 1915 年的文理学院报告中,提到青年会正处于蓬勃发展中,成员大约有 150 名,几乎全校都卷入了该组织发起的自愿圣经研究运动。宿舍中的学生会议每周一次讨论既往阅读情况。每个周日一些学生会由青年会派出在邻近村里或者在城郊进行布道任务。[①] 他们也为差会雇员组织夜校,以及为他们的同学组织安息日圣经班,同时在长老会潍县总部提供有价值的服务。在他们的努力下,选修班的 20 人以及所有中国文学教师申请受洗。[②] 表 7-4 为 1916 年齐大各学院青年会情况一览表:

表 7-4 1916 年齐大各学院青年会情况一览表[③]

校名	校址	学生人数	基督徒学生人数	本年受洗人数	青年会员	圣经班数	圣经班学生人数
共和医学校	济南	46	43	0	43	4	10
神道学校	青州	80	80	0	85	12	80
齐鲁大学文科	潍县	102	84	4	96	13	102

可以看出,青年会在三个学院的发展十分顺利,所开办的圣经班进展较好。文理学院虽然非基督徒较多,青年会员比例不如其他二院,但却是全部参加了圣经班,于此亦可见在整体的基督教文化氛围下,基督教对世俗学生的吸引力还是很大的。

1917 年三学院合校于济南,三学院青年会遂"集合为一",以收协同进行之效。但是由于三院磨合尚须时日,合并一处并不是那么容易,故次年神学院首先提出:

为改良诸务,数人难以独理,而播道要工,个人亦可肩

① *The Annual Register and Report of the Shantung Christian University* 1915, AUBA,267-4270,p823.

② *The Annual Register and Report of the Shantung Christian University* 1915, AUBA,267-4270,p831.

③ 《学校青年会调查表(1916 年度)》,《青年进步》第 10 册,1918 年 2 月,第 77-78 页。

任。今共同决议,仍如前例,分科各组团体。庶无遗贤之憾,而广收稼之功。

于是三学院仍然各自设立自己的青年会,并各自活动。当时神学院选举其会正孙乐天,会副张学恭,书记张继鸿,司库刘桂栋。[1] 这当然与当时各差会尤其是长老会与浸礼会之间的争执有关。

1923 年齐大设立女青年会。当时各自为政的三学院青年会,再加上男女护士班青年会,全校共有 6 个青年会组织,"头绪纷繁,大欠合作精神"。1923 年冬,各会派遣代表开会 3 次,讨论合组办法,虽"各科各部有特殊情形,不能绝对统一",但成立总会"自能彼此鼓励,精神奋进也",[2]于是全校青年会进行了合组,成立了齐大青年会总部,各学院设立分部。可是由于教派利益以及学院间的争执,这种联合似未能成功。平时各学院有各学院分部之制度,各院"因势制宜,办理查经班祈祷会以及社会服务等宗教生活"。只有遇到关于全体会务的情况时,才由青年会总部取集权政策聚合各学院职员商讨决定。齐大曾宣称"本校青年会既本着共和自治的精神,所以成绩与效果也就日新而月异"。[3] 但事实上总部权限不大,其后仍然各学院各自汇报本学院的青年会发展情况。

学校青年会原本的主要工作任务曾有明确的安排,如 1918 年狄尔耐发长文阐述校会的主要任务为:

第一,使各校会皆领悟其最要之职务。职务为何? 即使其本校之非基督徒对于救主基督,承认而接受之也。第二,使各校会皆担荷训练其会员,为教会领袖之责。此事范围綦广,各校会之委员,宜视之为唯一宗旨焉。因此任何委办,不可以其范围内事已了为满意。当进而求上述二者之

① 《分科各组团体》,《青年进步》第 15 册,1918 年 7 月,第 76 页。
② 《青年会新机勃勃》,《齐大心声》第 1 卷第 1 期,1924 年 4 月,第 33 页。
③ *Shantung Christian University*,AUBA,267‐4272,p22.

效果,是为最要。

如何实现上述目的呢? 就要特别注重"查经、论道、布道、社会服务"
四项任务①。

正是在此思想指导下,齐大青年会多以办理查经祈祷为主,如前
述。但是,这种情况在"非基"、收回教育权以及向政府立案的压力
下,进入1930年代之后发生了重大变化。1930年10月5日晚,全体
女生在女青年会会议室开茶话会,旨在联络同学感情,尤其使新同学
不感到新校寂寞和生活枯燥,正式会后自由茶话时有歌舞娱乐,秩序
井然,布置妥善,同学欢聚一堂,"大有大家庭那样亲爱的状况"。② 由
组织查经班等纯粹宗教活动改为茶话娱乐,沟通感情,制造"大家庭"
班的气氛,间接向大家灌输基督理念是1930年代之后的青年会工作
的主要特色。

有更多证据表明,在民族主义大潮的冲击之下,青年会包括女青
年会的工作重点至少在表面上"世俗"化了很多。比如1931年8月
10日,女青年会全国协会召集九大学女生代表在北京西山开会,齐
大派代表参加。大会目的有五:第一,使各大学女生对于女青年会学
生事业之宗旨方针会员资格工作程序得一共同信念;第二,促进各大
学女生更明了自身对于中国妇女运动所负之职责;第三,讨论大学女
生所处的地位及应有的责任及自身的需要;第四,使各大学女生对于
基督徒学生运动有相当的认识及充分的准备;第五,使各大学女生准
备于女青年会第三次全国大会能提出较具体的意见。在这五条中,
大部分是具体事项的安排,仅第四条提到了基督徒学生运动的性质
问题,这种淡化宗教色彩的提法就是民族主义冲击的结果。大会研
究了女大学生成为理想的人的条件,除了生活有主张有纪律、知行合
一、简朴耐劳、追求知识、善尽责任、合作精神、帮助未受教育的女子

---

① 狄尔耐:《中华基督教青年会全国协会学生部之任务》,《青年进步》第12册,1918
年4月,第72页。
② 《齐大女青年会茶话会》,《齐大旬刊》第1卷第3期,1930年10月10日,第17页。

等之外,还提到了"追求真正的宗教"和"注重实际及应付中国急需的智识"两条。在女青年会眼中,所谓真正的宗教当然就是基督教,这里不明确提出,却强调了"中国急需的智识"问题①,充分说明了民族主义冲击中青年会的小心。

此时期的青年会不再重点经营查经班后十分重视务实的工作以获得大家的同情与关注则是其另一特色。比如女青年会为提倡妇女识字运动,特组织妇女夜校,广招校内校外一般的女佣和不识字妇女入校就读,于星期二四六日晚上 8 时上课。课上除教之识字外更授以国民应有之常识并予以相当之卫生训练。② 1931 年女生自治会成立后,女青年会的工作出现了衰落迹象,比如女青年会 1931 西山大会之后渐至"销声匿迹,停止工作者久矣",直到 1932 年秋"虑国家多难之秋,凡属国民,无不思戮力同心,以服务社会国家,期不负'多难兴邦'下青年会之精神",女青年会方进行了重新改组,以魏文英为书记③,并于改组后很快组织妇女识字班,帮助文盲妇女提高知识水平。但是女青年会在女生自治会成立后,活跃程度一直未能恢复,1935 年的一个总结中就提到该会不再负责女生自治范围的工作后,"其工作则除培养个人灵修,兼理一切宗教之庆祝大典外,无他事矣"。④ 1935 年齐大女青年会委员姓名:李德群、徐德音、陈雅纯、宋安恽。⑤

二、中华基督教学生立志传道团:献身中国基督教事业

中华基督教学生立志传道团是中华基督教青年会的一个下属布道团体。该团体的发起与齐鲁大学有着密不可分的关系。首先,其

① 《本校女青年会赴西山聚会报告》,《齐大旬刊》第 2 卷第 4 期,1931 年 10 月 1 日,第 22 页。
② 《女青年会近讯》,《齐大旬刊》第 2 卷第 9 期,1931 年 11 月 21 日,第 52 页。
③ 《本校女青年会近讯》、《女青年会组织妇女识字班》,《齐大旬刊》第 4 卷第 18 期,1934 年 3 月 15 日,第 132、134 页。
④ 《女生部自治会概况》,《齐大旬刊》第 6 卷第 7 期,1935 年 11 月 10 日,第 44 页。
⑤ 《齐大女青年会委员姓名》,《齐大旬刊》第 6 卷第 7 期,1935 年 11 月 10 日,第 47 页。

缘起就在于广文学堂的一个宗教奋兴计划。1906年广文学堂学潮发生后宗教气氛极其低落,传教士教师路思义感到需要发起一个宗教奋兴提振一下学校的基督空气,于是请丁立美前来布道。丁牧师布道十分成功,原来每天只有20分钟的晨间崇拜延长为1小时,在300名学生当中,竟有116人在丁牧师的布道下决志走上传道之路,如刘光照、孙永泰、张思敬等人,成立"中华学生义勇布道团",后改为"中华学生立志传道团"①。此就是"中华基督教学生立志传道团"的前身。其次,该团发起人丁立美是齐大老校友,是齐大培养出的杰出牧师之一。

1909年夏天,基督教青年会在华北联合学院召开的大会上,发起了一个旨在献身中国基督教事业的学生志愿运动。1910年5月,中华学生立志传道团隶属于青年会学生部。1910年6月23日,在河北通州协和大学举行的华北区学生夏令会上,正式成立了"中华基督教学生立志传道团",鼓励青年学生以传道为终身职志。1922年8月,该团在庐山召开第一届全国大会,对非宗教运动下如何灵修如何布道进行了讨论。②

另外齐大学校里还存在着其他一些社团组织,交友联谊方面的有东北同乡会、潞河同学会等等;生活消费方面则有一消费合作社,1936年4月10日开张,其实为一商品购销场所;文艺娱乐方面则有文理学院1931级娱乐股、音乐团、西乐队、齐鲁剧社等等。

齐大学生社团组织的成立宗旨与活动充分表明了其对家国命运、社会问题的关注热情。浓厚的政治研讨兴趣体现了齐大学生读书不忘国家的求学态度。然而,这种关注被局限于校园以内,其对校外政治事件的实际参与并不热心,这符合齐大学生一贯加强自己、努力学习、读书以救国的基本理念。

---

① 谢扶雅编:《丁立美牧师纪念册》,广学会,1939年,第6页。转引自赵晓阳:《基督教青年会在中国:本土和现代的探索》,社会科学文献出版社,2008年版,第257页。

② 《中华基督教学生立志传道团第一次全国大会纪事》,《青年进步》第56册,1922年10月,第92页。

第八章
"追求实际"与"羞作狂喊":齐大学生风潮

　　齐大学生风潮最早出现于 1906 年。此后在辛亥革命、五四运动、五卅运动以及 1930 年代的国难时期,齐大学生也不断地做出自己的回应,发出自己的声音。本章以齐大学潮为线索,探讨齐大学生群体在时潮推动之下,将注意力逐渐从自身前途转向国家命运,从对民族漠不关心到对国家社会有所行动的过程中,其民族主义诉求方式的特殊之处。

第一节　追求自由权利及课程提升:
与民族主义无关?

　　齐大早期的学生风潮表面上看与民族主义似乎没有关系,或者说与我们一般认为的抗御外侮的民族主义关系不大。但若仔细分析,学潮背后的民族主义"潜流"仍然是其中不可忽视的影响力量。

一、英语学习的斗争

　　齐大最早的学潮可以上溯到 1906 年,发生于尚在潍县的文理学院。在现存的关于此事的文字中基本都认为此学潮与争取英语学习权利有关。学校最早的创办者狄考文坚决反对向学生教授英语,其理由前已述及。但是如果说 1905 年以前，通过向学生传授中国传统经典知识，支持其参加科举考试，还可以实现狄考文培养基督品格的社会领袖这一目标的话，1905 年科举制的废除则使这条路完全断绝。其实正如前文所及，狄考文的办学思想是存在矛盾的，他既想着由基督征服中国，学校要培养更多的具有基督品格的中国社会领袖，又非常不愿意让毕业生从事与教会无关的行业。不学英语的主要理由就是学会英语的学生能容易找到报酬丰厚的工作而不甘于教会的挽留，可是这一理由明显地违背了培养中国社会领袖的另一目的。齐大早期的毕业生也并非全部从事教会工作，"许多文会馆毕业生到外省或进入商界工作后，都感到不会英语处处不便，每每趁返校之时，劝说同学，勿失良机学习英语"。① 清末的海外留学浪潮也给齐大学生以很大冲击，留学需要有英语预备知识，齐大坚决不学英语已落后于形势太远。

就在这种背景下，文理学院学生发动了第一次学潮。这次学潮的主要矛头是学院的教育方式，主要目的是取消传统私塾教学法，学习英语。这一要求在学校里已被提出很久，以致院长柏尔根感受到了这种情绪。早在 1906 年 2 月，柏尔根即察觉到了学生要求学习英语的紧迫需求。他向校董会报告说："有一点特别值得我们注意的是，是否把英语引进课程的时机还没有到来？实际上教师和学生都在私下教学这种语言。我们想阻止但是可能阻止不了。我们被请求搞到英语教材，他们情愿照价付款。我们看到了黑板上涂画着英文字母，校园里散落着学生做英语作文的纸片。迟早我们将不得不对这种普遍要求做出让步，我们将不得不考虑再这么继续推迟下去，我们究竟会得到什么。"② 然而校董会对于柏尔根的提议不予置评，决定此事来年再决定，这激化了学生的不满。1906 年 11 月 1 日学生组成

---

① 《王神荫记齐鲁大学校史》，朱有瓛、高时良：《中国近代学制史料》第四辑，第 480 页。

② Annual Report of the Shantung Union College For the Year Ending, 1906 - 2, *Shantung Protestant University*, 1907, p26, 齐档, J109 - 01 - 520.

临时性特别团体向学校递交了请愿书。请愿书按照郭查理的说法内容有 9 条,其中 3 条与考试细节有关,2 条要求改变老一套的中国经典授课方法,2 条要求增减一些课程,尤其是要增设英语课。①

此 9 条内容未能找到原文,王神荫列举了 5 项,即:① 废除传统的"三大件"考试,"三大件"即每年都要考的数学、代数与地理;② 取消私塾教师的教学法,反对体罚;③ 要求增设体育和军事训练课程;④ 取消进城要向老师请假的规定;⑤ 改进课程,特别要求学习英语。② 综合起来看,学生的要求除了要争取进城的自由权利以外,绝大部分都是针对课程设置与教学、考试方式而发动的罢课斗争,学习英语只是其中一条要求,甚而至于并不显眼,一位中国教师的粗暴才是最重要原因,但是最能触碰校方尤其是狄考文底线的却是加设英语这一条,因为这与狄考文一直以来的传统想法相悖太远。从未遭遇过学潮的学校当局态度强硬,他们要求学生立即回去上课,周末时罢课垮台。结果开除了 9 名学生,另有 9 名暂时停学。回来上课的学生被要求公开道歉。

在狄考文坚持下,1907 年 2 月校董会拒绝了学生开设英语课的要求,柏尔根被迫辞职,狄考文代理院长。③ 可有意思的是,学校英语课的真正开始却是在反对此议最力的狄考文代理院长任上。

在社会大潮流的冲击下,校董会 1907 年 12 月 26 日投票决定在文理学院开设英语,但提出了 5 项限制性条件:① 只能对正式生教授英语;② 英语是选修课;③ 只在最后 3 年开设英语课,授课时间是每周 5 天,每天 1 学时;④ 学生在学期考试中所有科目的平均成绩达到 80 分,方可学习英语,在学习英语后,还必须在包括英语在内的所有科目中保持这个平均成绩;⑤ 文理学院中学习英语的学生每年要

① 郭查理著,陶飞亚、鲁娜译:《齐鲁大学》,第 74 页。
② 《王神荫记齐鲁大学校史》,朱有瓛、高时良:《中国近代学制史料》第四辑,第 480 - 481 页。
③ Minutes of Annual Meeting, 1907 - 2, AUBA, 267 - 4269, pp560 - 562.

缴纳包括该科一切开支在内的最低费用 30 元。① 有了这些限制,1909 年在校 246 名学生中只有 16 人选习英语课。②

在 1907 年的年度报告中学校总结了 1906 学潮的原因,认为学生并不是对某些事情不满,"而是由于中国学生中间不断增长的自信精神"。其实文理学院 1906 年的学潮还有一个背景,就是因为当时由于美国虐待中国劳工事件引起的全国性学生运动。所以文理学院报告中说:

> 甚至我们的中学也没有从此精神的影响中幸免,其可由济南、济宁、邹平、潍县、烟台和青岛学校的骚乱作为证据。在中国其他地方的一些政府学校里发生了更严重的骚乱。③

1905—1906 年的学潮④是以抵制美国为核心的,是一个遍及全国学堂的民族主义大事件。但是就目前资料而言看不出文理学院的运动与此有何关系。身处教会学校,从最宽泛的角度来理解,反抗校方也可以视为民族主义的表示,可是文理学生的矛头并不是指向学校的外国当局而是对不设英语这一教学理念以及个别中国老师。这一点与差不多同时爆发风潮的雅礼学校迥然相异。

1906 年雅礼学校的风潮,鲁珍晞将其归因于中外的障碍和师生之间的"面子"问题。与广文学堂风潮是因为不教英语完全相反的是,雅礼学生最初是抱怨一位自然科学教员的讲义不是用文雅的"文

---

① Special Meeting of Board of Directors,*Shantung Protestant university*,1908,AUBA,267 - 4269,p595.

② 《王神荫记齐鲁大学校史》,朱有瓛、高时良:《中国近代学制史料》第四辑,第 481 页。

③ Annual Report of the Shantung Union College For the Year Ending,1907 - 1 - 31,*Shantung Protestant University*,1908,AUBA,267 - 4269,pp572 - 573.

④ 关于此次学潮的详细情况,可参见(美)周锡瑞著,杨慎之译:《改良与革命:辛亥革命在两湖》,江苏人民出版社 2007 年版,第 62 - 63 页;桑兵著:《晚清学堂学生与社会变迁》,广西师范大学出版社 2007 年版,第 166—218 页。

言"所写。更具象征意义的是，学生的不满情绪是在做礼拜的时候集中爆发出来的。有些学生故意慢吞吞地站起来唱圣歌，当教务主任西伯里不耐烦地敲桌子时，学生认为是对中国人的有意侮辱而离开了学校。雅礼学生第二次学潮发生于 1910 年 3 月，起因是雅礼教务主任解维廉让学生向一位姓王的学监道歉，学生拒绝了。需要注意的是学生拒绝的理由很有意思，就是学生不必向一个买办道歉。1912 年又发动了第三次学潮，原因是国庆日放假问题，此次外国行政人员被指控为破坏中国人的爱国主义。[①]

　　如此看来，雅礼与广文的最大区别就是雅礼明确地表达了自己的民族主义立场，并在此立场的驱动下，采取了一种非常激烈的态度来反对外国人。对学校规定的中国人参加的外国仪式的蔑视与不满是教会大学的学生常常做的事情，故在许多情况下，外国校方当局不得不请求中国教师来帮助协商解决。但是这些情况在初期的齐鲁大学学生身上一直未有出现。

二、辛亥时期的紧张

　　1911 年对山东基督教大学而言是一个很重要的年头。春季学期开始时，一场鼠疫使三个学院的学生被迫返回家中。4 月 17 日济南医道学堂举行了竣工典礼。10 月武昌起义爆发，再一次使学生变得激动了起来。

　　在院长柏尔根的报告中，文理学院学生对辛亥革命的反应如下：

　　　　……大约 10 月中旬，当革命者发动武昌起义时，学生变得躁动不安并且很快分成了两个不同的部分。一些学生希望离开因为他们担心学院可能会受到攻击，其他一些人则想参加革命运动。阻止学院成为革命进程中心的困难增加了。虽然我们很同情中国人民追求自由的努力，但仍向

---

① 　此段内容主要借鉴杰西·格·卢茨著，曾钜生译：《中国教会大学史》，第 161 页。

中国籍老师和学生解释(参加革命)是不能被允许的。11月初,所有愿意离开的学生都获准休假。但并不是所有人都满意于鼓动者的煽动,因为鼓动者希望全院解散,否则走的人会失去一年(学习时间),而他们希望留住自己的位置。

一些麻烦之后,大约 200 人离开了,但是其中有一半并非自愿,因此数天后即返回了学院,这样,我们失去了大约100 名学生。

他们中的大部分在努力参加革命,担任各种各样的职务,军官、特工、战士、书记员、宣传员等①。我们希望并祈祷这次翻天覆地的变化能促进中国的基督教会和基督教育的进步。

极度令人不安的传言于 1 月底蔓延开来,使有效学习变得不切实际。虽然我们有预防措施,学生还是常偷偷返回学校。这使学校处在了与镇压革命的政府当局的冲突之中。最好的办法只能是解散学校。留下来的高级班和医预班完成了考试。其余的学生被放回家,学校允许他们在来年春季学期的第二个周进行冬季学期的期末考试。②

辛亥革命还造成了神学院师生"异乎寻常的激动"。神学院长卜道成在报告中说,"这种激动在过去的数个星期里日益增长,形势扑朔迷离,这给教师带来了极大的困难。我们的学院是教会学校,严守政治中立原则,对政府当局真正忠诚。但我们又同情于我们的学生怀着炽烈的热情追求的自由的立场。此条件下出现的形势很难有其和谐的一面。"革命造成的最初影响是恐慌,迫使学校当局采取了强

① 山东基督教大学参加革命者,据王神荫、修海涛:《登州文会馆——山东最早的一所教会大学》(山东省地方史志编纂委员会编:《山东史志资料》1983 年,第二辑(总第四辑),山东人民出版社 1983 年版。)一文提到有王以成与朱学海,二人一起参加了辛亥革命,在诸城战斗中牺牲。

② *The Annual Register and Report of the Shantung Christian University* 1912, Presidents Reports:College of Arts and Science,AUBA,267 - 4270,p717.

力措施才没有造成大量学生跑回家去的情况。但是很快神学院学生就出现了革命的年轻英雄式的表现方式:割去了辫子、派代表参加省城短命的革命党议会。有 12 名学生决心赴上海参加革命党,其中 7 人被劝说放弃了计划,另 5 人在火车站被截住劝回了学校。然而革命党与满清势力的来回拉锯让神学院无所适从,在双方的压力下,只好提前放假。那些剪掉了辫子的同学由传教士亲自护送坐头班火车出城,而大约六七名确实参加了叛乱的毕业班学生却藏在了他们自己的宿舍里。卜道成相信其他地方的学校也在发生着运动,这场革命会被作为"学生的革命"写进历史。①

　　以上两段史料至少说明:第一,文理学院与神学院的学生对辛亥革命是同情的,且具有年轻人积极参加革命的热情。第二,基督教的"严守中立"回避政治的政策在学生身上未起作用,甚至在传教士那里也未得到真正坚持,这从他们对于学生参加革命的同情和倾向于保护学生可以看得出来。第三,基督教学校成了革命党的庇护之地,比如剪掉辫子的神学生只要由传教士护送就可以安全坐车离开,参加革命的学生最安全的地方是躲进学生宿舍,这些都说明了教会学校在当时的特殊地位。其实学校不仅保护了学生,在济南的医学院还是山东巡抚孙宝琦和海军统制萨镇冰的避难之地。这种宛如"国中之国",清政府和革命党都不敢轻易招惹的地方在辛亥革命后很快就成为了民族主义斗争的靶子。第四,文会馆时期即已开始刻意培养的学生"共和国公民"的素质在革命中得到了体现,学生对自由共和政府的追求超越了民族隔阂,我们从上两段材料中可以清楚地看出来,参加革命反对帝制的学生对列强势力并不反感,相反还将其当成了可以依仗的势力。

三、二次革命的刺激

　　1913 年由于二次革命刺激而发生的学潮更是证明了以上诸点。

---

　　①　*The Annual Register and Report of the Shantung Christian University* 1912, AUBA,267 - 4270,p722.

是年,长江流域爆发的二次革命使部分学生反政府游行再次成为关注焦点。文理学院院长的报告中详细介绍了这件事情:

> 文理学院学生在秋季学期开始时被郑重警告不准表达不忠诚的情绪,且作为一个群体,尤其是应记住,原来曾与学院有关的三两个年轻人由于在济南一个秘密地点进行反政府活动,结果被审判和执行了法律。不幸的是我们学院的声誉受到了损害,这些被判刑的人在狱中认罪时供出了自己的学校,因此给学校带来了不利的影响。传闻我们的一些学生已经列在了谴责名单上。
>
> 10月23日,一架飞机从青岛飞过我们的校园降落在了城市西边的军营。我们给了这些孩子假期并检查了异常情况,在获得驻军司令允许后,学生在几个老师的陪伴下组队走了出来。所有人走的很顺利直到在回到家之前几分钟,几个士兵挑起了与学生的争吵并引起了异常严重的混战,其中学生受到了重伤。司令派了一个军官前来道歉,并最终安排了士兵代表和大学代表在城市会面,司令出具了一个公告,这样终止了一场可能演变成严重事件的斗争。
>
> 目前的事态是许多学生所珍视的乌托邦梦想在革命时期代替了更加清醒和实际的对于政治形势的判断。[1]

由上可以看出,这件事情其实仍与民族主义关系不大,参与示威的个别同学反对的对象是当时的北洋政府,且需要托庇于校方外国行政领导才能获得帮助。

四、对自治的要求与对课程的不满

在文理学院的学生组织中,有一个由学生自己选举出来管理膳

---

① *Shantung Christian University* 1914,AUBA,267-4270,p795.

食费用的团体,叫做膳团(Food Committee)。1915 年初,一位老师在寒假中发现,膳团管理资金时有不诚实行为,且造成了大约 700 元的亏空。教师们认为在普通餐厅吃饭的学生应该承担一定的责任,需要支付一部分资金以弥补亏空。当 1915 年春季学期开始时,文理学院有 208 个学生。在由司库和高级中国教师向在场的学生做了详细咨询与认真解释之后,决定由学生承担亏空中的 300 元,学院负责其他债务并承担由此带来的不可避免的损失。老师们认为同学们只要节俭一点,每人拿出一元多一点,应该没有太大的困难。

可是许多学生认为这是不公平的,原因多种多样或者根本没有什么原因。期末时他们宣称除非学校提供额外的好的膳食,否则他们无法承受考试的压力。校方指定了一个委员会认真介入他们的问题,并向他们表示有足够的钱和食物可以保证不会将他们的食品补助降到该学期的平均值以下,但教师会也指示司库米尔斯(Mills)先生通知膳团,不可能有额外的钱增加膳食预算。膳团于 6 月 11 日星期五下午 2 点向学生公布了这一消息,当天晚上祈祷之后,学生召开了"群众会议"。这次会议起草了一份"请愿书"。次日即 6 月 12 日晨祷时,学生自治会(Self-Government body)主席王连曜将请愿书递交给了代理院长方伟廉。

请愿书共有"十七大条件":

1. 教学人员不得随意开除学生,须公布有关针对学生群体的决定。

2. 教学人员应准许学生在决定学院所有事务时有一定的发言权利。

3. 教师(适当时)应允许学生讨论与他们有关的事务。

4. 学生应该有权决定哪些老师应保留哪些应解雇。

5. 所有学生都应被准许学习英语而没有额外费用。

6. 在复习课上教授责备学生是不合理的。

7. 考试成绩应该公正,测试分数应被读出,学生有权讨论并复核它们。

8. 体育应改为适当的军事训练。

9. 课程应提升以增加学生的学术水准以及学生应有权选择他们使用的课本。

10. 学生应参与大学委员会,有权选举学院院长。

11. 学生必须有权协助安排课程。

12. 研究生课程必须尽快开放以提高水准并不能因此收取额外的学费。

13. 专门班级的课程应该允许按照意愿自由选择。

14. 学生不应被强迫敲钟。

15. 某先生不能篡夺纪律执行与辩护的权力。

16. 对于学生向老师的请愿书提出的意见是接受还是拒绝须立即做出决定不得拖延。

17. 以上条款必须在 6 月 12 日 9 点到 11 点之间做出决定,此时间不得超过。[1]

像通常一样,6 月 12 日,教师于上午 8:30 聚会。他们阅读了请愿书后,发现学生所提要求是如此荒谬,口吻又是如此傲慢,认为除了忽视它或者做好最坏打算外,没有其他选择余地。最后通牒时间是上午 11 点。11 点钟教师们再次开会并派人去叫自治会主席王连曜,王拒绝参加教师会议。教师会又派阮金(Rankin)和刘福增去确定信息是否传到了王连曜本人。结果他们发现学生们正在教堂开会,大门由学生把守并拒绝其他人入场。阮金奋力往里挤时发生了肢体冲突。之后老师们离开了,学生随后迅速用木棒武装了警卫,并一再拒绝与老师们接触谈判。

晚上学生们已占据了包括钟楼在内的整个学院。学校里的外籍

教师集合起来前往主大楼北面的广场,那里聚集了激动的同学,很多人手里拿着沉重的木棒,所有人都在叫喊和辱骂。老师的出现多少吓到了他们。最后在老师们的劝说下,聚集的学生才开始解散。第二天(6月13日星期天),外籍教师接管了校务并派人叫来了济南的行政长官和军人,下午又有30名士兵和警察进驻学校。市长派人去叫学生领导人以讨论解决办法,但传回的消息是他们在开会无法过来。很快他们邀请地方官和代理院长方伟廉在"不能有其他人"的情况下,过去"指导他们"。方伟廉对这样的"传唤"十分不满,认为这样去见学生是不适当的。最后地方官和司令去与学生进行了长时间的会谈,并听取了他们的不满。与此同时,校方当局列出了一个含有16名首要分子的名单,将他们传唤出了教堂并由士兵进行了抓捕。接着代理院长方伟廉前往教堂宣布学院解散,所有学生如果不愿被拘押就必须在第二日九点前离开学校。星期一早晨,又有至少十四五位学生被逮捕,这样大约共有30名学生被拘押。学潮至此结束。

这次学潮是自建校以来最严重的一次学生骚动。据方伟廉介绍,12日晚上这些学生不仅挥舞棍棒大叫:"揍他!揍他!"还乱扔一些沉重的石头,其中一块打到了卫礼士先生的胳膊。所幸无人受伤也没有昂贵财产的损失。至于学潮发生的原因,方伟廉与大学委员会的常驻成员卫礼士(Ralph Wells)、王元德曾于事后组成了一个调查委员会进行调查。他们认为,膳团管理不善的"餐厅账目是动乱的直接导火索",但学生们对学校长期积累的各种各样的不满,都趁此机会发泄了出来,遂使乱局一度无法控制。[①]

在学生提出的17条意见中,并找不到有关餐厅问题的痕迹。其中除后两条为通牒性言语外,其余15条中,强调学生自治权利的有7条,强调课程提升和设置的5条,涉及师生关系的2条,专门针对具体老师的1条。这些意见集中揭示了学潮的真实原因。

---

① Statement of the Facts and Causes of the Student Rebellion in the Arts College of the Shantung Christian University, 1915, AUBA, 267 - 4270, pp862 - 863.

学生们长期与个别老师(包括中国老师与西方老师)的对立是这次学潮发生的心理原因。在方伟廉等人看来,学生们尤其反对学校的两三位中国老师,因为这些老师习惯上不太重视课堂工作且经常以不堪言词辱骂学生,对于一些中国老师习惯性地过早解散他们的班级,方伟廉曾在"教师会议上找机会进行了明白的批评",此后虽有很大改善,但并未让学生感觉满意。更困难的是大多数中国老师没有宽广的知识与教学能力来扩展课本知识,以至于学生斗争的矛头主要指向了中国老师。学潮当天,学生警卫们在"中国老师的房子外面使他们几近囚犯",晚上还发动了针对一些中国老师家庭的敌对示威。12 日晚上 10:30,一位中国老师在自己房间里试图得到学生领导人的名字,结果被捣毁了房间窗户。幸亏 Judd 及时出现于其房间,才得以免受一顿暴打。学生也觉得两三位年轻的外国老师在某些事例上,处理学生问题时过于独断。"这些抱怨虽然大部分是由于对老师的误解,但有些老师简单地贯彻学院的命令也确实让学生无法接受"。[①]

课程升级的缓慢也是这次事件的主要原因之一。文学院的老师们虽然注意到了这样一个事实,竭尽全力去试图通过课程修订方案,但它却仍躺在学校委员会的会议台子上。学生对于课程升级的敏感缘于对就业的焦虑。由于一战的爆发,西方差会力量大为削弱,对于教师、布道师的需求大大下降,文理学院的毕业生工作十分难找。学院 1914 届毕业班 95 人中,大部分同学在寻找职位或者至少是有高收入的职位时遭到了失败。就业的艰难使学生很容易将其归罪于学校的课程设置与教师水平的低下,一些学生似乎考虑到即使坚持到毕业也无大用处,离开学院或许反倒会更好一些,遂在无政府主义冲动的刺激下发动了学潮。

在 17 条意见中强调学生自治权利的有 7 条,说明文理学院学生

---

① Statement of the Facts and Causes of the Student Rebellion in the Arts College of the Shantung Christian University,1915, AUBA,267 - 4270,p863.

的斗争仍然着重强调辛亥革命以来一直坚持的自治与自由,而对民
族主义问题并不看重。他们并不认为在教会学校接受传教士教育有
何不适当之处,而最关注的却是教学质量以及教师偏低的素质。关
注自己的学习环境和条件,想更好的提升自己的素质与能力,以在就
业中多一道保险,这样的想法并无不妥,关键在于其提出条件的口气
实在太伤教师们与学校当局的颜面,而斗争中木棒、石块的挥舞也让
其彻底失去了道德的制高点。尤其是学生制定的纪律规则,更是将
学生自己降格成了一个个暴徒:

　　1. 任何透露由全体学生做出的秘密措施的人都将被
武力对待。
　　2. 任何不愿意参加建议措施中的学生团体者将会被
武力对待。
　　3. 如果有学生在此事件中被开除,全体学生应该站在
一起。
　　4. 如果教师不答允签署请愿书 17 条款,他们将会被
武力对待。
　　5. 所有人要严格遵守学生团体的命令,违则受到武力
惩罚。
　　6. 如果学生参加考试将被武力对待。
　　7. 从 6 月 12 日开始一周内不许复习功课(即考试周)。
　　8. 如果不参加学生团体的会议将被武力对待。
　　9. 如有人走漏谁在学生团体中当选什么职位将被武
力对待。
　　10. 任何企图干扰学生团体的老师要受到责备,若其
坚持,将被武力对待。
　　11. 在学生团体决定回家之后,若有学生留守,将被武
力对待。
　　12. 如果学生在宿舍里沉迷于谈话不利于学生团体,

将被武力对待。

13. 如果有学生被选举了适合他的职位却拒绝服务并暗中逃回家里,将被武力对待。

14. 如果学生有正当理由需要回家须得到学生团体的谅解。

15. 学生团体应承担本次运动中所有的花费。

16. 须在各地成立分会,各分会应有自己的主席,在未被允许时任何人不得返校。

17. 不遵守此规则的人将被锁在其房间里并以囚犯对待。①

这样的行为会遭到学校的反扑也就不足为奇了。校方对肇事者得处理相当严厉。通过无记名投票,学校决定惩罚首要分子。结果是 17 人被开除 33 人被暂停学业"至少一年"。换句话说,几乎全体学生的四分之一被"勒令退学"。他们中间有的曾是学院最好的学生,尤其是在三四年级的学生。其余学生将被允许于 9 月 9 日回校,但须带有来自牧师或教会官员的有关其有希望改造好的书面担保,并要向全体教职员准备一个道歉。

被永久开除的 17 人如下表。

表 8-1 1915 年学潮开除者名单②

姓名	差会	家	年级
王连曜	老会	临沂	4(1916 届毕业)
陈桂芬	长老会	江苏	4

① Statement of the Facts and Cause of the Student Rebellion in the Arts College of the Shantung Christian University,1915,AUBA,267 - 4270,p864.

② AUBA,267 - 4270,p865.原名单为英语,据 AUBA,267 - 4270,pp856 - 859 学生英汉名单表回译。

（续表）

姓名	差会	家	年级
关育贤	浸礼会	益都	4
高振起	美国浸信会	莱州府	3
丁振洲	长老会	胶州	3
徐景华	长老会	商河	4
冯光临	长老会	益州府	3
王廷义	长老会	安徽	3
刘世传	长老会	登州	4
马万杰	圣公会	泰安	4
孙廼枢	长老会	安邱	4
张学宏	长老会	潍县	2
王国勋	长老会	即墨	2
孙桂韫	长老会	安邱	3
赵芳舟	公理会	德州	2
刘云生	浸礼会	益都	2
李文普	浸礼会	临朐	4

另有 33 人被暂停学业"至少一年"。

表 8-2 1915 年学潮暂停学业学生名单

姓名	教会	家	年级
朱宝田	美国浸礼会	黄县	3
贺同亮	浸礼会	蒲台	4
尹发光	浸礼会	临朐	4
郭邵颜	加拿大长老会	河南	4
田鸿业	长老会	安邱	4
徐允平	长老会	诸城	选班
苏景禹	浸礼会	临朐	4
高立志	浸礼	临朐	3
张景柏	长老会	沂州府	2

（续表）

姓名	差会	家	年级
黄泽业	长老会	昌邑	4
张家椿	长老会	海阳	2
魏致中	长老会	寿光	3
施相文	长老会	潍县	4
刘廼禄	长老会	沂州府	4
朱文德	长老会	胶州	4
孙步云	长老会	临朐	4
韩振东	长老会	昌邑	2
谢景侨	浸礼会	滨州	3
刘焕章	浸礼会	临淄	3
郑恒祥	浸礼会	历城	4
孙思魏	浸礼会	芜湖	选班
田鸿春	浸礼会	安邱	1
赵明睿	美以美会	宁阳	医班
张效圣	浸礼会	高苑	医班
邱文亮	长老会	浙江	3
王国达	长老会	临朐	2
张纯熙	浸礼会	博兴	医班
吴广治	浸礼会	益都	1
魏守中	长老会	寿光	2
孙秉乾	浸礼会	蒲台	4
张延秀	长老会	临朐	2
赵乐祥	长老会	昌乐	3
郑俊才	长老会	潍县	4

学生运动使春季学期以惨败而告终。在对学生进行处理之后，学校也采取了一些措施以回应学生的要求。依据大学委员会的议案,在秋季学期开始之前两位中国老师被辞退。课程水准的提升也加快了步伐,1914年报告中提到新的课程被采纳。其由一个五年课程和一年预科组成,第一年最终或许会降到中学。最后两年的课程

针对不同班级的不同目标而分成 8 种专业课程,如下:1. 中文课程;
2. 哲学课程;3. 历史与政治科学课程;4. 外国语课程;5. 数学课程;
6. 物理课程;7. 化学课程;8. 自然科学课程。这些课程已经在预科
年级开始采用,专业课只要教学人员得到加强使之变得更有效之后
即可开展。[①]

　　相对于 1906 年以来的前几次学生运动,1915 年学潮更能体现齐
大学生的特质。在学潮中,学生提出了自治的要求,并要求限制外国
人的权力。但最多的还是对学习环境、教学方式的强调,而且主要的
斗争矛头指向的是中国教师,而非外籍人员。这可以证明当时学生
只是在对年长者权威的反叛,并没有明确的中外民族之争。其"革命
纪律"中动辄出现的"武力相向"以及实际行为中的暴力行为,也说明
此时文理学院的学生尚没有近代的学生斗争观念,而是将自己降格
成了一个个暴徒。一个更有意思的现象是,校长的报告中反复强调
事情的起因是膳费问题和中国老师问题,而在学生的请愿条目中,却
只字未提膳费而针对对象也是中西教师皆有,报告的片面指向与实
际行动的不符,说明校方的报告是有一定的选择性的,其最后提出的
课程升级和学生就业问题才是学生爆发的最真正的原因。

　　总结 1915 年以前的学生风潮,齐大学生虽不以外国势力为敌,
但并不代表与民族主义没有关系。首先,辛亥革命前后,中国的民族
主义存在革命派与立宪派两种力量。二者主要分歧在于"排满"与
"合满"以及建立单一民族国家还是建立包括满族在内的多民族国家
等问题上。[②] 齐大部分学生对于革命的参与,是否受到了革命派民族
主义的影响可以存疑,但其参与本身就是在实践着排满民族主义则
是事实。其次,此时期学生针对学校课程设置以及教学方式、教师能

　　① *The Annual Register and Report of the Shantung Christian University* 1916,
AUBA,267 - 4270,p890.
　　② 郑大华:《略论中国近代民族主义的思想来源及形成》,郑大华、邹小站主编:《中国
近代史上的民族主义》,第 19 页。

力发动的学潮,虽然主观目的是为了就业问题,但也是为将自己锻造成器而做出的努力,同样是在实践着反省的民族主义。故,此时期的学生风潮,不能说与民族主义毫无关系。

第二节　五四、五卅、五三与"非基"：民族主义与母校情结

一、五四时期的领头者

五四时期,中国学生群体开始真正走向了历史的前台。五四运动肇因于山东问题,因此山东的五四运动格外激烈。但是,作为当时山东最高学府的齐鲁大学,在运动中的表现却未能留下太多的资料。目前所能知道的仅仅是一些当事者的回忆记录。这些回忆不尽相同,而且有些并不正确,但数种回忆相互支撑之后,加以历史文献的记载,我们倒也可以勾勒出当事人回忆之中的齐大学生参与五四的基本情况。

五四运动爆发以后,5月7日山东各界万余人在省议会举行"五七"国耻纪念大会。会上30余人发表演讲,省立一师学生张兴三咬破手指,血书"良心救国",群众见状无不落泪。大会致电北京政府提出力争青岛、法办国贼、开释学生等要求。齐大学生发表了"为力争青岛敬告全国各界书"①,书云："各地各界,同心同德,思来日之大难,惧山河之不复,际千钧而一发,合众志以成城,出以决心,持以毅力,使巴黎和会能解决吾青岛也"。②

8日,由日本人办理的《济南日报》发表其经理田中的文章,说山东五七国耻纪念大会是由齐鲁大学煽惑所致,对齐鲁大学大骂特骂。齐大全体学生遂向省长沈铭昌提起交涉,诉该报造谣惑众,限令其五

---

① 《民国山东通志》编辑委员会编:《民国山东通志》第四册,第2328页。
② "为力争青岛敬告全国各界书"内容来自孙常印总主编,高凤胜著,济南市政协文史资料委员会编:《济南历史文化概观》第270页,未能找到原始出处,特录之备考。

日内永远停刊。督军张树元偏袒日方,令济南道尹唐柯三前往齐大,请校长严禁学生集会演说。唐到校后遭学生包围,当学生质问其"为什么要帮着日本不准中国的人爱中国"时,其"抱头鼠窜而去"。①

10 日在演武厅开全体学生联合大会,时齐大代表为医学院学生郎国珍,大会推举郎与其他五人为学生代表谒见督军省长,请求转电北京:(一)速电巴黎专使,据理力争,勿轻签字。(二)惩办曹汝霖、陆宗舆、章宗祥诸卖国贼。(三)电沪会代表让步息争,同御外侮。12 日各校派代表 2 人组成学界联合会,会址在第七中学校友会办事处,各校选 1 人为驻会干事员。15 日郎国珍与工业学校张文英、刘汝巽等联名发电,分致府院:

> 青岛交涉,一发千钧,稍有失败,全国瓦裂。东省祸且剥肤,尤属忍无可忍。现经在济学生全体开会,公议救亡方法。一速电巴黎议和专使据理力争,万勿签字。二电沪会代表让步息争,同御外侮。以上二项,均系目前急务,泣恳俯顺舆情,迅予照准,以挽危亡,而平众愤。山东幸甚。全国幸甚。

为安全起见,刘汝巽署名为刘文巽,郎国珍署名钟国珍。②

根据李澄之回忆,为响应北京学联 5 月 20 日罢课宣言,济南中学以上各校于 5 月 23 日一律罢课。③ 关于这次罢课中齐大的参与问题,据李澄之回忆,是日晨 8 点左右,演武厅已聚集数千人,工专张文

---

① 刘家宾:《五四运动在山东大事记(上)》,《山东史志资料》1983 年第 3 辑(总第 5 辑),第 106 页。据刘家宾称,这篇大事记的主要资料来源是当时的北京《晨报》、《公言报》、上海《申报》、《时报》、天津《大公报》等报刊资料,当是可信的。

② 胡汶本、田克深编:《五四运动在山东资料选辑》,山东人民出版社 1980 年版,第 217-218 页。

③ 此时间与《申报》1919 年 6 月 3 日所记时间一致,可证为真。石愚山的回忆是,5 月 23 日学联开第一次会议,5 月 24 日实行罢课。(胡汶本、田克深编:《五四运动在山东资料选辑》,第 222 页)此时间与李澄之不同,现以《申报》时间作为旁证,取李澄之说法。

英、孙伯恭和齐大夏德霖相继站在桌上讲话。然后举行示威游行,队伍由齐大领先,一中、一师、工专等学校纷纷参加。① 根据隋灵璧等人回忆,是日早晨五六点钟各校学生齐集演武厅广场。八点左右齐大学生约三四十人,持校旗由西南方面进入会场。工专张文英、孙伯恭与齐大的夏德霖相继发言。游行开始,队伍由齐鲁大学领先。② 两人都确认了齐鲁大学队伍领先游行的问题。至于齐大参与游行的人数,无法确知。

五四学生运动爆发后,在一师学生会领导下,组织了一个"学商联合会",会长为一师学生朱孟武。不久学联会长改由一师学生会长赵绍谦担任,学商联合会遂被置于学联会领导之下。6月10日学联领导了济南罢市。据张公制等人回忆,对罢市,各校分区负责,齐大与工专、女师等校负责南门西关一带。③ 石愚山的说法是,齐大等三校负责南关到西关一带,与张基本一致。④

据李澄之回忆,罢市后赵绍谦以会务繁重申请辞职,改选齐大学生夏雨亭为学联会长⑤。查齐大当时的在校学生名单,除前提夏德霖外,没有第二人姓夏。另据张景文回忆:

> 同学们以齐鲁大学是美国教会学校,中国政府不能干涉,商得齐鲁大学当事人同意,在齐鲁大学开会,改选齐鲁大学的学生夏德霖为学生会会长。夏德霖每天与各校学生代表联系,照常开会,照常到马路上游行讲演,开展各项抗日爱国活动。⑥

① 胡汶本、田克深编:《五四运动在山东资料选辑》,第220页。
② 胡汶本、田克深编:《五四运动在山东资料选辑》,第243-244页。
③ 胡汶本、田克深编:《五四运动在山东资料选辑》,第233页。
④ 胡汶本、田克深编:《五四运动在山东资料选辑》,第275页。
⑤ 胡汶本、田克深编:《五四运动在山东资料选辑》,第430页。
⑥ 张景文口述:宋德慧记录:《回忆山东学生参加"五四"运动的概况》,中国人民政治协商会议山东省委员会文史资料研究委员会编:《文史资料选辑》第五辑,山东人民出版社1978年版,第3页。另根据胡汶本、田克深编:《五四运动在山东资料选辑》,第225-226页,此事应为5月砸省长公署之后的事。

张景文未提此事的具体时间。其口中的"学生会"其实就是学联会，故可以推断，夏德霖就是夏雨亭。

7月份济南抵制日货运动开始。7月1日济南学生混合编组，在城内及商埠检查日货。由齐鲁大学和正谊中学合编的一组，被分配在商埠一大马路(当时日本的洋行、商店多在一大马路一带)进行检查。约在下午2时左右，他们正在检查运货车辆时，齐大学生王志谦被日本商行浪人捕去。当天傍晚，各界联合会集了学生市民五千余人，到省长公署请愿，省长沈铭昌在压力下向日本领事交涉，夜深12点时，王志谦方被领回。[①] 此事得到了李澄之回忆的证实：只是时间略有差异，李认为是7月1日早，齐鲁大学学生王志谦等因在商埠查询运粮车夫，被日人拘去。下午学生联合会在齐大召集各界会议，商定请愿营救之法，直到2日凌晨4时，王志谦才被释放。[②]

通过以上梳理，大致可以看出齐大在五四期间的活动还是比较活跃的，其工作可分为如下几项。第一，参与学生联合会的发起与活动。第二，参加五二三游行，且处于领先位置。第三，由于其教会学校身份，为学生提供了较为安全的开会场地。第四，医学院学生夏德霖(夏雨亭)一度被选为学生联合会长，发挥了重要作用。第五，与其他学校一起鼓动6月罢市，并以罢课作为支援。第六，参与抵货运动，王志谦还为此被抓捕拘押一天。

那么，齐大校方是如何反应的呢？

1919年也是齐鲁大学发展中的关键年头之一。这一年，由于合作差会的增加，海外成立了英国和北美两个联合董事会，济南的大学委员会改组为驻华董事会。这种管理上的重大变化使档案中的齐大看起来十分忙碌，以至于根本无暇顾及学生参加抗日游行的问题。5月7日济南各界代表召开国耻纪念会当天，齐大驻华董事会首次会议开幕，会议持续5天，对于天翻地覆的校外运动未做出丝毫反

---

① 胡汶本、田克深编：《五四运动在山东资料选辑》，第281页。
② 胡汶本、田克深编：《五四运动在山东资料选辑》，第287-288页。

应——至少会议记录中未有点滴痕迹。这足可说明齐大校方对于政治问题的超脱。

但是从一些其他材料上或可以看出,齐大校方对于学生的爱国行为是认可的,如当道尹唐柯三到齐大请校长严禁学生集会演说时,校长卜道成回答说:"敝校学生都是你们中国人,你们中国人爱中国,我如何好意思去禁止他呢?!"唐则面赤耳热,丧气而出。[1] 这种不作为其实就等同于对学生行为的认可。齐大教授美国人奚尔恩也做出了贡献。1920年初学运停顿,学生开始联合各界进行抵制日货宣传,《大民主报》经理周郎山与主笔刘吉安因著论抨击政府干涉学生运动且支持抵制日货,遭马良下令逮捕,后来经托奚尔恩出来说话,马才罢休。[2]

当然这种情况的出现,很可能是当时"国际关系中英美日关系变化的结果"。[3] 而且就是由于这一情况的出现,校长卜道成的管理能力备受质疑,被美国长老会传教士借机赶下了台(详见第二章校史部分)。

但是在张公制等人的回忆中,齐大竟然出现了停闭学校之举:

> 齐鲁大学校长英人巴慕德因学生运动,发表声明,学校暂行停闭。勒令学生在三日内一律离校,半年后再行开课,形同解散。齐大当局的这一举措,对于学运影响很大,可见帝国主义对于中国人民的爱国运动的仇视是一致的。[4]

这段话不足以采信。首先,此时的齐大校长不是巴慕德而是卜道成,巴慕德正在休假。其次,遍查1919年的齐大档案,无一次会议

---

① 刘家宾:《五四运动在山东大事记(上)》,《山东史志资料》1983年第3辑(总第5辑),第106页。
② 胡汶本、田克深编:《五四运动在山东资料选辑》,第239页。
③ 陶飞亚、刘天路:《基督教会与近代山东社会》,第320页。
④ 胡汶本、田克深编:《五四运动在山东资料选辑》,第239页。

记录、校院长报告以及私人信件中谈到这次暂时停闭问题。

但是五四运动引发了齐大领导当局的一次震动却是无疑的。校长与文理学院院长和神学院代理院长一起下台,硕果仅存的学校创建时期的老人聂惠东成为校长,加拿大的瑞思培成为神学院院长,文理学院却长期陷入了没有院长的局面中。此后齐大显然加强了对学生参与政治运动的控制,因为整个基督教界也开始注意将舆论导向于"学战救国",其虽然承认学生参与运动为"国家进步,一线光明之所系",但又指出"明理之学者,知罢课为最不经济之举动,而惕然努力于实学以救国,学战争强,诚爱国之本务"。[①] 齐大当局此后的作为体现了这一特征,对学生的民族主义激情进行了引导和限制,以至于在革命者眼里,1920 年代的齐大成了"一潭死水",[②]因此想方设法地要将革命思想传播进去。

二、"非基"与五卅

五四运动之后,山东的学生运动进入低潮。如前所述,1922 年的非基督教运动对山东几乎没产生任何影响。如中国共青团济南地委 1923 年报告工作难做时所指出的:"山东之学生均有'埋头几案'、'不问世事'之通病,课外之事,无非游玩而已。居多数的学生即报纸亦不愿翻阅,至于关乎主义之书籍或任何出版品,那更是无心顾及了! 所以死气沉沉,大有萎靡不振之现象。"[③]这种状况直到 1925 年初仍未有改变的迹象:

> 学生则自五四以后,十分消沉。一切市民运动、社会运动都引不起其参加,无半点政治观念,除多数埋头读死书的

---

① 中华续行委办会:《中华基督教会年鉴》(6),1983 年版,第 3 页。
② 《团济南地委关于非基督教运动情况的报告》,济南市档案馆、中共济南市委党史委编:《济南革命历史档案馆资料选编》(第一辑),第 125 - 126 页。
③ 济南市档案馆、中共济南市委党史委编:《济南革命历史档案馆资料选编》(第一辑),第 33 页。

外,其余无知妄为的不少。①

齐大则更是如此,丁君羊称其为"一潭死水"、"一片死寂"。1924年12月25日共青团济南地委发动了非基督教运动,但不甚令人满意。原因是济南基督教会势力比任何地方都大,"计山东全省省立中等学校,不过十五处,而基督教会所设立的中等学校,也有十余处之多,只就济南一隅,中学已有三处,而齐鲁大学,又居然在社会上博得山东最高学府的盛名。在此次非基督教运动中,我们的势力与他们相较,他们是主人,我们是奴隶"。②

不久五卅惨案发生。对于神人共愤的惨案,济南学生很快做出了反应。济南学生联合会迅速得以成立,"包括济南中等以上学校过半数"。③ 齐大并未置身事外,虽然我们没有看到齐大各学院的反应情况,但齐大护士学校于6月23日发表的《沪案后援会宣言》还是很能说明一些问题:

<blockquote>

济南齐大护士学校沪案后援会宣言

全国父老兄弟诸姑姊妹:

我们的劳工同胞为沪、青日纱厂日人种种虐待,不得已而罢工,要求改革,那狼心狗肺的厂主,不第不纳,反以武力胁迫,任意枪杀,毫无怜恤。我们的学界同胞,为英人越界筑路,夺我领土,加码头捐,攘我金钱,印刷附律,剥我言论自由。是以,为正义所激,为公理所感,不得已而罢课,分送讲演,诉诸公理,申情乞援。而英捕不顾正义,蔑视人道,剥夺中华国体,摧残我民权,一再枪击,死者愈百,伤者盈千。

</blockquote>

① 济南市档案馆、中共济南市委党史委编:《济南革命历史档案馆资料选编》(第一辑),第148页。
② 济南市档案馆、中共济南市委党史委编:《济南革命历史档案馆资料选编》(第一辑)第125-126页。
③ 济南市档案馆、中共济南市委党史委编:《济南革命历史档案馆资料选编》(第一辑),第208-209页。

盖学生讲演与教士传教事业相等,伊既能入我国内地传教,学生即能讲演于租界。今背公理,而施强权,以致演成怨声载道,惨不忍闻之悲剧!噫!光天化日之下,竟敢横行蛮肆,人道何存,公理安在?蹂躏至此,凡有血气者,岂能坐视弗顾耶?同人等为良心裁判,公理愤激,又念"天下兴亡,匹夫有责"、"国威不振,万姓咸辱"。敌忾同仇,宁愿为人道牺牲,不愿为强权屈服,同人等誓为沪案后援,坚持到底。务乞同胞速醒,同起救国。公理不申;奋斗不止!誓死力争:

(一)打倒帝国主义;(二)废除不平等条约;(三)收回日英租界;(四)撤回日英领事裁判权;(五)取消码头捐;(六)恢复原来学校;(七)赔偿一切损失,并向我国政府道歉;(八)取消印刷附律;(九)永远不用日英货物。

济南齐大护士学校全体学生泣启[①]

时间为 1925 年 6 月 23 日。在这个不长的宣言里,齐大护士学生发出了自己的声音。可以看得出来的是,该宣言并不反对基督教教育,而将反对帝国主义作为主要口号。但是文中却也提到了基督教传教问题,认为既然传教士可以来华传教,学生自然可以到租界讲演,这就涉及到了文化对等交流的问题了。

而且也有可靠资料证明,自五卅惨案发生后,齐大同学"当仁不让,曾奔走呼号,不遗余力。冀徒唤醒国人,合力抵抗。——督促政府急速交涉,心至诚法亦至善也"。[②] 女生也充分参与,肃静但十分坚决。[③]

其实教会学校的学生并不缺乏爱国热情,之所以活动并不积极,是因为接受新思潮的土壤较差:

---

① 济南市档案馆、中共济南市委党史委编:《济南革命历史档案资料选编》(第一辑),第 184 - 185 页。

② 《评议会对学生爱国运动所发之通告》,《齐大心声》2 卷 3 期,1925 - 9,第 23 页。

③ Extracts from the Report of the Women's Unit, AUBA, 263 - 4243, p77.

就实际上而论,新思潮到了教会学校里来,尚无十分危险。因为教会学校对于言论上的自由,不及普通学校的方便,所以在破坏一方面不能十分得力。这并不是因为教会学校的学生,智识上不及其他学校的缘故,乃因为他们觉得在教会学校里发表议论,阻碍是非常之多的。为了这个缘故,教会学校的学生对于新思潮的感应力,也比官立学校弱了;他们对于新思潮的政治一方面,也缺少十足的表示,这或者是因为他们对于政治方面的兴味比较的弱一些罢了。红色革命的声浪,虽不免要震动他们的耳鼓,但是他们对于教职员的态度倒没有十分改变。总而言之,思想革命的势力虽然很大,但是对于教会学校,倒没有输入什么不可驾驭的"暴烈分子",这是我们所敢断言的。考他的缘故,一则因为教会学校管束较严,不容易发生不规则的行动;二则因为教会学校的办法,没有什么和新思潮不合的地方,所以没有积极反对之必要。①

思想革命的势力虽大,但对教会学校而言并无十分危险,原因是教会学校控制较严。五卅后齐大评议会的通告出台,更说明了教会学校纪律之严格。齐大的这封通告首先表示"对学生之爱国,既深表同情",但此种事情,"一有发生,难免有碍学业",为保障学业起见特发此通告:

本大学谨再声明其立学宗旨,乃在对基督守始终不渝之忠诚,其力行者概循基督教教育之目的——纯正文化之施予与基督化品行及人格之养成。本校确信以上目的之能贯达,端赖本校学员教员专心向学各尽厥职。一切正当爱国之表示本校不徒深表同情,且欲促进学员俾筹合宜之方

① 民侠:《教会学校的学生》,《青年进步》第 52 册,1922 年 4 月,第 52 页。

法,对国家效建设之劳瘁。故不得不殷期各学员等严拒功课上之骚扰以至荒废学业,贻累国家,遂于本校设学之宗旨,亦难免抵牾横生矣。嗣后如有此等情事发生,或因学员罢课而本校教育人才之宗旨受有阻碍时,本校拟即散学。特此议决。①

这就给了外界一个十分重要的信号,那就是教会学校学生不能上街游行,不能接受革命思想是学校当局压迫的结果,而这种压迫由于当局是外国人又多了一层民族压迫的意思在里面。故五卅之后,"非基"运动开始转向积极争取教会学校学生参与斗争。

1925年12月圣诞节前后,共青团济南地委与济南非基督教大同盟掀起了新一轮的"非基"宣传运动。

这些关于"非基"宣传运动的文件基本表达了这么几层意思:第一,指控基督教是帝国主义侵略的先锋。非基督教大同盟一直在将"传教"与"侵略"联系起来进行宣传,且将基督教的传播认定为"文化侵略":"基督教就是引导帝国主义者侵略的先锋!历史已给我们以充分的证明,'传教'和'侵略',永远是一致的,只看每次教案发生,就割地赔款,增加帝国主义者的势力。帝国主义者势力所在的地方,同时又是基督教最发达之地!它是帝国主义者豢养的佣仆,在中国设立许多宣传的机关,从事文化侵略。它帮助统治阶级压迫被统治阶级,叫劳动者听天由命,不反抗现实生活,以保障资本家的剥夺。"②又谓:"我们为什么反对基督教呢?为的基督教是帝国主义侵略我们的先锋,迷惑一般青年思想的工具!我们为要解放本身及全中国民族的一切压迫与束缚,为要打倒我们的敌人——帝国主义者,我们必须

---

① 《评议会对学生爱国运动所发之通告》,《齐大心声》2卷3期,1925-9,第23页。
② 《济南非基督教大同盟宣言》,济南市档案馆、中共济南市委党史委编:《济南革命历史档案馆资料选编》(第一辑),第249-250页。

打倒基督教。这是我们反对基督教的简单而明确的理由。"①

第二，攻击教会学校并要求收回教育权。基督教是侵略先锋，教会学校当然是侵略者的巢穴。不允许学生爱国是教会学校的第一大罪状："自五卅运动以来，帝国主义者的凶恶已完全暴露。只看各地教会学校当局，禁止学生参加游行讲演，加入教会学校就不许爱中国等的行动，已使我们对于基督教的善意领教过了！"②教会学校实行的奴隶式教育是其第二大罪状："你们是中国前途有望的青年，是与我们同样处在帝国主义压迫之下的可怜人民！你们不幸陷入敌人的巢穴——考到教会学校，受着奴隶式的教育，得不到二十世纪应有的知识，思想上受基督教的迷惑，行动上不能得到'中国人'的自由——不许参加爱国运动，强迫信教、做礼拜、查经。你们抱着满腔希望与要求，求得充分有用的知识，保住将来生活的安定，才投考到教会学校里。结果呢？亲爱的同学们！平日受尽敌人百般愚弄和侮辱，过着奴隶生活，你们是活泼勇敢有为的青年呵！现在我们中华民族正急须我们共同的艰苦奋斗！奴隶的生活，是我们勇敢有为的青年所不能忍受的。"③其至提出了颇令教会学校学生不好接受的"走狗"论："教会的男女同学们！基督教是帝国主义的走狗！你们愿作走狗的走狗么?!"④

第三，重视教会学校学生的特殊作用，对这些学生寄予厚望。"深处敌人巢穴中的战士们——教会学生！你们负着更重要的使命！你们不幸投入敌人的迷阵，受尽了敌人的侮辱与愚弄，过那侮辱人格的生活。但同时也因为你们走到敌人的队伍中，发觉了敌人的阴谋

---

① 《济南非基督教大同盟关于耶稣诞日告教会同学书》，济南市档案馆、中共济南市委党史委编：《济南革命历史档案馆资料选编》(第一辑)，第 260-262 页。

② 《济南非基督教大同盟宣言》，济南市档案馆、中共济南市委党史委编：《济南革命历史档案馆资料选编》(第一辑)，第 249 页。

③ 《济南非基督教大同盟关于耶稣诞日告教会同学书》济南市档案馆、中共济南市委党史委编：《济南革命历史档案馆资料选编》(第一辑)，第 261 页。

④ 《济南非基督教大同盟传单》，济南市档案馆、中共济南市委党史委编：《济南革命历史档案馆资料选编》(第一辑)，第 259 页。

和诡计,暴露了敌人的罪恶和弱点,使我们便利于进攻。我们很热烈的希望你们努力奋起,在敌人的巢穴中,做我们勇敢的内应!不要瞻前顾后,畏缩不前!"①又称:"教会同学们!我们既是认清了我们的敌人,明了了我们的责任,我们就要肆无忌惮地负起我们重要的使命!你们已亲身到了敌人的队伍中,更要起一种特殊的作用。你们应时常暴露敌人的罪恶与弱点,勇敢地作为我们的内应!青年的战士啊,我们要携手向我们的敌人进攻,使我们的反基督教易于成功。"②

第四,给教会学校的学生布置了明确的任务或者说是提出了明确的希望:

　　1. 在你们教会学校成立非基督教大同盟支部,以影响我们,扩大我们"非基"的势力范围。

　　2. 集中你们的力量——组织学生会、参加反帝国主义及反基督教运动。

　　3. 暴露基督教压迫与欺骗青年的事实——强迫学生信教、礼拜、查经,学生要有信仰之自由,圣经改为选科。

　　4. 学生有机会结社一切自由,学校当局不得干涉学生参加爱国运动。

　　5. 女子有通信的自由,学校当局不得私拆个人信件。

　　6. 整批退学,作收回教育权运动。③

这些宣传的效果如何呢?圣诞日当天,共青团济南团委以及非基督教大同盟将济南划为四区:城市区、东关区、商埠区、南关区。齐鲁大学及其所属之广智院属于南关区。南关区又分两路,一路在各

① 《济南非基督教大同盟宣言》,济南市档案馆、中共济南市委党史委编:《济南革命历史档案馆资料选编》(第一辑),第249页。
② 济南市档案馆、中共济南市委党史委编:《济南革命历史档案馆资料选编》(第一辑),第261页。
③ 济南市档案馆、中共济南市委党史委编:《济南革命历史档案馆资料选编》(第一辑),第261-262页。

街上张贴及分发,一路专到教会学校及广智院。到广智院时,正逢基督徒聚会,团员遂趁机分发传单。后到了昆范女校,因为有内应,可到校内散发及谈话。最后到齐大,在学生布告处张贴《宣言》与传单,后又到女生宿舍去散发,结果"她们都骂我们"。最后又到了餐厅,大约七八十名学生在吃饭,"我们分散了许多,他们也都很高兴,高喊着我们的口号——一半是故意的"。[①] 这说明在齐大的很多学生看来,"非基"宣传基本是一种很好玩的游戏。女生大多不敢惹事,而男生也多是出于一种好玩的心情跟着喊一下口号,没人当真。因此这次"非基"宣传虽然也进到了齐大校园内部,但作用不大。至少目前尚无资料证明齐大学生附和了"非基"人士的要求上街游行示威。

梳理至此,我们不得不对民族主义者报以怀有敬意的同情,他们鼓动了半天,却发现没几个人听。在1925至1929年期间,齐大学生并没有跟随全国"非基"运动的节拍起舞,此时期的齐大虽不像丁君羊所说的真的一片死寂,但也确实不太关注国家形势。对于"非基"运动基本抱持一种反感的态度。对于五卅运动并没有发出太多的声音,即使护士学校的宣言也是高喊打倒帝国主义,这与"非基"同盟直接喊出的打倒基督教还是有很大区别的。

三、动荡中的凝聚力

令"非基"人士大跌眼镜的是,齐大学生不仅没有在"非基"运动中背弃母校,相反,山东动荡不安的局势竟使齐大师生在共同厄运下的患难与共中变得空前的团结与友好。

其实自1925年以来国家局势就一直动荡不安,尤其山东更是兵连祸结。时值张宗昌督鲁,穷兵黩武,战事不断。1925年10月浙奉战争,张宗昌率部在徐州迎敌,兵败而归。11月,鲁豫战争又起,豫督岳维峻进攻山东。双方在鲁西、鲁南、泰安等地接战,张军节节败

---

① 《团济南地委关于非基督教运动情况报告》,济南市档案馆、中共济南市委党史委编:《济南革命历史档案馆资料选编》(第一辑),第276-279页。

退。12月初豫军一度进攻到济南附近的八里洼,在张的拼死抵抗下终于1926年1月转危为安。1925年12月底又与直督李景林合组直鲁联军与北方国民军作战。战争一直打到1926年8月直到国民军退走西北,张宗昌进入北京为止。就在此前一月,即1926年7月,南方国民革命军北伐开始,一路势如破竹。1927年3月发生南京事件,齐大传教士教师被迫走避青岛。6月日军以济南形势危急为由开抵青岛和济南。随着1928年北伐军的临近,日军突然发难制造了"五三惨案"。

在这样的动荡形势下,齐大的教学不可能不受到影响。如校长在总结1927—1928学年时提到:"在这个年度结束的时候,中国遭遇到了如此多的动荡和内乱,英美理事会对于资金支持问题充满了犹疑,你将很难设想一个关于巨大物质进步或者杰出活动的记录。当这么多学校被迫关门的时候,或者它们的作用被严重削弱的时候,我们应该衷心感谢主,我们还可以汇报一年的稳定、不间断的工作。"然而汇报者话锋一转提到了这一年最突出的成绩在于师生之间的良好气氛:"这一年最值得记录的特征之一是在教工之间、师生之间以及学生之间的总体上的友好气氛和良好团契。这是在所有学院表现出来的,在所有重要的事情中取得真实进步的标志。"①文理学院也在报告中写道:"本年的历史将以师生间充满善意的良好精神为标志"。②

其实,师生之间的团结与友好的氛围在五卅运动发生后即已显现。五卅后的暑期排外与"非基"的形势没有给齐大带来更大的困扰。校长在报告中提到"如果我们回瞰过去这一年的主要事件时,……我们第一个关注点一定是感谢主,因为我们经历了基督的团结与和谐。各种分裂和破坏性的力量考验了今日中国各种基督教事业的根基和上层建筑——非基督教的事业亦是如此——这主要是因为赋予教工目标的统一,以及存在于师生之间的好感,这些破坏力量被愉快地抵制

---

①　Acting President's Report 1927—1928,AUBA,263 - 4245,p243.

②　Extracts From the Report of the School of arts & Science,AUBA,263 - 4245,p248.

了。尽管夏天排外十分严重,大学开学时仍入学 392 名学生,比前一年相应数字增加了 20%,其中包括 53 名女学生。"①

1927 年的南京事件同样没有很严重地影响到齐大,在 1927 年 3月美国出版的一个小册子强调"整个大学作为一个整体面对着新中国的困难",在各种冲击面前,齐大内部是团结的。② 当然出于对山东可能发生类似困扰的顾虑,在英美驻济南领事的指令下,传教士们撤到了青岛。学生的情况稍微有一点复杂:

> 骚乱的逼近也使我们的许多学生陷入到困难和危险的境地。大多数学生在华中和华南的家已经处于军事当局的控制之下,他们压制住了南方的宣传,在紧张又亢奋的空气中,一些琐碎小事都可能将他们席卷入严重的麻烦之中。家庭住在比较偏远地区的学生已与家里隔绝消息,从骚乱一开始即已进入困难境地。许多这种学生要求回家,所有这些要求均被应允。但是大约 150 名学生选择继续他们的学业,他们克服所有这些现实的和潜在的危险,现正在完成他们的学期课程。③

巨大压力并未影响到齐大对学生的吸引力。1927 年 9 月秋季学期开始,虽然路远的学生赴济南路上仍然充满困难和危险,但早期入学统计数字仍然出乎意料地大。尤其值得注意的是医学院,学生来自全国各地,入学竟也完全正常。而更加值得注意的是,在秋季学期开始时,大学教职工的所有在青岛或其他地方的西方成员被领事当局允许返校,中国同事、朋友和学生的温暖问候毫无疑问地表明丝毫不受

---

① President's Report 1925—1926,AUBA,263-4243,p68.
② Cheeloo Carries On, *Cheeloo Sketches*, Volume 1 Number 1,1927-3,AUBA,263-4250,p780.
③ Passing Through a Time of Testing, *Cheeloo Sketches*, Volume 1 Number 2,1927-5,AUBA,263-4250,p784.

减损的友谊、诚意与善意弥漫至整个大学校园。所有人都从这一年经验中得到了学习并获益,可能所有的失去与不安定都是有价值的,即友好精神得到了鼓舞。①

这种师生间的友谊在 1928 年五三惨案发生时得到了更大的鼓舞与加强。根据注册主任史密斯(Harold Smith)先生的日记,我们可以了解到:5 月 3 日,学生曾于中午召开会议强烈要求不要产生国际纠纷以免延缓北伐进军,并要求停课以参加济南其他学校学生庆贺北伐军到来的活动。这个要求被允许了。游行应该是举行了,因为在日军 5 月 11 日对学校的搜查中搜到了游行时使用的几面民族主义旗帜和一些写着"打倒日本帝国主义"的纸片。6 日,已有一些南方的学生害怕日本人会让张宗昌回来而计划逃跑。同日英美领事要求传教士们尽快带家人离开,但没有人想走。7 日时,领事馆已经十分着急地让齐大"必须想尽一切办法让夫人们和所有暂时不需要的人撤出去——如果可能则所有人都撤出去。"一辆当日晚上或次日早晨离开的火车由日本人用来疏散其他国家公民。下午奚尔恩和赖恩源等人用了大量的时间劝说女士们离开,最后在美国领事 Price 的帮助下将她们送到了火车站。8 日,由于火车晚点运行,胡约瑟、史多玛等人希望能将女学生也送走,但她们很难被劝服。只好赶中午最后一辆车离开。史密斯等花了一个上午将女生安顿在黄台火车站的旅馆里,有 45 个女生和奚尔恩、张伯怀夫人等都在那里,但火车并没有来,于是只好将她们安排在火车站的旅馆中过夜。次日 8 点半火车离开,史密斯与赖恩源回到了学校继续给男生们上课,"学生们很高兴我们和他们在一起"。当日日军在齐大校友门前以及校园内架起了机枪和迫击炮。圣公会宿舍里的学生十分激昂,因为日军到过他们的宿舍以及毗邻的员工宿舍区。10 日,他们尽力与学生保持接触与交流以使他们平静下来。晚上日本人开进了市区。11 日日

---

① 1927—A Year of Achievement,*Cheeloo Sketches*,Volume 1 Number 3,1927 - 11,AUBA,263 - 4250,p787.

本人对齐大进行了彻底的搜查,并强迫江清与赖恩源签署声明:"我们将尽最大能力阻止反日游行或者窝藏国民革命军士兵在校园里。"江清博士最后签署声明,但是赖恩源拒绝签名直到其咨询了领事。14日,学校关闭,学生们被允许回家,但毕业班坚持到6月份完成了毕业典礼。[①]秋季学期提前开学了三个星期以弥补提前放假的损失。尽管学校当局十分担心秋季开学时学生是否会回来,但是"超过三分之二的学生在8月开学时回来了。当秋季学期于9月份开始时,我们收到了50名新生。"[②]

五三惨案对于齐大学生触动很大,几乎整个1920年代全国民族主义的主要敌人是西方的基督教,收回教育权也主要是从西方基督差会手里收回基督教学校的教育权利。可是当一个更凶猛的敌人横亘在面前时,当西方基督教势力在此共同敌人面前也遭受了冲击与伤害时,"非基"就显得不那么紧迫了。在这些外力的冲击下,齐大内部的团结是十分突出的特征。齐大的学生尤其是女生充分认识到了在国难面前西方人所能提供的保护,因此8月份开学时,尽管遭遇了很多困难,仍有32名女生回来了,"一个原因是她们对于在1928年5月以智慧和热心照顾她们的人的忠诚感谢,另一个原因是对齐鲁大学的忠心"。[③]在当时条件下,这些学生回来是非常困难的,"奇迹在于我们有一些学生通过火车来,而这些火车不允许在主干线上跑上50英里。在穿过环绕济南的无人区时,一个女生团队不得不付30美元给土匪,而另一组男学生则遭到了一个叫做红枪会的大帮会的恐吓。但比土匪更可怕的则是日本的哨兵,他们将入夜后的城市置于

① War and Peace at Cheeloo: A Review of the Events of 1928 on the Campus, *Cheeloo Sketches*, Volume 3 Number 1,1929-1,AUBA,263-4250,p789-793.

② Report of the Acting President for the Year Ending June 30th,1929, *Shantung Christian University Bulletin*, No.72,p1,齐档,J109-01-530。

③ Report of the Dean of Women for the Year Ending June 30th,1929, *Shantung Christian University Bulletin*, No.72,p27.齐档,J109-01-530。

戒严令之下。"①考虑到这种种困难,能有这么多的学生返回学校,充分说明这些学生对于齐大的忠心。

1929年济案解决,3月21日,济南各界齐悬青天白日国旗,齐大亦将国旗悬于体育场上,竿高八尺,旗面飘展,阴沉空气中,重逢天日,见者无不喜悲交集。②

但五三惨案的影响至此并未结束。齐鲁大学医学院1935级同学曾在班史中写道,五三惨案时,他们来到济南,当看见济南破碎影子的时候,日兵未让他们把泪流完,就持枪迎了上来,同学"欲击而手无寸铁,欲骂而声嘶力竭",从此齐大学生"永远追求实际,羞作狂喊"。③"追求实际"与"羞作狂喊",是齐大学生在五三惨案发生后认真分析敌我双方力量对比,充分认识到自己不足之后提出的要求。这一要求成为了齐大学生民族主义反应的主要特征之一,并在应对1930年代的民族危机时得到了充分体现。这一点将在后文详述。

应该说巨大的压力很容易使团体内部的凝聚力增强。考察五四以来的齐大学生风潮,基本有这样一个规律,在涉及民族主义问题上,如五四、五卅和五三,齐大学生的反应并不比其他学校差到哪去,甚至一度是学生运动的引领者。但是,当运动的矛头指向了齐大学校本身,比如非基督教运动就基本没引起齐大学生的反应,收回教育权运动涉及学校能否继续开办的问题,齐大多数学生不仅没有参与甚至进行了抗争。在是否视齐大为一个文化侵略机构的问题上,齐大学生显然有自己的看法。而在这一系列可能影响到齐大生存的斗争中,齐大内部的团结意识得以彰显。师生间以及中西籍教师之间关系变得融洽,这为立案后以加强师生交往来维持学校基督氛围创造了条件。

---

① War and Peace at Cheeloo:A Review of the Events of 1928 on the Campus, *Cheeloo Sketches*,Volume 3 Number 1,1929-1,AUBA,263-4250,p792.

② 《齐鲁大学近讯》,《中华基督教教育季刊》,第5卷第3期,1929年9月,第108-109页。

③ 《医学院1935级级史》,《齐大年刊》,齐大年刊社,1932年,是书无页码。

然而就在齐大上下为得之不易的内部融洽气氛而激动不已时,一些对基督教始终充满敌意的力量却并不愿轻易收手。

第三节 立案引发的斗争:党派力量的渗透与迟来的"非基"诉求

政治党派力量对于齐大的渗透于 1920 年代初即已开始。肇始于 1922 年的非基督教运动自然不会放过已在山东获得"最高学府"名称的齐鲁大学,然而在齐大的"非基"宣传并不尽如人意,直到 1924 年底,丁君羊来济南时还发现齐大是"一潭死水"、"一片死寂"。历次"非基"运动都不能伤及齐大,因此共青团济南地委沮丧地声称在"非基督教运动中,我们的势力与他们相较,他们是主人,我们是奴隶"。①

利用一切机会向教会学校学生进行"非基"宣传是最常采用的渗透方式。1925 年 5 月 24 日,第 12 届华北运动会在济南召开。共青团济南地委率同非基督教大同盟于会场散发传单、宣言,计分三种:第一日所散者为《国民会议促成会宣言》,1 万份;第二日散发《非基督教大同盟宣言》、"非基"标语及《非基大同盟对于华北运动会宣言》,两者共 12 000 份。"观运动者十之七八先拿着我们的传单。群众对于我们次日所发的传单,深表同情。"②

然而相比于非基督教力量,齐鲁大学的确是一个坚强的异乎寻常的堡垒。其联合差会众多,涉及国家广泛,其实力非一般政治势力所能触动。齐大又以招收基督教徒为主,学校宗教气氛浓厚,非基督教运动涉及该校最广大主体的基本信仰,因此遭到了校内力量的抵制,1922、1924 和 1925 年的"非基"运动均未取得显著成果。这一局

---

① 《团济南地委关于非基督教运动情况的报告》,济南市档案馆、中共济南市委党史委编:《济南革命历史档案馆资料选编》(第一辑),第 125－126 页。

② 《团济南地委关于华北运动会、中山追悼会及五月宣传周等情况的报告》,济南市档案馆、中共济南市委党史委编:《济南革命历史档案馆资料选编》(第一辑),第 170 页。

面在革命者眼里,自然是齐大学生受到基督教毒害太深的结果,于是便想方设法将革命思想渗透进去。曾任共青团济南地委代理书记及中共山东省委组织部长的丁君羊就做过这方面的努力。面对齐大的死水一潭,丁采取的办法是直接入学一年,以图传播革命思想:

> 我到济南时,山东最高学府齐鲁大学仍是一片死寂。为了使大革命的风潮吹进这犹如一潭死水的教会学校,我到该校文理学院挂名读了一年书。当时,正值各地的"非基督教大同盟"进行反教会斗争。"非基督教大同盟"发表宣言指出,基督教是帝国主义者豢养的佣仆,是帝国主义侵略的先锋,并号召青年们行动起来,反对帝国主义的经济侵略和文化侵略。为了唤醒在教会奴化教育下沉沦的青年学生,我除了将"非基督教大同盟"印发的传单带进学校外,还自己印制了传单一并散发。
>
> 深夜,最用功的学生也已疲惫地倒在床上,校园一片清冷,只有夜风扫过路两旁那一排黑森森的柏树,发出低沉的响声。每到这时,我便悄悄起身,蹑手蹑脚地把事先准备好的传单塞进各个宿舍的门缝。
>
> 几天过去了,有几位同学开始主动与我交谈。他们从我平时的言谈举止中感觉到我不同于一般同学,所以,看到传单以后,便主动来找我叙谈。从交谈中,我发现他们思想进步、向往革命,但感到苦闷、迷惘,不知道该做些什么事情,我便向他们介绍马克思主义,介绍共产党的主张。这几位同学觉悟提高很快,我介绍张同俊(潍县人)、于培绪(昌邑人)、曹仲植(山西省人)等人加入了共产党,由张同俊同志担任支部书记,建立了齐鲁大学第一个党支部。①

----

① 丁君羊:《对第一次国共合作时期山东党组织及工运情况的回忆》,济南市档案馆、中共济南市委党史委编:《济南革命历史档案馆资料选编》(第二辑),济南出版社 1995 年版,第 281 - 282 页。

在另一篇文章中,丁君羊对这段历史又做了一次并不完全一样的说明:

> 为了方便工作,一九二六至一九二七年间,我曾在齐鲁大学文理学院挂名读了一年书。一九二七年北伐军打到武汉后,武汉革命政府曾寄来大批革命宣传品由我转发,但这些宣传品都被扣留了。为此,齐鲁大学校长张天禄专门找我谈了一次话,说在校读书的学生不能搞政治运动。齐鲁大学的张同俊、曹仲植、刘培绪等都是早期的中共党员。基督教同盟王正廷派人到齐鲁大学进行反动演说时,我曾组织党员和进步学生散发反基督教同盟的革命传单。经过这次活动,上述几个人才来找我,以后成立了一个支部,我记得书记是张同俊同志。①

这两段材料并不完全相同,且有与史实不相符合之处,解读这两段材料需要注意几个问题。

首先,丁君羊是 1924 年底来到济南。以收回教育权为主要内容的第二阶段的非基督教运动正式爆发于是年 4 月 22 日广州圣三一学校风潮,所以丁称 1926—1927 年间值非基督教运动时期,是不错的。当时全国"非基"声浪高涨,济南自 1924 年开始也不断进行"非基"宣传,齐大则是重点关注对象。而 1926 年也已经是五卅惨案后一年,可是在丁君羊眼里,齐大仍然是"死寂"与"一潭死水"的局面,足可说明当时齐大学生对校外政治运动的不敏感。

其次,查齐大有特别生的招收计划,"凡不愿完全肄习本校所规定之课程或不愿得本校之毕业证书及学位者,可入本校为特别生,由本校按其程度编入相当班次"。②丁君羊所谓挂名入校一年即作为此

---

① 丁君羊:《第一次国共合作前后山东党的组织状况》,中共山东省委党史资料征集研究委员会编:《山东党史资料》1981 年第 1 期,第 25 页。

② 《山东济南私立齐鲁大学招生简章》,齐大印刷所,1929 年,第 3 页。

种特别生。

再次,1926—1927 年齐大校长是巴慕德与瑞思培,文理学院院长是李天禄,没有叫张天禄的人。第一篇文章中的于培绪到第二篇文章中却变成了刘培绪。① 这说明丁君羊的回忆确实有不符合事实之处。

第四,关于丁君羊提到的教会学校学生苦闷、迷惘的问题,鲁珍晞曾经有过分析:"非基"与收回教育权运动"表明大部分中国学生并没有把基督教看作是全人类的宗教。当许多人谴责基督教差会充当西方帝国主义的先锋时,传教士注意到基督徒扮演了中华民族的敌人的角色。任何一个考虑信教的学生都处在忠于基督教还是忠于民族主义的矛盾之中,最后他们还是像 20 世纪许多人一样选择了民族主义。"②当然,是否教会学校的学生都选择了民族主义,或者说都选择了如外界所要求那样的激烈的民族主义值得进一步讨论,但这些运动造成的基督教学校学生的思想混乱与苦闷还是存在的。比如丁君羊口中的张同俊等人。直到 1929 年,当全国的非基督教运动已经接近尾声时,齐大学生的这种苦闷才突然爆发出来,突然变得异常激烈,其斗争的目标虽然是立案问题,而使用的思想资源却恰恰是此时期非基督教大同盟宣言中所留下的。

共青团济南地委的渗透是秘密的,而且很难成功,与之不同的是,国民党借助于强大的行政系统与公权力可以明目张胆地进行政治意识形态的宣传。1929 年春济案解决,3 月底国民党山东省政府由泰安迁到了济南。此时齐大发现自己置身于一个"困难并不稍减的新形势下",在国民党要求下,他们必须举行总理纪念周,向学生讲解三民主义,参加或举办一系列政治性很强的纪念仪式与庆祝活动(可详见"校园文化"章)。这种政治生活不论是被迫还是自愿对学生的民族主义意识与国家效忠观念的强化还是有作用的。因此当立案

---

① 据王增乾编著:《山东革命文化人物简介》,中共党史出版社 2005 年版,第 7 页知应为昌邑人于培绪。

② (美)杰西·格·卢茨著,曾钜生译:《中国教会大学史(1850—1950)》,第 263 页。

问题久拖不决时，学生的激烈情绪被挑逗了起来。

关于齐大的立案问题，在"校史"一章已经有所阐述，我们最大的印象就是齐大受尽了磨难。1929年10月27日，学生发难了。

1929年学潮可以分为三个阶段：1929年10月27日至11月25日为第一阶段；12月25日至1月7日为第二阶段；此后至完全解决为第三阶段。

问题当然是因为立案而起。1929年秋季学期开学时，省教育厅派员调查学校，调查结果校史章已有论述，此不赘，总之是"太洋化，太基督教化"。① 对于文理学院的不满意以及担任院长的华人太少的批评被泄露了出去，引起了早就心怀不满的学生的反弹。10月27日，星期日的下午，约有60余名男女学生，手持齐鲁大学旗帜，在他们面前系着一面铜鼓，沿着校园游行。并在大学教堂、办公楼及其他地方贴上各种标语。标语的口号有"打倒帝国主义""改组文学院""打倒面包（洋）教员""欢迎我们理想中的院长"。教职员胡约瑟、夔德义和斐礼伯三人撕掉了一些标语，结果三人都收到了在6小时内公开道歉的信。胡约瑟等人没有道歉，但回了信，谈到了自己为什么撕掉招贴的原因，胡约瑟信中提到了三点原因：第一，这是安息日，易使外面来做礼拜的误会；第二，是晚上贴的，显然贴的人本身害怕暴露自己的身份，我像以前一样拉下来了，以为只是一两个心怀叵测的人干的；第三，我们拥有这样美丽的一个校园，有碍观瞻。②

学生最初的目标看上去只是想要一个中意的中国院长。自李天禄于1929年7月辞文理学院院长职专任校长之后，文理学院院长先是由胡约瑟代理，后由于司库一职工作太忙，遂由罗天乐代理，两位都是西人，这一点引起了文理学院学生的强烈不满。29日由文理学

① J. J. Heeren: Shantung Provincial Government Abdicates in Favor of Labor Unions，齐档，J109-01-335. 下文内容多以此文所译，若无专门注出，即同此出处。另，原档案中有中文对应翻译两份，译者不详，译文不尽一致，本文对两份译稿有所借鉴、参考，谨此说明。

② The Letter From Hunter to Scott，齐档，J109-01-135.

生组成的一个文理学院改组委员会,向罗天乐递交了一份请愿书,略谓:

> 为加速改组本学院,文理科学生谨向院长及师长们敬呈此信。本学院倘要发展,任命一位正式的院长是一件绝对重要的事。这是我们的意见,无疑也是你们的意见。我们多少年来一直只有临时的代理院长。现在应该考虑任命一位正式院长了。因你们都是有才能、有地位的人。我们愉快地盼望着能早日选任贤能。这是最应该慎重采取的一个举措。愚者一得,必至千虑。在选任院长时,倘你们能采纳些我们的意见,我们是万分感激的。这些意见,我们已商讨了数天,请给以研究,并尽量采纳。

齐大文学院改组委员会　文学院全体学生　谨呈
1929 年 10 月 29 日

文理学院院长在 1919 年德位思辞职后就一直"变动不居",10 年来,只有李天禄任过 6 年正式院长,其间还因出国开会由胡约瑟代理一年,也就是说,10 年中仅一半时间有正式院长。文理学生对中意院长的盼望并不为过。出问题的是该请愿书后面的附件。附件提出了文理院长的四个条件:第一,院长应受过良好之教育,有博士学位,中国大学出身,有长期之经验,在教育界有杰出之声誉。第二,非本校现任教职员。第三,非医务人员。第四,非宗教人士。很显然,这四条是后来有人加进去的,文理学院改组委员会中的大部分人并不知情,而选一个非宗教人士任院长自然为校方所不可能接受。但是选一个博士任院长,却有很多同学赞成,问题是当时校方的考察对象并没有博士学位。于是学生继续斗争。在开始时,为首学生虽缺课,事后总是补假的,不久他们甚至连形式也不顾了。为首学生命令关闭大多数教室,纠查队住在校舍外,导致几乎无人敢去上课。每天晚上,学生举行长时间喧闹的会议,经常延长到十一二点钟。

11月1日,斗争矛头突然转向,由改组文理学院转向了去除一切立案障碍上来,改组委员会认为立案最大障碍是李天禄,故于校舍的各处门上张贴标语:"再会李博士!"及"我们要求李博士辞去校长职务!"等等。第二日,学生游行示威,威胁焚烧化学楼及奥古斯丁图书馆,并向李天禄写信:

李先生

　　我校立案没有希望了,有一个可怜的前途等待着我们学生。为我校及过去六十年来毕业的校友起见,推动立案是必要的。为达到此目的及保证文理学院进步计,全体学生一致决定恭请你辞去校长职务并另谋高就。我们知道你的宽宏大度,定愿将此职移让贤能。请公开宣布你的辞职,使大众都能知道,我们诚望你能迅速实行。

济南齐鲁大学文学院改组委员会

这种公开让校长辞职的事情在齐大校史上还是第一次。当时闹得满城风雨,李乃毅然于11月3日向校董会辞去校长职务,并将辞职信贴于布告牌处。在几位华籍职员的劝告下,11月5日学生复课,此时有些学习认真的学生,尤其是女生,对此无休止的骚扰及恫吓的手段开始厌倦,但却收到了被骂为"洋人的娼妓"的信。济南党部对齐鲁大学当局发出了一个正式警告,明确反对用"帝国主义"手段处理罢课学生。

11月中旬,改组委员会向全国公布了一封煽动人心的长信,这封信写得十分艺术。其首先将日、美帝国主义并列,将引起全国愤怒的五三惨案与西人基督教文化侵略相提并论,把他们的行为统统定罪为破坏中国团结:

当帝国主义强盗看到全中国的团结,及了解到民族意识的飞涨与人民的觉醒时,日本乞助于军事力量,并于1928

年 5 月 3 日挑起了我们亲眼目睹的济南惨案,对此我们心中宛如刀割。然而美帝国主义分子,不仅在经济上剥削我国,而且用基督教作为他们文化侵略的外衣。他们的手段甚至比日本人更为狠毒。在这样一种背景下,齐鲁大学的学生被逼着起来罢课。

然后信中开始分化中西教职员,大谈齐大校内的中西差距和洋人视华人为奴隶、肆意侮辱华人的做派:

> 洋人像奴隶般对待华人,是极平常的一回事。不仅对学生如此,对华籍教职员亦然如此。华人好像是天生的奴仆。校方一月支付四五十元薪金给他们,而简直不做事的洋人却一月至少要挣二百元。
>
> 齐鲁大学文理学院改组委员会,是于 10 月 26 日晚上组织起来的。当时受全体学生之嘱托张贴标语。这些标语的目的是帮助本校(发展),而且盖有本改组委员会正式的印信。然而一个美国人胡约瑟牧师,命令几个校工撕它们下来……次日神学院洋人夔德义牧师,代理注册员斐礼伯(Philips)牧师及文理学院的一个教员又撕下了其余的标语。(他们的行为)已引起了全体中国人民的义愤……同胞们,这些洋人是教会送来压迫华人及毁灭我们的民族精神的……

然后是痛骂李天禄为洋人走狗:

> 本校全体学生通过了一项旨在消除立案唯一障碍的决议。李博士不辞职,本大学就不能立案,这是一个显而易见的事实。李天禄完全中了帝国主义的毒了。他愿意为洋人的走狗,并和洋人一起镇压学生运动。为了使自己的地位

更为稳固,他滥用委派教员的权力。洋人压迫学生,他不一起批评反对,反而帮助他们,使事态更为恶化……因此,我们不得不请他辞职……①

18日改组委员会又以"收回教育权大同盟"为标榜,将斗争矛头指向了副校长施尔德,指责其在总理纪念周上拒绝宣布学生团体决定的群众集会,再次发动罢课。激进分子捣毁了无数正在上课的教室,并强迫学生参加他们的会议。会后他们贴出了标语:"施尔德不配为校长!""我们一定要收回我们的教育主权!"约60个男生手持旗帜到省市党部及教育厅请愿收回教育权,此时女生已无人愿意参与了。20日举行了第二次罢课。罢课学生占文理学院全体不及一半,所以能胁迫全体罢课是因为他们有有组织,有办法,有实力的机关做后台。他们对外分发传单,代电,招待新闻界,极宣传之能事;对内设纠察队,压制一切反抗。某科长因拟设法挽回学潮,被指为离间团体,出会场时差点挨打。晚间有二人率全部纠察队包围某科长住宅,予以极严重的警告。这种办法"是十年前最掉皮的学生所不曾梦到的!"②

11月20日、21日常务校董会召开,在学生的罢课抗议声中,校董会通过了为加速立案须做的一切必要的改革:驻华董事会改组至少三分之二成员为中国人,采取步骤增加在校董会服务的杰出中国和外国教育学家的数量,将驻华董事会的中文名字改为"校董会"。评议会改组以中国人为多数。校董会、评议会和教师会会议官方记录使用汉语。神学院重组为独立学院。文理学院分立以符合立案大学须有三个学院的规定。正式接受李天禄辞职,任命衣兴林、江清、傅葆琛和施尔德组成校务会,代行校长室职权;由傅葆琛博士(主席)、奚尔恩和周幹庭为文学院临时行政委员会;杨道林博士(主席)、

---

① J. J. Heeren: Shantung Provincial Government Abdicates in Favor of Labor Unions,齐档,J109 - 01 - 335.
② 《齐大学潮纪实》,《真光杂志》第29卷第2期,1930 - 2,第91页。

王锡恩和贾珂(Jacot)作为理学院临时行政委员会。这三个组织被戏称为校长苏维埃、文学院苏维埃与理学院苏维埃。

　　然而常务校董会散会不久,改组委员会即贴出了11条更加激烈的要求。第一,遵照中国教育法令改组校董会。第二,解散评议会,改组包括校长、各院院长、各系主任及每院各推学生代表二人组成之校务委员会。第三,为避免无用之人员应终止选举教会代表的制度。第四,行政职务全部由华人承担。第五,限三天内将教堂改成大礼堂。第六,限本学期内迁走神学院。第七,文理学院应各有院长一人。第八,立即选举校长及院长。第九,校长应有委派及撤除一切教职员之权。第十,限两星期内加添党义及军训课程。第十一,下学期课程内至少应添加日德法三种外语。此外,还要求曾经藐视华人侵犯我主权及独断限制学生集会的施尔德道歉。①

　　此11条要求并未得到多数同学的赞同,其中130余名学生"宣言否认离题太远的行动"。② 这一宣言一定程度上打击了"收回教育权大同盟"的气焰。25日,齐大在广智院举行总理纪念周,全校师生教职员参加,省市两党部教育厅亦各派代表参加。校务会主席衣兴林致词称,学生系为校务之改进,不算风潮。省党部代表赵浙达、市党部代表训练部部长张继尧、教育厅代表张德中,均有演说。散会后,学生代表陈彤熹、黄苏元、蓝见东、陈晏廷,校方代表衣兴林、傅葆琛、江藩,会同省市党部及省教育厅代表一起见面谈话,在校方保证不开除不处分学生的情况下,学生复课。对于学生的条件,衣兴林坚决拒绝同意如数接受③。衣也因此被称为卖国贼,并被形容成人头兽身的畜类。然而在大多数学生的推动下,25日下午复课学生已接近全体。至此学潮第一阶段结束。

---

　　① J. J. Heeren: Shantung Provincial Government Abdicates in Favor of Labor Unions,齐档,J109-01-335.
　　② 《齐大学潮纪实》,《真光杂志》第29卷第2期,1930-2,第91页。
　　③ 在1929年11月29日《申报》"济南通讯"报道中称校方对学生的11条件全盘接受,此报道遭到了奚尔恩等人的驳斥,事实上,这11条不可能为校方所完全接受。

学潮的第二阶段于圣诞节开始。12 月 25 日前后数天时间里学校墙上和布告牌上出现了反基督教的漫画。有一张漫画将教堂化成一个残忍的巨人怀抱着一个代表中国的少女并将她蹂躏至死,另一幅上将教堂化成一个手持长枪,坐在新旧约上的人。学校呈张贴了大量的攻击侮辱耶稣的传单,比如骂耶稣为私生子等等。圣诞节后的运动一个最突出的特点是校工的参与。校工们组成了一个附属于济南总工会的工会,学生罢课时,校工是支持学生的,而学生也为校工会的组织及活动策划出了不少力。

其实,校工的威胁于 12 月 16 日即已开始,当时校工会向衣兴林提出下列条件:第一,熟手生手校工普加工资 3 元,工资最低限度一月 12 元。第二,校方每月助给工会 50 元。第三,校内雇佣或辞退夫役由工会单独负责。第四,校方供给校内工友办公室及俱乐部各一间。第五,由大学工会内选一专任书记专做工会工作,所遗职务由校方另行雇人代替。

围绕这 5 项条件,以校工会代表、省总工会、国民党济南市党部及济南社会福利局为一方,学校为另一方讨论了两个星期,于 30 日谈判破裂。新年休假三天之后,校工拒绝复工。1 月 3 日下午,校务会主席衣兴林被罢工校工强迫去总工会,然后去济南市党部,要求衣兴林签字无条件答应校工要求。衣兴林拒绝了。衣兴林受到的不公待遇引起了齐大华籍教师及管理人员的强烈不满,他们认为既然省当局不保护华人,那华人只好退到幕后,学校由洋人负全责。所以这件事情产生了一个阻碍将齐大行政权力收归华人进程的副作用。其实党部的目的是要将学校完全收回自办,岂是区区行政权由华人掌握所能满足的。正如奚尔恩所指出的,教育厅长何思源曾在向山东的学校行政人员的演说中,提醒大家须注意教会学校在济南和泰安非常的有势力,极易与公立学校竞争,而山东在济南没有公立的大学,为实行学校党化计划,教会学校尤其齐鲁大学是最大的障碍,他还号召每一所公立学校都要应用一切力量来改善条件以吸引更多的学生并铲除此文化侵略。① 教育厅长有此种认识,齐大所遭到的攻击也就是理所当然的了。

还有一点需要指出,自文理学院学生发动学潮一开始,西人就力主停办文理学院,由于华籍教师的曲意维护方得避免。如胡约瑟所言"文科教职员(只指华人)反对采取激烈手段以对付为首的或全体学生,他们反对开除的理由是可能使思想较好的学生或斯文派倾向于激烈分子方面"。当衣兴林等华籍职员萌生退志,学校完全由西人负责之后,学校所行措施坚决而果断:24 小时内决定立即停办文理学院,他们认为这样若能劝导学生离校的话,就可以将他们逐出党部办公室了。1 月 5 日校方贴出通告宣布文、理二学院自 6 日起停办,所有两院学生必须于 7 日晚前离开宿舍。在学校的高压下,激进分子逃出了学校,他们走得很匆忙,以至于留下了党部办公室的大量文件,这些文件证明了一切活动都是党部指挥的。8 日宣布开除 6 名学生,其中 4 名为党员,另有 4 人停学,并宣布下午 2 点后留在宿舍内的任何男生一律开除。下午副校长、文、理学院代表及两个持枪特警巡查宿舍,并立即开除了一位仍在宿舍的学生。学生风潮结束后是持续了一个多月的罢工。经过了各机关、党派、公会组织的斗争妥协之后,校园终在 2 月 17 日恢复平静,3 月 1 日校医院重新开门。

学生的事情并没有于 1 月 7 日停办文理学院而结束。因为文理学院还有一批表现不错的学生,一律停学对他们是不公平的,而对学生的鉴别处理颇费工夫。直到 4 月 8 日校方才将文理两学院学生的处理结果公布:

A. 文学院开除学员:殷祚长　陈彤熹　王笑权　刘松塘

B. 理学院开除学员:宋瑞麟　黄苏元

C. 文学院永远停学学员:林京　曲培基

---

① J. J. Heeren: Shantung Provincial Government Abdicates in Favor of Labor Unions,齐档,J109 - 01 - 335.

D. 理学院永远停学学员:张墉　任永和

E. 据各方报告文学院下列诸学员在校有不合之行为不令其再回本校肄业:张福新　张宝瑞　张荫桐　龚容和

郭绍唐　郭晏廷　李景山　李振声　崔秀玉　王际宪

王树英　杨荣贞

F. 据各方报告理学院下列诸学员在校有不合之行为不令其再回本校肄业:纪延寿 贾绅儒　江光泽　黄超白

李清潭　李象榜　李兴东　罗玉崑　柏天恩①

这个规定似乎并不严格,至少罗玉崑后来又回到了学校,九一八事变后还当了齐大抗日救国团团长。

对于其他未参与罢课或行为并不严重者,齐大通过开证明信和积极联系其他学校接收的方式予以解决。如雷宜春是因为在规定时间后未离开学校而被开除的,其个人品德没问题,于是施尔德以副校长的名义为其开了证明书如下:

证明书

于本校发生紧急情况时,雷宜春君破坏校规,因此受到开除处分。彼之品行并无不端,完全优等,此开除并不妨碍其进入其他任何学校,特此证明。

副校长　施尔德　谨启 1930 年 1 月 13 日②

与此同时,施尔德向金陵大学陈裕光、燕京大学、燕京女大、沪江大学等校探询是否可以接收一些学生。其给陈裕光的信中谓:

南京金陵大学校长陈裕光博士

① 《齐大校务会第九次会议记录》1930 年 4 月 8 日,齐档,J109 - 01 - 374。
② 齐档,J109 - 01 - 135。

你或已听闻本校正在严重地罢工。工会和党部似乎有破坏本校的决心。我们决定于春季不开文理学院及中学。医学院仍维持下去,希望今春也能维持医预各班。医科学生精神很好。

今请问你们中学和文理科是否能录收几名转学生。我目前尚不知确数有多少。向你校报名的学生数目当然得视学生本人的志愿。我们已开除些文科生,再有些也不愿介绍。我们只介绍些我们感到良好的学生。共约有 150 个文科生及 80 个中学生,希望分送到各校去。

接到此信后请来电示知能收文科生若干,中学生若干是感。

望你们今年未有任何纠纷。我想我们的纠纷大部分是由于教育厅长的非常敌意的态度所导致的。

副校长 施尔德 谨启

1930 年 1 月 20 日

结果燕京大学来信同意接收 22 名男生 4 名女生,金陵、沪江、燕京女大等校都来信表示可以接收一些学生。燕大女学院由于杨荣贞、崔秀玉二位为学生风潮发起人,不予接收。[①]

把学生一一安排妥当之后,齐大 1929 年的学潮算是落下了帷幕。

至于此次学潮的原因,当时一位叫郭中一的人提出了四条。第一,由于学生希望学校立案热度很高,这本是健全的态度,可惜竟为人误用。第二,由于革命潮流刚及北方,学生思想顿呈兴奋状态。与齐大几乎同时爆发学潮的还有泰安省立第三中学与济南省立第一初级女子师范学校,后二者的激烈程度远远超过了齐大。第三,由于齐大成立已久,参加的差会众,国别多,不免因循牵掣,呼应不灵,难得

---

① 齐档,J109 - 01 - 135。

或难容一位励精图治像司徒雷登那样的人提纲挈领地整顿改良,因此引起了学生的不满。第四,这次齐大学潮爆发的原因,仍在济南市党务整理委员会所持反基督教的态度。他们直到如今仍认为基督是帝国主义的工具,不但在圣诞节时发出反教的宣言,在济南市贴出"基督教是帝国主义的先锋""扫除基督教在华的势力"等等标语,就是在学潮初起时,他们也是拿"麻醉青年""桎梏思想""文化侵略""帝国主义"等罪名加在齐大上面。① 褚承志则主要强调了学生风潮的合理性。褚认为学生风潮之所以迭起,一是因为学校对于学生信仰耶教,除"诱惑"外,近于"强迫",与中国传统文化精神不合;二是因为校中许多西人对中国人的智识落后、经济贫苦,颇多轻视,优越感较强。褚以校长一职为例说明西人对于华人的轻视。华人任校长后,又设西人校务长,"校内一切财政管理权、进退教职员权,皆操诸伊一人之手,名为协助校长,实则权限超越校长之上。且亦系校董会聘任,对于校长不负责任"。教授待遇差距甚大也是轻视华人的表现,全校教授23人,待遇竟有16级,最多者700元,最少者仅70元。"青年学生看了这些不平等的情形,再想到过去帝国主义对中国的压迫,故义愤填胸!"②

这次学潮的领导者究竟是谁? 从资料上看,此行动是由国民党党部所领导。学潮发生时,齐大校内已有14位党员,其成立了大学党部办公室,称为济南党部一区七支部。前述一系列"非基"文件都由校方当局在搜查校党支部办公室时查获了原稿。比如那封请校长李天禄辞职的信的初稿就是由党部拟定的,而公认的国民党党报山东《民国日报》亦推波助澜,11月4日的社评论齐大风潮说:"设若能归省办更好,即不能,亦不妨照沪上复旦光华之办法,由教厅协助,另成新校,学子无继进者,齐大不闭而自闭。最低限度,自当办到撤换校长,精选教习……于党部以宣传三民主义之专有权始可。"此外市

① 《齐大学潮纪实》,《真光杂志》第29卷第2期,1930-2,第91-92页。
② 褚承志:《私立齐鲁大学》,《山东文献》第九卷第一期,1983年6月20日,第12-13页。

党部更发表宣言,将齐大痛骂一场。① 而且在罢课过程中,省市党部均对发动学潮的学生给予保护和支持也可以看出其党派背景。另外在学潮中产生的文学院管理委员会,其主席傅葆琛就是国民党员,因此奚尔恩才讲道,"一个党员在领导文学院的行政工作,激烈的学生随心所欲自然是非常的自然了"。②

那么参与者都有谁? 其实自始至终参与激烈行动的差不多就是校党部一批人。女生曾经参与,但后来"大多数女生,在此关键时刻,认识到了学校覆灭的危险,决定从已经演变为暴力的运动中脱离出来。她们对于齐大的忠诚使她们这样做,尽管受到了部分男生的嘲笑和侮辱。她们这样做削弱了学生团体的力量,并使班级重开成为可能"。③ 然而除党部成员之外,一些基督徒学生的参与大大出乎学校当局的意料之外。比如在查获的党部文件中,王孝泉、陈静生和应兆昌也是学潮负责人。王是长老会的教徒,美国长老会在经济上援助他已经好几年了。陈是一个教徒,山东圣公会每年协助他 130 元。山西一个友爱会教士经常协助应兆昌。还有另一个非常出名的激进分子刘忠堂,从一个美国女教士处接受了 400 元贷学金。"这次对教堂、教会、教会中学及大学的攻击,由信教的学生领导着,而且其中有些是受教会津贴的,使许多传教士不禁自问'是否值得在中国办教会学校呢'?"④

由基督徒来领导反基督教学校的运动,对于传教士而言的确是不好接受。但应注意的是,1929 年的齐大学潮是以收回教育权为斗争核心的,收回教育权与单纯的非基督教运动还不一样,后者涉及的是对基督的信仰问题,前者则是对民族主义的忠诚问题。一些教会

---

① 《齐大学潮纪实》,《真光杂志》第 29 卷第 2 期,1930 - 2,第 91 页。

② J. J. Heeren: Shantung Provincial Government Abdicates in Favor of Labor Unions,齐档,J109 - 01 - 335.

③ Report of the Dean of Women for the Year Ending June 18,,1930, Shantung Christian University Bulletin,No. 77,pp24 - 25,齐档,J109 - 01 - 530。

④ J. J. Heeren: Shantung Provincial Government Abdicates in Favor of Labor Unions,齐档,J109-01-335.

大学学生出于对民族的忠诚,要求收回外人掌控的教育权,这与基督信仰并不冲突。至于在学潮中出现的"非基"标语,则主要出自国民党党部之手,并未获得大多数齐大学生的认可。

第四节 "追求实际"与"羞作狂喊": 国难时期的民族主义表现

前文已及,五三惨案后齐大学生面对现实,总结出了"追求实际"与"羞作狂喊"的民族主义斗争理念。这一理念在 1930 年代的国难时期得以产生影响,并被付诸实践。1931 年九一八事变和 1932 年一二八事变,使中国遭遇空前危机。为应对国难,各地学生纷纷罢课抗议[①]。与齐大一样属于教会大学的金陵大学、辅仁大学等校第一时间开始集会斗争[②]。与齐大同处一地的济南高中、济南一师、乡师等各校学生也纷纷组成请愿团,与全国各地学生一起赶赴南京请愿示威[③]。请愿队伍一度与政府对抗,造成流血冲突[④]。与之相比,齐大学生的反应却显得平静。1932 年中,校长朱经农在向齐大董事会和理事会汇报工作时讲到,齐大学生"一直克制在法律范围以内。齐大是济南唯一没有派学生去南京的学校,一切都很平静(quiet)"。[⑤]

这种"平静"当然就是"羞作狂喊"的结果,然而九一八事变之后民族主义浪潮还是冲击了齐大学生。比如医学院 1932 年的报告就

---

① 关于此时期的学生运动情况,可参见张宪文主编:《中华民国史》第二卷,南京大学出版社 2006 年版,第 303 - 306 页。

② 张宪文主编:《金陵大学史》,南京大学出版社 2002 年版,第 467 页。张邦华编著:《会友贝勒府:辅仁大学》,河北教育出版社 2003 年版,第 204 页。

③ 陶钝:《"九一八"事变前后山东学生的抗日爱国运动》,山东地方史志编纂委员会编:《山东史志资料》(第一辑),山东人民出版社 1982 年版,第 52 - 56 页。

④ 在学生游行示威过程中,先后发生过"一二·五事件"与"一二·一七珍珠桥惨案"。详参张宪文主编:《中华民国史》第二卷,第 306 页。

⑤ "President's Report:1931 - 32," *Shantung Christian University Bulletin*, No. 88,p. 3. 山东省档案馆藏齐鲁大学档案,以下简称齐档,J109 - 01 - 530。

指出:"今年的齐大报告将会记录以下事实,即我们的工作多多少少被一些我们无法控制的事件所打断和阻扰。"①女生部主任报告说:"近数年来,正如我们所报告的,学校工作经常会被校内或者校外的事件所扰乱。日本对于中国东三省的严重军事侵略以及对天津、上海生命和财产的破坏,造成了学生沸腾的洪流。"②齐大学生当此处境也做出了自己的反应,只不过反应有些"平静"。但就是这种"平静"揭橥了近代中国民族主义在 1930 年代初的另一种表达方式,其不同于激烈的外显化运动,而是清楚地认识到了一个事实:"蓄积知识是帮助他们国家的最好方式。"③也就是"追求实际"与"羞作狂喊"。

一、抗日救国团与壮大自身

齐大学生对于"九一八"的最初反应时间约为 9 月 21 日④,在"日本侵占东三省以来,各地学生同深愤慨"背景下,齐大各院学生自治会全体职员 30 余人举行联席会议,讨论救国大计,决定组织学生救国团。由各自治会推出代表组成救国委员会以筹划一切,以杨学贤为主席。救国委员会当即召开全体会议,以"日军蛮横无理愈演愈烈,大有非决一死战不可之势",于是计划组成一军事性组织加强训练,以能与日本"决战沙场"。学生救国团遂正式定名为"齐大学生抗日救国团"(下文简称救国团),团长罗玉崑⑤。抗日救国团共分为四大队:义勇队、交通队、救护队与宣传队。

与其他学校纷纷走向街头示威、游行所不同的是,齐大学生的民

① "Report of the Dean, School of Medicine Cheeloo University For the Year ending June 1932," *Shantung Christian University Bulletin*, No. 88, p. 11. 齐档,J109-01-530。

② "Report of the Dean of Women Cheeloo University 1931—1932," *Shantung Christian University Bulletin*, No. 88, p. 17. 齐档,J109-01-530。

③ "Report of the Dean, School of Arts and Science 1931—1932," *Shantung Christian University Bulletin*, No. 88, p. 9. 齐档,J109-01-530。

④ 抗日救国团成立的具体时间不详,据《齐大旬刊》第 2 卷第 11 期(1931 年 12 月 11 日)第 62 页,知 12 月 10 日时救国"成立 80 天",由此前推,其成立之日当为 9 月 21 日左右,"九一八"事变后三天。

⑤ 《齐大旬刊》第 2 卷第 5 期,1931 年 10 月 11 日,第 26 页。

族主义表现一开始就体现了理性、反省的特征。

齐大学生深知自己的弱势为不懂军事,自认"忠爱有余素乏经验,一切进行事宜诸多未谙",①于是救国团成立伊始,即上书省府当局,请求给予枪械制服并配备教官。此上书在 9 月 21 日,早于同月 24 日国民党中央颁布的《学生义勇军教育纲领》。况且中央纲领直到 11 月 11 日才由教育厅第 3431 号训令转发齐大,予以公布②,这样看来,齐大学生自觉要求军训并不是遵令行事,而是自觉行为。在《学生义勇军教育纲领》于校内公布之前,义勇队已有队员一百多人,请前保定军官学校毕业之陈锡忱先生为军事教官,加紧操练军事。《义勇军教育纲领》要求全国高中以上各学校一律组织青年义勇军,初中以下各学校一律组织童子义勇军,实施军事训练,宣誓信奉三民主义。学生在不妨碍课程之时,须依据教育纲领精神,组织宣传队,努力于唤起民众之工作。③ 接到此令后,抗日救国团义勇队得以大大扩充,齐大除所有女生仍分别在宣传队和救护队工作外,其余男生一概加入军事训练。

要打赢近代战争,面对装备先进武器的日本强敌,必须要掌握近代化知识。所以救国团之交通队分为电信组与运输组,电信组下分无线电和旗语二股。旗语股每周二次在野外训练。无线电股则由魏培修老师代请一位姓朱的专家指导,加紧练习。无线电在当时属于最先进的军事装备之一。

齐大学生明白,让他们奔赴战场杀敌短期内不太可能,但以医学院为荣的齐大却可以发挥专业优势组织救护队,为士兵服务。救护队由医学院同学组成,每日下午四点半以后救护队员分班去医院训练并随时请人讲演以补充救护知识,做好服务前线的准备。

与其他各队相较,救国团成立初期,宣传队最早做出了实绩。宣

---

① 《齐大旬刊》第 2 卷第 6 期,1931 年 10 月 21 日,第 32 页。

② 《齐大旬刊》第 2 卷第 9 期,1931 年 11 月 21 日,第 49 页。

③ 《中央颁布义勇军教育纲领》,《苏报》9 月 25 日,转引自《暴日侵寇东北专刊》,1931 年 10 月。

传队分文字组和语言组。文字组印制告民众书与图画及反日通俗歌谣,同时积极联络济南市中等以上学校作扩大宣传。10月18日下午召集济南高中、第一职业、第二职业、第一乡村师范与齐鲁中学五团体代表进行第一次会议,就扩大宣传事宜进行了积极讨论。语言组则将队员分作每四人一小队,每值星期六下午与星期日即整队出发去乡间宣传反日。据10月11日及17、18两日的报告,"成效极好"[①]。

可见"羞作狂喊"、"追求实际"并非任其自然,无所事事,而是充分认识到自己的不足,认为在敌强我弱的情况下,壮大自己才是最重要的。所以齐大学生在各地同学纷纷走上街头,赶赴南京请愿的时候,却在想方设法提高自己的素质,以更好地为对日作战服务。

因此救国团活动初期,基于"羞作狂喊"、"追求实际"理念,倾向于接受省府与学校指导委员会的指导和劝告,不断调整自己的行为。

九一八事变之后,齐大学生为更好地了解时事,掌握斗争动态和战争形势,曾积极邀请、听取各式各类报告,了解形势发展。最早的一场关于形势的报告是在9月26日总理纪念周上,国民党山东省党务整理委员会派赵文涛所作形势报告。其报告目的是针对"日人无故兴戎侵我东北,焚掠残杀,不堪言状"之事态,"使全体同学明了真相而予以正当之指导"。[②] 29日晚7点,医学院学生会又请余天麻博士讲演"日本最近出兵东三省问题",此问题引起了学生的极大关注,"未届钟点听众已满座"[③]。讲演分三部分:中日关系之历史;中国政府对于形势的短视;以及中国准备之缺乏。最后他恳求同学们努力学业以更好地服务国家[④]。11月12日总理诞辰纪念,校长朱经农演

---

① 《反日救国团近讯》,《齐大旬刊》第2卷第6期,1931年10月21日,第32页。

② 《中国国民党山东省党务整理委员会公函》,《齐大旬刊》第2卷第4期,1931年10月1日,第19页。

③ 《医学院学生会请余博士讲演》,《齐大旬刊》第2卷第4期,1931年10月1日,第20页。

④ Dr. Yu's Lecture, *Cheeloo Bulletin*, Number 326, 1931. 10. 3, AUBA, 265 - 4260, p1086.

讲,他强调知难行易,强调学习知识以救国①,进一步推行知识救国的
"反省"的民族主义。

从以上三场报告可以看出省府与学校当局对齐大学生的引导。
应该说齐大学生"羞作狂喊"与"追求实际"的行为得到了当局的认可
与指引。所以,深为政府与学校当局态度所左右是运动初期齐大学
生民族主义反应的一大表现。11月天津事变发生后,齐大学生反日
救国团全体愤日人之横暴,念祖国之危亡,遂召集大会决定向校方要
求停课,以加紧军事训练期早日成功。同时从事宣传的同学要求联
络各校扩大宣传。就在此时,济南出现谣言,政府方面恐与日人交恶
则济南前途难料,故要求齐大不要停课以免扩大事端致其他各校相
率效尤。由教工组成的齐大爱国运动指导委员会对学生做工作时,
提出"若果因爱国之初衷致酿成祸济之结果,则将何以对济市数十万
居民,何以对全鲁之民众,何以对垂亡之祖国"②? 指导委员会的讲话
看似十分有理,尤其是五三惨案的痛苦记忆还在济南人心目中尚未
散去时,挟济南人、全鲁人之力向学生提出要求,还是很有说服力的。
然而倘若以济南安危作为行动出发点,以不引起已经发动侵略战争
的日本进一步行动为抗日爱国之底线,那又置东北人民于何地,置东
北抗日将士于何处呢? 但在当局干涉之下,停课之举未能实现,扩大
宣传也只能单独进行。

正是由于当局有意识的引导,致使学生过分强调"羞作狂喊"和
"追求实际",而对形势的判断一度出现偏差。运动初期,齐大学生中
间普遍存在着对国难急迫性认识不足的缺点,具有一些不切实际的
想法,就是这一"偏差"的明证。如11月齐大学生成立了"九一八"学
术救国社,"征集同志,抱自救救人自救救国之目的,以研究兴邦之
术,将所有应用学识精细分类,各就与自身兴趣相近者鞠躬尽瘁,终
身研究之以期学有所专长,术有所专用,为国效劳而达救亡之目的"。

---

① Sun Yat Sen Memorial Speech, *CHEELOO BULLETIN*, Number 332,1931. 11.
14,AUBA,265 - 4260,p1096.

② 《爱国运动总报告》,《齐大旬刊》,第2卷第12期,1931年12月21日,第69页。

这充分说明此时的齐大学生对国难的紧迫性尚无足够的警觉。他们还不切实际地提出:"果能坚持到底,则十年后我中华必人才济济,不独东邻不敢再来问鼎,即全世界之赤白帝国主义者又谁敢再冒犯我中华者哉。"①"期之十年"实在太久了,虎视眈眈的日本岂能容你有十年之准备时间?

二、发动爱国运动周与务实精神

齐大学生的民族主义反应并不限于"羞作狂喊",其"追求实际"也不仅仅表现为认识到自己的不足而加强学习这一点,还表现为在斗争中的务实精神。

日本侵略东北以后,虽然国民党中央坚持不抵抗主义,但东北马占山部却一直在奋勇杀敌。学生反日救国团之中曾有数名女生意欲投笔从戎,前去塞北追随黑军效死疆场。此举并未能成功,却激发了学生热情,于是停课呼声一再兴起。停课之议遭教育厅长劝阻而不得不暂行搁置,但待机而动计划从未放弃。在马占山部血战月余"已濒矢尽援绝之境"时,齐大师生发起捐款以慰劳将士。共募得款项全体学生620元2角7分,全体中国教职员294元5角,共计914元7角7分,于12月10日通过交通银行免费汇往天津通过大公报社转汇马将军。②《大公报》于18日公布了这一款项③。同时齐大6人报名参军,6人请假去泰安大汶口北庄等地工作,数十人酝酿停课,数十人组织战气防御研究会,其他诸人亦加紧宣传工作与救护练习。就在此时,各地的"援黑"团体陆续经过济南,齐大学生与其他济南青年一样热血沸腾。

12月8日济南多校学生赴南京请愿,齐大学生认为机不可失,决心拒绝学校当局以及政府劝阻,一心要表达自己的爱国热情,并要做

---

① 《九一八学术救国社近讯》,《齐大旬刊》第2卷第9期,1931年11月21日,第52页。

② 《反日救国团近讯》,《齐大旬刊》第2卷第11期,1931年12月11日,第61页。

③ 《慰劳马占山将军》,《大公报》1931年12月18日,第一张第四版。

出实际的爱国行动。然而与其他各校不同的是,齐大学生并未选择南下首都请愿,而是决定于 12 月 10 日至 16 日罢课 7 天,发动"爱国运动周"。①

救国团自 12 月 10 日开始,将全团三百余人分成了五部:公开讲演部、化装讲演部、文字宣传部、远地宣传部、近乡宣传部,如表 8-3 所示。这次改组说明齐大学生已经意识到了国难之急迫,"期之十年"的学术救国已无法挽救当前危难了。在齐大学生看来,发挥自己优势,表现学生特长,到民间讲演,号召国民抗日是最好的救国纾难之策。

表 8-3　爱国运动周分组任务表②

部别	负责人	任务
公开讲演部	金海同	于民众教育馆、通俗讲演所、青年会、广智院等处分别举行公开讲演,务期暴露日人兽行唤醒同胞救国。
化装讲演部	曹寿华	排演国难新剧,将于民众教育馆、青年会、广智院及邻近各乡镇举行露演。
文字宣传部		连日编制通俗宣传品并每日出版壁报,摘录国内外重要消息以期促人注意。
远地宣传部		分三队出发,一去泰安,一去固山,一去德县。所有旅费大半由队员自备而该团亦有部分津贴以利进行。
近乡宣传部		分十余小组,每组六七人,各设组长领导组员下乡宣传,每日清晨出发,十二点返校,午后一时出发,五点以后返校。

一时之间,反日救国团四大队全部成为了宣传人员。考察这种转变的内在理路,其实仍然是"羞作狂喊"与"追求实际"的理念在起作用。在巨大国难面前,在巨大的民族主义浪潮的裹挟中,齐大学生不可能置身于事外,必须得做出立竿见影的行动。义勇队军事训练不久,上阵杀敌尚不成熟,也为形势所不准。不能赶赴前线,其救护

---

① 《爱国运动总报告》,《齐大旬刊》,第 1 卷第 12 期,1931 年 12 月 21 日,第 70 页。
② 表据《齐大旬刊》第 2 卷第 11 期第 63 页内容编制。

队、交通队自然也是英雄无用武之地。比较起来，齐大学生能够走的只有两条路，一条就是随其他学校学生一起南下请愿，一条就是发挥学生的知识优势鼓动民众。

齐大学生选择了后一条路，在他们看来，这是最能体现"追求实际"的救国之路。还有一条资料更能体现此时齐大学生的务实与理性："该团全体以积愤之下，深恐行动失当，拟于最近邀请各新闻记者谈话，请其指导工作并帮助宣传"①。深恐行动失当请媒体予以监督，真可谓是断绝了行动出格的可能性。

齐大学生在7天罢课时间里，克服了诸如恶劣天气、伤病缠身、经费不足等种种困难，努力工作，使得"爱国运动周之工作甚好。公开讲演部每日分赴广智院、青年会、民众教育馆、成丰面粉公司以及其他各地讲演，俱能唤起民众一致抵御外侮。统计每日听众约在两千人左右。化装讲演部城市组凡表演《卧薪尝胆》三次，统计观众共在三千人之谱。文字宣传部除每日出壁报两大张外，还编制通俗宣传品数十种，阅读之人更难计数。远地宣传部凡南北往返数百里，经过乡村六十余，唤醒乡民当亦不在少数。近乡宣传部在省垣周围二十里以内之各村庄大举宣传，其工作效果亦至宏大。"②

注重乡村是运动周最显著特征。其远地宣传团主要以德县、泰安乡村为对象。这是因为其他各校宣传多提倡于城市，齐大学生甘愿步行下乡，以唤起消息不灵通的农民之对日反抗之心。宣传形式多样是另一特征。运动周采取讲演、排戏、发放宣传品等形式，以收取实效为目的，"甚受各地农民之欢迎"。斗志昂扬、不屈不挠是运动周最终成功的保证。运动周第三日即12日开始出现阴雨大风天气，宣传队员伤病不断，至第五日已有数十人不得不因病休息，团部成员遂将事务委托少数几人，其余均补充至宣传队伍，下乡宣传。校方的准许与支持则是学生爱国运动周成功的关键。校方充分表达了对学

① 《反日救国团近讯》，《齐大旬刊》第2卷第11期，1931年12月11日，第63页。
② 《爱国运动总报告》，《齐大旬刊》第2卷第12期，1931年12月21日，第72页。

生爱国之情的认可，所以在学生罢课一周的事情上未作阻拦。运动周第五日恰值总理纪念周，校长朱经农向同学讲演"人格救国"，勉励大家的爱国行动。当然，经费严重不足也困扰着运动周工作的开展，各部工作几乎完全自费，甚至远地宣传团路费亦大部分由学生自备，仅有少部分津贴。但学生克服了这一点，从有限的生活费中挤出了活动经费。

12月17日，齐大学生爱国运动周结束后一天，教育部下达了准予齐大立案的命令。也就在这一天，学校遵照教育厅命令提前放假。因事起仓促，课程未能完成，齐大遂于年后提前开学。对此教育当局并未阻拦，原因是提前放假并非针对齐大而来。由是，齐大学生不仅通过爱国运动周实现了爱国宣传目的，同时也并未影响课业。

三、"一二八"之后的活动

正当齐大收拾残局，开始第二学期授课时，"一二·八"事变又起，再一次刺激了中国人的神经。

2月13日晚6点，余天麻先生应医学院1933级学生学术研究会邀请，讲演"吾人对于国难应采之方针"。余天麻分析九一八事变以来的局势后，认为对于国难应抱静观与积极参加两种态度。静观，就"应当不以巨损而悲观，不以小胜而欣慰"。积极参加态度则有这么几层意思：反对诸如帝王意识等传统思想，要求军阀顾惜民命民生；看清世界大势，要充分认识到"只可依靠自身的能力决不能依赖第三者的援助"；抵制愚民政治，"不可再把国事放在几个领袖的手里，应当积极参加国事，各尽所能的报效国家"。余天麻坚信胜利属于中国，并列出数点理由，如日本军队人数不足，中国是农业国家受战争影响较少而日本属工业国家一有战事便先受影响，日军的残暴已引起全国人民的极大愤慨与国际舆论的斥责等。所以余要求学生"以静观的态度顺应现状以图最后的胜利，以收最大的效果"。① 总起来

---

① 《讲坛》，《齐大旬刊》第2卷第16期，1932年2月21日，第91-94页。

看,余氏"静观"就是"羞作狂喊",相信胜利必定属于中国;"积极参加"就是"追求实际",以实际行动加速这一胜利。在民族主义的反应问题上,余表达出了与学生一致的意见。

在应对"一二·八"事变的问题上,"羞作狂喊"与"追求实际"仍然指导着齐大学生的民族主义反应。

积极反省不足,储备救国知识是齐大一直积极进行的活动。上课之余,组织各种讲座就是重要表现形式。除上述余天麻之讲座外,这一时期仅针对"国难"的讲座就有如下四场:

表 8 - 4　齐大"国难"讲座表

时间	讲演者	邀请人	内容	资料来源
2 月 19 日下午 6:30	化学系主任谢凝远博士	医学院 1933 级学生学术研究会	有关毒瓦斯及防毒器具制作	《齐大旬刊》第 2 卷第 17 期,1932-3-1
2 月 22 日下午 5 点	李德全①	齐大当局	中华民族革命经过与现在时局之影响	《齐大旬刊》第 2 卷第 17 期,1932-3-1
3 月 3 日下午 5 点	余心清②	齐大当局	沪战之起因与战况	《齐大旬刊》第 2 卷第 18 期,1932-3-11
5 月 2 日,上午 8:30	余心清	齐大当局	第二次世界大战	《齐大旬刊》第 2 卷第 23 期,1932-5-11

通过讲座了解世界大势,说明齐大学生并不封闭,齐大当局也不忌讳将时事告诉学生,让学生得以保持与时局的某种联系。

除听讲座了解形势并增加战斗能力之外,募捐助饷也是齐大学生的主要活动之一。"鉴于沪上御侮将士之誓死抗敌,忠勇堪钦,特就校内筹划集款以备汇沪慰劳将士"。1932 年 2 月开始筹募款项,月

---

① 冯玉祥夫人。
② 齐大女生主任余刘兰华丈夫,山西铭义中学校长,冯玉祥秘书。

底即已筹得 300 余元①。此后筹款工作被纳入救护会工作中。

组织医疗救护队，发挥学科优势，则是极富齐大特色的民族主义表现形式。春季开学后，齐大女生鉴于男生均已加入军事训练，亦不愿自甘暴弃，遂自动组织战地救护训练班，"凡愿加入该班受训练者，必须按照一定时间到班练习。举办以来精神极好，遇有急难之秋，全校男女学生均有效劳祖国之具矣"②。不久后全校性的齐大救护会宣布成立，由校长朱经农担任会长，"举凡校内之中国教职员学生等均为会员"。救护会先筹款制备救护用具与药材，"一俟规模初备前方需人时，便立将熟悉救护事宜者组成救护队即日出发"。此前齐大学生曾筹款 590 余元，"原定为抚恤受伤官兵之用"，救护会"即以此款为救护会筹款之一"，同时另设节俭储蓄捐、认定月捐以及随意捐等，务期集成巨款以便利工作进行。③ 3 月底齐大救护会获得济南市政府备案批准，虽未出发然各项计划均已齐备。救护队员包括齐大所有中国教职员与学生，"除有救护知识者加入救护队外，余人均担任筹划经费之责"，月末前已募得经费 1 150 余元。④

创办民众学校是齐大学生极富创意的爱国形式。眼光向下，注重乡村一直是齐大学生宣传工作的重点。九一八事变后，齐大数位学生鉴于爱国思想不能遍于一般乡民之间，遂于课余时间赴临近乡村，招集不识字乡民教以识字，并授以爱国思想。1932 年春，乡民以学生求学时间极为宝贵为由，彼此商酌来齐大学习以免去学生奔波之苦。齐大学生便借学校空闲教室作为民众学习之地，每日上午按班授课。这些"学生竟能以数人之力设法教授一班乡民"⑤，且乡民每日须往返五七里路前来求学而不叫苦，充分说明齐大学生教育民众

---

① 《慰劳沪上御侮将士筹款消息》，《齐大旬刊》第 2 卷第 17 期，1932 年 3 月 1 日，第 98 页。

② 《救护训练》，《齐大旬刊》第 2 卷第 17 期，1932 年 3 月 1 日，第 99 页。

③ 《齐大救护会》，《齐大旬刊》第 2 卷第 18 期，1932 年 3 月 11 日，第 104 页。

④ 《齐大救护会备案批准》，《齐大旬刊》第 2 卷第 20 期，1932 年 4 月 11 日，第 117 页。

⑤ 《民众学校》，《齐大旬刊》第 2 卷第 17 期，1932 年 3 月 1 日，第 99 页。

的活动得到了相当程度上的认可。

在中国革命史语境里,齐大的民族主义行动注定不能写入历史,因此在目前几乎所有研究九一八学生运动的著作里找不到齐大的影子。那么齐大学生为什么选择了这样的民族主义反应方式呢? 其迥异于其他学校学生的如此理性的爱国情感表达方式,原因究竟何在?

其实原因在前文叙述中已有所揭示。最首要的原因当然是齐大学生在五三惨案后对自己不足的充分体认。正如前文所及,医学院学生在日本刺刀面前"欲击而手无寸铁,欲骂而声嘶力竭"之后,就认识到在自身实力未能壮大之前,"狂喊"是没用的。

那么"追求实际"与"羞作狂喊"这一口号到底在齐大学生中间影响有多大呢? 王神荫先生的回忆提供了答案,王文在提到学校为应对学生运动曾经采取关闭学校的措施之后,讲到:

> 每次解散学校之后,不久又行复课,照例是开除几个为首的学生,小部分同学不念了,大部分同学又回来"好好"读书,表示"我们是永远追求实际,羞作狂喊者"。①

王文刊于"文革"之前,重印时未作修改。去除王文中特殊时代的意识形态印记,正好说明"追求实际"与"羞作狂喊"确实影响到了"大部分同学"。

第二个原因就是齐大长期形成的独特校风。齐大校训是"立己立人",先立己而后立人。对此胡适曾以王安石"学者之事,必先为己,其为己有余",然后可以为人之说解释"立己"不是自私,而是易卜生说的"先把你这块材料铸造成器"。② 齐大学生既然已经认识到了在强敌面前的不足之处,那么先把自己这块材料铸造成器正好就是弥补之策。

---

① 王神荫:《"七七"事变以前的齐鲁大学》,中国人民政治协商会议山东省委员会文史资料研究委员会编:《文史资料选辑》第一辑,第221页。

② 胡适:《齐鲁大学本年毕业纪念》,《齐大年刊》,1932年。

先"立己"的校风造成了齐大学生"羞作狂喊"的自省精神。九一八事变之后，齐大学生也曾上书省府。但其首先想到的不是敦促政府抗战，而是请求派教官对自己军训。凡事先从自己身上找原因、找办法，充分体现了齐大学生的可爱之处。

后"立人"的校训则形成了齐大"追求实际"的实干态度。齐大校歌第二节为：

> 合群以伦息争以义，汲外以存中。
> 灌输新知发扬科学，实是忌谈空。①

"谈空"是大忌，"存中"是目的，只有"忌谈空"方可"以存中"，齐大学生在爱国方式上的务实精神展露无疑。

还有一个原因就是学校当局的引导与解压举措的实施。

早在1926年齐大学生准备响应大革命风潮时，齐大评议会就发表了如下声明：

> 本校办学的宗旨在于始终不渝地忠于基督耶稣，坚持追求基督教教育的目的（健全的文化，基督徒品格和人格的发展）。我们确信，学生和教职员都应该随时以全力注意学校所规定的正常课程，才能够达到这个目的。我们同情爱国的合法表现，但我们要竭力劝勉学生应为他们的国家贡献建设性的服务。我们希望他们制止能够妨碍他们学业工作的种种活动。这些活动对于他们自身的好处和本校的最高利益以及国家的整体幸福都是不利的。……②

---

① 《校歌》，《齐大年刊》，1932年。
② 《致长老会里负责办中小学的人员有关学校若干问题的紧急机密信》，1927年夏，油印。转引自王神荫：《"七七"事变以前的齐鲁大学》，《文史资料选辑》（第一辑），第220-221页。

"竭力劝勉学生为他们的国家贡献建设性的服务"是齐大当局的一贯政策。九一八事变后,朱经农及其他学校管理、教学人员想方设法引导学生走向知识救国、理性爱国的道路。如前述之各类针对国难的讲演,其基本思想概不离此。

应对学生运动,堵不如疏,压不如导。国难发生后,学校当局不失时机地支持成立反日救国团、医疗救护会,并赞助爱国运动周,让大家的爱国情绪得到充分释放。其实在学生抗日救国团成立不久,齐大教职工亦召开抗日救国会议,决定全体教职员尽力参加学生之反日救国工作,并组织指导委员会从技术与思想上对学生进行反日指导①。这对缓解学生的过激情绪无疑也是有用的。

最后,以基督徒为主的学生群体的基督特色也是不容忽视的原因。正如前文所述,姚西伊曾将基督徒的民族主义表现分为唯爱和平派、武装抵抗派与中间调和派三种。其实中国近代民族主义除了抵抗的一方面外,还有反省的一方面。齐大学生的"羞"与"实"其实都是"反省"的民族主义的具体表现。中国近代的民族反省思潮产生很早,且一直存在着相当大的影响②。1930年胡适发表了《我们走那条路?》,提出中国的敌人是贫穷、疾病、愚昧、贪污与扰乱这"五鬼"而不是"帝国主义"③,成为民族反省思潮的扛旗人物。胡适与齐大校长朱经农是关系极好的朋友④,在1932年出版的《齐大年刊》上,胡适还欣然题词,论及"先把你这块材料铸造成器"之说。胡适的思想是否影响到了齐大,目前尚无可靠史料证明。另外,齐大教授余天麻也是

---

① 《反日救国声浪中本校教职员之态度》,《齐大旬刊》,第2卷第6期,1931年10月21日,第33页。
② 可参考朱文华:《试论近代中国的"民族反省"思潮》,《复旦学报(社会科学版)》1993年第3期;俞祖华:《深沉的民族反省(中国近代改造国民性思潮研究)》,山东人民出版社1996年版。
③ 胡适:《我们走那条路?》,蔡尚思主编:《中国现代思想史资料简编》第3卷,浙江人民出版社1983年版,第177页。
④ 智效民:《朱经农:诗名应共宦名清》,《胡适和他的朋友们》(增补本),世界知识出版社2010年版,第297页。

民族"反省"思潮的代表人物[1]，如前文所述，其在国难期间的报告也充分表达了"反省"的意思。但是需要问的是，为什么齐大学生愿意接受这种"反省"思想，并且默默地付诸实践呢？最明显的，胡适是北大教授，可是北大学潮却领先全国。为何胡适思想影响不到北大，却可以影响到一个关系并不太紧密的遥远的另一高校呢？就靠一个题词及与朱经农校长的私人之谊恐怕不够。这或许能够成为进一步思考的起点。

从以上梳理来看，在国难面前齐大学生并不反对斗争与抵抗，也曾积极进行军事训练，并曾有过直接奔赴前线的动机与行动。只是齐大学生的特别之处在于其一直未上街游行，自始至终没有向政府请愿，而是做着自己力所能及的事情。加强学习以弥补自身不足的同时，下乡宣传抗日，组织医疗救护队随时准备上战场服务伤兵等等，都是实实在在的救国行动。

---

① 俞祖华：《深沉的民族反省（中国近代改造国民性思潮研究）》，第38页。

结　语

一、齐大学生民族主义诉求的基本历程

总结前文梳理,自 1864 年蒙养学堂创立至 1937 年抗战爆发,齐鲁大学校内学生的民族主义诉求可分为如下几个阶段。

登州蒙养学堂创立至义和团运动前为第一阶段,即校外传统民族主义的冲击与校内近代民族主义的引入阶段。

郑大华先生认为中国近代民族主义的发生既有对中国传统民族主义的承继,也有对西方近代民族主义的吸收。中国传统民族主义体现在三个方面:"华夏中心"观、"华尊夷卑"观及在此基础上的"华夷之辨"或"夷夏大防"观念;西方近代民族主义的理论核心则是民族建国。鸦片战争之后,传统的民族主义遭到了冲击与挑战,一些先知先觉者开始萌发出"新的世界观念和民族意识"。① 但是广大的普通百姓,对于民族观念的认知仍然停留在传统层面上,这就是登州文会馆时期学校所面临的民族主义大环境。在此环境下,就不难理解登州蒙养学堂最初招生时的艰难,"维时风气未开,人多怀疑",② 第一年仅招收 6 人,皆为"寒素不能读书"、③"很穷的没什么可失去的人才愿

---

① 郑大华:《论中国近代民族主义的思想来源及形成》,《浙江学刊》2007 年第 1 期,第 5-15 页。
② 王元德、刘玉锋编辑:《文会馆志》,第 19 页。
③ 王元德、刘玉锋编辑:《文会馆志》,第 19 页。

来碰碰运气"，①且多本着"无所失，可能有所得"②的心理入学。

　　蒙养学堂如果有吸引学生尤其是穷苦学生之处，就是其不仅提供了读书机会，还能解决吃穿问题，这"就使穷孩子不再顾及人们关于他们屈从可恨的外国人的责骂"。③ 进入学堂的学生究竟需要承受多大的压力，可从一位早先在蒙养学堂学习后来成为受尊敬的中国牧师的话中看得出来：

　　　　在父母最初送我上学的时候，全村人都强烈反对。他们恐吓我母亲，说外国人是吸血鬼，能用魔法吸干孩子身上的血。我必须承认那时我很小，被吓坏了，可我还是被送去上学了。当我寒假回家的时候，那些邪恶预言家都来对我进行仔细检查。在发现我不仅脉搏跳动正常，而且脸色、身体都比以前好之后，他们就说我才在那里待了三个月，还不到出恶果的时候，等着看吧！德国占领胶州并开始修筑铁路以后，我们那一带的谣言就更凶了。人们说每块枕木下面都得埋一个小孩。还说为了给火车轮子提供润滑油，必须得榨人油，谁都能见到，火车上的大汽锅就是榨人油用的，那些新翻起来的大土堆下面，埋的就是人骨头。④

　　这段话形象地说明了蒙养学堂创立之初，当地人对于教会学校的看法。直到义和团运动发生时，人们仍对教会学校余恨未消，登州文会馆几乎被夷为平地，青州葛罗神学院财产被抢掠一空。就在中国传统民族主义自发作用下当地人对登州文会馆（蒙养学堂）等教会

---

　　① 郭查理著，陶飞亚、鲁娜译：《齐鲁大学》，第 13 页。
　　② 杨懋春：《齐鲁大学校史（二）》，《山东文献》第九卷第三期，1983 年 12 月 20 日版，第 6 页。
　　③ 费丹尼著，郭大松、崔华杰译：《一位在中国山东四十五年的传教士：狄考文》，第 88 页。
　　④ 费丹尼著，郭大松、崔华杰译：《一位在中国山东四十五年的传教士：狄考文》，第 88－89 页。

学校相当敌视的时候,学堂内部的教育却并不排斥对爱国主义、民族主义的提倡。这从校内流传的一些乐歌可以看得出来。文会馆很注重学堂乐歌的谱写与传唱。其中《恢复志》与《得胜歌》最能表达文会馆对于民族主义的提倡:

恢复志(一)

天创中华几千年,教化礼仪独占先。华丽盖通都巨镇,锦绣铺名山大川。四万四天资灵明,十八省宝藏兴焉。两半球上称胜地,英法俄德皆垂涎。何志士更张太急,数年前陷地塌天。波浪滚滚鸾仪店,祸水滔滔颐和园。蚕食鲸吞欲逐逐,瓜分豆剖意绵绵,可恨那英雄豪杰如懒云不肯出山。

恢复志(二)

有谁作中流砥柱,有谁挽既倒狂澜。默祈皇天多眷顾,令我华国速改弦。培天道以清本源,振实学另换地天。整军经武不惜命,致君泽民不爱钱。

恢复志(三)

奋武扬威天下惧,谁不望而心胆寒。天下惧,伸手欲撒多恼河,挺身欲推乌拉山。推倒乌拉山,阿拉伯巅按大炮,咕礐咕礐震西天。一片血海茫无涯,茫茫无涯浩浩荡荡洋洋焉。……拓土开疆追元业,对欧冠亚旧中原。光复青岛威海卫,奉还旅顺大连湾。远臣安南古印度,东海琉球与台湾。南面而立朝,列国端拱垂裳都北燕。桃林马归山,墨舞笔歌天下安。说什么亚历山大,说什么维多利亚,丕泰循环有定理,异日欧洲今罗马。说什么威武权势,说什么威武并权势;说什么富贵荣华,说什么富贵并荣华。胜败存亡由天命,惹得懒人笑哈哈。

得胜歌

威驰中外气壮山河,谁掀万里风波。号音惊虎鼓声震鼍,势必斩尽妖魔,简书羽檄大伐俄罗,火车雷舰,直捣夷倭。韩信将兵益多多,齐声奏凯歌。①

这些乐歌集中说明文会馆时期传教士并不反对提倡爱国主义,相反却十分照顾学生的民族主义情绪。这些歌词也反映了文会馆学生与当时整个中国民族主义发展的主趋势是一致的,即"经历过从传统向近代的转变过程"。②首先这些歌词表达了作者抵抗外侮建立独立国家的追求,但同时亦表现出了很强的传统意味,如"皇天"眷顾等语,尤其是"拓土开疆追元业"、"远臣安南古印度、东海琉球与台湾"以及"俄罗"、"夷倭"等等用语,充分说明当时学生还是深受传统民族主义影响的。不论如何,文会馆学生多有一种民族主义情结。1898年文会馆学生成立了"中国自立学塾会":"诸生以教会学堂皆西国教士所创,殊觉汗颜,乃倡立兹会。"入会会员毕业后照章捐资作为经费,开设小学堂,"实教会自立之先声"。③更如前文所及,邹立文、丁立美等人倡导成立中国基督教自立教会,大力促进基督教的中国化与本色化,这些都是文会馆学生民族主义的具体表现。

义和团运动后至五四运动前为第二阶段,该阶段是西方近代民族主义传入中国与中国近代民族主义形成时期④。义和团运动是传统民族主义势力的集中爆发。此后随着西方近代民族主义的传入,中国近代民族主义开始发展起来,并演化为革命派"排满"与立宪派"合满"两股民族主义发展线索。具体到齐大而言,五四运动前学生发动过的数次学潮暗合了革命派民族主义思路,同时也在做着反省的民族主义实践。

如前文所述,1906年广文学堂学生就因英语学习问题发动了学

① 《文会馆唱歌诗抄》,王元德、刘玉锋编辑:《文会馆志》,无页码。
② 郑大华:《论中国近代民族主义的理论建构及其过程》,《华东师范大学学报(哲学社会科学版)》2010年第5期,第20页。
③ 王元德、刘玉锋编辑:《文会馆志》,第50页。
④ 此说详参郑大华:《论中国近代民族主义的理论建构及其过程》,《华东师范大学学报(哲学社会科学版)》2010年第5期,第19页。

潮;辛亥革命与二次革命时期,广文学堂、神学院学生均"激动异常",甚至直接参加革命。然而正如前文所分析,学生对自由共和政府的追求超越了民族隔阂,参加革命反对帝制的学生对列强势力并不反感,相反还将其当成了依赖力量,在学校的保护之下躲过清政府反扑力量的缉拿。所以我们认为此时的齐大学生风潮与反抗外侮的民族主义基本没有关系,但却与革命派排满思潮相一致。

事实上随着近代民族主义观念的传入,齐大很早就注意到了爱国主义对宣传基督教的重要作用。1909 年丁立美在广文学堂布道演讲,开始并没有太大效果,直到其讲到《以西结书》第 33 章中更夫的爱国行动时,才真正打动了学生,很快就有占学校三分之一以上的学生立志献身基督教布道事业。"无疑爱国主义是带来这些成果的重要因素,因为学生们情绪高涨,要帮助自己的国家,当他们看到通过布道传教能实现这种可能性时,就大批地立志传教。"[①]一战爆发后,传教士回国参战服兵役,让齐大学生认识到了基督教与民族主义其实并不矛盾。尤其是战争中间,很多著名基督教学者均纷纷为本国辩护,正如时人所评论的"一际国难,为爱国热狂所驱,迨与市井凡人无择矣"。[②] 由于一战期间帝国主义列强对殖民地的掠夺以及战后"凡尔赛-华盛顿体系"对弱小民族利益的牺牲,战后被压迫民族掀起了世界性的民族解放运动,这些都影响到了中国民族主义的发展,而这种发展也影响到了一直关心国家局势的齐大学生。这为五四时期齐大学生成为了济南学生风潮的领头者奠定了思想基础。

五四运动爆发至九一八事变前为第三阶段,该阶段是齐大学生母校情结与民族主义的正面交锋阶段。这一时期是中国最为动荡的一段时期,列强侵略、军阀混战、北伐战争,中华大地一片战火与凄凉。此时期中国经历的重大民族主义事件是五四运动、"非基"、五卅惨案、收回教育权、五三惨案等。

---

① 郭查理著,陶飞亚、鲁娜译:《齐鲁大学》,第 86 页。
② 鲍少游译日本《中央公论》杂志:《欧洲战争与世界之宗教问题》,《东方杂志》第 14卷第 2 号,第 21 页。

　　"五四前后是中国近代民族主义的发展期",[①]五四运动也是辛亥革命后学生力量得以集中展示的学生运动"新开端"。[②] 在这次运动中,齐大学生充当了济南学生运动领头者的角色,齐大也由于其独特的地位一度成为学生运动较为安全的开会场地。当然由于国际关系的变化,传教士当局自五四后加强了对学生民族主义激情的控制与引导,此后齐大成了"一潭死水"。[③]

　　1920 年代后,中国民族主义得到了极大发展,从"非基"反教到收回教育权,斗争的矛头指向了在华基督教学校。在种种运动中,齐大备受冲击。但从齐大学生的种种反应中,我们可以看出其反帝但不反基督、既要求学校跟随民族主义发展的趋势前进又竭力维护母校的特征。五三惨案发生后,面对着共同的敌人日本,齐大校内空前团结。所以在这一阶段里,学生的民族主义与母校情结相互交织,呈现出来的是一幅极其复杂的民族主义斗争局面。

　　齐大学生的这种行为,在革命者眼里当然是帝国主义奴化的结果,故国共两党都想方设法要打进齐大,争取教会学生,共同反帝反基督。丁君羊作为特别生进入齐大学习一年,建立了齐大第一个共产党支部。1929 年后国民党在齐大成立党部,对学校进行思想灌输与政治控制。党派力量的渗透与宣传在当时民族危难关头,很容易获得青年学生的同情与支持,故 1929 年因立案不成功,齐大学生掀起了一场规模空前的学潮。这次学潮公然打出了 1920 年代中期齐大学生所不屑的"收回教育权"旗号,斗争矛头直接指向了教会教育。虽然有证据表明,参加学潮最为坚决的只是少数学生,但同时也有证据表明,一些深受基督教会恩惠的教徒参与领导了此次学潮。这充分说明,在民族主义与宗教信仰的博弈中,齐大学生的选择是多元

---

　　① 郑大华:《论中国近代民族主义的理论建构及其过程》,《华东师范大学学报(哲学社会科学版)》2010 年第 5 期,第 21 页。
　　② 张留学等编著:《中国近代学生运动史》,河南人民出版社 1992 年版,第 71 页。
　　③ 《团济南地委关于非基督教运动情况的报告》,济南市档案馆、中共济南市委党史委编:《济南革命历史档案馆资料选编》(第一辑),第 125－126 页。

的,并非铁板一块。

九一八事变后至抗战前的国难时期为第四阶段,这一时期齐大学生以"追求实际"、"羞作狂喊"为口号,实践了"反省"的民族主义,强调学习、读书以救国的理念。

在国难面前,齐大学生虽然并不反对斗争与抵抗,也曾积极进行军事训练,并曾有过直接奔赴前线的动机与行为。但其特别之处在于其一直未上街游行,始终没有向政府请愿,而是做着自己力所能及的事情。加强学习以弥补自身不足的同时,他们下乡宣传抗日,组织医疗救护队随时准备上战场服务伤兵、创办民众学校等等,都是实实在在的救国行动。当然,最主要的,这一时期所表现出来的还是齐大学生安守本分、努力学习以救国的民族主义表现特征。

二、"非民族情境"下的民族主义表现特点

"非民族情境"下的民族主义至少有三种表现。

第一,异化的角色焦虑:我不是他者。

情境中人脆弱敏感,甚至是毫无道理的焦虑性反抗,其目的是为了洗清局外人眼中的"汉奸"嫌疑。

章开沅先生认为"中国的基督徒非常敏感于被嘲讽为洋化或国际化"。[①] 又谓:"与国立大学相比较,教会大学的中国师生与西方文化乃至西方社会有较多直接的接触,……由于更为经常直接感受某些外国势力政治、宗教、种族偏见的刺激,比较容易触发民族反抗情绪乃至滋生革命思想。所以,历次反帝爱国运动与民主革命运动,都有大批教会大学师生积极参加,有的教会大学甚至成为爱国民主运动的重要据点。"[②]在"非民族情境"里教会大学许多师生对民族认同问题十分敏感,比如孙崇文就强调,五卅运动后"许多基督教大学的学生积极支持'收回教育权'运动,以自己与基督教大学的对立乃至

---

① 章开沅:《中国教会大学的历史命运——以贝德士文献(Bates' Papers)为实证》,《上海社会科学院学术季刊》1996年第1期,第188页。

② 章开沅:《序言》,章开沅、林蔚主编:《中西文化与教会大学》,第2页。

决裂向社会也向自己表明他们是真正的爱国者而不是别人口中的西方列强的中国走狗。"①正如"吴淞震旦大学学生会宣言"所称："我们要知道震旦全是外国人所管辖的,他们利用震旦作一个文化侵略机构,我们要做一个中国人,非要服从中国政府才成,拒绝立案的学校的学生,就等于国民政府的叛徒,凡是热血的男儿一致起来打倒震旦学校,赎我们已经的过错。中国人呀! 努力前进呀!"②

　　齐鲁大学学生、校友群体中,丁君羊、罗玉崑、刘谦初等人有此方面的特点。但整体来讲,齐大学生在这一方面的表现并不典型,而圣约翰大学学生才是代表。在圣约翰大学的"国旗事件"(又称六三事件)中,校长卜舫济在当时群情汹涌的情形下,不可能做出脚踩国旗的举动,可是谣言却很快传开了,同学们也倾向于接受这样的谣传,以至于愤而出走另组学校。③ 无论从哪个角度看,这样的表现都是过激了。换一个角度想,如果是在一个中国人自己办的学校里,这样的事情或许根本不可能发生。圣约翰大学之外,其余基督教学校里这样的例子也不胜枚举,1924 年"非基"运动走向收回教育权斗争期间,雅礼与文华在举行足球比赛时出现了一点争吵,一位美籍华裔教师在试图解决混乱局面时打了一位雅礼学生的耳光,结果引起轩然大波。雅礼学生组织抗议集会,教师的道歉根本起不到作用。雅礼学生很快将事情的性质提升到了是"对中国的民族和种族的侮辱",④结果 200 余名学生离开学校。在当时的中国学校里,体罚学生并不是什么稀罕事,而发生在教会学校就容易引起大的风潮,不能不说与"非民族情境"的特殊氛围有关。

----

　　① 孙崇文:《学生生活图景:世俗内外的教育冲突》,教育科学出版社 2008 年版,第177 页。

　　② 上海档案馆馆藏资料,Q244 - 40。转引自孙崇文:《学生生活图景:世俗内外的教育冲突》,第 179 页。

　　③ 徐以骅:《卜舫济和他的自述》,上海圣约翰大学校史编辑委员会组编、徐以骅主编:《上海圣约翰大学(1879—1952)》,上海人民出版社 2009 年版,第 347 页。

　　④ (美)杰西·格·卢茨著,曾钜生译:《中国教会大学史(1850—1950 年)》,第 227页。

第二,读书与示威:究竟何为爱国?

一位燕京学生就曾这样描述了他对基督教大学看法的转变:"我从一所官办中学进入燕京,对基督教知之甚少。和其他许多学生一样,我在燕京得到两件东西,第一是对爱国主义的新理解。我们在官办学校里激烈批评基督教学校,因为他们总是不参加政治性的示威游行。我们说它们是美国化的,不是爱国的学校。但在燕京,我知道,尽管游行有时是有用的,而在教室和实验室努力学习,准备为国家服务,是比游行更高层次的爱国主义。"①齐鲁大学学生大多抱持此种观点。比如在九一八事变发生后,齐大学生的口号是"羞作狂喊"与"追求实际",不请愿、不游行,而是请求派军事教官训练自己、努力加强学习无线电等近代化科学知识、组织医疗救护队随时准备疗救伤员、组织乡下宣传队去济南周边农村宣传爱国等等实实在在"力所能及"的事情。凡事不要求别人如何(比如不去向政府请愿),而是注重考虑自己能做些什么,这是齐大学生在国难面前民族主义反应的重要特征。正如文理学院院长所指出的,齐大学生清楚地认识到了一个事实:"蓄积知识是帮助他们国家的最好方式。"②其实读书以救国的思路就是"反省"的民族主义思路。

第三,民族与母校:身份认同的两难抉择。

但是由于齐鲁大学作为"非民族情境"的独特性,其民族主义的发展还有一种特点很值得关注,就是当校外的民族主义浪潮足以威胁到齐鲁大学本身的存在时(如齐大曾一度在民族主义的冲击下计划关闭),学生的民族情结与母校情结的冲突问题。从既有资料看,齐大相当一部分学生对于民族与母校的感情相当微妙。概括起来,这些学生既要求齐鲁大学按照民族主义的逻辑向前发展,又竭力维护齐鲁大学自身的名誉、地位与特性。在这里,他们对民族的认同与

---

① 转引自刘家峰、刘天路著:《抗日战争时期的基督教大学》,福建教育出版社 2003 年版,第 41 页。

② Report of the Dean, School of Arts and Science 1931—1932, *Shantung Christian University Bulletin*, No. 88, p. 9. 齐档,J109-01-530。

对母校的认同构成了一组天然的矛盾，探析齐大师生对此矛盾的真实感受与解决之道应该是有意义的。曾任齐鲁大学医学院院长的张惠泉先生曾说："我从 12 岁一直到大学都是在教会学校里读书，在读书期间，曾因经济困难退学一年，又一次几乎停学，都因得到教会的津贴而复学。当时我虽有些顾虑，但始终认为若不是教会的津贴，我不会成为一个大学毕业生……"包德威、陶飞亚研究后认为"这种情况在学生中比较典型"，一方面他们不满于教会学校中西方传教士对中国人的压制，正是这种不满成为 1950 年代初学校改组的动力之一；另一方面他们对教育过自己的学校则一直有很深的感情。[①] 比如在"非基"运动中齐大学生对于反对帝国主义甚至收回教育权的理念是可以接受的，但对于取缔关闭教会学校则采取了相对抵制的态度。

从群体心理学并借鉴社会学"角色理论"[②]分析，"非民族情境"中的群体心理会出现两种极端情况，这两种情况分别可以圣约翰大学和齐鲁大学为代表。前者激烈焦虑，一心以情境外民族主义的要求规范自己，以致为与"校外"保持一致，洗刷"汉奸"罪名而往往会做出超激烈的反应。后者则趋于另一极端，即不断地为自己的特色找正大光明的辩护理由，我们不上街游行自有不上街游行的道理，即"羞作狂喊"、"追求实际"，即强调"反省"，强调自己爱国方式的独特意义与价值。久而久之，会出现一种角色固化的意识：我们就应该是这个样。这种固化的角色又在与校外情境抗争时不断得到心理暗示而逐渐加强。所以分别由圣约翰和齐鲁为代表的两种民族主义反应方式都与其发生的场景——非民族情境有莫大的关系。

三、实践的"反省"的民族主义

齐鲁大学学生在国难时期的民族主义反应方式属于实践的"反

①　包德威、陶飞亚：《齐鲁大学医学院毕业生的历史分析》，顾学稼、林蔚、武宗华编：《中国教会大学史论丛》，第 264 页。
②　参考奚从清、俞国良著：《角色理论研究》，杭州大学出版社 1991 年版；Daniel Druckman，Nationalism，Patriotism，and Group Loyalty：A Social Psychological Perspective，*Mershon International Studies Review*，Vol. 38，No. 1（Apr.，1994），pp43－68.

省"的民族主义,或者说是"反省"民族主义的具体实践行为。齐大学生的"羞作狂喊"与"追求实际"或许不如激烈的学生运动那样能够有力地推动民族政治的发展,不如他们更能唤起全国人民的注意力和斗争精神,但若仔细分析起来,齐大的民族主义表现形式自有其意义。

近代以来,学生表达爱国的民族情绪基本有以下几种方式。第一,游行示威,谴责暴力,敦促政府抵抗。这是一直以来最受褒扬的形式。但是,若以九一八事变为例,各地学生纷纷进行的赴宁请愿运动,虽动静颇大,但并未对时局产生决定性的影响。政府不抵抗如故,"攘外必先安内"之策依然推行无虞。请愿之中,同学课业耽误,经济浪费,甚至献出生命代价,颇有些不值。第二,抵货运动。目前学界基本已公认,此种运动开始或有成效,但最终只能是伤人伤己,得不偿失①。第三,募捐助饷。学生群体不事生产,从微薄的生活费中挤出部分资助军饷,是令人钦佩的。可是其总数量虽不能说是杯水车薪,但为数不多却是不争事实。比如淞沪抗战爆发后,仅粤商陈炳谦一人即捐款 1 万元,粤银公会汇款达 10 万元。"战争爆发之后,全国各省的民众无论男女老少,都捐出了很多现金。尤其是遍布全世界各国的华侨,更为踊跃捐输。据总指挥部的报告,收到各处捐款,差不多有三千多万元之巨。"②其中当然有齐大学生捐出的三百余元。以三百与三千万对比并没有否定学生捐款的意思,只是说捐款不能作为学生爱国的主要方式来提倡,这不是学生的长项。第四,加强军事训练或直接参军。九一八事变后不久,国名党中央即要求各校进行军事训练。抗战是全民族的事情,"地不分南北人无论老幼"、全民皆兵是当时形势使然,但这并不是说学生就必然要被拉上疆场,都去投笔从戎。实事求是地讲,学生群体的战斗水平定然比不得兵

---

①　详见齐春风:《北平党政商与济南惨案后的反日运动》,《历史研究》2010 年第 2 期,第 81 - 103 页。

②　丘国珍著:《十九路军兴亡史》,沈云龙主编:《近代中国史料丛刊续编第四十九辑》,(台北)文海出版社 1977 年版,第 77 页。

士。譬如一艘大船,同舟共济尚需要严格分工。

"反省"的民族主义是中国近代民族主义发展的另一条重要线索。"反省"的民族主义可以看成是对帝国主义侵华的辩解,也可以看成是技不如人后的反求诸己。1930 年,胡适撰文提出中国的敌人是贫穷、疾病、愚昧、贪污与扰乱这"五鬼"而不是"帝国主义"①,成为民族反省思潮的扛旗人物。蒋廷黻在《帝国主义与常识》中提出"如果外人到中国来设学校是文化侵略,那么中国人到外国去求学的岂不都成了文化汉奸? ……要谈善恶和责任,那么强者和弱者是同等地须要负责。"②弱者一方不思自己如何强壮起来却一味怨天尤人,动辄排外攘夷,于事无补。这一点也是某些基督徒的看法,如谢受灵就认为"善与强是分不开的",我们当然应该反对恃强凌弱这一"积极的恶",但是对于"消极的恶"也决不能放任:"无论是个人或国家,弱到一点自卫的能力都没有,一让外来的仇敌把他生吞活剥,这至少也要算是消极的恶。"谢受灵从基督教义出发进行论证则更加强了这一理论在基督教界的说服力:"自谋生存与自卫生存是生物界公例,是上帝所定的例。失了自卫能力即违反了上帝旨意,即是罪,罪的工价就是死! 虽说自卫的能力过于发展常易流于侵略的行为,我们还是不可因噎废食,变作印度朝鲜的样子。"③熊镇岐也提出,基督徒当然要尊奉唯爱主义,但是"爱"是有条件的,一要努力自爱,二要具备爱的资格,"如果要想人格伟大,便须首先爱人,如果要爱人,便须首先自爱,努力向自强的路上跑去,发展自己的才能,奋起前进的勇气,振刷创造的精神,培养自己的实力,保障自己的主权,巩固我们的基础"④。这两段话与蒋廷黻上段话极其相似,与胡适的思想理路也有可通之处。这几段话的核心意思都在说明,如果弱者一方一味自甘软弱而

①　胡适:《我们走那条路?》,蔡尚思主编:《中国现代思想史资料简编》第 3 卷,浙江人民出版社 1983 年版,第 177 页。
②　蒋廷黻:《帝国主义与常识》,《独立评论》第 71 号(1933 年 10 月 8 日),第 7 - 11 页。
③　谢受灵:《基督徒与战争》,《信义宗神学志》第 6 卷第 4 期,1936 年 4 月,第 205 页。
④　熊镇岐:《基督徒爱国》(二),《中华归主》第 184 期,1938 年 3 月 1 日,第 16 页。

不思进取,也是一种恶,由此引申出来,反省的民族主义最大的核心意思就是使自己强大。胡适等人的思想如何影响到了齐大,何时影响到了齐大,这是另一个问题,但是,齐大学生的行动符合了"反省"的民族主义思想特质却是事实,即如胡适所说先将自己"铸造成器"。打倒五鬼、将自己铸造成器,就是反省民族主义的精髓。

当然在民族危难关头,片面地、过度地讲"反省"是不合时宜的。比如齐大学生曾天真的要"期之十年"以学术救国,这就极不现实。虽然学生是最应该体现"反省"精神的一群人,从群体特征上看,学生尚未"成材",因此应该坚执"学习"这一天职,日日反省不足,强大自己,方可承担起国家未来之希望。可是一味埋首书斋也绝不是真正的"反省",当国家需要,亦应贡献心力。齐大学生虽并未成材,但在当时也是智识水平相对较高的一个群体,他们用自己的知识作为抗战的工具,写文章揭示时局走向,理性分析形势对策;鼓动宣传抗日,唤起大众同仇敌忾之心;利用所学专业组成医疗救护队、无线通讯队等等,都是极好的选择。当然前提是所谓"力所能及",不做无谓之牺牲。

爱国并不是高高在上不可企及的东西,而应该就体现在平凡普通的生活中,各阶层各守本分应该就是爱国的表现,是谓"本分爱国"。和平时期如此,战争时期亦如此。士兵打仗自然是爱国,农民种地何以就不爱国呢? 毕竟前线士兵也是要吃粮的。战争并不单单是战场上的拼勇斗狠,而是一个系统工程。近代中国之所以落后,根源也不在于中国缺乏勇士,而在于中国的整体性衰落。要整体崛起,就需要学习近代化知识,学习就是学生的本分。以知识救国,用智慧抗战,不能说就不是爱国的表现形式。

借知识说话,拿道理服人,用智慧抗战,以理性爱国。齐鲁大学学生避开流血默默做事,并不是帝国主义文化侵略培养出的洋奴。其既在唤起民众、宣传爱国方面贡献了心智,又未影响到课业学习,不能不说是学生爱国主义的另一种可取的表达式。爱国方式多种多样,只要不是投敌叛国,只要从动机和效果上都在为爱国行动添砖加瓦，就都值得我们尊敬！

四、齐大办学中几个值得思考的问题

齐大是中国近代最早的大学，在其不算太长的发展过程中，逐渐成长为一所远近闻名的、富有特色的基督教大学。当然齐大虽贵为"最早"，在医学教育方面也可称为一流，却并不是当时最杰出的大学，其间种种复杂因素，值得在此作一反思。总结齐大的办学历程，如下几个问题或许值得今天的大学做进一步的思考。

首先，大学应追求特色还是要全面发展。

"决定大学特色的最主要、最深刻的因素"是"学科特色"。什么是学科特色呢？朱庆葆教授认为须从两个层面加以理解，一是"人无我有"，二是"人有我优"。[①] 具体到齐鲁大学，其办学特色无疑是其医学学科的高度发展。如前文所述，齐大医学院虽然起步较晚，但却成为了齐大最富有成绩的学院。所谓"南湘雅，北齐鲁"，就是讲齐大医学院的成就可与南方的湘雅医学院媲美，同时这句话所蕴含的意义则是医学院才是齐大办学水平的代表。由此亦可见，在当时高校中，齐大的确是以医学院闻名于世的。齐大医学院之所以闻名遐迩在于其与众不同的办学特色，即其非常注重培养基层医疗人员：

> 她并不期望人人成为名医，或是成为某一专科的顶尖医生。但是切实的要求每一个学生能做各科的医疗工作，能做外科手术，也可做耳鼻喉科的诊查，也可以做内科，也能做产科，也可单独地做公共卫生方面的工作，或寄生虫的防治等。她鼓励学生下乡，为广大的人群服务，到最需要医生的地方去。[②]

---

① 朱庆葆：《从学科建设看办学特色的形成》，《中国教育报》2011 年 1 月 3 日，第 5 版。

② 张智康：《齐大医学院生活片断》，《山东文献》第 9 卷第 2 期，第 159 页。

医学院的这种培养思路符合当时中国社会急缺一线医生的现实需要,为解决中国基层百姓的治病难题做出了极大贡献,成为齐大最为人所称道的特色贡献之一。同时也成就了齐大一流学府的名誉。

如第四章所述,齐大医学院的大发展与海外雄厚的资金支持是分不开的,从发展特色的角度出发,资金向重点院系倾斜并不为过。但是若一所大学内部院系之间资源分配过于不平衡,可能也会出现问题。当前大学工作者都清楚的一个事实是,很多大学都存在着有些院系吃不了,有些院系不够吃的"贫富悬殊"现象。齐大文理学院与医学院随着经费问题的变化而主次易位,就极好地说明了这样一个问题。出现这种问题有些是由于历史原因造成,有些则是对现实发展的把握不够造成,还有一些是院系的不同特点所造成,如文、史、哲、基础数理等学科我们如何指望其产生经济效益?所以在保证特色的情况下如何保证大学各院系之间的收入平衡,促进各院系的良性发展,应该也是考验大学管理者的重要指标之一。

其次,大学应坚持理想主义还是向市场屈服。

大学"理想主义,借用康德的话,一言以蔽之,就是一种'非功利性'",要有"为真理而真理"的勇气和追求。① 如前文所述,齐鲁大学在育人方面对于理想主义的坚执是很明显的。不论是早期的为基督教服务,还是后来的为中国社会服务,齐大都对自己追求的"真理"矢志不移。这种"非功利性"的理想主义使得齐大所培养的学生大多都具有踏实肯干、勤恳服务的精神。

但是,当大学遇到市场,其培养模式培养目标又应该何去何从?齐大最初培养目标无可厚非,也最符合中国实际,从基层做起,毕业生到基层去,不仅为传播福音之便利,对改变中国下层百姓境况亦功劳卓著。这保持了教会学校目标的圣洁与纯正。可是这样的结果是校友大多窘困。当学校需要捐助时校友往往爱莫能助。那么,学校应该如何在学生培养目标的纯正与让学生适应社会大势之间做一个

---

① 朱庆葆、王永义:《重提大学理想主义》,《光明日报》2009 年 10 月 28 日。

平衡,是一个至今都应思考的问题。

再次,大学管理中如何平衡各方面的矛盾。

齐大作为一所教会大学,平衡中西之间、各差会等不同团体之间的矛盾是一个艰难的工程。比如在关于齐大改建农学院以及哈佛燕京学社与国学所的问题上,中西之间的冲突可以清楚地证明经费提供者对于“非民族情境”的维护,也可以证明情境内中国人的心态世界。毕竟权操人手,中国人在“非”中只能委屈变通,曲折候变。民族尊严、大学声誉的维护碰到钱,又将何去何从?“齐大在 30～40 年代的发展中陷入了一种进退两难的困境:差会要求齐大实施全盘计划,但中国教员和校友坚决反对把文学院改成乡村学院;哈佛燕京学社坚持齐大应立足于大学普通课程的教育,而国学所则试图加强研究。齐大当局在提供资金者的愿望和大学自身利益的追求之间不知所措,难以作出自主性选择。”①不必去关注中西之间的争执,更无须纠缠谁是谁非,需要讨论的是:为什么事情的结果总是中国人屈服?在中国土地上的学校,中国人却无实权,其象征意义极大,也极易引起事端。

在此情况下,校长究竟应该以主持教育教学为主还是以平衡关系为主就成了一个问题。齐大作为一所参与差会众多的教会大学,在办学方面利益错综复杂,加之办学理念的不同,要在大学建设中寻求最大公约数并不容易,前文一再提到的校长的难产与难为即是最好的证据。自卜道成起,齐大校长几乎没有一个能够十分顺利地完成任期。各种机构的叠床架屋,使校长尤其是后来的中国校长权力遭到了重重制约。在齐大发展史上,朱经农与林济青的遭遇就很能说明问题。朱经农作为一个教育家,对于教育教学颇有研究,但在齐大却“本极清闲”,②无所事事。可是朱的这种“清闲”的工作状态却得

① 转引自刘家峰:《齐鲁大学经费来源与学校发展:1904—1952》,章开沅、马敏主编:《社会转型与教会大学》,第 122 页。
② 朱经农:《十年回忆》,《湖南教育月刊》(第 33、34 期)、《国民教育指导月刊》(第 2卷第 3、4 期)联合版,1942 年 10 月 13 日。

到了传教士的好感与欢迎,以至于朱经农就任湖南教育厅长后齐大西董当局仍念念不忘,不惜与湖南省政府主席何键等撕破脸皮。林济青在代理校长任上则积极奔走,利用自己广泛的政界人脉关系,为齐大争取到了大量的资金、设备,为齐大立案成功做出了重要贡献。可是林却不能见容于传教士,以致自始至终无法扶正,只有被迫离去。其原因非常简单,就是朱经农个性"不会闯祸"①,因此也就不抓权,故校内人气旺盛;林则"官威十足"②,能做事却也贪权,因而校内人际关系极差。朱、林二人的治校风格孰高孰下,由于二人在校时间都比较短暂成效并不明显,故无法严格比较,但却给我们留下了一个问题,那就是作为大学校长究竟应该怎么做才真正对大学发展有利。恐怕这些都值得教育界进行深入思考。

---

① 胡适著,曹伯言整理:《胡适日记全编》16,第185页。
② 刘怀荣:《黄孝纾先生与崂山》,王明先主编,青岛市崂山文化研究会编:《崂山研究》第1辑,中国海洋大学出版社2006年版,第139页。

附录一:中英对译表(按中文名称音序排列)

阿瑟·布朗 A. J. Brow

阿辛顿基金 Arthington Fund

爱德华·罗宾逊 Edward Robinson

艾立法 Iliff

艾礼士 John Stanley Ellis

巴德顺 J. P. Paterson

巴顿 Ernest D. Burton

巴慕德 Harold Balme

柏尔根 P. D. Bergen

白向义 Burt, Ernest Whitby

邦麦吉 Maggie Brown

宝维廉 Adolph william Henry

宝福德 Braafladt, Louis Henry

裨治文 Elijah Coleman Bridgm

波瓦艾德 David Bovaird

卜道成 J. Percy Bruce

布朗 Samuel R. Brown

查理·赫尔 Charles Martin Hall

常务华董会 Administrative Council

常务会之财产物资委员会 Finance and Property Committee of

the Administration Council

Studies

哈佛燕京学社 Harvard-Yenching Institute

哈尼克斯 Harold W. Harkness

哈培森 Capp

海格思 J. R. Hykes

海雅西 J. B. Hartwell

胡约瑟 Joseph Walter Hunter

赫尔 C. J. Hall

赫士 Waston McMiller Hayes

合会学局 Shantung Protestant University（直译为山东新教大学）

侯莫斯 S. A. Holmes

花马太 Holmes Mattew G.

花雅各 J. L. Holmes

怀恩光 John Sutherland Whitewright

惠义路 Edwin Robert Wheeler

加拿大联合教会 The United Church of Canada

教师会 the Faculty

教务委员会 Academic Board

教义问答 A Catechism of Christian Doctrine

《教育工作联合准则》Basis of Union in Education Work

教职员会 Faculty

旧约历史 Old Testament History

卡赛弟 Maynard Cassady

柯德仁 Samuel Cochran

爨德义 Lyman Van Law Cady

莱文 Lawrenceille

赖德烈 Kenneth Scott Latouratte

李佳白 Gilbert Reid

李提摩太 Timothy Richard

李天禄 Li T'ien-Lu

理事会 the Board of Governors

理雅各 James Legg

联合神道学堂 Union Theological College

林乐知 Young JohnAllen

黎力基 R. Lechler

伦敦会 London Missionary Society

路思义 Henry Winter Luce

罗根 Margaret Logan

罗氏驻华医社 China Medical Board of the Rockefeller Foundation

罗维廉 McClure William

麦嘉缔 Davie Bethune McCartee

麦美德 S. Luella Miner

麦奇 R. P. Mackay

曼约翰 John H. T. Main

米勒 J. R. Mille

米怜 William Milne

梅理士 Charles R. Mills

美北长老会 American Presbyterian Board of Foreign Missions (North)

美南长老会 American Presbyterian Board of Foreign Missions (South)

美以美会 American Board of Commissioners for Foreign Missions

美以美会女布道会 The Methodist Episcopal Women's Foreign Missionary Society

美信义会 United Lutheran Mission

美国海外传道部 American Board of Commissioners For

Foreign Missions

美国浸礼会传教会 American Baptist Board of Foreign Missions

美华书馆 American Presbyterian Mission Press

美国南浸信会 American South Baptist Convention

美国圣公会 American Episcopal

孟禄 Paul Monroe

明显文 Harold Frederick Smith

墨海书馆 London Missionary Society Press

莫斯 S. B. Mercer

男青年会 Young Men's Christian Association(YMCA)

聂惠东 Jas. Boyd Neal

倪维斯 John Livington Nevius

女青年会 Young Women's Christian Association(YWCA)

欧文 J. G. Owen

潘慎文 Alvin Pierson Parker

裴士丹 Daniel H. Bays

裴维廉 William Percy Pailing

评议会 the Senate

普卢默 Plumer

齐鲁大学 Shantung Christian University(Cheeloo University)

切斯特 S. H. Chester

瑞思培 John Donald MacRae

山东基督教大学 Shantung Christian University

山理 C. A. Stanley

膳团 Food Committee(又译饭团)

圣约翰大学 St. John's University

施尔德 Randolph Tucker Shields

施约瑟 S. L. Joseph Scherewsky

史格特 George T. Scott

圣保罗 St. Paul

桑福德 E. T. Sandford

汤森德 Robert Townsend

退修会 Retreat

韦廉臣 Alexander Williamson

伟烈亚力 Alexander Wylie

魏礼模 H. R. Williamson

文惠廉 William Jones Boone

武成献(Watson)

瓦克胡赛特 Wachusett

谢卫楼 D. Z. Sheffield

奚尔恩 J. L. Heeren

校董会 the Board of Directors

校务会 Executive Committee

校务长 Associate President

乡村生活研究院 Institute of Rural Life

乡村推广部 rural extension department

乡村研究院 The Rural Institute

徐伟烈 William M. Schults

学生志愿海外传教团 the Student Volunteer Movement for Froeign Mission(AVM)

训导长 Proctor

益智书会 The School and Textbook Series Committee

益智会 Society for the Diffusion of Useful Knowledge in China

杨格非 Griffith John

英国浸礼会 Baptist Missionary Society

英国安立甘会 Society for the Propagation of the Gospel

英国循道会 Wesleyan Methodist Missionary Society

英国长老会 English Presbyterian Missionary Society

詹姆斯 James Duffield

长老会海外布道会 The Presbyterian Board of Foreign Missions

章伟博 W. B. Djang

中华教育促进会 National Association for the Advancement of Education

中华教育会 China Education Association

中华博医会 the China Medical Missionary Association

仲均安 Alfred G. Jones

驻华董事会 the Field Board of Managers in China

附录二:齐大主要管理人员变迁表

1. 文会馆馆主

   1864—1895:狄考文①

   1895—1901:赫士

   1901—1904:柏尔根

2. 广德书院监督

   1894—1904:库寿龄

3. 青州神学院院长

   1885—1904:怀恩光、仲均安、卜道成

4. 联合后至 1917 年前各学院院长

学院	院长	任职时间	备注
广文学堂(潍县)	柏尔根	1904—1913.6	其间:1907 年 2 月至 12 月狄考文曾代理院长
	方伟廉	1913.6—1915.12.1	神学院教师,代理文理院长
	德位思	1915.12.1—	
葛罗联合神学院(青州)	卜道成	1905—1916	
医学院(济南)	聂惠东	1906—	
广智院(济南)	怀恩光	1905—1913.5.29	其后成为社会教育科

---

① 有说法张赣臣曾为校长,无确切资料支撑。

5. 同地教学后校长更迭表（抗战前）

任职时间	校长	备注
1916. 2. 18—1919. 9	卜道成	
1919. 9. —1919. 12	聂惠东（代）	
1919. 12—1921. 1	聂惠东	因中风去职
1921. 1—1921. 6	白向义（代）	
1921. 6—1924. 12	巴慕德	休病假暂离
1924. 12—1926. 6	瑞思培代	
1926. 6—1926. 9	巴慕德	完成任期，1926 年 6 月华董会会议要求理事会再聘 5 年
1926. 9—1927. 2	巴慕德	因国内原因回英国
1927. 2—1927 年夏	瑞思培（代，保留神学院长职位）	因健康问题去职
1927. 10 月末—1927 秋季学期结束（赴耶路撒冷会议并赴英美休假一年）	李天禄（代）	在对国外的联系事宜上，由章嘉礼博士协助
1928. 1—1928. 11	江清（代）	1928. 11 曾提名朱有渔牧师任校长，未果
1928. 11—1929. 7	李天禄（代）	
1929. 7—1929. 11	李天禄	学潮中被迫辞职
1929. 11—1931. 3		无校长
1931. 3—1931. 6	孔祥熙	非常驻校长（Non-resident President）
1931. 6—1933. 9	朱经农	1932 年 8 月借调（loan）湖南任教育厅长，1933 年 9 月正式辞校长职，期间林济青代理
1932. 8—1934. 8	林济青（代）	1934. 10 给出了口头和书面的拒绝做校长的意见
		1934. 11. 15 委派罗世琦为代校长，不受
1934. 12. 5—1935. 6	李植藩（代）	1934. 12. 5 请梅贻宝任校长，同时选李植藩暂代校长，梅并未就任
1935. 6—	刘书铭	

6. 副校长、校务长

任职时间	副校长	备注
1916.2.18—1917.9	路思义	
1917.9—1927.2		无副校长,其间曾力邀诚静怡,未果
1927.2—1927.6	李天禄(代副)	兼文理院长
1927.6—1927.秋季学期结束(赴耶路撒冷会议并赴英美休假一年)	李天禄	
1928.11	李天禄辞职	转任代理校长
1928.11—1930.7.30	施尔德	外国人副校长
1930.7—1932.3	德位思	
1932.3—1935.4	德位思(校务长)	1934曾提出辞职,后收回

7. 同地教学后各学院院长

学院	时间	院长	备注
文理学院	1915.12.1—1919.12	德位思	后为施尔德代,又曾由校长聂惠东代;此处时间不太清晰,反映出了文理学院的乱况
	1920.6		华董会一致邀请费佩得(Robert Fitch)任院长,结果不详
	1921.2.4		任命赖恩源代,后又提名宝威廉(Adolph)未获联董会批准
	1921.6		校董会再次邀请费佩得(R. F. Fitch)就任文理学院院长;同时任命胡约瑟代理
	1921.9		9月会议收到了费佩得不能就职的信,评议会一致提议郭查理(Charles Corbett)任文理学院院长,未就
	1922.6—1923.6	巴慕德(代)	

（续表）

学院	时间	院长	备注
	1923.6—1929.7	李天禄	1927.2—1927.6 秦耀庭代理；1927.10—1929.7 胡约瑟（代）以使李代行校长职权、出国开会休假及回国代理校长
	1929.7—1929.9 月底	胡约瑟（代）	
	1929.9—1929.11	罗天乐	文理分办后辞职
	1930 年春季学期		文理学院关闭
	1930 春—1935 年 3 月	林济青	
	1935.3—1935.6	谭天凯（代）	
	1935.6—	谭天凯	
神学院	1916.2.18—1920.6	白向义	其间，1918.9—1919.9 赫士代理
	1920.6—1923.11	瑞思培	
	1923.11—1926.6	夔德义（L. V. Cady）代理	瑞思培休假
	1926.6—1927.6	瑞思培	
	1927.6—	罗世琦（代）	
医学院	1906—1919.12	聂惠东	1919 年 5 月校董会首次会议提出辞职，被挽留
	1919.12—1921.6	巴慕德	1919 年休假期间，施尔德代理
	1921.6—1922	施尔德	1921 年休假，惠义路代
	1922—1926.6	柯德仁	健康原因辞去院长与正教授之职回美国
	1926.6—1928.1	施尔德	江清（Associate Dean）1927.6—1928.1
	1928.1—1935.4	江清（代）	施尔德休假
	1935.4—	江清	

（续表）

学院	时间	院长	备注
社会教育科	1913.5.29—1923.3	怀恩光	
	1923.3—1924.6	佩因（H. Payne 代）	怀恩光休假
	1924.6—1926.6	唐恩梁（代）	怀恩光休假、病逝
	1926.6—	魏礼模（H. R. Williamson）	1927.10 暂离,裴威廉（W. P. Pailing 代）

附录三：齐大要事编年

1831—1833 年

著名传教士郭士立三次在中国沿海航行，并成为第一位登陆山东的新教传教士。

1858 年

《天津条约》签订，登州开口，为传教士进入山东提供了条件。

1859 年

5 月，美国南浸信会传教士花雅阁夫妇登陆烟台，美国南浸信会是最早进入山东的新教差会。

1864 年

1 月

美北长老会传教士狄考文夫妇至登州。

9 月

狄考文夫妇创登州蒙养学堂，即登州文会馆前身。

1873 年

狄考文对学堂进行改革。

1877 年

年初，蒙养学堂第一批三名学生邹立文、李秉义、李山青毕业，毕业典礼上，学堂正式改名为登州文会馆。此三人后被追认为齐鲁大学第一届毕业生。

5 月，第一次传教士大会在上海召开，狄考文作"基督教会与教育"的讲演。

1879 年 5 月至 1881 年 1 月

狄考文夫妇第一次回美国休假。

1881 年

年初,狄考文上报长老会改建大学计划。

1882 年

倪维思提议,美长老会山东差会承认文会馆为大学。

1883 年

美国北长老会派遣聂惠东(Jas. Boyd Neal)博士夫妇来山东,创办隶属于登州文会馆的医科。

1884 年

长老会总部确认登州文会馆为学院,正式授权改办大学,英文名字为"登州书院(Tengchow College)"。

1885 年

英国浸礼会怀恩光(J. S. Whiterwright)、仲钧安(Alfred G. Jones)和卜道成(J. Percy Bruce)在青州府设立了神学训练所(Theological Training Institute)。

1887 年

神学训练所增设了一所培养小学师资的师范学校(Training School for elementary teachers)。

英浸礼会怀恩光在青州培真书院前边盖展览室,称之为"博古堂",是为广智院前身。

1890 年

聂惠东结束登州教学后被差会调往济南,负责文璧医院的创建与训练学生,是为医学院开端。

第二次传教士大会成立"中国教育会"。在第二次传教士大会上,狄考文作"怎样使教育工作更有效地促进中国基督教事业"的报告。

1893 年

青州神学训练所得到了一笔旨在纪念罗宾逊太太的父亲葛奇博

士和罗宾逊先生的父亲伊利沙·罗宾逊的捐款，遂改名为葛奇-罗宾逊神学院（Gotch-Robinson College），简称为葛罗神学院。

1894（或 1897）年

青州高中增设大学班。 ✳

1895 年

狄考文辞去馆主职务，赫士继任。

1900 年

义和团运动。

1901 年

清末新政改革。赫士应袁世凯邀创办山东大学堂，登州文会馆馆主由柏尔根接任。

1902 年

中国教育会向所有传教差会发出一份呼吁书，要求它们尽量多派专职的传教士教师来华充实教会学校，以获得在新政中榜样的力量。

6 月 13 日，美国长老会与英国浸礼会在青州举行会议，起草了《教育工作联合准则》（Basis of Union in Education Work）的文件。

1903 年

管学大臣张百熙拟定壬寅学制。

1904 年

清政府颁布癸卯学制。

《教育工作联合准则》颁布，《准则》规定联合大学管理机构为校董会（Board of Directors）。

美国长老会与英国浸礼会联合建设大学，名为"合会学局"（英文名称为：Shantung Protestant University 直译为山东新教大学）。联合大学仍分三个学院，分别在三个不同地方授课。位于潍县的文理学院称为"广文学堂"（英文名 Shantung Union College 直译山东联合学院），位于青州的神学院则称为"联合神道学堂"（Union Theological College），后改名为葛罗神学院；位于济南的医学院则称为"共合医道学堂"(Union Medical College)。

1905 年

青州的神学院"联合神道学堂"(Union Theological College)开学。

9 月 2 日,科举制度被诏令废除。

1906 年

校董会决定在济南建设新的医学院。

11 月,文理学院学生发动了第一次学潮。

1907 年

传教百年大会倡导联合。

12 月 26 日,校董会投票通过在文理学院开设英语课程。

1908 年

齐大校董会利用阿辛顿基金(Arthington Fund)在济南购买了医学院建院所需土地。

1909 年

英国圣公会加入联合,《教育工作联合准则》于 1909 年做了修订,大学英文名称由山东新教大学改为山东基督教大学(Shantung Christian University),中文名称也不再称为合会学局,而直接以译名相称。在管理机构方面将校董会改组为大学委员会。

同年,芝加哥大学教授巴顿(Burton),作为洛克菲勒东方教育委员会主席访问中国,在青岛时与柏尔根和路思义谈到了有关大学迁到一处办学的问题。6 月 7 日,在大学委员会专门会议上讨论了巴顿的提议,就此问题做出的相关决议如下:准备将现有的大学各学院迁至一个地点,此地点计划在济南寻找。

1910 年

3 月 15 日,医学院在建筑尚未完全竣工时学生即已入住上课。

1911 年

4 月 17 日,医学院举行了竣工典礼。

10 月 10 日,辛亥革命。

1912 年

中华民国第一个学制颁布。

1915 年

大学委员会会议决定以颇带有中国传统气息的"齐鲁大学"作为非正式中文名字。

6 月,文理学院学生发动学潮。

8 月,济南正式成立山东中华基督教自立会。(先是,1912 年,登州文会馆毕业生青岛刘寿山等即有此倡议。1933 年 9 月,冯玉祥参观潍县中华基督教自立会,亲题"人格救国"。)

1916 年

罗氏基金驻华医社(China Medical Board)带来了北京协和医院的 3 个低年级班,并同意支付给 5 万美元以建筑新大楼和添置新设备,另外答应在未来 5 年内支付 10 万美元作为教员新员工的额外支出与增加的运行成本。同年,中国博医会之医学教育委员会将金陵大学医科及汉口大同医学二校学子及诸教授一并迁到济南并入齐大医学院。

1917 年

文理学院与神学院相继迁到济南,齐鲁大学实现了同地教学。

1918 年

英国联合董事会成立并召开了第一次会议,会议通过了《英国联合董事会章程》。

1919 年

1 月 14 日,北美联合董事会成立,并于当天召开了第一次联合会议。

5 月 6 日下午,大学委员会改组为驻华董事会(The Field Board of Managers)。

五四运动爆发后,齐大一些学生也走向了街头参加示威游行,并且由于齐大的特殊地位,当地警厅不能随便进入逮人,因此,学校一度成为济南学生联合会的开会地点。

夏,因差会利益纠纷,神学院分裂,赫士带领 18 名学生先至潍县后到滕县,建立华北神学院。

1922 年

中国学制改革。

巴顿率领的基督教教育考察团来华。

非基督教运动开始。

1923 年

北京协和女子医学院并入齐鲁大学医学院。9 月,齐大开始招收女生。

同年,齐大聘请李天禄任文理学院院长,自此齐大行政管理人员中终于出现了中国人的影子。

美国为了加强协调,提高投资效益,于 1923 年在一个由各在华教会大学代表参加的会议上决定成立一个"中国基督教大学委员会"。

1924 年

7 月 19 日,齐大于加拿大立案成功。

以收回教育权为中心的"非基"运动第二阶段开始。夏,济南成立非基督教大同盟,向包括齐大在内的基督教学校发起了攻击。

7 月,中华教育改进社在南京召开第三届年会,请求政府制定严密的注册条例。

10 月,开封,全国教育联合会第十届年会,通过了《取缔外人在国内办理教育事业案》,表明消灭在华教会教育依仗特权的自成一体,收回教育主权,已成为全国教育界的共识。

冬,国文系于兰州病逝,许慕贤、张维思、孙碌等找院长李天禄推举栾调甫来校任教。

1925 年

4 月 7 日,新的大学理事会成立。同日《理事会细则》被接受,根据此细则,理事会分为两个分部:北美部和英国部。

5 月 30 日,五卅惨案。

6月23日，济南齐大护士学校沪案后援会宣言发表。

11月16日，北洋政府教育部公布《外人捐资设立学校请求认可办法》。

1926年

2月，中华基督教高等教育联合会在沪江大学召开以立案为中心议题的会议。

11月19日齐大常务董事会上通过了第665号决议，授权评议会对立案可能性进行初步调查。

1927年

3月15日，齐鲁大学驻华董事会①向理事会提出要求授权华董会向中国政府申请立案。

3月24日，南京事件。

4月18日，南京国民政府成立。

诚静怡于上海发起成立中华基督教会全国总会。

10月1日，国民政府推行"大学区"制度。

1928年

1月4日与2月10日，哈燕社分别在哈佛大学和燕京大学成立。

2月6日，南京国民政府公布新修的《私立学校条例》和《私立学校校董会条例》。

4月3日，中华基督教会山东大会在济南东关华美街礼拜堂举行成立大会。

是年，北伐军入鲁，学生反传统反宗教浪潮风起。

5月，《第一次全国教育会议宣言》发表。

5月，日军制造了"五三惨案"，并曾到齐鲁大学进行搜查。由于北洋军阀的势力退出了山东省，齐鲁大学向北京政府寻求立案的活动也就此结束。同月，南京国民政府在泰安组织了山东省政府。山

---

① 驻华董事会(The Field Board of Managers)的设置与变迁问题可参考本文第三章。

东省教育厅同时成立,由何思源任厅长。

6月,中国基督教高等教育协会咨询委员会出台了一个中国基督教教育的全盘计划。这一全盘统筹计划的最早提出者是巴顿委员会1922年的报告,其目的是为了避免教会大学之间的重复以提高效率。但这一计划历经磨难,真正出台已是6年以后。该计划针对教学水准已经有所下降了的齐大文理学院的现实,提出其应该将课程改为职业教育课程,要"执行为农村和非工业化城镇地区训练师资、布道者、医生和护士以及其他的社会和宗教领袖的政策"。

11月,齐鲁大学驻华董事会通过815号决议,要求齐大应立即采取步骤向中国政府申请立案。11月19日,齐鲁大学成立了由李天禄、施尔德、程其保、罗世琦组成的立案委员会,具体负责立案事宜。

1929年

1月,驻华董事会常务会议通过第834号决议,向理事会提出为与中国政府关于立案的规则相一致,大学的内部管理当局应改为中国的校董会(Board of Directors),常务董事会要求理事会授予驻华董事会自我调整以符合中国政府规则的权力。

3月底,国民党山东省政府迁到了济南。

齐大呈请省教育厅立案,何思源调查后不予批准。

9月28日,山理(Dr. C. A. Stanley)被评议会任命为农村工作委员会(Rural Work Committee)主席。

10月27日,文理学院学生开始上书、请愿、罢课、示威,在学生的冲击下,李天禄辞职,华董会中国籍董事要超过三分之二。这次学潮直到元旦之后才算告一段落。

8月29日,教育部公布了新的《私立学校规程》。

1930年

1月6日,文、理两学院停办。8日,医院停办。2月3日,南京中央政府下令立即解决齐大的纠纷,济南市当局与工人达成妥协,部分人留下,不愿留下者发给路费离校,此后仍可有申请学校工作的优先权利。2月17日,校园恢复平静,3月1日,医院重新开门。

秋,在栾调甫建议下,文学院国学研究所成立。

1931 年

3 月,齐大请孔祥熙担任校长。

秋季开学后曾任教育部次长的朱经农来校担任校长。

9 月 18 日,九一八事变。

9 月 21 日,齐大学生抗日救国团成立。

11 月,教育部派王慎明视察文理两学院,尹莘农视察医学院,认为合格;

12 月 10 日至 16 日罢课七天,发动"爱国运动周"。

12 月 17 日教育部核准齐大立案。

1932 年

1 月 28 日,"一二·八"事变。

3 月,副校长改称为校务长(Associate President)。

6 月,朱经农奉命到湖南任教育厅长,仍兼齐大校长 1 年。

12 月,国民党四届三中全会通过了《确定教育目标与改革教育制度案》,提出:"师范教育机构,分简易师范学校、师范学校、师范大学三种,均由政府办理,私人不得设立。"这样,师范教育就被政府垄断了,齐鲁大学的乡村师范教育等等自然无法再办,乡村教育课程只有取消。

1933 年

国民政府颁布了新的《私立学校规程》。

6 月,朱经农受到了来自湖南、教育部等各方面的压力而不得不留在湖南。

1935 年

刘书铭在德位思的几番邀请下,终于来齐大就任校长职。

1937 年

刘书铭终于明确同意乡村计划在齐鲁大学中的地位,由孙恩三为主任,对乡村计划进行改组。

7 月,七七事变。

10月

大部分师生携带家眷迁移到大西南,小部分师生员工继续在原
址开课。

1941年

太平洋战争爆发,齐大为日军所占。

1946年

齐鲁大学在济南复校。

1948年

4月15日,在上海召开了齐大校董会会议,有迁校议。

1952年

华东高等学校调整委员会决定:齐鲁大学校名撤消。

附录四:济南非基督教文件

济南非基督教大同盟宣言

　　帝国主义者铁蹄践踏之下的中国民众,已抬起头来认清我们的敌人而作反抗的工作。在这反帝国主义的运动中,我们要明了地认清基督教就是引导帝国主义者侵略的先锋! 历史已给我们以充分的证明,"传教"和"侵略",永远是一致的,只看每次教案发生,就割地赔款,增加帝国主义者得势力。帝国主义者势力所在的地方,同时又是基督教最发达之地! 它是帝国主义者豢养的佣仆,在中国设立许多宣传的机关,从事文化侵略。它帮助统治阶级压迫被统治阶级,叫劳动者听天由命,不反抗现实生活,以保障资本家的剥夺。自五卅运动以来,帝国主义者的凶恶以完全暴露。只看各地教会学校当局,禁止学生参加游行讲演,加入教会学校就不许爱中国等的行动,已使我们对于基督教的善意领教过了! 所以我们可以很肯定地说,只要不是帝国主义者的工具,不是统治阶级的走狗,为反对文化侵略,为谋被压迫阶级的解放,反对基督教,就是我们当前唯一重要的任务。半年来冲锋陷阵,与帝国主义者苦战的勇士——工人、农民、学生及被压迫的青年们! 我们既认清了基督教的性质,它就是我们反帝国主义的死敌,到我们鼓起勇气,集中力量,打倒帝国主义者的先锋,就是反帝国主义运动中最大的胜利!

　　……要在圣诞日前后一周间,作一大规模的"非基"运动,从帝国主义者得迷魂阵中,就醒我们整千累万的昏迷不醒的可怜同胞!……

　　深处敌人巢穴中的战士们——教会学生! 你们负着更重要的使命! 你们不幸投入敌人的迷阵,受尽了敌人的侮辱与愚弄,过那侮辱人格的生活。但同时也因为你们走到敌人的队伍中,发觉了敌人的阴谋和诡计,暴露了敌人的罪恶和弱点,使我们便利于进攻。我们很热烈的希望你们努力奋起,在敌人的巢穴中,做我们勇敢的内应! 不要瞻前顾后,畏缩不前!

　　负着重大使命的勇敢青年战士们! 努力啊! 准备着……准备向帝国主义者得先锋队总供给! 这就是我们送给帝国主义者的"圣诞节的敬礼"!

　　毁灭文化侵略的工具!

　　打倒帝国主义的先锋——基督教!

　　反对帝国主义的勇敢战士——工人、农民、学生联合起来呵!

　　全国非基督教大同盟万岁![①]

1925 年 12 月 12 日

　　同时散发的传单内容可分为以下两大类:

　　专门针对基督教与教会学校者有 6 条:

　　打倒基督教,就是反帝国主义运动中最大胜利!

　　铲除基督教及教会学校!

　　我们要打倒帝国主义,必先打倒基督教!

---

　　① 《济南非基督教大同盟宣言》,济南市档案馆、中共济南市委党史委编:《济南革命历史档案馆资料选编》(第一辑),第 249－250 页。

打倒帝国主义的先锋——基督教!

基督教是帝国主义在文化方面侵略中国的工具!

收回教育权!

专门针对教会学校学生者有 3 条:

教会学校的学生,应该团结起来,做我们勇敢的内应!

教会学校的学生应该全体退学!

教会的男女同学们! 基督教是帝国主义的走狗! 你们愿作走狗的走狗么?!

告 教 会 同 学 书

教会学校里的亲爱男女同学们!

我们为什么反对基督教呢? 为的基督教是帝国主义侵略我们的先锋,迷惑一般青年思想的工具! 我们为要解放本身及全中国民族的一切压迫与束缚,为要打倒我们的敌人——帝国主义者,我们必须打倒基督教。这是我们反对基督教的简单而明确的理由。

你们是中国前途有望的青年,是与我们同样处在帝国主义压迫之下的可怜人民! 你们不幸陷入敌人的巢穴——考到教会学校,受着奴隶式的教育,得不到二十世纪应有的知识,思想上受基督教的迷惑,行动上不能得到"中国人"的自由——不许参加爱国运动,强迫信教、做礼拜、查经。你们抱着满腔希望与要求,求得充分有用的知识,保住将来生活的安定,才投考到教会学校里。结果呢? 亲爱的同学们! 平日受尽敌人百般愚弄和侮辱,过着奴隶生活,你们是活泼勇敢有为的青年呵! 现在我们中华民族正急须我们共同的艰苦奋斗! 奴隶的生活,是我们勇敢有为的青年所不能忍受的。

中国反帝国主义的革命势力日渐增加了! 各地收回教育权,反基督教运动的高潮也日渐澎湃。广州"圣三一",湖南的"雅礼",以及最近五卅案后各教会学校同学不断地反抗黑暗教育,热烈的罢课与整批退学,已引起全国的同情援助,而给帝国主义者以重大的打击!

　　教会同学们! 我们既是认清了我们的敌人,明了了我们的责任,我们就要肆无忌惮地负起我们重要的使命! 你们已亲身到了敌人的队伍中,更要起一种特殊的作用。你们应时常暴露敌人的罪恶与弱点,勇敢地作为我们的内应! 青年的战士啊,我们要携手向我们的敌人进攻,使我们的反基督教易于成功。

　　亲爱的同学们,我们在帝国主义的工具庆祝他们过去的成功,与预备怎样施行麻醉我们青年的诡计的今天——耶稣诞日,含着无限的热烈希望你们奋起与努力!

　　(一)在你们教会学校成立非基督教大同盟支部,以影响我们,扩大我们非基的势力范围。

　　(二)集中你们的力量——组织学生会、参加反帝国主义及反基督教运动。

　　(三)暴露基督教压迫与欺骗青年的事实——强迫学生信教、礼拜、查经,学生要有信仰之自由,圣经改为选科。

　　(四)学生有机会结社一切自由,学校当局不得干涉学生参加爱国运动。

　　(五)女子有通信的自由,学校当局不得私拆个人信件。

　　(六)整批退学,作收回教育权运动。①

　　……

济南非基督教大同盟

(1925 年 12 月)

---

　　① 济南市档案馆、中共济南市委党史委编:《济南革命历史档案馆资料选编》(第一辑),第 260－262 页。

参考文献

一、原始档案（首字音序）

1. 华中师范大学东西方文化交流研究中心藏，*Shantung Christian University*，Archives of the United Board For Christian Higher Education in Asia（亚洲高等教育联合董事会档案，缩微胶卷，齐鲁大学部分，文中简称 AUBA 亚联董）。

2. 山东省档案馆藏，齐鲁大学档案全宗（文中简称齐档）。

3. 山东省档案馆藏，山东省教育厅全宗相关档案。

4. 中国第二历史档案馆藏，教育部相关档案。

二、资料汇编、日记、文集（以出版时间为序）

1. 教育部印行：《教育法令汇编》，1933 年 3 月。

2. 吴相湘、刘绍唐主编：《第一次中国教育年鉴》（1934 年），（台北）传记文学出版社 1971 年影印版。

3. 沈云龙主编：《近代中国史料丛刊续编》，（台北）文海出版社 1977 年版。

4. 舒新城编：《中国近代教育史资料》（上．中．下），人民教育出版社 1979 年版。

5. 胡汶本、田克深编：《五四运动在山东资料选辑》，山东人民出版社 1980 年版。

6. 蔡尚思主编：《中国现代思想史资料简编》第 3 卷，浙江人民出版社 1983 年版。

7. 恽代英:《恽代英文集》,人民出版社1984年版。

8. 济南市档案馆.中共济南市委党史委编:《济南革命历史档案资料选编》第一辑,济南出版社1991年版。

9. 李永圻编:《吕思勉先生编年事辑》,上海书店出版社1992年版。

10. 朱有瓛、高时良主编:《中国近代学制史料》第四辑,华东师范大学出版社1993年版。

11. 济南市档案馆、中共济南市委党史委编:《济南革命历史档案馆资料选编》第二辑,济南出版社1995年版。

12. 李楚材编:《帝国主义侵华教育史资料——教会教育》,教育科学出版社1997年版。

13. 蔡鸿源主编:《民国法规集成》,黄山书社1999年版。

14. 胡适著,曹伯言整理:《胡适日记全编》,安徽教育出版社2001年版。

15. 冯友兰:《三松堂全集》(第14卷),河南人民出版社2001年版。

16. 璩鑫圭、唐良炎编:《中国近代教育史资料汇编·学制演变》,上海教育出版社2007年版。

17. 潘懋元、刘海峰编:《中国近代教育史资料汇编·高等教育》,上海教育出版社2007年版。

18. 朱有瓛、戚名琇、钱曼倩等编:《中国近代教育史资料汇编·教育行政机构及教育团体》,上海教育出版社2007年版。

19. 璩鑫圭、童富勇编:《中国近代教育史资料汇编·教育思想》,上海教育出版社2007年版。

20. 张研、孙燕京主编:《民国史料丛刊》,大象出版社2009年版。

三、著作(含译著)、论文集(以出版时间为序)

1.《登郡文会馆典章》,上海美华书馆摆印,1891年版。

2. 王元德、刘玉锋编辑:《文会馆志》,潍县广文学校印刷所摆印,1913 年版。

3.《暴日侵寇东北专刊》,1931 年 10 月。

4. 斯大林:《马克思主义和民族问题》,《斯大林选集》(上卷),人民出版社 1979 年版。

5. 顾长声:《传教士与近代中国》,上海人民出版社 1981 年版。

6. 中华续行委办会调查特委会编,蔡詠春等译:《1901—1920 中国基督教调查资料(原《中华归主》修订版)》,中国社会科学出版社 1987 年版,2007 年 9 月第二次印刷本。

7. 杰西·格·卢茨著,曾钜生译:《中国教会大学史(1850—1950)》,浙江教育出版社 1988 年版。

8. 熊明安:《中国高等教育史》,重庆出版社 1988 年版。

9. 奚从清、俞国良著:《角色理论研究》,杭州大学出版社 1991 年版。

10. 威利斯顿·沃尔克著,孙善玲、段琦、朱代强译:《基督教会史》,中国社会科学出版社 1991 年版。

11. 章开沅、林蔚主编:《中西文化与教会大学》,湖北教育出版社 1991 年版。

12. 中华美国学会、中国社会科学院美国研究所编:《"二十世纪美国与亚太地区"国际学术讨论会论文集》,现代出版社 1992 年版。

13. 于可主编:《当代基督新教》,东方出版社 1993 年版。

14.《"认同与国家:近代中西历史的比较"论文集》,(台北)中央研究院近代史研究所 1994 年版。

15. 李泽厚:《中国近代思想史论》,安徽文艺出版社 1994 年版。

16. 顾学稼、林蔚、武宗华编:《中国教会大学史论丛》,成都科技大学出版社 1994 年版。

17. 陶飞亚:《基督教会与近代山东社会》,山东大学出版社 1995 年版。

18. 李宏生、宋青蓝主编:《山东通史》近代卷(上册)山东人民出版社 1995 年版。

19. 黄新宪:《基督教教育与中国社会变迁》,福建教育出版社1996年版。

20. 陶飞亚、吴梓明:《基督教大学与国学研究》,福建教育出版社1998年版。

21. 章开沅、马敏主编:《社会转型与教会大学》,湖北教育出版社1998年版。

22. 费孝通:《中华民族的多元一体格局》,费孝通主编:《中华民族多元一体格局》,中央民族大学出版社1999年版。

23. 史静寰:《狄考文与司徒雷登——西方新教传教士在华教育活动研究》,珠海出版社1999年版。

24. 郭查理著,陶飞亚、鲁娜译:《齐鲁大学》,珠海出版社1999年版。

25. 徐以骅:《教育与宗教:作为传教媒介的圣约翰大学》,珠海出版社1999年版。

26. 顾明远主编:《教育大辞典》(简编本),上海教育出版社1999年版。

27. 胡卫清:《普遍主义的挑战:近代中国基督教教育研究(1877—1927)》,上海人民出版社2000年版。

28. 吴义雄:《在宗教与世俗之间:基督教新教传教士在华南沿海的早期活动研究》,广东教育出版社2000年版。

29. 罗志田:《乱世潜流与民国政治》,上海古籍出版社2001年版。

30. 王立诚:《美国文化渗透与近代中国教育:沪江大学的历史》,复旦大学出版社2001年版。

31. 辞海编辑委员会:《辞海》,上海辞书出版社2002年版。

32. 张宪文主编:《金陵大学史》,南京大学出版社2002年版。

33.《民国山东通志》编辑委员会编:《民国山东通志》第四册,山东文献杂志社2002年版。

34. (英)厄内斯特·盖尔纳著,韩红译:《民族与民族主义》,中央编译出版社 2002 年版。

35. 马啸风主编:《中国师范教育史 1897—2000》,首都师范大学出版社 2003 年版。

36. 刘家峰、刘天路著:《抗日战争时期的基督教大学》,福建教育出版社 2003 年版。

37. 马戎:《民族社会学——社会学的族群关系研究》,北京大学出版社 2004 年版。

38. (美)贺萧(Gail B. Hershatter)著,韩敏中、盛宁译:《危险的愉悦:20 世纪上海的娼妓问题与现代性》,江苏人民出版社 2003 年版。

39. 吴梓明:《从广州私立岭南大学看基督教大学应以何种形式为国家教育事业服务》,《基督宗教与中国大学教育》,中国社会科学出版社 2003 年版。

40. 张邦华编著:《会友贝勒府:辅仁大学》,河北教育出版社 2003 年版。

41. (美)本尼迪克特·安德森著,吴叡人译:《想象的共同体:民族主义的起源与散布》,上海人民出版社 2005 年版。

42. (法)德拉诺瓦著,郑文彬、洪晖译:《民族与民族主义》,生活·读书·新知三联书店 2005 年版。

43. 王东杰:《国家与学术的地方互动:四川大学国立化进程(1925—1939)》,生活·读书·新知三联书店 2005 年版。

44. 《中央民族工作会议精神学习辅导读本》编写组编:《中央民族工作会议精神学习辅导读本》,民族出版社 2005 年版。

45. 杨天宏著:《基督教与民国知识分子:1922 年——1927 年中国非基督教运动研究》,人民出版社 2005 年版。

46. (美)芳卫廉著,刘家峰译:《基督教高等教育在变革中的中国 1880—1950》,珠海出版社 2005 年版。

47. (英)埃里克·霍布斯鲍姆著,李金梅译:《民族与民族主义》,上海人民出版社 2006 年版。

48. (英)安东尼·史密斯著,叶江译:《民族主义:理论,意识形态,历史》,上海人民出版社2006年版。

49. 王云著:《明清山东运河区域社会变迁》,人民出版社2006年版。

50. 张宪文主编:《中华民国史》第二卷,南京大学出版社2006年版。

51. 郑大华、邹小站主编:《中国近代史上的民族主义》,社科文献出版社2007年版。

52. 郭大松:《中西文化交流的先驱和桥梁》,人民日报出版社2007年版。

53. (印度)帕尔塔·查特吉著,范慕尤、杨曦译:《民族主义思想与殖民地世界》,译林出版社2007年版。

54. (美)周锡瑞著,杨慎之译:《改良与革命:辛亥革命在两湖》,江苏人民出版社2007年版。

55. 桑兵著:《晚清学堂学生与社会变迁》,广西师范大学出版社2007年版。

56. 赵晓阳:《基督教青年会在中国:本土和现代的探索》,社会科学文献出版社2008年版。

57. 孙崇文:《学生生活图景:世俗内外的教育冲突》,教育科学出版社2008年版。

58. 赵厚勰:《雅礼与中国雅礼会在华教育事业研究(1906—1951)》,山东教育出版社2008年版。

59. 孟雪梅:《近代中国教会大学图书馆研究》,国家图书馆出版社2009年版。

60. (英)沃森著,吴洪英、黄群译:《民族与国家——对民族起源与民族主义政治的探讨》,中央民族大学出版社2009年版。

61. 狄乐播(Robert M. Mateer)著,郭大松译:《中华育英才·狄邦就列传》,中国文史出版社2009年版。

62. 费丹尼(Daniel W. Fisher)著,郭大松、崔华杰译:《一位在中国山东四十五年的传教士:狄考文》,中国文史出版社 2009 年版。

63. 李恭忠:《中山陵:一个现代政治符号的诞生》,社会科学文献出版社 2009 年版。

64. 陶飞亚、杨卫华:《基督教与中国社会研究入门》,复旦大学出版社 2009 年版。

65. 上海圣约翰大学校史编辑委员会组编.徐以骅主编:《上海圣约翰大学(1879—1952)》,上海人民出版社 2009 年版。

66. 朱建君:《殖民地经历与中国近代民族主义:德占青岛 1897—1914》,人民出版社 2010 年版。

67. 慕景强著:《西医往事》,中国协和医科大学出版社 2010 年版。

68. 章博:《近代中国社会变迁与基督教大学的发展——以华中大学为中心的研究》,华中师范大学出版社 2010 年版。

69. 郭大松、杜学霞编译:《中国第一所现代大学——登州文会馆》,山东人民出版社 2012 年版。

70. 胡卫清:《苦难与信仰:近代潮汕基督徒的宗教经验》,生活·读书·新知三联书店 2013 年版。

四、期刊、论文

(一)近代报刊、连续出版物(首字音序)

1.《晨报》

2.《大公报》

3.《大学院公报》

4.《东方杂志》

5.《独立评论》

6.《湖南教育月刊》

7.《教育杂志》

8.《民国日报》

9.《齐大季刊》

10.《齐大年刊》

11.《齐大心声》

12.《齐大月刊》

13.《齐大旬刊》

14.《齐鲁大学校刊》

15.《青年进步》

16.《山东教育行政公报旬刊》

17.《山东教育行政周报》

18.《山东教育月刊》

19.《少年中国》

20.《社会学杂志》

21.《申报》

22.《生命》

23.《时事新报》

24.《田家》

25.《消息》

26.《先驱》

27.《新教育》

28.《新教育评论》

29.《新青年》

30.《真光》

31.《真理周刊》

32.《真理与生命》

33.《政府公报》

34.《中国学运》

35.《中华基督教教育季刊》

36.《中华基督教文社月刊》

37.《中华基督教教会年鉴》

38.《中华教育界》

（二）当代期刊、论文（发表先后为序）

1. 刘广京撰，曾钜生译：《中国早期的基督教大学》，中国社会科学院近代史研究所《国外中国近代史研究》编辑部编《国外中国近代史研究》第 12 辑，中国社会科学出版社 1989 年版。原文发表于 Journal of Asian Studies，Vol. 20，No. 1(1960)。

2. 余英时：《中国近代思想史中的激进与保守》，(台北)《历史月刊》1990 年第 29 期。

3. (加)彼特·M. 米切尔：《二十年代末的齐鲁大学——一所联合大学的民族主义变迁》，章开沅. 林蔚：《中西文化与教会大学》，湖北教育 1991 年版，第 213 页。

4. 鲁娜、陶飞亚：《齐鲁大学的历史资料及其研究》，《教育评论》1994 年第 1 期。

5. 包德威、陶飞亚：《齐鲁大学医学院毕业生的历史分析》，章开沅. 林霨. 伍宗华：《中国教会大学史论丛》，成都科技大学出版社 1994 年版，第 250 页。

6. 吴昌珍、李化树：《大学校园文化若干问题探讨》，《重庆师范学院学报》1994 年第 2 期。

7. 马敏：《架设沟通中西文化的桥梁——章开沅先生与中国教会大学史研究》，《华中师范大学学报(哲社版)》，1995 年第 5 期。

8. 章开沅：《中国教会大学的历史命运——以贝德士文献(Bates' Papers)为实证》，《上海社会科学院学术季刊》1996 年第 1 期。

9. 马敏：《近年来大陆中国教会大学史研究综述》，《世界宗教》1996 年第 4 期。

10. 陈桂生：《"校训"研究》，《宁波大学学报(教育科学版)》，1998 年第 1 期。

11. 陶飞亚：《院系调整之前：齐鲁大学教授状况的分析》，章开沅、马敏编：《社会转型与教会大学》，湖北教育出版社 1998 年版，第 68 页。

12. 刘家峰:《齐鲁大学经费来源与学校发展:1904—1952》,章开沅、马敏编:《社会转型与教会大学》,湖北教育出版社1998年版,第81页。

13. 陶飞亚、刘家峰:《哈佛燕京学社与齐鲁大学的国学研究》,《文史哲》1999年第1期。

14. 彭益军:《近代西方基督教会与齐鲁大学》,《山东医科大学学报》(社会科学版)1999年第2期。

15. 姜德顺:《不同语境下的民族主义》,《世界民族》2002年第2期。

16. 李鹏程:《齐鲁大学办学模式考析》(《临沂师范学院学报》2002年第4期。

17. 袁贵仁:《加强大学文化研究,推进大学文化建设》,《中国大学教学》2002年第10期。

18. 乌小花:《论"民族"与"族群"的界定》,《广西民族研究》2003年第1期。

19. 范可:《中西文语境的"族群"与"民族"》,《广西民族学院学报》2003年第4期。

20. 郝时远:《中文"民族"一词源流考辨》,《民族研究》2004年第6期。

21. 李恭忠:《"总理纪念周"与民国政治文化》,《福建论坛·人文社会科学版》2006年第1期。

22. 贾小叶:《"中国近代史上的民族主义"学术研讨会侧记》,《近代史研究》2006年第2期。

23. 周良书:《大学校史研究中的若干问题》,《当代中国史研究》2006年第4期。

24. 崔霞:《齐鲁大学的校园文化研究1928—1937》(山东大学硕士论文,2006年)。

25. 翁贺凯:《民族主义.民族建国与中国近代史研究——"西方学理"与"中国问题"》,郑大华、邹小站主编:《中国近代史上的民族主义》,社科文献出版社 2007 年版。

26. 赵景龙:《齐鲁大学的本土化与世俗化历程研究》(首都师范大学,2007 年)。

27. 王雪玲:《齐鲁大学国学研究所初探》(华东师范大学,2007 年)。

28. 王希恩:《当前世界民族主义思潮的基本态势》,《中国民族报》,2008 年 5 月 30 日。

29. 李永东:《民族主义与殖民意识的纠缠——论租界语境下知识分子的文化体验与文本叙事》,《海南大学学报人文(社会科学版)》2008 年第 4 期。

30. 孙邦华:《中国教会教育史研究述评——以中国大陆学术界为分析范围》,《河北师范大学学报(教育科学版)》,2008 年第 7 期。

31. 崔华杰:《狄考文研究》,(山东师范大学硕士学位论文 2008 年)。

32. 何叔涛:《汉语"民族"概念的特点与中国民族研究的话语权——兼谈"中华民族"."中国各民族"与当前流行的"族群"概念》,《民族研究》2009 年第 2 期。

33. 李东晔:《故土与他乡:对"租界文化"的一种人类学解读——以天津原意大利租界的建筑空间为例》,《江西社会科学》2009 年第 3 期。

34. 李振宏:《新中国成立 60 年来的民族定义研究》,《民族研究》2009 年第 5 期。

35. 刘再复、李泽厚:《"提倡一个并不清楚的东西是危险的"——关于"民族主义"的对谈》,《同舟共进》2009 年第 12 期。

36. 黄登欣:《齐鲁大学立案研究》(曲阜师范大学硕士学位论文,2009 年)。

37. 赵展:《登州文会馆研究》,(青岛大学硕士学位论文,2009 年)。

38. 叶江:《民族概念三题》,《民族研究》2010 年第 1 期。

39. 齐春风:《北平党政商与济南惨案后的反日运动》,《历史研究》2010年第2期。

40. 陶飞亚、杨卫华:《改革开放以来的中国基督教史研究》,《史学月刊》2010年第10期。

41. 叶险明:《世界历史视野中的东西方民族主义》,《学术月刊》2010年第11期。

42. 张德明:《英国浸礼会在华活动历史考察(1845—1952)》,(山东师范大学硕士论文,2010年)。

43. 朱庆葆:《从学科建设看办学特色的形成》,《中国教育报》,2011年1月3日,第5版。

44. 郝亚明:《试论民族概念界定的困境与转向》,《民族研究》2011年第2期。

45. 朱英:《辛亥革命与商人经济民族主义思想的产生及发展》,《史学月刊》2011年第4期。

46. 刘芳:《登州文会馆与近代教育》,山东大学硕士学位论文2011年。

47. 吴洪成、王蒙:《试论美国传教士狄考文创办登州文会馆的缘由》,《河北师范大学学报(教育科学版)》2013年第1期。

48. 郭大松:《晚清第一所现代大学登州文会馆若干史事考辩》,《史学月刊》2013年第9期等。

五、地方史志、文史资料、回忆性资料

1. 张景文口述,宋德慧记录:《回忆山东学生参加"五四"运动的概况》,中国人民政治协商会议山东省委员会文史资料研究委员会编:《文史资料选辑》第五辑,山东人民出版社1978年版,第3页。

2. 李文欣:《忆齐鲁大学读书时》,《山东文献》第11卷第3期,1980年3月20日,第6页。

3. 陶钝:《"九一八"事变前后山东学生的抗日爱国运动》,山东地方史志编纂委员会编:《山东史志资料》第一辑,山东人民出版社,1982年,第52-56页。

4.《致长老会里负责办中小学的人员有关学校若干问题的紧急机密信》,1927 年夏,油印。转引自王神荫:《"七七"事变以前的齐鲁大学》,《文史资料选辑》第一辑,1982 年重印,第 220—221 页。

5. 王神荫:《七七事变前的齐鲁大学》,政协山东省委员会文史资料研究委员会编:《文史资料选辑》第一辑,山东人民出版社 1982 年重印,第 201 页。

6. 王神荫:《齐鲁大学校史简介》,中国人民政治协商会议全国委员会文史资料委员会编:《文史资料选辑》第 91 辑,文史资料出版社 1983 年版,第 96 页。

7. 刘家宾:《五四运动在山东大事记(上)》,《山东史志资料》1983 年第 3 辑(总第 5 辑),第 106 页。据刘家宾称,这篇大事记的主要资料来源是当时的北京《晨报》.《公言报》.上海《申报》.《时报》.天津《大公报》等报刊资料,当时可信的。

8. 褚承志:《私立齐鲁大学》,《山东文献》第九卷第一期,1983 年 6 月 20 日,第 12 页。

9. 王神荫、修海涛:《登州文会馆——山东最早的一所教会大学》(山东省地方史志编纂委员会编:《山东史志资料》1983 年,第二辑(总第四辑),山东人民出版社,1983 年 08 月第 1 版。

10. 张智康:《齐大医学院生活片段》,《山东文献》第九卷第二期,1983 年 9 月 20 日,第 155 页至 162 页。

11. 杨懋春:《齐大校史》(《山东文献》第九卷第二期至第十卷第二期。

12. 王耀春:《忘不了齐大》,《山东文献》第九卷第三期,1983 年 12 月 20 日,第 16 页。

13. 朱式伦:《齐鲁大学及其附属机构介绍》(中国人民政治协商会议山东省济南市委员会文史资料研究委员会编:《济南文史资料选辑》第 7 辑,1986 年。

14. 刘贞模:《忆我的父亲——齐鲁大学校长刘世传》,蓬莱县文史委员会:《蓬莱文史资料》第三辑,1987 年,第 5 页。

15. 刘贞模:《忆我的父亲——齐鲁大学校长刘世传》,政协山东省文史资料委员会编:《山东文史资料选辑》第 25 辑,山东人民出版社 1988 年版,第 15 页。

16. 薛愚:《我走过的路》,九三学社中央研究室编:《中国科学家回忆录》(第 2 辑),学苑出版社,1990 年 1 月。

17. 齐成志:《基督教在益都办学概况》,青州市政协文史资料委员会编《青州文史资料》选本,山东人民出版社 1991 年版。

18. 山东省地方史志编纂委员会:《山东省志》(少数民族宗教志. 教育志. 卫生志),山东人民出版社,1992—1998 年。

19. 徐均望:《建国前的齐鲁大学》,《春秋》1995 年第 5 期。

20. 张士新:《我所知道的齐鲁大学》,山东省政协文史资料委员会编:《山东文史集粹》(修订本下集),中国文史出版社,1998 年。

21. 张昆河:《明义士与甲骨学研究》,李涛主编. 济南市政协文史资料委员会编:《文化名人与济南》,黄河出版社,2002 年版,第 159 页。

22. 王鉴:《原齐鲁大学医学院的历史沿革》,秦一心主编:《20 世纪济南文史资料文库(教育卷)》,黄河出版社 2004 年版,第 45 页。作者王鉴系原齐大医学院病理部秘书兼院长办公室秘书。

23. 刘怀荣:《黄孝纾先生与崂山》,王明先主编,青岛市崂山文化研究会编:《崂山研究》第 1 辑,中国海洋大学出版社 2006 年版,第 139 页。

六、外文文献

1. Robert Coventry Forsyth, Compiled and Edited, *Shantung, The Sacred Province of China in Some of Its Aspect*, Shanghai Christian Literature Society, 1912.

2. *The Christian Education in China*, A Study Made by an Educational Commission Representing the Mission Boards and Societies Conducting Work in China, 1922.

3. *The Christian College in the New China*, Shanghai, 1926.

4. John J. Heeren:*On The Shantung Front*, *a History of the Shantung Mission of the Presbyterian Church in the U. S. A 1861—1940 in its Historical*, *Economic*, *and Political Setting*, New York, 1940.

5. Tilly, Charles ed. , *The Formation of National State in Western Europe*, Princeton University Press, 1975.

6. Philip. West, *Yenching University and Sino-Western Relations*, *1916—1952*, Cambridge:Harvard Univ. Press, 1976.

7. Irwin T. Hyatt, Jr. *Our Ordered Lives Confess:Three Nineteenth-Century American Missionaries in East Shangtung*, Harvard University Press, 1976.

8. Preface:China's Christian Colleges as Cross-Cultural Ventures, Daniel H. Bays and Ellen Widmer ed. , *China's Christian Colleges:Cross-cultural Connections*, *1900—1950*, California:Stanford University Press, 2009.

9. *Cheeloo Bulletin*

10. *Cheeloo Notes*

11. *Cheeloo Sketches*

12. *The China Christian Year Book*

13. *The China Mission Year Book*

14. *The Chinese Recorder*

15. *Educational Review*

索 引

后 记

济南与南京,都有"火炉"雅号。2008—2011 三年里,作者奔波于两地,友人笑称这篇习作是"烤"出来的。虽为谐语,倒也能表达那三年里的状况与心情。时间过得很快,转眼已是 2015。新年刚过,万物回春,天气又开始往"火热"的方向奔去。

这本书能从想法变成论文,又从文稿变成书稿,首先应该感谢我的导师朱庆葆先生。先生温文尔雅,学识渊博,深沉睿智,耐心宽容。先生谈话总是和风细雨,令人如坐春风。犹记得先生第一次讲课,就对我和荣庆兄讲,读博期间不能再仅仅满足于知识的积累,学的应该是治学理念、治学方法,修养的应该是一种人生态度。其实老师的意思是读博前与读博后应有个实质性的区分,而不能仅仅是有无那一张"纸"的差别。先生还一再强调,做学问一定要老实,绝不可拿学界规则开玩笑,抄袭、剽窃等等是碰不得的高压线。在后来的讲授中,先生一再引导我多开阔眼界,多接触学界前沿,多补一下有关史学理论、治学方法的课。先生事务繁忙,但对学生的接见要求从不推辞,对论文的指导总能高屋建瓴直指核心。先生对弟子的关爱,于日常点滴细节之中显现,春风化雨,润物无声。这篇习作浸透了先生的心血,先生对于高等教育的研究成果也为本文的写作提供了进一步思考的前提与空间。

这篇习作除得到了先生的全程指导与悉心指点外,还得到了很多师友的指教与点拨,所以习作若还有点可取之处的话,应当归功于诸位师友。奈何作者资质鲁钝,领悟不够,因而习作中的所有缺陷都由作者自己负责。

感谢崔之清先生。先生是太平天国史、晚清史、台湾史、中国国民党史等领域翘楚,先生讲课中气充沛,豁达爽朗,课堂总是欢声笑语,气氛高昂,常于谈笑间开启学生茅塞。这篇习作的提纲与初稿都得到了先生的悉心指教,这是我尤其应该感谢的。李玉先生是我一直以来敬重、感激的另一位老师。李老师襟怀宽广,面慈心善,对学生真心帮扶,豪侠仗义。李老师作为青年学者已在史学界名闻遐迩,学术功底与治学能力世所同钦。习作提纲与初稿能得到李老师的指导与点拨实为作者之幸。刘相平先生在预答辩时,对习作做了精心的修改与精到的点评,令学生十分感激。刘老师学识渊博,平和易与,与其交流十分轻松愉快,一次酒后差点与老师称兄道弟。这当然是学生僭越,同时也说明了刘老师的可爱之处。另外,陈谦平先生对于中外学界情况的详细讲解,马俊亚先生倡导的课堂讨论,张生先生从发现问题的角度、解决问题的方法入手层层剖析的讲课方式,申晓云先生对于史学思想理论的独到见解,李良玉先生对于田野调查的提倡与方法指点,凡此种种,都让学生如痴如醉。盛名之下无虚士,南京大学诸先生的学术水平仰之弥高。南大三年熏陶将成为学生终生受用不尽的财富。

我的硕士导师郭大松先生是我的学术启蒙者与人生领路人,一直以来,先生对弟子的关心都是全方位的,从物质到精神,从生活到学术,都离不开先生的提点与帮扶。这篇习作也同样凝聚了先生的辛勤汗水,尤其是先生近来在基督教史领域的诸多成果为学生所参考引用,为习作的写成提供了很多前期铺垫。山东大学赵兴胜先生是我博后联系导师,入站之前,先生就对我十分关心。先生的耐心细致认真负责,让学生感触良多。先生也来自南京大学,在我的导师中最为年轻,对学生帮扶指点不遗余力。能拜在朱先生、郭先生、赵先生三位恩高情重的导师门下,学生何幸如之!田海林先生是我读硕士期间的另一位老师,田老师自本科起即关心着我的成长,不是田老师的鼓励我不可能走上学术之路,也不可能坚持至今。田老师对习作也提出了很好的指导意见,对此学生永志不忘。山东大学胡卫清先生也为习作的完成给出了很专业的建议,在此深表谢忱!

这篇习作的草成还需要感谢华中师范大学东西方文化交流研究中心和香港中文大学崇基学院。为进修学习与查阅资料,作者曾三赴武汉、两赴香港,得到了章开沅先生、邢福增先生、卢龙光先生、温伟耀先生、刘家峰先生(2014 年中,刘先生已调至山东大学工作)、彭剑先生、徐炳三先生、章博女士的指点与帮助,并得以查阅包括“亚洲高等教育联合董事会档案”在内的大量资料,结识了国内基督教史研究界的众多博士、博士后,实为作者之幸!

感谢山东轻工业学院(现齐鲁工业大学)文法学院的领导与同事。三年脱产读书期间,他们替我分担了很多工作,个中辛勤劳苦,作者感同身受,衷心感谢他们。

南京三年期间,与诸位同窗好友的切磋砥砺已成记忆。朱移山、杨吉安、杨荣庆、孙云、陈明胜、张文俊、孔祥增、董为民、陈涛、郭昭昭等博士的音容笑貌恍然如昨。犹记得在上海路 148 号乙 7 宿舍中大伙就着鸭脖对瓶吹的洒脱豪迈,犹记得一起游山玩水兴之所至时的附庸风雅,当然更不会忘记两次大醉之后同学们的悉心照顾。感谢他们陪我共同经历了三年风雨,真心祝福他们幸福平安。在我学术成长道路上,新朋旧友的帮扶尤其不能忘记,李俊领、孙思旺、张莉、崔军伟、高鹏程、倪蛟、牛力、刘霆、王永义、蒋宝麟、魏兵兵、谷永清、崔华杰、李光伟、张德明、高玮、王德勇、刘姿驿、黄润青、张岩、李林等同学的关心与帮助,作者铭感于心。

最后当然得感谢南京大学出版社众位编辑,正是他们的辛苦努力,本书才得以付梓!

嘤其鸣矣,求其友声。这篇习作尽管还有很多不完善,但也是作者心血之凝结。"大学"是一个做不尽的课题,"近代大学"更有讲不完的故事,作者深信大学史研究有其独特的意义与价值。谨以此习作奉献于时贤,渴望得到大家的批评与指正,更渴求结识同道中人,共同前行。

徐保安　谨识

2015 年 3 月 3 日

于台湾中研院近史所访学旅次